國家古籍整理出版專項經費資助項目

史

部

史

部

主编　程小澜　朱海閔　應長興

目　錄

史　部

史　　部

紀傳類

彙編

史 0001

十七史一千五百七十四卷

　　明毛晉編

　　明崇禎元年至十七年(1628—1644)毛氏
　　汲古閣刻本

　　存一千二百十九卷

　　　史記一百三十卷　漢司馬遷撰　劉宋裴駰
　　　集解　崇禎十四年(1641)刻

　　　後漢書九十卷　劉宋范曄撰　唐李賢注
　　　志三十卷　晉司馬彪撰　梁劉昭注　崇
　　　禎十六年(1643)刻

　　　三國志六十五卷　晉陳壽撰　劉宋裴松之
　　　注　崇禎十七年(1644)刻

　　　晉書一百三十卷　唐房玄齡等撰　崇禎元
　　　年(1628)刻

　　　宋書一百卷　梁武康沈約撰　崇禎七年
　　　(1634)刻

　　　南齊書五十九卷　梁蕭子顯撰　崇禎十年
　　　(1637)刻

　　　梁書五十六卷　唐姚思廉撰　崇禎六年
　　　(1633)刻

　　　陳書三十六卷　唐姚思廉撰　崇禎四年
　　　(1631)刻

　　　魏書一百十四卷　北齊魏收撰　崇禎九年
　　　(1636)刻

　　　北齊書五十卷　唐李百藥撰　崇禎十一年
　　　(1638)刻

　　　後周書五十卷　唐令狐德棻撰　崇禎五年
　　　(1632)刻

　　　隋書八十五卷　唐魏徵等撰　崇禎八年

　　　(1635)刻

　　　南史八十卷　唐李延壽撰　崇禎十三年
　　　(1640)刻

　　　北史一百卷　唐李延壽撰　崇禎十二年
　　　(1639)刻

　　　五代史七十四卷　宋歐陽修撰　宋徐無黨
　　　注　崇禎三年(1630)刻

　　　十二行二十五字　小字雙行三十六字　左右雙
　　　邊　白口

　　　21.2×15.2釐米

　　寧圖＊　嘉圖＊　海寧圖＊　平湖圖＊　杭高＊

史 0002

十七史一千五百七十四卷

　　明毛晉編

　　明崇禎元年至十七年(1628—1644)毛氏
　　汲古閣刻清順治(1644—1661)印本

　　浙圖　溫圖＊　嵊州圖＊　義烏圖＊　黃巖圖＊
　　天一閣＊　浙大＊

史 0003

二十一史二千五百六十七卷

　　明南京國子監等刻明清遞修本

　　存二千四百六十七卷

　　　史記一百三十卷　漢司馬遷撰　劉宋裴駰
　　　集解　唐司馬貞索隱　唐張守節正義
　　　補一卷　唐司馬貞撰　萬曆二十四年
　　　(1596)刻明清遞修本

　　　後漢書九十卷　劉宋范曄撰　唐李賢注
　　　志三十卷　晉司馬彪撰　梁劉昭注　嘉
　　　靖七年(1528)刻明清遞修本

　　　晉書一百三十卷　唐房玄齡等撰　音義三
　　　卷　唐何超撰　正德十年(1515)嘉靖十
　　　年(1531)三十七年(1558)刻明清遞修本

　　　宋書一百卷　梁武康沈約撰　萬曆二十二

年(1594)刻清順治(1644—1661)重修本

南齊書五十九卷　梁蕭子顯撰　萬曆十六年至十七年(1588—1589)刻明清遞修本

梁書五十六卷　唐姚思廉撰　萬曆三年(1575)刻清遞修本

陳書三十六卷　唐姚思廉撰　萬曆十五年至十六年(1587—1588)刻清順治(1644—1661)重修本

魏書一百十四卷　北齊魏收撰　萬曆二十四年(1596)刻清順治(1644—1661)重修本

北齊書五十卷　唐李百藥撰　萬曆十六年至十七年(1588—1589)刻清順治(1644—1661)重修本

周書五十卷　唐令狐德棻等撰　萬曆十六年(1588)刻明清遞修本

隋書八十五卷　唐魏徵等撰　萬曆二十二年至二十三年(1594—1595)刻明清遞修本

南史八十卷　唐李延壽撰　萬曆十六年至十九年(1588—1591)刻明清遞修本

北史一百卷　唐李延壽撰　萬曆十九年至二十一年(1591—1593)刻清順治(1644—1661)重修本

唐書二百二十五卷　宋歐陽修、宋祁等撰　釋音二十五卷　宋董衝撰　成化十八年(1482)嘉靖八年至十年(1529—1539)、三十七年(1558)刻明清遞修本

五代史記七十四卷　宋歐陽修撰　宋徐無黨注　萬曆四年至五年(1576—1577)刻清順治(1644—1661)重修本

宋史四百九十六卷目錄三卷　元脫脫等撰　成化十六年(1480)朱英刻南京國子監遞修本

遼史一百十六卷　元脫脫等撰　嘉靖八年(1529)刻明清遞修本

金史一百三十五卷目錄二卷　元脫脫等撰　嘉靖八年(1529)刻清順治(1644—1661)遞修本

元史二百十卷目錄二卷　明宋濂等撰　洪武三年(1370)內府刻南京國子監遞修本

十行二十字　小字雙行二十七字　左右雙邊白口

20×15釐米

餘杭圖＊　　溫圖＊　　嘉圖＊　　海寧圖＊　　嵊州圖＊　　天一閣＊　　浙大＊

史 0004

二十一史二千五百六十七卷

明萬曆二十三年至三十四年(1595—1606)北京國子監刻本

史記一百三十卷　漢司馬遷撰　劉宋裴駰集解　唐司馬貞索隱　唐張守節正義　補一卷　唐司馬貞撰　萬曆二十六年(1598)刻

前漢書一百卷　漢班固撰　唐顏師古注　萬曆二十五年(1597)刻

後漢書九十卷　劉宋范曄撰　唐李賢注　志三十卷　晉司馬彪撰　梁劉昭注　萬曆二十四年(1596)刻

三國志六十五卷　晉陳壽撰　劉宋裴松之注　萬曆二十八年(1600)刻

晉書一百三十卷　唐房玄齡等撰　音義三卷　唐何超撰　萬曆二十四年(1596)刻

宋書一百卷　梁武康沈約撰　萬曆二十六年(1598)刻

南齊書五十九卷　梁蕭子顯撰　萬曆三十三年(1605)刻

梁書五十六卷　唐姚思廉撰　萬曆三十三年(1605)刻

陳書三十六卷　唐姚思廉撰　萬曆三十三年(1605)刻

魏書一百十四卷　北齊魏收撰　萬曆二十四年(1596)刻

北齊書五十卷　唐李百藥撰　萬曆三十四年(1606)刻

周書五十卷　唐令狐德棻撰　萬曆三十二年(1604)刻

隋書八十五卷　唐魏徵等撰　萬曆二十六年(1598)刻

南史八十卷　唐李延壽撰　萬曆三十一年(1603)刻

北史一百卷　唐李延壽撰　萬曆二十六年(1598)刻

唐書二百二十五卷　宋歐陽修、宋祁等撰

釋音二十五卷　宋董衝撰　萬曆二十三
年(1595)刻

五代史七十四卷　宋歐陽修撰　宋徐無黨
注　萬曆二十八年(1600)刻

宋史四百九十六卷目錄三卷　元脫脫等撰
萬曆二十七年(1599)刻

遼史一百十六卷　元脫脫等撰　萬曆三十
四年(1606)刻

金史一百三十五卷目錄二卷　元脫脫等撰
萬曆三十四年(1606)刻

元史二百十卷目錄二卷　明宋濂等撰　萬
曆三十年(1602)刻

十一行二十一字　四周單邊　白口

22.2×15.2 釐米

浙圖　寧圖＊　溫圖　嘉圖＊　海寧圖＊　紹
圖＊　嵊州圖＊　天一閣＊　玉海樓＊　湖
博＊　浙大

史 0005
二十四史三千二百五十卷
清乾隆四年(1739)、四十九年(1784)武
英殿刻本

史記一百三十卷　漢司馬遷撰　劉宋裴駰
集解　唐司馬貞索隱　唐張守節正義
乾隆四年(1739)刻

前漢書一百卷　漢班固撰　唐顏師古注
乾隆四年(1739)刻

後漢書九十卷　劉宋范曄撰　唐李賢注
志三十卷　晉司馬彪撰　梁劉昭注　乾
隆四年(1739)刻

三國志六十五卷　晉陳壽撰　劉宋裴松之
注　乾隆四年(1739)刻

晉書一百三十卷　唐房玄齡等撰　音義三
卷　唐何超撰　乾隆四年(1739)刻

宋書一百卷　梁武康沈約撰　乾隆四年
(1739)刻

南齊書五十九卷　梁蕭子顯撰　乾隆四年
(1739)刻

梁書五十六卷　唐姚思廉撰　乾隆四年
(1739)刻

陳書三十六卷　唐姚思廉撰　乾隆四年
(1739)刻

魏書一百十四卷　北齊魏收撰　乾隆四年
(1739)刻

北齊書五十卷　唐李百藥撰　乾隆四年
(1739)刻

周書五十卷　唐令狐德棻撰　乾隆四年
(1739)刻

隋書八十五卷　唐魏徵等撰　乾隆四年
(1739)刻

南史八十卷　唐李延壽撰　乾隆四年
(1739)刻

北史一百卷　唐李延壽撰　乾隆四年
(1739)刻

舊唐書二百卷　後晉劉昫撰　乾隆四年
(1739)刻

唐書二百二十五卷　宋歐陽修、宋祁等撰
釋音二十五卷　宋董衝撰　乾隆四年
(1739)刻

舊五代史一百五十卷　宋薛居正等撰　乾
隆四十九年(1784)刻

五代史七十四卷　宋歐陽修撰　宋徐無黨
注　乾隆四年(1739)刻

宋史四百九十六卷目錄三卷　元脫脫等撰
乾隆四年(1739)刻

遼史一百十六卷　元脫脫等撰　乾隆四年
(1739)刻

金史一百三十五卷　元脫脫等撰　乾隆四
年(1739)刻

元史二百十卷目錄二卷　明宋濂等撰　乾
隆四年(1739)刻

明史三百三十二卷目錄四卷　清張廷玉等
撰　乾隆(1736—1795)刻

十一行二十一字　左右雙邊　白口

22.2×15.3 釐米

浙圖＊　上虞圖　嵊州圖＊

通代

史 0006
史記一百三十卷
漢司馬遷撰　漢褚少孫、唐司馬貞補
明吳勉學刻本

十行二十字　左右雙邊　白口

20×14 釐米

天一閣

史 0007
史記一百三十卷
　漢司馬遷撰　劉宋裴駰集解
　宋刻宋元明遞修本
存八卷　二十一　四十六至五十二
　十行十九字　左右雙邊　白口
　21.2×15 釐米
天一閣

史 0008
史記一百三十卷
　漢司馬遷撰　劉宋裴駰集解
　明崇禎十四年(1641)毛氏汲古閣刻清遞
　修本　清葉裕仁錄明歸有光批並跋
　十二行二十五字　小字雙行三十六字　左右雙
　　邊　白口
　21.4×15.3 釐米
浙圖

史 0009
史記索隱三十卷
　唐司馬貞撰
　明刻本　佚名批校並跋
　十行二十字　四周雙邊　白口
　17.8×12 釐米
天一閣

史 0010
史記索隱三十卷
　唐司馬貞撰
　明末毛氏汲古閣刻清印本
　十四行二十七字　小字雙行四十字　左右雙邊
　　白口
　21.4×15.2 釐米
浙圖　浙大

史 0011
史記一百三十卷
　漢司馬遷撰　劉宋裴駰集解　唐司馬貞

索隱
　明刻本
存十六卷　十五至十六　九十三至九十六
　一百十八至一百二十一　一百二十五至
　一百三十
　十行二十字　四周雙邊　白口
　20×12.8 釐米
天一閣

史 0012
史記一百三十卷
　漢司馬遷撰　劉宋裴駰集解　唐司馬貞
　索隱
　明天順(1457—1464)游明刻本　佚名批
　十四行二十五字　四周雙邊　細黑口
　20×14 釐米
浙大

史 0013
史記一百三十卷
　漢司馬遷撰　劉宋裴駰集解　唐司馬貞
　索隱
　明天順(1457—1464)游明刻本
存十五卷　二至六　十五至二十四
天一閣

史 0014
史記一百三十卷
　漢司馬遷撰　劉宋裴駰集解　唐司馬貞
　索隱
　明正德十三年(1518)邵宗周刻本
存八十五卷　一　六至十　十二至十四
　三十二　四十一至四十三　四十八至八
　十七　九十五至一百七　一百十二至一
　百三十
　十行二十字　四周雙邊　白口
　18×12 釐米
天一閣

紀傳類

史 0015

史記一百三十卷首一卷

漢司馬遷撰　劉宋裴駰集解　唐司馬貞
索隱

明正德十三年(1518)邵宗周刻本　佚名
批注

浙圖

史 0016

史記一百三十卷

漢司馬遷撰　劉宋裴駰集解　唐司馬貞
索隱　唐張守節正義

明嘉靖四年(1525)汪諒刻本

十行十八字　小字雙行二十三字　左右雙邊
白口

19.9×13 釐米

浙圖

史 0017

史記一百三十卷

漢司馬遷撰　劉宋裴駰集解　唐司馬貞
索隱　唐張守節正義

明嘉靖四年至六年(1525—1527)王延喆
刻本

十行十八字　小字雙行二十三字　左右雙邊
白口

19.5×12.8 釐米

浙圖　天一閣*

史 0018

史記一百三十卷

漢司馬遷撰　劉宋裴駰集解　唐司馬貞
索隱　唐張守節正義

明嘉靖四年至六年(1525—1527)王延喆
刻後印本

存三十三卷　十六至十八　二十六至二十
七　三十六至四十二　九十二至一百十
一百十七至一百十八

天一閣

史 0019

史記一百三十卷

漢司馬遷撰　劉宋裴駰集解　唐司馬貞
索隱　唐張守節正義

明嘉靖八年至九年(1529—1530)南京國
子監刻本

存二十二卷　一至九　十八至三十

十行二十一字　四周雙邊　白口

22.3×15.5 釐米

天一閣

史 0020

史記一百三十卷

漢司馬遷撰　劉宋裴駰集解　唐司馬貞
索隱　唐張守節正義

明嘉靖十三年(1534)秦藩朱惟焯刻本
蝸廬居士跋

缺十四卷　四十三至四十七　一百至一百
八

十行十八字　左右雙邊　白口

22×13 釐米

天一閣

史 0021

史記一百三十卷

漢司馬遷撰　劉宋裴駰集解　唐司馬貞
索隱　唐張守節正義

明萬曆二年至三年(1574—1575)南京國
子監刻本

十行二十一字　四周雙邊　綫黑口

21.9×15.1 釐米

浙圖　海寧圖　雲和圖　天一閣

史 0022

史記一百三十卷

漢司馬遷撰　劉宋裴駰集解　唐司馬貞
索隱　唐張守節正義

明萬曆二年至三年(1574—1575)南京國
子監刻本　佚名批校

溫圖

史 0023

史記一百三十卷

漢司馬遷撰　劉宋裴駰集解　唐司馬貞索隱　唐張守節正義

明萬曆二年至三年(1575—1576)南京國子監刻本　佚名批校

存九十卷　一至七　十三至十四　三十一至四十四　五十一至六十　七十一至一百十　一百十二至一百二十三　一百二十六至一百三十

嘉圖

史 0024

史記一百三十卷

漢司馬遷撰　劉宋裴駰集解　唐司馬貞索隱　唐張守節正義

補三皇本紀一卷

唐司馬貞撰

明萬曆(1573—1620)張守約刻本

九行二十一字　四周雙邊　白口

20.7×14.5 釐米

浙圖　天一閣 *

史 0025

史記一百三十卷

漢司馬遷撰　劉宋裴駰集解　唐司馬貞索隱　唐張守節正義

補三皇本紀一卷

唐司馬貞撰

明萬曆二十四年(1596)南京國子監刻本〔卷四配清抄本〕

十行二十一字　小字雙行二十七字　左右雙邊　綫黑口

浙圖

史 0026

史記一百三十卷

漢司馬遷撰　劉宋裴駰集解　唐司馬貞索隱　唐張守節正義

明崇禎(1628—1644)養正堂刻本

九行二十字　左右雙邊　白口

20.2×14.3 釐米

浙圖

史 0027

史記一百三十卷目錄一卷

漢司馬遷撰　劉宋裴駰集解　唐司馬貞索隱　唐張守節正義

明刻本

存六卷　一百十七至一百二十二

十行十八字　小字雙行二十三字　四周雙邊　白口

21.3×13 釐米

平湖圖

史 0028

史記一百三十卷

漢司馬遷撰　劉宋裴駰集解　唐司馬貞索隱　唐張守節正義

清同治五年至九年(1866—1870)金陵書局刻本　清永嘉葉琮錄歸方、瑞安孫衣言評點、瑞安孫鏘鳴跋

十一行二十二字　四周雙邊　細黑口

19.5×14 釐米

溫圖

史 0029

史記一百三十卷

漢司馬遷撰　劉宋裴駰集解　唐司馬貞索隱　唐張守節正義

清同治五年至九年(1866—1870)金陵書局刻本　清瑞安孫衣言校並跋、又錄歸方等校

校刊史記集解索隱正義札記五卷

清張文虎撰

清同治十一年(1872)金陵書局刻本

十行二十二字　四周雙邊　白口

19.5×14 釐米

溫圖

史 0030

史記一百三十卷

漢司馬遷撰　明歸有光評點

清光緒二年(1876)張裕釗刻本　蔣謹旃
　　批注

十一行二十字　四周雙邊　細黑口

海寧圖

史 0031

**孫月峰先生批評史記一百三十卷褚先生附
餘一卷**

漢司馬遷撰　明餘姚孫鑛評

明崇禎九年(1636)刻本

九行二十字　四周單邊　白口

20.4×14.5 釐米

浙圖　天一閣

史 0032

史記一百三十卷

漢司馬遷撰　明鍾惺評

明天啓五年(1625)沈國元大來堂刻本

九行十八字　四周雙邊　白口

19.9×14 釐米

浙圖*　嘉圖　天一閣

史 0033

史記一百三十卷

漢司馬遷撰　明鍾惺評

明天啓五年(1625)沈國元大來堂刻本
　　佚名批校

浙大

史 0034

史記一百三十卷首一卷

漢司馬遷撰　劉宋裴駰集解　唐司馬貞
　　索隱　唐張守節正義　明陳仁錫評

明崇禎(1628—1644)刻本

十行二十字　左右雙邊　白口

20×14.5 釐米

溫圖

史 0035

史記一百三十卷首一卷

漢司馬遷撰　劉宋裴駰集解　唐司馬貞
　　索隱　唐張守節正義　明陳仁錫評

明末程正揆刻懷德堂印本

十行二十字　左右雙邊　白口

20.3×14.1 釐米

溫圖

史 0036

史記二十四卷

漢司馬遷撰　明鄧以讚輯評　明陳祖苞
　　參補

明萬曆四十六年(1618)刻本

九行十八字　四周雙邊　白口　眉上鐫評

浙圖

史 0037

史記一百三十卷

漢司馬遷撰　劉宋裴駰集解　唐司馬貞
　　索隱　唐張守節正義　明黃嘉惠輯評

明黃嘉惠刻本

存一百二十九卷　一至十七　十九至一百
三十

九行二十字　左右雙邊　白口

20×14.5 釐米

浙圖

史 0038

史記一百三十卷

漢司馬遷撰　劉宋裴駰集解　唐司馬貞
　　索隱　唐張守節正義　明錢塘鍾人傑
　　輯評

明鍾人傑刻本

九行二十字　四周單邊　白口

21.4×14.9 釐米

浙圖　平湖圖*

史 0039

史記一百三十卷

漢司馬遷撰　明鄒德沛輯評

明崇禎十三年（1640）酣古齋刻本

九行二十六字　四周單邊　白口

21.2×12.4 釐米

溫圖

史 0040

史記一百三十卷

漢司馬遷撰　劉宋裴駰集解　唐司馬貞
索隱　唐張守節正義　明徐孚遠、陳
子龍測議

明崇禎十三年（1640）味經堂刻本

九行二十字　左右雙邊　白口

19.8×14 釐米

紹圖　侍王府

史 0041

史記一百三十卷

漢司馬遷撰　劉宋裴駰集解　唐司馬貞
索隱　唐張守節正義　明徐孚遠、陳
子龍測議

史記補一卷

唐司馬貞撰

明崇禎（1628—1644）刻本

九行二十字　左右雙邊　白口

20×14.2 釐米

溫圖

史 0042

史記一百三十卷

漢司馬遷撰　劉宋裴駰集解　唐司馬貞
索隱　唐張守節正義　明徐孚遠、陳
子龍測議

史記補一卷

唐司馬貞撰

明末素位堂刻本　清朱駿聲批校

九行二十字　左右雙邊　白口

19.8×14.2 釐米

浙圖

史 0043

史記一百三十卷首一卷

漢司馬遷撰　明徐孚遠、陳子龍測議

清敬書堂刻本　張桐三色錄諸家評點

九行二十字　四周單邊　白口

19.5×14 釐米

溫圖

史 0044

史記題評一百三十卷

明楊慎、李元陽輯

明嘉靖十六年（1537）胡有恆、胡瑞敦刻
本

九行二十字　左右雙邊　白口

18×12.7 釐米

浙大　天一閣 *

史 0045

史記評林一百三十卷

明吳興凌稚隆輯

明萬曆二年至四年（1574—1576）凌稚隆
刻本

兩欄　下欄十行十九字　左右雙邊　白口　版
心下有刻工

24.5×14.8 釐米

浙圖　杭圖　嘉圖 *　溫圖　紹圖 *　天一閣
臨海博　浙大

史 0046

史記評林一百三十卷

明吳興凌稚隆輯

明萬曆（1573—1620）刻本

兩欄　下欄十行十九字　左右雙邊　白口

24.5×14.8 釐米

浙圖

史 0047

史記評林一百三十卷

明吳興凌稚隆輯　明李光縉增補

明熊氏種德堂刻本

存一百八卷　一至四十　四十六至五十九

六十七至九十　一百一至一百三十

十行十九字　四周單邊　白口

23.3×15 釐米

紹圖

史 0048

史記評林一百三十卷

　明吳興凌稚隆輯　李光縉增補

　明刻本

十行十九字　左右雙邊　白口

23.8×14.5 釐米

杭圖　溫圖

史 0049

新鍥朱狀元芸窗彙輯百大家評註史記品粹

十卷

　明朱之蕃輯

　明萬曆(1573—1620)書林余象斗刻本

存三卷　五至七

九行十九字　四周雙邊　黑口

21.5×12.2 釐米

紹圖

史 0050

史記論文一百三十卷

　清吳見思評點

　清康熙二十五年(1686)尺木堂刻本　佚

　　名批校

九行二十一字　左右雙邊　白口

19.6×14 釐米

浙圖

史 0051

史記論文一百三十卷

　清吳見思評點

　清康熙(1662—1722)刻本

九行二十一字　左右雙邊　白口

20.4×14.2 釐米

上虞圖

史 0052

史記論文一百三十卷

　清吳見思評點

　清乾隆四十五年(1780)刻本

九行二十一字　左右雙邊　白口

20×14.4 釐米

溫圖

史 0053

史記半解六十八卷

　清湯諧評注

　清康熙五十四年(1715)刻本

十二行三十字　左右雙邊　白口

21.1×15.1 釐米

浙圖

史 0054

史記考證七卷

　清仁和杭世駿撰

　單丕抄本

浙圖

史 0055

史記志疑三十六卷

　清梁玉繩撰

　清乾隆五十二年(1787)梁氏刻本

十二行二十四字　左右雙邊　白口

19.1×13.6 釐米

浙圖

史 0056

史記校勘記不分卷

　清嘉興錢泰吉撰

　清抄本　清唐嘉登題款

浙圖

史 0057

史記校勘記不分卷

　清嘉興錢泰吉撰

抄本

浙圖

史 0058

校刊史記集解索隱正義劄記五卷

清張文虎撰

稿本

浙圖

史 0059

校刊史記集解索隱正義劄記五卷

清張文虎撰

稿本

浙圖

史 0060

南宋大字史記集解殘本劄記一卷

清熊會貞撰

劉氏嘉業堂抄本

浙圖

史 0061

古史六十卷

宋蘇轍撰

明萬曆三十九年(1611)南京國子監刻本

十行二十字　左右雙邊　白口

紹圖　天一閣

史 0062

重訂古史全本六十卷

宋蘇轍撰

史拾不分卷

明仁和吳弘基輯

明刻本

缺史拾

八行二十字　左右雙邊　白口

18.9×12.5 釐米

浙圖

史 0063

重訂古史全本六十卷

宋蘇轍撰

史拾載補二卷史拾遺聞二卷史拾眾斷五卷

明仁和吳弘基輯

明刻本〔敘、目錄、卷一至二配清抄本〕

八行二十字　左右雙邊　白口　眉上鐫評

18.7×12.6 釐米

浙圖

史 0064

通志二百卷

宋鄭樵撰

元大德(1297—1307)三山郡庠刻元修本

存二十四卷　十七至二十四　五十一至五

十七　六十六至六十八　一百一　一百

二十二至一百二十三　一百二十六　一

百九十四至一百九十五

九行二十一字　左右雙邊　白口

28.2×20.3 釐米

浙圖

史 0065

通志二百卷

宋鄭樵撰

元大德(1297—1307)三山郡庠刻元修本

存三卷　一百二十一　一百二十四　一百

八十七

天一閣

史 0066

通志二百卷

宋鄭樵撰

元大德〔1297—1307〕三山郡庠刻元明遞

修本

浙圖

史 0067

通志二百卷

宋鄭樵撰

清乾隆十二年(1747)刻本

十行二十一字　四周單邊　白口

22×15 釐米

浙圖　寧圖　溫圖　上虞圖

史 0068

通志略五十二卷

　宋鄭樵撰

　明嘉靖二十九年(1550)陳宗夔等刻本

　　十行二十字　四周單邊　白口

　　18.8×13.8 釐米

浙圖　嘉圖　天一閣*

史 0069

通志略五十二卷

　宋鄭樵撰

　明嘉靖二十九年(1550)陳宗夔刻清乾隆

　　(1736—1795)金匱山房印本

浙圖

史 0070

通志略五十一卷

　宋鄭樵撰

　清乾隆十三年(1748)于敏中刻本

　　十行二十字　四周單邊　白口

　　18.8×13.8 釐米

浙圖　嘉圖　上虞圖　黃巖圖*　浙大

史 0071

通志略五十二卷

　宋鄭樵撰

　清乾隆十四年(1749)汪氏飛鴻堂刻本

　〔藝文略卷五配清抄本〕

　　十行二十字　四周單邊　白口

　　18.7×13.7 釐米

浙圖

史 0072

南史八十卷

　唐李延壽撰

元大德十年(1306)刻明嘉靖(1522—

　1566)遞修本

十行二十二字　四周雙邊　白口

22.5×16.4 釐米

浙圖

史 0073

南史八十卷

　唐李延壽撰

　明崇禎十三年(1640)汲古閣刻十七史本

　　佚名批點並跋

　　十二行二十五字　左右雙邊　白口

　　21.2×15 釐米

天一閣

史 0074

南史八十卷

　唐李延壽撰　明張溥評點

　明張溥刻本

　　九行十九字　左右雙邊　白口

　　21×14.6 釐米

溫圖

史 0075

南史八十卷

　唐李延壽撰

　清同治十一年(1872)金陵書局刻本　龍

　　游余紹宋校

　　十二行二十五字　左右雙邊　白口

　　21.1×15.2 釐米

浙圖

史 0076

南史八十卷

　唐李延壽撰

　清同治十一年(1872)金陵書局刻本　陳

　　光漢據元大德刻本、清李清南北史合

　　注抄本校並跋

浙圖

史 0077

北史一百卷

唐李延壽撰

元大德(1297—1307)信州路儒學刻明嘉
靖(1522—1566)重修本　佚名點校

十行二十二字　四周雙邊　白口

22.4×16.8釐米

浙圖

史 0078

北史一百卷

唐李延壽撰

元刻明修本

存十九卷　二十三至三十一　三十五至三
十八　六十四至六十七　九十三至九十
四

十行二十二字　四周雙邊　白口

21.3×16.4釐米

天一閣

史 0079

北史一百卷

唐李延壽撰

明初刻本

存五卷　五十九至六十三

十行二十二字　左右雙邊　黑口

21.8×16.5釐米

浙圖

史 0080

北史一百卷

唐李延壽撰

明萬曆十九年至二十一年(1591—1593)
南京國子監刻本　佚名點評

20.6×15釐米

浙圖

史 0081

北史一百卷

唐李延壽撰

清同治十一年(1872)金陵書局刻本　龍
游余紹宋校

十二行二十五字　左右雙邊　白口

21.4×15.2釐米

浙圖

史 0082

北史一百卷

唐李延壽撰

清同治十一年(1872)金陵書局刻本　陳
光漢據清李清南北史合注抄本校並跋

浙圖

史 0083

南北史合注一百九十一卷

清李清撰

余氏寒柯堂抄本　龍游余紹宋批校並跋

浙圖

史 0084

南北史合注一百九十一卷

清李清撰

余氏寶胡堂抄本　龍游余紹宋校

存六十四卷　一　八十七至一百　一百二
至一百五十

浙圖

史 0085

五代史記七十四卷

宋歐陽修撰　宋徐無黨注

宋刻元明遞修本

十行十八至二十三字　四周雙邊　黑口

19×13釐米

天一閣

史 0086

五代史記七十四卷

宋歐陽修撰　宋徐無黨注

宋慶元(1195—1200)刻元明遞修本

存二十四卷　一至八　五十八至六十二

六十三至七十三

十行十八字　左右雙邊　白口

18.5×13.2釐米

浙圖

史 0087

五代史記七十四卷

宋歐陽修撰　宋徐無黨注

元宗文書院刻明嘉靖（1522—1566）重修
本

十行二十二字　四周雙邊　白口

21.5×16.5釐米

浙圖

史 0088

五代史記七十四卷

宋歐陽修撰　宋徐無黨注

元刻明嘉靖（1522—1566）重修本

存六十四卷　一至十七　二十七至六十七
六十九至七十四

十行二十二字　左右雙邊　白口

22.2×16.5釐米

天一閣

史 0089

五代史記七十四卷

宋歐陽修撰　宋徐無黨注

明嘉靖（1522—1566）汪文盛等刻本

存五十七卷　十至二十一　三十至七十四

十行二十二字　四周單邊　白口

天一閣

史 0090

五代史記七十四卷

宋歐陽修撰　宋徐無黨注

明萬曆四年至五年（1576—1577）南京國
子監刻本

十行二十一字　四周雙邊　綫黑口

21.2×15釐米

浙圖

史 0091

五代史記七十四卷

宋歐陽修撰　宋徐無黨注

明萬曆二十八年（1600）北京國子監刻二
十一史本　清沈巖批校並跋

十行二十一字　左右雙邊　白口

23×15.3釐米

杭圖

史 0092

五代史記七十四卷

宋歐陽修撰　宋徐無黨注

明崇禎三年（1630）毛氏汲古閣刻十七史
本　清徼莽録吳中倫批校

十二行二十五字　左右雙邊　白口

21.4×15.2釐米

杭圖

史 0093

五代史記七十四卷

宋歐陽修撰　宋徐無黨注

明崇禎三年（1630）毛氏汲古閣刻十七史
本　清鄭言批點

浙圖

史 0094

五代史記七十四卷

宋歐陽修撰　宋徐無黨注

清乾隆十一年（1746）刻本

九行二十一字　左右雙邊　白口

20×13.7釐米

溫圖

史 0095

五代史記七十四卷

宋歐陽修撰　宋徐無黨注　清彭元瑞增
注

清道光八年（1828）刻本　清黃體立録瑞
安孫衣言、瑞安孫鏘鳴批校

存七十卷　一至三十五　四十至七十四

十行二十一字　四周單邊　白口

20.7×15.2釐米

溫圖

史 0096

弘簡録二百五十四卷

明仁和邵經邦撰

清康熙二十七年(1688)刻本

十二行二十四字　四周單邊　白口

20.7×15.2釐米

浙圖　浙大

史 0097

弘簡録二百五十四卷

明仁和邵經邦撰

清康熙二十七年(1688)刻乾隆(1736—1795)重修本

溫圖　上虞圖

史 0098

函史上編八十二卷下編二十一卷

明鄧元錫撰

明萬曆(1573—1620)刻本

十行二十一字　左右雙邊　白口

20.1×13.7釐米

浙圖　天一閣*

史 0099

函史上編八十二卷下編二十二卷

明鄧元錫撰

明末活字印本

存五十三卷　上編一至二　九　二十九至三十六　三十九至五十九　六十二至六十三　七十一至七十二　七十八至八十下編三至十　十三　十七　十九至二十二

十行二十一字　四周單邊　白口

21.6×15.2釐米

天一閣

史 0100

李氏藏書六十八卷續藏書二十七卷

明李贄撰

明萬曆(1573—1620)刻本

九行二十字　四周單邊　白口

23.3×15.1釐米

浙圖　溫圖*　天一閣

史 0101

藏書六十八卷續藏書二十七卷

明李贄撰　明陳仁錫評

明天啓(1621—1627)刻本

十行二十二字　四周單邊　白口

22×14.7釐米

浙圖　嘉圖　天一閣*

史 0102

尚史七十一卷

清李鍇撰

清乾隆三十八年(1773)悦道樓刻本

十行二十四字　左右雙邊　白口

18.6×13.5釐米

浙圖　嘉圖*　溫圖

史 0103

諸史夷語音義四卷

明陳士元撰

明萬曆十八年(1590)祝以爾刻本

九行二十字　四周單邊　白口

20.1×13.5釐米

浙圖

斷代

史 0104

前漢書一百卷

漢班固撰

明德藩最樂軒刻本

十行二十一字　左右雙邊　白口

20×14.5釐米

浙圖　天一閣*

史 0105

前漢書一百卷

　漢班固撰

　明吳勉學刻本

　　十行二十字　左右雙邊　白口

　　20×14 釐米

　溫圖

史 0106

漢書一百卷

　漢班固撰　唐顏師古注

　宋刻元明遞修本〔目錄、卷一至五配清抄
　　本〕　佚名批校

　　十行十八字　四周單邊　黑口

　　20.5×15 釐米

　浙大

史 0107

漢書一百卷

　漢班固撰　唐顏師古注

　元大德九年(1305)太平路儒學刻明成化
　　十八年(1482)重修本

　缺十七卷　十六至十九　二十九至三十一
　　四十九至五十二　六十六至七十　九十
　　七

　　十行二十二字　四周雙邊　白口

　　23×16.2 釐米

　天一閣

史 0108

漢書一百卷

　漢班固撰　唐顏師古注

　明正統八年至十年(1443—1445)刻本

　存三卷　五十三至五十四　六十四

　　十行十九字　四周單邊　白口

　　21×14.5 釐米

　杭圖

史 0109

漢書一百卷

　漢班固撰　唐顏師古注

　明刻嘉靖十六年(1537)廣東崇正書院重
　　修本〔卷二十八配清抄本〕

　　十行二十二字　四周單邊　白口

　　19.3×14.1 釐米

　平湖圖

史 0110

漢書一百卷

　漢班固撰　唐顏師古注

　明刻嘉靖十六年(1537)廣東崇正書院重
　　修本　佚名批校

　浙圖

史 0111

漢書一百卷

　漢班固撰　唐顏師古注

　明刻嘉靖(1522—1566)汪文盛等刻本

　存三十一卷　四十六至七十六

　　十二行二十二字　左右雙邊　白口

　　18.2×13.6 釐米

　天一閣

史 0112

前漢書一百卷

　漢班固撰　唐顏師古注

　明刻本

　　十二行二十一字　左右雙邊　白口

　　18.5×13.5 釐米

　天一閣

史 0113

漢書一百卷

　漢班固撰　唐顏師古注

　明崇禎十五年(1642)毛氏汲古閣刻十七
　　史本　清義烏朱一新批校評點並錄諸
　　家批校

　　十二行二十五字　小字雙行三十七字　左右雙
　　　邊　白口

　　21×15.2 釐米

　義烏圖

史 0114

漢書一百卷

漢班固撰　唐顏師古注

明崇禎十五年(1642)毛氏汲古閣刻十七
史本　清佚名批注

平湖圖

史 0115

漢書一百卷

漢班固撰　唐顏師古注

明崇禎十五年(1642)毛氏汲古閣刻十七
史本　佚名批校

玉海樓

史 0116

漢書一百卷

漢班固撰　唐顏師古注

明崇禎十五年(1642)毛氏汲古閣刻十七
史本　清佚名點校

溫圖

史 0117

漢書一百卷

漢班固撰　唐顏師古注

明崇禎十五年(1642)毛氏汲古閣刻後印
十七史本　清光緒十二年(1886)黃巖
王棻校評並跋

黃巖圖

史 0118

漢書一百卷

漢班固撰　唐顏師古注

清同治八年(1869)金陵書局刻本　葛樹
人錄清嘉興錢泰吉校並跋

十二行二十五字　小字雙行三十七字　左右雙
邊　白口

21.1×15.3釐米

浙圖

史 0119

孫月峰先生批評漢書一百卷

明餘姚孫鑛撰

明末馮元仲益山堂刻本

九行二十字　四周單邊　白口

餘姚文

史 0120

漢書一百卷

漢班固撰　明葛錫璠彙評

明崇禎十二年(1639)葛鼎刻本

九行二十五字　四周單邊　白口

20.1×12.2釐米

浙圖

史 0121

漢書一百卷

漢班固撰　唐顏師古注　明錢塘鍾人傑
評

明萬曆四十七年(1619)鍾人傑刻本

缺首一冊

九行二十字　四周雙邊　白口

22×14.8釐米

天一閣

史 0122

漢書一百卷

漢班固撰　唐顏師古注　明錢塘鍾人傑
評

明萬曆四十七年(1619)鍾人傑刻本　題
止圃錄遜學齋錄沈欽韓批校

溫圖

史 0123

漢書一百卷

漢班固撰　唐顏師古注　明陳仁錫評

明崇禎(1628—1644)刻本

十行二十字　左右雙邊　白口

21.3×14.5釐米

浙圖

史 0124

漢書一百卷

漢班固撰　唐顏師古注　明陳仁錫評

明崇禎（1628—1644）刻本〔卷九十七至

　　一百配清抄本〕　佚名批注

浙圖

史 0125

漢書評林一百卷

明吳興凌稚隆輯

明萬曆九年（1581）凌稚隆刻本

十行二十字　左右雙邊　白口

24×14.7釐米

杭圖　浙大

史 0126

漢書評林一百卷

明吳興凌稚隆輯

明萬曆九年（1581）凌稚隆刻本　清秀水

　　盛百二批校並跋

浙圖

史 0127

漢書評林一百卷

明吳興凌稚隆輯

明刻本

十行二十字　左右雙邊　白口

23.4×14.7釐米

浙圖　海寧圖　玉海樓*　浙大　天一閣*

史 0128

漢書評林一百卷

明吳興凌稚隆輯

明刻本

存十卷　一至六　二十六至二十七　九十

　　九至一百

兩欄　下欄十行二十字　左右雙邊　白口　上

　　欄每行六字

24.2×14.5釐米

天一閣

史 0129

漢書評林一百卷

明吳興凌稚隆輯

明萬曆（1573—1620）刻本　清山陰庖新

　　批校並評點

存四十二卷　二十五至二十七　四十至四

　　十九　五十六至七十二　七十九至八十

　　四　九十五至一百

十行二十字　左右雙邊　白口

23.6×15釐米

紹圖

史 0130

漢書評林一百卷

明吳興凌稚隆輯

明書林余彰德刻本

十行二十字　左右雙邊　白口

浙圖

史 0131

漢書評林一百卷

明吳興凌稚隆輯

清刻本　佚名錄清沈欽韓批校

十行二十一字　四周雙邊　白口

16.9×11.4釐米

浙圖

史 0132

許太微書班史藝文志一卷

漢班固撰

明嘉靖三十年（1551）許初寫本　清李兆

　　洛等跋

浙圖

史 0133

漢書校勘一卷

清惠士奇、惠棟撰

抄本　佚名錄清仁和勞格、嘉興錢泰吉

　　跋　蕭山單丕校

浙圖

史 0134

漢書校勘一卷

　　清惠士奇、惠棟撰

　　清抄本　佚名錄清仁和勞格、嘉興錢泰
　　　吉跋

浙圖

史 0135

漢書屬辭比事記六卷

　　清永嘉樊廷英撰

　　稿本

缺一卷　六

溫圖

史 0136

班馬異同三十五卷

　　宋歸安倪思撰　宋劉辰翁評

　　明嘉靖十六年(1537)李元陽刻本

　　九行十九字　左右雙邊　白口

天一閣＊　浙大

史 0137

班馬異同三十五卷

　　宋歸安倪思撰　宋劉辰翁評

　　明萬曆(1573—1620)刻本

　　九行二十字　四周單邊　白口

　　20.8×14.4 釐米

浙圖

史 0138

班馬異同三十五卷

　　宋歸安倪思撰　宋劉辰翁評

　　明末刻本

　　九行二十字　四周單邊　白口

浙大

史 0139

史漢方駕三十五卷

　　明海寧許相卿撰

　　明萬曆十三年(1585)徐禾刻本

　　九行二十字　左右雙邊　白口

　　23×13.7 釐米

浙圖

史 0140

東觀漢記二十四卷

　　清乾隆六十年(1795)掃葉山房刻本

　　十二行二十五字　左右雙邊　白口

　　20.8×15 釐米

浙圖　溫圖

史 0141

東觀漢記二十四卷

　　清乾隆六十年(1795)掃葉山房刻本〔卷
　　　七至十二配抄本〕　佚名批校

杭圖

史 0142

後漢書補逸二十一卷

　　清錢塘姚之駰輯

　　清康熙五十二年(1713)自刻本

　　十行二十字　左右雙邊　白口

　　20.2×14.2 釐米

浙圖

史 0143

謝氏後漢書補逸六卷

　　清錢塘姚之駰輯　清仁和孫志祖增訂
　　　仁和孫峻補輯

　　清何氏夢華館抄本〔卷六補抄本〕　仁和
　　　孫峻校

浙圖

史 0144

謝氏後漢書補逸六卷

　　清錢塘姚之駰輯　清仁和孫志祖增訂
　　　仁和孫峻補輯

　　清何氏夢華館抄本　仁和孫峻校

浙圖

史 0145

後漢書九十卷

劉宋范曄撰

志三十卷

晉司馬彪撰

明吳勉學刻本

溫圖

史 0146

後漢書九十卷

劉宋范曄撰　唐李賢注

志三十卷

晉司馬彪撰　梁劉昭注

明正統八年至十一年(1443—1446)刻本

十二行二十二字　小字雙行二十八字　左右雙

邊　白口

21×15.3釐米

浙大

史 0147

後漢書九十卷

劉宋范曄撰　唐李賢注

志三十卷

晉司馬彪撰　梁劉昭注

明嘉靖(1522—1566)汪文盛等刻本

18.9×13.5釐米

浙圖　天一閣*

史 0148

後漢書九十卷

劉宋范曄撰　唐李賢注

志三十卷

晉司馬彪撰　梁劉昭注

明天啓(1621—1627)刻本

九行二十字　小字雙行二十八字　四周單邊

白口

22.4×15.2釐米

溫圖

史 0149

後漢書九十卷

劉宋范曄撰　唐李賢注

志三十卷

晉司馬彪撰　梁劉昭注

明崇禎十六年(1643)毛氏汲古閣刻十七

史本　清江山劉履芬錄清何焯等批校

並跋

十行二十五字　左右雙邊　白口

21.8×15.4釐米

浙圖

史 0150

後漢書九十卷

劉宋范曄撰　唐李賢注

志三十卷

晉司馬彪撰　梁劉昭注

明崇禎十六年(1643)毛氏汲古閣刻十七

史本　清瑞安孫衣言校點

溫圖

史 0151

後漢書九十卷

劉宋范曄撰　唐李賢注

志三十卷

晉司馬彪撰　梁劉昭注

明崇禎十六年(1643)毛氏汲古閣刻十七

史本　清佚名批注

平湖圖

史 0152

後漢書九十卷

劉宋范曄撰　唐李賢注

志三十卷

晉司馬彪撰　梁劉昭注

明崇禎十六年(1643)毛氏汲古閣刻十七

史本　清佚名批注

玉海樓

紀傳類

史 0153

後漢書九十卷

　劉宋范曄撰　唐李賢注

志三十卷

　晉司馬彪撰　梁劉昭注

　明吳中珩刻本　佚名校點

　十行二十字　左右雙邊　白口

　20.7×14.4 釐米

溫圖

史 0154

後漢書九十卷

　劉宋范曄撰　唐李賢注

志三十卷

　晉司馬彪撰　梁劉昭注

　明陳祖苞刻本

　九行二十字　左右雙邊　白口

　21.8×15 釐米

浙圖

史 0155

後漢書九十卷

　劉宋范曄撰　唐李賢注

志三十卷

　晉司馬彪撰　梁劉昭注

　清乾隆四年(1739)武英殿刻二十四史本

　　蕭山單丕批校

　十行二十一字　左右雙邊　白口

　22.2×15.3 釐米

浙圖

史 0156

後漢書九十卷

　劉宋范曄撰　唐李賢注　明錢塘鍾人傑

　　輯評

志三十卷

　晉司馬彪撰　梁劉昭注　明錢塘鍾人傑

　　輯評

　明鍾人傑刻本

　九行二十字　左右雙邊　白口

　21.2×14.8 釐米

天一閣

史 0157

後漢書九十卷

　劉宋范曄撰　唐李賢注　明陳仁錫評

志三十卷

　晉司馬彪撰　梁劉昭注　明陳仁錫評

　明天啓七年(1627)雲林積秀堂刻本

　九行二十字　左右雙邊　白口

　21.5×15.7 釐米

溫圖　海寧圖　天一閣　餘姚文

史 0158

補後漢書年表十卷

　宋熊方撰

附錄一卷

　清仁和盧文弨撰

　清乾隆四十七年(1782)鮑氏刻本

　十行十八字　左右雙邊　黑口

　19.5×14.6 釐米

上虞圖

史 0159

後漢書補注二十四卷

　清惠棟撰

　清嘉慶九年(1804)德裕堂刻本

　十一行二十三字　小字雙行三十五字　左右雙

　　邊　白口

　21.1×15 釐米

浙圖　溫圖

史 0160

後漢書補注二十四卷

　清惠棟撰

　清嘉慶九年(1804)德裕堂刻本　清瑞安

　　孫詒讓校

溫圖

紀傳類

史 0161

范氏後漢書訓纂不分卷

清惠棟撰

清孫詒讓抄本

17.4×11.3 釐米

溫圖

史 0162

補後漢書藝文志二十九卷

清顧櫰三撰

清嘉慶(1796—1820)抄本　清山陰何澂
跋

溫圖

史 0163

三國志六十五卷

晉陳壽撰　劉宋裴松之注

宋衢州州學刻元明遞修本

存四卷　二十一至二十四

十行十九字　左右雙邊　白口

20.8×16 釐米

天一閣

史 0164

三國志六十五卷

晉陳壽撰　劉宋裴松之注

元刻明嘉靖(1522—1566)、萬曆(1573—
1620)南京國子監遞修本　錢罕跋

存二十七卷　三十一至三十七　四十六至
六十五

十行十九字　小字雙行二十一字　左右雙邊
白口

20.2×15 釐米

天一閣

史 0165

三國志六十五卷

晉陳壽撰　劉宋裴松之注

元刻明嘉靖(1522—1566)、萬曆(1573—
1620)南京國子監遞修本　佚名批

浙大

史 0166

三國志六十五卷

晉陳壽撰　劉宋裴松之注

明萬曆二十四年(1596)南京國子監刻二
十一史本　佚名批校

十二行二十三字　左右雙邊　綫黑口

21.4×14.7 釐米

浙圖

史 0167

三國志六十五卷

晉陳壽撰　劉宋裴松之注

明崇禎十七年(1644)毛氏汲古閣刻十七
史本　佚名批校

21.7×15.3 釐米

浙圖

史 0168

三國志六十五卷

晉陳壽撰　劉宋裴松之注

明崇禎十七年(1644)毛氏汲古閣刻十七
史本　佚名批校

溫圖

史 0169

三國志六十五卷

晉陳壽撰　劉宋裴松之注

明崇禎十七年(1644)毛氏汲古閣刻十七
史本　佚名批校

上虞圖

史 0170

三國志六十五卷

晉陳壽撰　劉宋裴松之注

清刻本　清江山劉履芬校並跋

十二行二十五字　左右雙邊　白口

浙圖

史 0171

三國志六十五卷

　　晉陳壽撰　劉宋裴松之注

　　清乾隆四年(1739)武英殿刻二十四史本

　　　　清孫爾準校　沈衍純校並跋

　　十行二十一字　左右雙邊　白口

　　21.9×15.2釐米

嘉圖

史 0172

三國志六十五卷

　　晉陳壽撰　劉宋裴松之注

　　清乾隆四年(1739)武英殿刻二十四史本

　　屈爔錄清仁和趙一清補注

　　十行二十字　四周單邊　白口

　　20.6×14.5釐米

浙大

史 0173

三國志六十五卷

　　晉陳壽撰　劉宋裴松之注　明陳仁錫評

　　明末雲林積秀堂刻本

　　十行二十字　四周單邊　白口

　　21.1×15.2釐米

浙大

史 0174

三國志六十五卷

　　晉陳壽撰　劉宋裴松之注　明陳仁錫評

　　明天啓(1621—1627)刻本

　　存四十六卷　蜀書一至三　七至十五　吳

　　書一至二十　魏書一至十四

　　十行二十字　四周單邊　白口

溫圖

史 0175

三國志六十五卷

　　晉陳壽撰　劉宋裴松之注　明陳仁錫評

　　明天啓(1621—1627)刻本　佚名據宋本

　　校

　　缺二十五卷　吳書七至十　魏書一至二十

　　一

浙圖

史 0176

三國志注補六十五卷

　　清仁和趙一清撰

　　清光緒(1875—1908)廣雅書局刻本　蕭

　　　　山單丕批校

　　十一行二十二字　四周單邊　黑口

　　20.5×15.4釐米

浙圖

史 0177

補三國疆域志二卷

　　清洪亮吉撰

　　清乾隆四十六年(1781)孫星衍刻本　清

　　　　朱爲弼批校　金德淦跋

平湖圖

史 0178

補三國疆域志二卷

　　清洪亮吉撰

　　清乾隆四十六年(1781)孫星衍刻本

嵊州圖

史 0179

續後漢書九十卷

　　元郝經撰

　　清抄本

　　存八十八卷　二至八十七　八十九至九十

浙圖

史 0180

季漢書六十卷正論一卷答問一卷

　　明謝陛撰　明長興臧懋循訂

　　明萬曆(1573—1620)刻本

　　十行二十二字　四周單邊　白口

　　20.7×13.8釐米

浙圖

史 0181

季漢書六十卷正論一卷答問一卷

　　明謝陛撰

　　明末鍾人傑刻本

　　　九行二十一字　左右雙邊　白口

　　　21.1×15.2 釐米

浙博

史 0182

季漢書六十卷正論一卷答問一卷

　　明謝陛撰

　　明刻本　清山陰祁理孫題款

　　缺世家六卷

　　　九行二十一字　四周單邊　白口

　　　21.2×14.9 釐米

杭圖*　天一閣*

史 0183

晉書一百三十卷

　　唐房玄齡等撰

音義三卷

　　唐何超撰

　　元刻明修本〔卷六十八至七十四配明抄本〕

　　　十行十九字　左右雙邊　白口

　　　20.8×13.1 釐米

浙圖

史 0184

晉書一百三十卷

　　唐房玄齡等撰

音義三卷

　　唐何超撰

　　元刻明修本

　　存三十二卷　六至十三　二十五至二十七　四十一至五十五　一百二十八至一百三十　音義三卷

　　　九行十九字　四周單邊　白口

　　　19×13 釐米

天一閣

史 0185

晉書一百三十卷

　　唐房玄齡等撰

音義三卷

　　唐何超撰

　　元刻明正德十年（1515）司禮監、嘉靖（1522—1566）南京國子監遞修本

　　存二十三卷　一至十　十四至十九　二十四至三十

　　　十行二十字　四周雙邊　細黑口

　　　24.8×18 釐米

天一閣

史 0186

晉書一百三十卷

　　唐房玄齡等撰

音義三卷

　　唐何超撰

　　元刻明遞修本

　　　九行十六字　左右雙邊　白口

　　　21.8×17.8 釐米

天一閣

史 0187

晉書一百三十卷

　　唐房玄齡等撰　唐何超音義

　　明萬曆六年（1578）周若年、丁孟嘉刻本

　　存三十二卷　三　七至八　十一至十二　二十四至二十五　三十七　四十三至四十五　五十一至五十四　五十六　五十九　六十三至六十四　六十六至六十七　六十九　八十七至八十八　九十八　一百四　一百十四　一百十七至一百十八　一百二十一至一百二十二　一百二十五

餘杭圖

史 0188

晉書一百三十卷

　　唐房玄齡等撰　唐何超音義

　　明吳氏西爽堂刻本

十行二十字　左右雙邊　白口
20.5×14.7 釐米
浙圖

紀傳類

史 0189
晉書一百三十卷
　唐房玄齡等撰　唐何超音義　明錢塘鍾
　人傑輯評
　明鍾人傑刻本
　十行二十字　四周單邊　白口
　21×14 釐米
海寧圖＊　天一閣＊　浙大

史 0190
晉書一百三十卷
　唐房玄齡等撰　唐何超音義　明錢塘鍾
　人傑輯評
　明鍾人傑刻本　佚名批點
浙圖

史 0191
晉書纂十六卷
　明錢岱撰
　明萬曆三十六年(1608)刻兩晉南北史合
　纂本
　兩欄　下欄十行二十字　四周單邊　白口
　21.6×14.5 釐米
天一閣

史 0192
删補晉書一百三十卷
　唐房玄齡等撰　明秀水蔣之翹删定
　明崇禎十二年(1639)蔣氏家塾刻本
　存六十八卷　六十三至一百三十
　九行十七字　左右雙邊　白口
　19.5×14 釐米
平湖圖

史 0193
晉書音義三卷
　唐何超撰

明正德十年(1515)刻明遞修本
　十行二十字　左右雙邊　白口
　21.7×17.8 釐米
溫圖

史 0194
新校晉書地理志不分卷
　清方楷撰
　稿本
　十一行二十字　四周單邊　黑口
　15.8×11.1 釐米
杭圖

史 0195
晉書校注一百三十卷
　唐房玄齡等撰　錢塘吳士鑑校注
　稿本
浙圖

史 0196
宋書一百卷
　梁武康沈約撰
　宋刻宋元明遞修本
　存五十二卷　一至十　十五至二十三　二
　十八至三十二　三十六至六十三
　九行十八字　左右雙邊　黑口
天一閣

史 0197
宋書一百卷
　梁武康沈約撰
　宋刻宋元明遞修本
　存十三卷　列傳五至九　十四至十八　志
　二十一至二十三
　九行十八字　四周單邊或左右雙邊　白口
　22.5×18.6 釐米
浙圖

史 0198
南齊書五十九卷
　梁蕭子顯撰

宋刻宋元明遞修本

九行十八字　四周雙邊　白口或花口

22.3×18.5 釐米

浙圖

史 0199

南齊書五十九卷

梁蕭子顯撰

宋刻宋元明遞修本

存五十卷　一至十　二十至五十九

九行十八字　左右雙邊　白口

22.2×18.8 釐米

天一閣

史 0200

梁書五十六卷

唐姚思廉撰

宋刻宋元明遞修本

存二十二卷　本紀一至二　列傳一至七

二十三至二十九　三十七至四十二

九行十八字　四周單邊　白口

22.2×18.7 釐米

浙圖

史 0201

梁書五十六卷

唐姚思廉撰

宋刻宋元明遞修本

缺十二卷　十四至二十一　五十至五十三

九行十八字　左右雙邊　白口

22.2×18.5 釐米

天一閣

史 0202

梁書五十六卷

唐姚思廉撰

明萬曆三年(1575)南京國子監刻清順治

(1644—1661)、康熙(1662—1722)遞

修二十一史本　佚名批

十行二十一字　四周雙邊　白口

20.9×14.8 釐米

浙大

史 0203

梁書五十六卷

唐姚思廉撰

明崇禎六年(1633)毛氏汲古閣刻十七史

本　蕭山單丕校

十二行二十五字　左右雙邊　白口

21×15.3 釐米

浙圖

史 0204

梁書五十六卷

唐姚思廉撰

明崇禎六年(1633)毛氏汲古閣刻十七史

本　佚名批

浙大

史 0205

陳書三十六卷

唐姚思廉撰

宋刻宋元遞修本

缺十二卷　一至七　二十八至三十二

九行十八字　左右雙邊　白口

23×18.5 釐米

天一閣

史 0206

陳書三十六卷

唐姚思廉撰

宋刻宋元遞明修本

存六卷　四至五　七至十

天一閣

史 0207

魏書一百十四卷

北齊魏收撰

宋刻宋元明遞修本

存五十九卷　志一至十五　列傳一至九

十三至四十一　四十五至四十七　六十

五至六十七

九行十八字　四周單邊　白口

22.7×18.7釐米

浙圖

史 0208

魏書一百十四卷

北齊魏收撰

宋刻宋元明遞修本

存六十一卷　一至四十三　九十七至一百

十四

九行十八字　左右雙邊　白口

22.2×16.6釐米

天一閣

史 0209

魏書一百十四卷

北齊魏收撰

宋刻元明遞修本

缺二十一卷　一至十二　二十　四十四

五十五至五十七　七十三至七十六

九行十八字　左右雙邊　白口

22.5×19釐米

天一閣

史 0210

北齊書五十卷

唐李百藥撰

宋刻宋元明遞修本

九行十八字　四周單邊　白口

22×18.5釐米

浙圖

史 0211

北齊書五十卷

唐李百藥撰

宋刻宋元明遞修本

缺四卷　四十一至四十四

九行十八字　左右雙邊　白口

22.8×19釐米

天一閣

史 0212

北齊書五十卷

唐李百藥撰

明崇禎十一年(1638)毛氏汲古閣刻十七

史本　佚名批

十二行二十五字　左右雙邊　白口

21.3×15.2釐米

浙大

史 0213

周書五十卷

唐令狐德棻撰

宋刻宋元明遞修本

存二十三卷　九至十四　二十一至三十二

三十七至四十一

九行十六至十八字　左右雙邊　白口

22.5×18.5釐米

天一閣

史 0214

隋書八十五卷

唐魏徵等撰

元大德(1297—1307)饒州路儒學刻明正

德(1506—1521)、嘉靖(1522—1566)

遞修本

存四十八卷　志一至四　八至三十　列傳

一至六　二十六至三十　四十一至五十

十行二十二字　四周雙邊　綫黑口

21×16釐米

浙圖

史 0215

隋書八十五卷

唐魏徵等撰

元大德(1297—1307)饒州路儒學刻明正

德（1506—1521）、嘉靖（1522—1566）
遞修本

缺十八卷　十九至二十一　七十一至八十
五

天一閣

史 0216

隋書八十五卷

唐魏徵等撰

元至順三年（1332）瑞州路儒學刻明修本

九行二十字　左右雙邊　黑口

21×15 釐米

天一閣

史 0217

隋書經籍志四卷

唐長孫無忌撰

張宗祥影宋抄本　海寧張宗祥跋

浙圖

史 0218

隋經籍志考證不分卷

清會稽章宗源撰

清孫氏玉海樓抄本　清瑞安孫詒讓批校
並跋

浙大

史 0219

隋書經籍志考證不分卷

清會稽章宗源撰

清抄本　清瑞安孫詒讓校並跋　清傅以
禮校　李濟鏘跋

存史部

浙圖

史 0220

隋書經籍志考證十三卷

清會稽章宗源撰

清光緒元年（1875）崇文書局刻崇文書局
彙刻書本　象山陳漢章校

存九卷　五至十三

十二行二十四字　四周雙邊　黑口

19.5×14.7 釐米

浙圖

史 0221

唐書二百卷

後晉劉昫等撰

明嘉靖十八年（1539）聞人詮刻本

十四行二十六字　左右雙邊　白口

21.7×15 釐米

浙圖　浙大

史 0222

唐書二百卷

後晉劉昫等撰

明嘉靖十八年（1539）聞人詮刻本　清蔣
杲校並跋

杭圖

史 0223

唐書二百卷

宋歐陽修、宋祁等撰

元刻明修本

存三十九卷　二十八至六十六

十行十九字　左右雙邊　黑口

19×13.5 釐米

天一閣

史 0224

唐書二百二十五卷

宋歐陽修、宋祁等撰

釋音二十五卷

宋董衝撰

元大德九年（1305）建康路儒學刻明成化
至嘉靖（1465—1566）南京國子監遞修
本

存三十四卷　志三十四至四十五　表十二
至十五　列傳五至十　十四至二十　二
十六至三十

十行二十二字　左右雙邊　綫黑口

18×12.8 釐米

浙圖

名校

九行十八字　左右雙邊　白口

浙大

史 0225

唐書二百卷

宋歐陽修、宋祁等撰

元大德九年(1305)建康路儒學刻明成化

至嘉靖(1465—1566)南京國子監遞修

本

存十卷　一至十

天一閣

史 0230

南唐書十八卷

宋山陰陸游撰

音釋一卷

元戚光撰

明萬曆(1573—1620)刻祕册彙函本　長

興王修批校並跋

浙圖

史 0226

唐書藝文志注四卷

張宗祥抄本　海寧張宗祥跋

浙圖

史 0231

南唐書十八卷

宋山陰陸游撰

音釋一卷

元戚光撰

明天啓三年(1623)鮑山刻本　佚名校

九行十八字　四周單邊　白口

19.4×13.5 釐米

浙大

史 0227

新舊唐書互證二十卷

清趙紹祖撰

清嘉慶十八年(1813)古墨齋刻本

十行二十字　左右雙邊　白口

20.5×14.4 釐米

浙圖

史 0232

南唐書十八卷

宋山陰陸游撰

音釋一卷

元戚光撰

明刻本

九行十八字　左右雙邊　白口

19.2×13.6 釐米

浙圖

史 0228

南唐書三十卷

宋馬令撰　明陳繼儒訂

明末刻本

九行二十字　四周單邊　白口

19.9×14.6 釐米

浙大

史 0229

南唐書十八卷

宋山陰陸游撰

音釋一卷

元戚光撰

明萬曆(1573—1620)刻祕册彙函本　佚

史 0233

南唐書箋注十八卷

宋山陰陸游撰　清周在浚箋注

音釋一卷

元戚光撰

清抄本

浙圖

史 0234

南唐書合訂二十五卷

清李清撰

余氏寒柯堂抄本

浙圖

史 0235

宋史四百九十六卷目録三卷

元脱脱等撰

明成化七年至十六年(1471—1480)朱英
刻本

存二百六十八卷 十八至三十七 四十四
至五十五 六十至七十 八十三至八十
四 一百六十九至一百八十六 一百九
十一至二百七十八 二百九十至三百八
十三 三百八十八至四百十

十行二十一字 四周雙邊 黑口

22.5×15.5 釐米

天一閣

史 0236

宋史四百九十六卷

元脱脱等撰

明抄本

存二卷 四百五十六至四百五十七

九行二十字 四周雙邊 白口

20.8×15.3 釐米

天一閣

史 0237

東都事略一百三十卷

宋王偁撰

清寶華堂影宋眉山陳氏刻本

十二行二十四字 左右雙邊 細黑口

18.7×12.9 釐米

浙大

史 0238

東都事略一百三十卷

宋王偁撰

清嘉慶(1796—1820)掃葉山房刻本

十二行二十五字 左右雙邊 白口

21.8×15.1 釐米

浙圖 溫圖 上虞圖

史 0239

宋史新編二百卷

明柯維騏撰

明嘉靖三十六年(1557)刻本

十行二十一字 四周單邊 白口

18.8×13 釐米

浙圖 天一閣*

史 0240

南宋書六十八卷

明嘉善錢士升撰

清嘉慶二年(1797)掃葉山房刻本

十二行二十五字 左右雙邊 白口

21.7×15.1 釐米

浙圖 溫圖 上虞圖

史 0241

遼史拾遺二十四卷

清錢塘厲鶚撰

遼史拾遺續三卷

清楊復吉撰

清沈氏鳴野山房抄本

浙圖

史 0242

金史一百三十五卷

元脱脱等撰

明刻本

十行二十二字 左右雙邊 白口

21.8×16 釐米

天一閣

史 0243

金史一百三十五卷目録二卷

元脱脱等撰

明嘉靖八年(1529)南京國子監刻本　佚
　名批
十行二十二字　左右雙邊　綫黑口
21.4×15.9 釐米
浙大

史 0244

金史一百三十五卷目錄二卷
　元脫脫等撰
　明嘉靖八年(1529)南京國子監刻二十六
　　年(1547)重修本
浙圖

史 0245

金史補不分卷
　清仁和杭世駿撰
　抄本
浙圖

史 0246

**金源劄記二卷序例一卷又劄一卷史論五答
　一卷吉貝居暇唱一卷**
　清施國祁撰
　清嘉慶十七年至二十一年(1812—1816)
　　施氏吉貝居刻本
十二行二十三字　小字雙行三十一字　左右雙
　　邊　黑口
17.3×13.8 釐米
浙圖

史 0247

元史二百十卷目錄二卷
　明浦江宋濂等撰
　明洪武三年(1370)內府刻嘉靖九年至十
　　年(1530—1531)南京國子監遞修本
十行二十字　四周雙邊　黑口
26.2×17.5 釐米
浙圖

史 0248

續弘簡錄元史類編四十二卷
　清仁和邵遠平撰
　清康熙四十五年(1706)刻本
十二行二十四字　四周單邊　白口
20.9×15 釐米
浙圖　浙大

史 0249

續弘簡錄元史類編四十二卷
　清仁和邵遠平撰
　清康熙四十五年(1706)刻乾隆(1736—
　　1795)重修本
溫圖　上虞圖

史 0250

元史類編四十二卷
　清仁和邵遠平撰　清席世臣輯
　清乾隆六十年(1795)席氏掃葉山房刻本
十二行二十五字　左右雙邊　白口
21.3×15.1 釐米
嘉圖　上虞圖

史 0251

元史譯文證補三十卷
　清洪鈞撰
　清光緒二十三年(1897)陸潤庠刻本　清
　　陸潤庠校　平湖屈彊跋
附陸潤庠手札一通
原缺十卷　七至八　十三　十六至十七
　十九至二十一　二十五　二十八
十二行二十五字　小字雙行三十八字　左右雙
　　邊　白口
21.1×15.3 釐米
浙大

史 0252

元史氏族表三卷
　清錢大昕撰
　清江蘇書局刻本　象山陳漢章校

十二行二十五字　左右雙邊　白口

浙圖

史 0253

皇明書四十五卷

　明鄧元錫撰

　明萬曆三十四年(1606)刻本

存七卷　一至二　八至十二

　十行二十字　左右雙邊　白口

　21×13.5 釐米

天一閣

史 0254

名山藏一百九卷

　明何喬遠撰

　明崇禎(1628—1644)沈猶龍等刻本

　典謨記二十九卷

　坤則記一卷

　開聖記二卷

　繼體記一卷

　分藩記五卷

　勳封記二卷

　天因記一卷

　天歐記二卷

　輿地記二卷　（原題未全）

　典禮記　（原題未刻）

　樂舞記　未刻

　刑法記一卷

　河漕記一卷

　漕運記一卷

　錢法記一卷

　兵制記一卷

　馬政記一卷

　茶馬記一卷

　鹽法記一卷

　臣林記二十六卷

　臣林外記一卷

　關柝記一卷

　儒林記二卷

　文苑記一卷

　俘賢記一卷

　宦者記一卷

　列女記一卷

　臣林雜記四卷

　高道記一卷

　本士記一卷

　本行記二卷

　藝妙記一卷

　貨殖記一卷

　方技記一卷

　方外記二卷

　王享記五卷

　十行二十字　四周單邊　白口

　21.2×14.8 釐米

浙圖　杭圖＊

史 0255

皇明史竊一百五卷

　明尹守衡撰

　明崇禎七年(1634)刻本

原缺四卷　八至十　十四

　九行二十一字　四周單邊　白口

　21×14 釐米

天一閣

史 0256

石匱書□□卷

　清山陰張岱撰

　清鳳嬉堂抄本

存恩澤外戚侯者世表、洪熙以後功臣侯者

　世表

　八行二十字　書口下鐫"鳳嬉堂"

杭博

史 0257

明史列傳稿不分卷

　清鄞縣萬斯同撰

　稿本

　21.2×28.3 釐米

天一閣

史 0258

明史□□卷

清鄞縣萬斯同撰

清抄本

存列傳一至九十二　文苑一至六　儒林一
　至二　循吏三卷　隱逸傳　佞倖二卷

天一閣

史 0259

明史地理志稿不分卷

清鄞縣萬斯同撰

清萬氏家抄本　慈溪馮貞群跋

浙圖

史 0260

明史藁三百十三卷

清王鴻緒撰

清初抄本　佚名批校

浙圖

史 0261

明史藁三百十卷目錄三卷

清王鴻緒撰

清雍正(1723—1735)敬慎堂刻本

十一行二十三字　左右雙邊　白口

19.8×14.6釐米

浙圖　餘杭圖　寧圖　溫圖　浙大

史 0262

南疆逸史五十六卷

清吳興溫睿臨撰

劉氏嘉業堂抄本

浙圖

史 0263

南疆逸史跋不分卷

清歸安楊鳳苞撰

清抄本　清傅以禮批校

浙圖

史 0264

南疆逸史跋不分卷

清歸安楊鳳苞撰

劉氏嘉業堂抄本

浙圖

史 0265

南天痕二十六卷

清凌雪撰

清抄本　清鄞縣董沛、陳勱跋　佚名批
　校並評點

浙圖

史 0266

滿漢名臣傳一百二十卷

清抄本

浙圖

史 0267

清史稿列傳不分卷

稿本

浙圖

史 0268

清史稿列傳不分卷

朱孔彰等撰

稿本

浙圖

史 0269

皇朝文苑傳三卷皇朝儒林傳三卷

清□□撰

清抄本

存四卷　文苑傳上中　儒林傳中下

浙圖

史 0270

國史儒林傳擬稿不分卷

清阮元撰

清文選樓抄本

十行二十字　四周雙邊　白口

18.4×14 釐米

天一閣

史 0271

滿洲名臣傳二百二十卷

　清抄本

浙圖

史 0272

貳臣傳不分卷

　清抄本

浙圖

史 0273

貳臣傳十六卷

　清抄本

浙圖

史 0274

逆臣傳四卷

　清抄本

浙圖

編年類

通代

史 0275

竹書紀年統箋十二卷前編一卷雜述一卷

　清徐文靖撰

　清乾隆十五年(1750)刻本

　九行二十字　左右雙邊　白口

　19.8×13.2 釐米

嘉圖　溫圖

史 0276

元經薛氏傳十卷

　唐薛收撰　宋阮逸注

明刻本

十二行二十二字　四周雙邊　白口

19.2×14.6 釐米

浙圖

編年類

史 0277

通曆十五卷

　唐馬總撰　宋孫光憲續

　清抄本

存十卷　一至十

浙圖

史 0278

資治通鑑二百九十四卷

　宋司馬光撰

　明嘉靖二十三年至二十四年(1544—
　　1545)孔天胤刻本〔卷二百三至二百六
　　配清抄本〕

　十行二十字　左右雙邊　白口

　21.3×15.6 釐米

浙圖　天一閣*

史 0279

資治通鑑二百九十四卷

　宋司馬光撰　元胡三省音注

　元刻明遞修本

存八卷　五十四至六十一

　十行二十字　四周雙邊　白口

　21.2×15 釐米

天一閣

史 0280

資治通鑑二百九十四卷

　宋司馬光撰　元胡三省音注

　清康熙(1662—1722)徐元文含經堂刻本

　十行二十字　四周單邊　白口

　21.7×14.3 釐米

浙圖

編年類

史 0281

資治通鑑二百九十四卷

宋司馬光撰　元胡三省音注

通鑑釋文辨誤十二卷

元胡三省撰

清嘉慶二十一年(1816)胡克家影元刻本

十行二十字　左右雙邊　黑口

21.5×14.9 釐米

溫圖　天一閣

史 0282

資治通鑑二百九十四卷

宋司馬光撰　元胡三省音注

清同治十年(1871)湖北崇文書局刻本

象山陳漢章批校

十行二十字　四周雙邊　黑口

21.5×14.4 釐米

浙圖

史 0283

資治通鑑二百九十四卷目錄三十卷考異三
十卷釋例一卷問疑一卷釋文三十卷釋文
辨誤十二卷敘錄三卷

宋司馬光撰　元胡三省音注

清光緒十七年(1891)楊氏刻本　海寧張

宗祥校並跋

十二行二十五字　左右雙邊　小黑口

20×14.5 釐米

海寧圖

史 0284

資治通鑑二百九十四卷

宋司馬光撰　元胡三省音注　明陳仁錫

評

通鑑釋文辯誤十二卷

元胡三省撰

明天啓五年(1625)陳仁錫刻本

十行二十字　左右雙邊　白口

21.2×14.8 釐米

浙圖　寧圖　溫圖　嘉圖＊　紹圖　上虞圖＊

天一閣　侍王府

史 0285

資治通鑑考異三十卷

宋司馬光撰

明嘉靖二十三年至二十四年(1545—
1546)孔天胤刻本

存三卷　二十四至二十六

十行二十字　左右雙邊　白口

20.6×15.3 釐米

浙大

史 0286

資治通鑑考異三十卷

宋司馬光撰

明萬曆十四年(1586)刻本

十行二十字　左右雙邊　白口

20.4×15.4 釐米

浙圖

史 0287

資治通鑑目錄三十卷

宋司馬光撰

資治通鑑問疑一卷

宋劉羲仲撰

明崇禎二年(1629)陳仁錫刻本

八行十九字　四周單邊　白口

21.5×14.7 釐米

浙圖　溫圖　天一閣＊　天台博

史 0288

資治通鑑釋文三十卷

宋史炤撰

清影宋抄本

浙大

史 0289

通鑑釋文辯誤十二卷

元胡三省撰

明萬曆二十年(1592)吳勉學刻本

十行二十字　左右雙邊　白口

21.5×14.1釐米

浙圖　天一閣

史 0290

通鑑地理通釋十四卷

宋鄞縣王應麟撰

元至元十七年（1280）刻本　清鄭文焯跋

存四卷　一至四

十行二十字　左右雙邊　白口

21.2×13.7釐米

天一閣

史 0291

司馬溫公經進稽古錄二十卷

宋司馬光撰

明弘治十四年（1501）楊璋刻本

十行二十一字　四周雙邊　黑口

21×15釐米

天一閣＊　浙大

史 0292

司馬溫公稽古錄二十卷

宋司馬光撰

明范氏天一閣刻本

九行十九字　四周單邊　白口

20.6×15.5釐米

浙圖　天一閣

史 0293

司馬溫公稽古錄二十卷

宋司馬光撰

清初刻本

九行十九字　四周單邊　白口

天一閣

史 0294

資治通鑑外紀十卷目錄五卷

宋劉恕撰

元延祐（1314—1320）刻明修本

存十三卷　外紀一至十　目錄一至三

十一行二十一字　左右雙邊　黑口

21×13.8釐米

天一閣

史 0295

資治通鑑外紀十卷目錄五卷

宋劉恕撰

明刻本

十行二十字　四周單邊　白口

21.5×14.8釐米

浙圖

史 0296

資治通鑑外紀十卷目錄五卷

宋劉恕撰

明陳仁錫刻本

十行二十字　四周單邊　白口

20.7×14.9釐米

浙圖

史 0297

通鑑前編十八卷舉要二卷

宋蘭谿金履祥撰

元刻明成化十二年（1476）南京吏部重修
　　本

存十二卷　二至十一　舉要二卷

十行二十二字　左右雙邊　綫黑口

23×16釐米

浙圖

史 0298

通鑑前編十八卷舉要二卷

宋蘭谿金履祥撰　明路進輯

明末路進刻本

十行二十字　左右雙邊　白口

19.8×14.4釐米

浙圖　天一閣＊

史 0299

資治通鑑綱目前編十八卷

　宋蘭谿金履祥撰

外紀一卷

　明四明陳桱撰　明劉弘毅音釋

　明正德元年(1506)慎獨齋刻本

　存五卷　十五至十八　外紀

　十行二十二字　四周雙邊　黑口

衢博

史 0300

資治通鑑綱目前編十八卷舉要三卷

　宋蘭谿金履祥撰

外紀一卷

　明四明陳桱撰

　明嘉靖十四年(1535)書林清江堂刻本

　十一行二十三字　四周雙邊　大黑口

　18×12.8釐米

浙圖

史 0301

增定資治通鑑前編五卷

　明四明陳桱撰

　明吳勉學刻本

　十行二十字　左右雙邊　白口

天一閣

史 0302

少微通鑑節要五十卷外紀四卷

　宋江贄撰

資治通鑑節要續編三十卷

　明張光啓撰

　明正德九年(1514)司禮監刻本

　九行十五字　四周雙邊　黑口

　22.2×15.7釐米

浙圖　杭圖*　紹圖*　浙大*

史 0303

**新刊高明大字少微先生資治通鑑節要二十
　卷外紀五卷首一卷**

　宋江贄撰

續資治通鑑節要二十卷

　明張光啓撰　明劉剡輯

　明萬曆九年(1581)黃氏興正書堂刻本

　十二行二十六字　四周雙邊　白口

　16.8×12.5釐米

浙圖

史 0304

**新刊翰林考正綱目批點音釋少微節要通鑑
　大全二十卷外紀二卷**

　宋江贄輯　明唐順之刪定

續編二十卷

　明黃汝良刪定　楊道賓注釋

　明萬曆三十七年(1609)書林張裔軒刻本

　兩欄　下欄十二行二十六字　四周單邊　白口

　18.5×13釐米

天一閣

史 0305

**新刊憲臺攷正少微通鑑全編二十卷外紀二
　卷**

　宋江贄輯

新刊憲臺攷正宋元通鑑全編二十一卷

　明嘉靖三十八年(1559)吉澄刻本〔少微
　　通鑑全編卷三配清抄本〕　佚名批校

　十行二十四字　四周單邊　白口

　21.4×14.8釐米

浙圖

史 0306

**新刊憲臺攷正少微通鑑全編二十卷外紀二
　卷總論一卷**

　宋江贄輯

　明刻本

　存全編二十卷

　十二行二十四字　四周單邊　白口

　21.1×14.5釐米

天一閣

史 0307

新刊憲臺攷正少微通鑑全編二十卷外紀二卷總論一卷

　宋江贄輯

　　明萬曆(1573—1620)徐元太等刻本

缺一卷　外紀二

　　十行二十二字　四周雙邊　白口

　　22.2×14.5釐米

浙圖*　杭圖*

史 0308

資治通鑑綱目五十九卷

　宋朱熹撰

　　元周氏留耕書堂刻本

存十四卷　一至二　十二至十四　十八至二十　三十六至三十八　四十八至五十

　　十行十六字　小字雙行二十二字　左右雙邊　黑口

　　19×13.1釐米

天一閣

史 0309

資治通鑑綱目五十九卷

　宋朱熹撰

　　明成化九年(1473)內府刻本

　　八行十八字　小字雙行二十一字　四周雙邊　粗黑口

　　27×18釐米

浙圖　紹圖*　天一閣

史 0310

資治通鑑綱目五十九卷

　宋朱熹撰

　　明嘉靖三十五年(1556)趙府居敬堂刻本

缺十九卷　六　四十二至五十九

　　十行二十字　四周雙邊　白口

　　20×15釐米

天一閣

史 0311

資治通鑑綱目五十九卷

　宋朱熹撰

　　明嘉靖三十五年(1556)趙府居敬堂刻本

　　佚名批注

浙圖

史 0312

資治通鑑綱目五十九卷

　宋朱熹撰

　　明崇禎三年(1630)刻本

　　七行十八字　四周雙邊　白口

　　21.4×14.8釐米

天一閣

史 0313

資治通鑑綱目發明五十九卷

　宋遂昌尹起莘撰

　　明洪武二十一年(1388)建安書市刻本

存二卷　四十一至四十二

　　十二行二十字　四周雙邊　黑口　蝴蝶裝

　　19.3×12.9釐米

浙圖

史 0314

資治通鑑綱目發明五十九卷

　宋遂昌尹起莘撰

　　明內府刻本

　　八行十八字　小字雙行二十一字　四周雙邊　黑口

　　27.5×18.4釐米

浙圖　天一閣　浙大*

史 0315

資治通鑑綱目集覽五十九卷

　元王幼學撰

　　明刻本

　　八行十八字　四周雙邊　黑口

　　24.6×17.7釐米

浙圖

編年類

史 0316

資治通鑑綱目集覽五十九卷

元王幼學撰　明陳濟正誤

明內府刻本

八行十八字　小字雙行二十一字　四周雙邊

黑口

27.6×18.3 釐米

浙圖　天一閣＊　浙大＊

史 0317

文公先生資治通鑑綱目五十九卷

宋朱熹撰　宋遂昌尹起莘發明　元汪克

寬考異　元王幼學集覽　明張光啓纂

輯

明初刻本

存一卷　三十六

十二行十八字　小字雙行二十二字　四周雙邊

黑口

紹圖

史 0318

文公先生資治通鑑綱目五十九卷

宋朱熹撰　宋遂昌尹起莘發明　元汪克

寬考異　元王幼學集覽　明陳濟正誤

明建安劉寬裕刻本

十二行十八字　小字雙行二十二字　四周雙邊

綫黑口

21.7×13.5 釐米

浙圖

史 0319

資治通鑑綱目五十九卷

宋朱熹撰　宋遂昌尹起莘發明　元汪克

寬考異　元王幼學集覽　明陳濟正誤

明萬曆（1573—1620）刻本

存五十八卷　二至五十九

七行十八字　四周雙邊　白口

22×15.9 釐米

浙圖

史 0320

資治通鑑綱目五十九卷

宋朱熹撰　宋遂昌尹起莘發明　元汪克

寬考異　元王幼學集覽　明陳濟正誤

清康熙四十年（1701）王公行刻本

九行十八字　四周雙邊　白口

20.6×14.8 釐米

杭圖

史 0321

資治通鑑綱目五十九卷

宋朱熹撰　宋遂昌尹起莘發明　元劉友

益書法　元汪克寬考異　元徐文昭考

證　元王幼學集覽　明陳濟正誤

明弘治九年（1496）黃仲昭刻本

九行二十字　四周雙邊　白口

21×14.5 釐米

天一閣

史 0322

資治通鑑綱目五十九卷

宋朱熹撰　宋遂昌尹起莘發明　元劉友

益書法　元汪克寬考異　元徐文昭考

證　元王幼學集覽　明陳濟正誤　明

馮智舒質實

明刻本〔卷三至六、二十三、二十五配明

正德八年福州刻本〕　清顧嗣立校並

跋

十行二十二字　四周雙邊間四周單邊　黑口

19.5×13.4 釐米

浙大

史 0323

資治通鑑綱目五十九卷

宋朱熹撰　宋遂昌尹起莘發明　元劉友

益書法　元汪克寬考異　元徐文昭考

證　元王幼學集覽　明陳濟正誤　明

馮智舒質實

明刻本

存三十九卷　六至八　十五至十七　二十
七至五十九

十二行十八字　四周雙邊　黑口

21.6×13.5釐米

天一閣

史 0324

資治通鑑綱目五十九卷

宋朱熹撰　宋遂昌尹起莘發明　元劉友
益書法　元汪克寬考異　元徐文昭考
證　元王幼學集覽　明陳濟正誤　明
馮智舒質實

明刻本

存二卷　四十八至四十九

九行二十字　四周雙邊　黑口

23×14.7釐米

天一閣

史 0325

新刊紫陽朱子綱目大全五十九卷首一卷

宋朱熹撰　宋遂昌尹起莘發明　元劉友
益書法　元汪克寬考異　元王幼學集
覽　元徐文昭考證　明陳濟正誤　明
馮智舒質實

明嘉靖十年（1531）楊氏清江書堂刻本
佚名批注

十一行二十三字　四周雙邊　黑口

18.8×12.8釐米

浙圖

史 0326

新刊紫陽朱子綱目大全五十九卷首一卷

宋朱熹撰　宋遂昌尹起莘發明　元劉友
益書法　元汪克寬考異　元徐文昭考
證　元王幼學集覽　明陳濟正誤　明
馮智舒質實

明嘉靖十年（1531）楊氏清江書堂刻本
佚名批注

浙圖

史 0327

資治通鑑綱目五十九卷

宋朱熹撰

續資治通鑑綱目二十七卷

明淳安商輅等撰

資治通鑑綱目前編二十五卷

明南軒撰

明崇禎三年（1630）陳仁錫刻本

七行十八字　四周單邊　白口

20.5×14.5釐米

臨海博

史 0328

資治通鑑綱目五十九卷

宋朱熹撰　明陳仁錫評閱

清康熙四十年（1701）刻本

缺一卷　五十九

十四行十七字　四周單邊　白口

20.5×15釐米

義烏圖

史 0329

資治通鑑綱目集説五十九卷

明扶安輯　明晏宏校補

明嘉靖（1522—1566）晏宏刻本

十行二十一字　四周雙邊　白口

25×17.2釐米

天一閣　浙大

史 0330

通鑑綱目前編三卷

明許誥撰

明嘉靖五年（1526）刻本

八行十七字　四周單邊　白口

18.2×13.1釐米

天一閣

史 0331

訂正通鑑綱目前編二十五卷

明南軒撰

明萬曆二十三年(1595)刻本

七行十八字　　左右雙邊　　白口

22.9×16.1釐米

浙圖

史 0332

訂正通鑑綱目前編二十五卷

明南軒撰

明刻本

存五卷　一至五

七行十八字　　四周單邊　　白口

22.5×16釐米

天一閣

史 0333

通鑑綱目前編二十五卷

明南軒撰

清康熙四十年(1701)王公行刻本

七行十八字　　四周單邊　　白口

20.7×14.8釐米

杭圖

史 0334

綱目通論不分卷

清任兆麟撰

清乾隆四十六年(1781)刻本

十行十九字　　左右雙邊　　粗黑口

17.1×13.4釐米

嘉圖

史 0335

續資治通鑑綱目二十七卷

明淳安商輅等撰

明成化十二年(1476)內府刻本

八行十八字　　小字雙行二十一字　　四周雙邊

黑口

27.4×17.7釐米

浙圖　天一閣

史 0336

續編資治宋元綱目大全二十七卷

明淳安商輅等撰

明嘉靖十年(1531)書林楊氏清江堂刻本

十一行二十三字　　四周雙邊　　黑口

18.2×12.5釐米

天一閣

史 0337

續資治通鑑綱目二十七卷

明淳安商輅等撰　　明陳仁錫評閱

明崇禎三年(1630)陳仁錫刻本

七行十八字　　四周單邊　　白口

20.5×14.5釐米

杭圖　黃巖圖　天一閣

史 0338

通鑑綱目全書一百八卷

明嘉靖三十九年(1560)書林楊氏歸仁齋
刻本

存二十二卷

資治通鑑綱目前編十八卷舉要三卷　宋蘭
谿金履祥撰

資治通鑑綱目前編外紀一卷　明四明陳桱
撰

十行二十二字　　四周雙邊　　黑口

溫圖*　浙大*

史 0339

通鑑綱目全書一百八卷

明萬曆二十一年(1593)蜀藩刻本

存八十七卷

資治通鑑綱目五十九卷首一卷　宋朱熹撰
宋遂昌尹起莘發明　元劉友益書法　元
汪克寬考異　元徐昭文考證　元王幼學
集覽　明陳濟正誤　明馮智舒質實

續資治通鑑綱目二十七卷　明淳安商輅等
撰　明餘杭周禮發明　明張時泰廣義

十行二十二字　　四周雙邊　　黑口

25.4×18.2釐米

浙大

史 0340

御批資治通鑑綱目全書一百九卷

　　清康熙四十六年至四十九年（1707—
　　1710）內府刻後印本

　　　　資治通鑑綱目五十九卷首一卷　宋朱熹撰
　　　　資治通鑑綱目前編十八卷舉要三卷　宋蘭
　　　　谿金履祥撰
　　　　資治通鑑綱目前編外紀一卷　明四明陳桱
　　　　撰
　　　　續資治通鑑綱目二十七卷　明淳安商輅等
　　　　撰

　　　十一行二十二字　四周雙邊　黑口
　　　18.5×13.2 釐米

　浙圖　溫圖　平湖圖　衢博 *

史 0341

資治通鑑綱目舉觀四十卷首一卷

　　明吳震元撰
　　明崇禎（1628—1644）郵雲堂刻本

　　　九行二十字　左右雙邊　白口

　海寧圖

史 0342

通鑑綱目分註拾遺四卷

　　清芮長恤撰
　　清康熙二十年（1681）留餘堂刻本

　　　九行二十二字　四周雙邊　白口
　　　21.3×13.7 釐米

　浙圖

史 0343

綱目訂誤四卷

　　清陳景雲撰
　　清乾隆十九年（1754）刻本

　　　十行二十字　左右雙邊　黑口
　　　19.3×14.2 釐米

　浙圖

史 0344

通鑑綱目釋地糾謬六卷補注六卷

　　清秀水張庚撰

清乾隆十八年（1753）強恕齋刻本

　　十行二十一字　四周單邊　黑口
　　18.2×13.3 釐米

浙大

史 0345

通鑑綱目釋地糾謬六卷補注六卷

　　清秀水張庚撰
　　清乾隆十八年（1753）秀水濟美堂刻本

　　　十行二十一字　四周單邊　黑口
　　　18.2×13.4 釐米

　浙圖

史 0346

通鑑注商十八卷

　　清趙紹祖撰
　　清嘉慶二十四年（1819）古墨齋刻本　清
　　　莫友芝跋

　　　十行二十字　左右雙邊　白口
　　　20.5×14.2 釐米

　浙圖

史 0347

皇王大紀八十卷

　　宋胡宏撰
　　清孔廣陶嶽雪樓影抄本

　存七十五卷　一至三十七　四十三至八十

　溫圖

史 0348

大事記續編七十七卷

　　明義烏王禕撰
　　明成化二十年（1484）陸淵之刻本

　　　十行二十二字　四周雙邊　黑口
　　　22.8×14.5 釐米

　浙圖

史 0349

資治通鑑節要續編三十卷

　　明張光啟撰　明劉剡輯

編年類

明刻本

九行十五字　四周雙邊　黑口

22×16 釐米

浙圖　天一閣 *

史 0350

新刊四明先生高明大字續資治通鑑節要二十卷

明劉剡輯

明嘉靖(1522—1566)葉氏翠軒刻本

十二行二十六七字　四周雙邊　白口

18×12.7 釐米

浙大

史 0351

宋元通鑑一百五十七卷

明薛應旂撰　明汪昂批點

明嘉靖四十五年(1566)自刻本

十行二十字　四周單邊　白口

20×14.4 釐米

浙圖

史 0352

宋元通鑑一百五十七卷

明薛應旂撰　明汪昂批點

明嘉靖四十五年(1566)自刻本　佚名批校

浙圖

史 0353

宋元通鑑一百五十七卷

明薛應旂撰　明陳仁錫評

明天啓六年(1626)陳仁錫刻本

十行二十字　四周單邊　白口

21.2×14.7 釐米

浙圖　天一閣　浙大

史 0354

宋元資治通鑑六十四卷

明臨海王宗沐撰　明路進校輯

明路進刻本　佚名批校

存九卷　一至五　四十七至五十

十行二十字　四周單邊　白口

20.1×14.2 釐米

天一閣

史 0355

宋元通鑑目錄二十卷朔考一卷

清海昌朱修之撰

清抄本

浙圖

史 0356

續資治通鑑六十四卷

明臨海王宗沐撰

明隆慶(1567—1572)刻本

十行二十字　左右雙邊　白口

20.1×14.5 釐米

天一閣

史 0357

續資治通鑑六十四卷

明臨海王宗沐撰

明抄本

浙圖

史 0358

宋元資治通鑑六十四卷

明臨海王宗沐撰

明萬曆(1573—1620)吳勉學刻本

十行二十字　左右雙邊　黑口

浙大

史 0359

資治通鑑後編一百八十四卷

清徐乾學撰　清餘姚邵晉涵訂正

清抄本

浙圖

史 0360

資治通鑑後編一百八十四卷

　清徐乾學撰

　清徐懋簡抄本　富陽夏震武校

浙圖

史 0361

續資治通鑑二百二十卷

　清畢沅撰

　清同治六年(1867)刻本　象山陳漢章批
　校

　十行二十一字　四周雙邊　白口

　22×15.7釐米

浙圖

史 0362

歷代通鑑纂要九十二卷

　明李東陽、劉機等撰

　明正德二年(1507)內府刻本

　十行二十字　四周雙邊　黑口

　25.2×17釐米

浙圖　杭圖*　杭博　浙大

史 0363

歷代通鑑纂要九十二卷

　明李東陽、劉機等撰

　明正德十四年(1519)慎獨齋刻本

　十行二十字　四周雙邊　白口

　18.2×13釐米

杭圖

史 0364

重刊通鑑集要二十八卷通鑑總論一卷

　明餘姚諸爕輯

　明嘉靖四十三年(1564)譚淮刻本

　十二行二十六字　四周單邊　白口

　20.8×13.3釐米

浙圖

史 0365

**新刻陳眉公重訂通鑑會纂二十八卷通鑑總
　論一卷**

　明餘姚諸爕輯　明陳繼儒訂正

　清順治十二年(1655)刻本

　十行二十字　左右雙邊　白口

　21×11.9釐米

浙圖

史 0366

新鐫通鑑會纂十卷

　明餘姚諸爕輯

潘氏總論一卷

　元潘榮撰

　明末書林慎餘齋刻本

　兩欄　下欄十一行二十二字　四周單邊　白口

　21.4×12.9釐米

浙圖

史 0367

通鑑直解二十五卷

　明張居正撰

　明萬曆(1573—1620)刻本

　九行十八字　四周雙邊　黑口

　19.2×14.5釐米

浙圖

史 0368

通鑑直解二十八卷

　明張居正撰　明鍾惺重訂

　明末刻本

　八行十八字　四周單邊　白口

　20.8×13.8釐米

浙大

史 0369

通鑑箋注七十二卷

　明王世貞撰　明汪明際評　明錢塘鍾人
　傑箋注

　明崇禎二年(1629)鍾人傑刻本

十行二十二字　四周單邊　白口

21.3×14.9釐米

浙大

編年類

史 0370

標題通鑑彙編八卷

明王世貞輯　清汪桓重訂

附會纂兩閣老經筵集解一卷

清刻本

兩欄　上欄十六行十六字　下欄八行十六字

左右雙邊　白口

21×11.7釐米

義烏圖

史 0371

通鑑肇要前編二卷正編十九卷續編八卷明

史肇要八卷

清姚培謙、張景星輯

清乾隆二十六年(1761)刻巾箱本

缺正編卷一至四　明史肇要卷六至八

七行十六字　左右雙邊　白口

9.2×6.7釐米

嘉圖

史 0372

通鑑胡注舉正一卷韓集點勘四卷紀元要略

二卷補一卷

清陳景雲撰

清乾隆(1736—1795)刻本

十行二十字　左右雙邊　黑口

19.1×14.3釐米

浙圖

史 0373

春秋通鑑中續三卷

清海昌朱修之撰

清抄本

浙圖

史 0374

世史正綱三十二卷

明丘濬撰

明弘治三年(1490)刻本

十行十六字　四周雙邊　黑口

18.8×12.4釐米

天一閣

史 0375

新刻世史類編四十五卷首一卷

明李純卿草創　明謝遷補遺　明餘姚王

守仁覆詳　明王世貞會纂　明李棨增修

明書林張起鵬刻本

十二行二十八字　四周單邊　白口

23×14.5釐米

浙圖

史 0376

諸史會編大全一百十二卷

明金燫撰

明嘉靖四年(1525)金壇縣刻本

九行二十二字　小字雙行二十一字　四周單邊

粗黑口

20.3×15.6釐米

浙大

史 0377

諸史會編大全一百十二卷

明金燫撰

明刻本

存四卷

九行二十二字　四周單邊　黑口

23.3×15.5釐米

天一閣

史 0378

王鳳洲先生會纂綱鑑歷朝正史全編四十六

卷

明王世貞撰

明刻本

存十八卷　八至十四　三十至三十五　四
十二至四十六

十二行二十五字　四周雙邊　白口

22.3×12.9釐米

天一閣

史 0379

王鳳洲先生綱鑑正史全編二十四卷

明王世貞撰　明張睿卿輯

明崇禎(1628—1644)刻本

十行二十一字　四周單邊　白口

21.5×14釐米

寧圖　餘中

史 0380

**重訂王鳳洲先生綱鑑會纂四十六卷續宋元
紀二十三卷**

明王世貞撰　明陳仁錫訂

明末刻本

十行二十字　四周單邊　白口

21.6×14.3釐米

嘉圖

史 0381

**重訂王鳳洲先生綱鑑會纂四十六卷續宋元
紀二十三卷**

明王世貞撰　明陳仁錫訂

明刻本

存七卷　十五至十七　三十三至三十四
宋紀十四至十五

十行二十字　四周單邊　白口

21.2×15釐米

天一閣

史 0382

綱鑑標題要選十二卷總斷一卷

明王世貞輯　明郭子章參訂

明末刻本

九行十八字　四周單邊　白口

19×13.3釐米

天一閣

史 0383

綱鑑要選十卷

明郭子章參訂

明刻本

兩欄　下欄九行十八字　四周單邊　白口

22.4×13.4釐米

天一閣

史 0384

**新刊論策標題古今三十三朝史綱紀要七十
二卷外紀七卷**

明許國撰　明秀水黃洪憲補

明萬曆(1573—1620)書林詹氏刻本

存七十二卷　紀要六十五卷　一至四十二
五十至七十二　外紀七卷

十行二十五字　四周雙邊　白口

21.3×13.2釐米

浙圖

史 0385

**資治歷朝紀政綱目前編八卷正編四十卷續
編二十六卷**

明秀水黃洪憲纂　明許順義補注

明萬曆(1573—1620)建陽余彰德刻本

十一行二十四字　四周雙邊　白口

23.5×12.5釐米

浙圖*　浙大

史 0386

**新刻九我李太史編纂古本歷史大方綱鑑三
十九卷首一卷**

明李廷機輯

明萬曆二十八年(1600)雙峰堂余文臺刻
本

十行三十字　四周雙邊　黑口

23.6×14.7釐米

浙大

史 0387

**新刻校正古本歷史大方通鑑四十一卷首一
卷**

明李廷機、葉向高輯

明周時泰刻本〔卷七至八配抄本〕

存三十六卷　首　一至八　十一至二十

宋元卷一至二　七至二十一

十一行二十四字　四周單邊　白口

23.5×14 釐米

紹圖

史 0388

鼎鍥葉太史彙纂玉堂鑑綱七十二卷

明葉向高撰

明萬曆(1573—1620)書林熊成冶種德堂
刻本

十二行二十五字　四周單邊　白口

23.2×15.7 釐米

浙大

史 0389

鼎鍥葉太史彙纂玉堂鑑綱七十二卷

明葉向高撰

明萬曆三十年(1602)書林熊體忠刻本

十二行二十五字　四周單邊　白口

23×15.5 釐米

浙圖　嵊州圖

史 0390

**鼎鍥趙田了凡袁先生編纂古本歷史大方綱
鑑補三十九卷首一卷**

明嘉善袁黄撰

明萬曆三十八年(1610)余象斗雙峰堂刻
本

十二行二十八字　四周雙邊　白口

23.2×14.4 釐米

浙圖　嵊州圖

史 0391

刻王鳳洲先生家藏通考綱鑑旁訓二十卷

明何喬遠撰

明末刻本

八行二十八字　四周雙邊　白口

22.2×12.9 釐米

浙圖

史 0392

湯睡菴先生歷朝綱鑑全史七十卷首一卷

明湯賓尹撰　明陳繼儒注

明萬曆(1573—1620)刻本

十一行二十六字　四周單邊　白口

22.1×12.6 釐米

浙圖

史 0393

綱鑑要編二十四卷

明陳臣忠撰　明張睿卿輯

明末刻本

十行二十一字　四周單邊　白口

21.3×15 釐米

溫圖

史 0394

**鼎鋟鍾伯敬訂正資治綱鑑正史大全七十四
卷首一卷序一卷**

明鍾惺訂正

明崇禎元年(1628)刻本

缺三十一卷　三十六至三十七　四十六至
七十四

十二行二十六字　四周單邊　白口

23×15 釐米

紹圖

史 0395

綱鑑正史約三十六卷

明顧錫疇撰

明崇禎(1628—1644)刻本

十行二十字　左右雙邊　白口

20.2×14.4 釐米

嘉圖

史 0396

綱鑑正史約三十六卷

　明顧錫疇撰

　清乾隆(1736—1795)刻本

　　十一行二十字　左右雙邊　白口

　　17.6×13.4 釐米

寧圖

史 0397

中興綱目十卷

　清徐樹丕撰

　清抄本

浙圖

史 0398

綱鑑會編九十八卷首一卷歷代統系表略三
卷歷代官制考略二卷歷代郡國考略三卷

　清葉澐輯

　清康熙四十一年(1702)刻本

　　十一行二十三字　左右雙邊　黑口

　　20.3×15.2 釐米

浙圖　平湖圖 *

史 0399

古今歷代大統易見錄二卷

　明楊士奇撰

　明嘉靖三十三年(1554)刻本

　　十二行二十二字　四周雙邊　白口

　　20.4×14.2 釐米

天一閣

史 0400

人代紀要三十卷

　明長興顧應祥撰

　明嘉靖三十七年(1558)黃烓刻本

缺四卷　一至二　二十二至二十三

　　十行二十二字　四周單邊　白口

　　19.8×14 釐米

天一閣

史 0401

甲子會紀五卷

　明薛應旂撰　明陳仁錫評

　明陳仁錫刻本

　　八行十八字　四周單邊　白口

　　21.2×14.9 釐米

浙圖　杭圖　溫圖　天一閣

史 0402

歷代史表不分卷

　清鄞縣萬斯同輯

　清抄本

天一閣

史 0403

歷代正閏考十二卷

　明秀水沈德符撰

　清抄本

浙圖

史 0404

歷代正閏考十二卷

　明秀水沈德符撰

　清抄本

浙圖

史 0405

歷代帝王曆祚考八卷音釋一卷

　明程楊撰

　明崇禎(1628—1644)刻本

　　九行十八字　四周單邊　白口

　　20.6×14.7 釐米

浙大

史 0406

歷代帝王統系二卷

　明夏洪基撰

　明崇禎(1628—1644)尚友齋刻本

　　九行二十一字　四周單邊　白口

　　20.4×13.8 釐米

編年類

海寧圖

史 0407

統系備覽不分卷

　清乾隆抄本

浙大

史 0408

歷代紀元彙攷八卷

　清鄞縣萬斯同撰

紀元彙考類編一卷

　清趙駿烈撰　　清海寧吳騫增訂

紀元餘論一卷

　清海寧吳騫撰

　清吳氏拜經樓抄本

浙圖

史 0409

帝王世紀十卷

　晉皇甫謐撰

　清光緒(1875—1908)楊氏刻訓纂堂叢書
　　本　象山陳漢章批校

　十一行二十三字　左右雙邊　黑口

　17×12.4 釐米

浙圖

史 0410

歷代帝王年表不分卷

　清天台齊召南撰

　稿本

　存宋紹興二十年

天台圖

史 0411

歷代帝王年表不分卷

　清天台齊召南撰

　稿本

　存宋紹興二十年

天台博

史 0412

帝王廟諡年諱譜一卷

　清桐鄉陸費墀撰

　清徐氏述史樓抄本

浙圖

斷代

史 0413

列國史補十八卷

　明魏顯國撰

　明萬曆(1573—1620)刻本

　十二行二十五字　四周單邊　白口

　21.9×15 釐米

浙圖

史 0414

鮮虞中山國事表疆域圖説一卷

　清王先謙撰

　清光緒九年(1883)長沙王氏刻本　清瑞
　　安孫詒讓校

　十三行二十二字　上下雙邊　白口

　17.7×13.2 釐米

溫圖

史 0415

兩漢紀六十卷

　明嘉靖二十七年(1548)黃姬水刻本

　　前漢紀三十卷　漢荀悦撰

　　後漢紀三十卷　晉袁宏撰

　十一行二十字　左右雙邊　白口

　19.3×14.5 釐米

浙圖　天一閣　衢博＊　浙大＊

史 0416

兩漢紀六十卷附兩漢紀字句異同考一卷

　清康熙三十五年(1696)蔣國祥、蔣國祚
　　樂三堂刻本

　　前漢紀三十卷　漢荀悦撰

　　後漢紀三十卷　晉袁宏撰

　　兩漢紀字句異同考一卷　清蔣國祚撰

十一行二十一字　左右雙邊　黑口

18.1×14 釐米

杭圖

史 0417

兩漢紀六十一卷

　　清康熙三十五年（1696）蔣國祥、蔣國祚

　　樂三堂刻乾隆（1736—1795）補修本

浙圖　浙大

史 0418

西漢年紀三十卷

　　宋王益之撰

　　清嘉慶四年（1799）掃葉山房刻本

十二行二十五字　小字雙行三十七字　左右雙

　　邊　白口

20.3×14.8 釐米

浙圖

史 0419

五代春秋二卷

　　宋尹洙撰

　　清初抄本

浙圖

史 0420

續資治通鑑長編一百八卷

　　宋李燾撰

　　清抄本　清佚名校

上虞圖

史 0421

皇朝編年備要三十卷

　　宋陳均撰

　　明清白草廬抄本

存二十九卷　一至七　九至三十

十行二十一字　左右雙邊　白口

17.7×12.3 釐米

溫圖

史 0422

皇朝編年備要三十卷

　　宋陳均撰

　　清抄本

浙圖

史 0423

皇宋十朝綱要二十五卷

　　宋李埴撰

　　清抄本　佚名批校

浙圖

史 0424

皇宋十朝綱要二十五卷

　　宋李埴撰

　　清抄本

浙圖

史 0425

三朝北盟會編二百五十卷

　　宋徐夢莘撰

　　明抄本

缺二十卷　二十至二十六　九十九至一百

　　二　二百四十二至二百五十

浙圖

史 0426

三朝北盟會編二百五十卷

　　宋徐夢莘撰

　　清敦詩書閣抄本　佚名校

浙圖

史 0427

三朝北盟會編二百五十卷

　　宋徐夢莘撰

　　清抄本

天一閣

編年類

史0428

三朝北盟會編二百五十卷

　宋徐夢莘撰

　清康熙抄本〔三册配清康熙六十一年

　　（1722）庸菴抄本〕

浙大

史0429

建炎以來繫年要錄二百卷

　宋李心傳撰

　清抄本

缺一卷　一

浙圖

史0430

皇朝中興傳信錄十卷

　宋鮮于綽撰

　清抄本

浙大

史0431

皇朝中興紀事本末七十六卷

　清抄本

浙圖

史0432

元史續編十六卷

　明胡粹中撰

　明永樂（1403—1424）刻本

　八行十八字　四周雙邊　黑口

天一閣

史0433

龍飛紀略八卷

　明吳朴撰

　明嘉靖二十三年（1544）刻本

存六卷　二至四　戊戌至癸卯一卷　甲辰

　至丁未一卷　乙丑至乙亥一卷

　十一行二十一字　四周雙邊　白口

　17.8×13 釐米

天一閣

史0434

成憲錄十一卷

　明抄本

存二卷　一至二

天一閣

史0435

昭代典則二十八卷

　明黃光昇撰

　明萬曆二十八年（1600）周曰校萬卷樓刻

　　本

　十一行二十二字　四周單邊　白口

　21.5×13.5 釐米

浙圖　天一閣＊

史0436

憲章錄四十六卷

　明薛應旂撰

　明萬曆二年（1574）陸光宅刻本　佚名評

　　注

　十行二十字　四周單邊　白口

　19.6×14.7 釐米

浙圖　浙大

史0437

憲章錄四十七卷

　明薛應旂撰

　明萬曆（1573—1620）刻本

存六卷　一至二　八至九　四十五至四十

　六

　十行二十字　四周單邊　白口

　19.5×14.3 釐米

天一閣

史0438

國史紀聞十二卷

　明張銓撰

　明天啓（1621—1627）刻本

編年類

存八卷　一　三　五至十

九行十九字　四周單邊　白口

20.5×14.9釐米

浙圖

史 0439

皇明資治通紀前編八卷後編三十四卷

明陳建撰

明嘉靖(1522—1566)刻本

存三十四卷　前編全　後編一至十六　二十至二十九

十二行二十三字　四周單邊　白口

天一閣

史 0440

新刊校正增補皇明資治通紀十四卷

明陳建撰

明嘉靖(1522—1566)刻本

十五行二十九字　四周單邊　白口

20.1×14.7釐米

浙圖

史 0441

新鋟鈔評校正標題皇明資治通紀十二卷

明陳建撰

續紀三卷

明秀水卜大有撰

明萬曆(1573—1620)刻本

兩欄　下欄十二行二十八字　四周單邊　白口

天一閣

史 0442

新鋟官板音釋標題皇明通紀十卷

明陳建撰

續紀三卷

明秀水卜大有撰

明萬曆(1573—1620)摘星樓刻本

十二行二十五字　四周單邊　白口

22.8×14.5釐米

杭博

史 0443

皇明資治通紀十四卷

明陳建撰

皇明續紀三卷

明秀水卜大有撰

皇明通紀述遺十二卷

明卜世昌撰

明萬曆(1573—1620)刻本

十行二十一字　四周單邊　白口

20.1×14.7釐米

浙圖＊　天一閣＊

史 0444

皇明資治通紀三十卷

明陳建撰　明嘉興岳元聲訂

明刻本

十行二十二字　四周單邊　白口

22.4×14.5釐米

浙圖

史 0445

皇明資治通紀三十卷

明陳建撰　明嘉興岳元聲訂

明末蘇州刻本　佚名批

十行二十二字　四周單邊　白口

22.4×14.4釐米

浙大

史 0446

皇明續紀三卷

明秀水卜大有撰

明刻本

十二行二十五字　四周單邊　白口

22.2×14.2釐米

溫圖　杭博

史 0447

皇明通紀集要六十卷

明陳建撰　明江旭奇補訂

明崇禎(1628—1644)刻本

存二十七卷　十一至三十七

十行二十字　左右雙邊　白口

19.3×14 釐米

天一閣

史 0448

皇明通紀法傳全錄二十八卷

明陳建撰　明高汝栻訂　明吳禎增删

皇明法傳錄嘉隆紀六卷續紀三朝法傳全錄

十六卷

明高汝栻輯

明崇禎九年(1636)刻本

存四十九卷　通紀法傳全錄一至二十五

二十七至二十八　法傳錄嘉隆紀六卷

續紀三朝法傳全錄十六卷

十行二十字　左右雙邊　白口

浙圖

史 0449

皇明從信錄四十卷

明陳建撰　明秀水沈國元訂補

明末刻本

十行二十二字　四周單邊　白口

21.6×14.5 釐米

浙圖　天一閣 *

史 0450

皇明二祖十四宗增補標題評斷實紀二十七

卷

明陳建、陳龍可撰

明末刻本　佚名批校

十一行二十六字　四周單邊　白口

21.8×12.6 釐米

浙圖

史 0451

皇明二祖十四宗增補標題評斷通紀二十七

卷

明陳建、陳龍可撰

明崇禎(1628—1644)刻本

十一行二十六字　四周單邊　白口

21.8×12.8 釐米

浙圖

史 0452

新刻陳眉公訂正通紀會纂四卷

明餘姚諸燮撰　明鍾惺定　明陳繼儒訂

正

清玉鑑堂刻本

十行二十字　四周單邊　白口

21.3×11.9 釐米

溫圖

史 0453

新刻明朝通紀會纂七卷

題明王世貞會纂　清王政敏訂正　清王

汝南補定

清初刻本

九行二十七字　四周雙邊　白口

17.7×13.6 釐米

紹圖

史 0454

通記直解十四卷

明張嘉和輯

明崇禎(1628—1644)刻本〔卷三至四配

清抄本〕

八行十八字　四周單邊　白口

21×14.3 釐米

浙圖

史 0455

國榷不分卷

清海寧談遷撰

清抄本

浙圖

史 0456

國榷不分卷

清海寧談遷撰

張宗祥抄本　海寧張宗祥跋

浙圖

史 0457
國榷十卷
　清海寧談遷撰
　清抄本
浙圖

史 0458
重鐫朱青巖先生擬編明紀輯略十六卷
　清朱璘撰
　清康熙(1662—1722)刻本
　兩欄　下欄十行二十字　四周單邊　白口
　23.8×14.4 釐米
浙圖

史 0459
明史述略七卷首一卷
　清杭州府學堂編　題棣華館主補
　清光緒三十四年(1908)抄本
浙圖

史 0460
明年表一卷附明辯亡論一卷
　清黃巖王棻撰
　清光緒十四年(1888)稿本
黃巖圖

史 0461
御撰資治通鑑綱目三編二十卷
　清張廷玉等纂
　清乾隆十一年(1746)武英殿刻本
　十一行二十二字　左右雙邊　黑口
　18.7×12.8 釐米
平湖圖

史 0462
御撰資治通鑑綱目三編二十卷
　清張廷玉等纂
　清乾隆(1736—1795)刻本

　十一行二十一字　左右雙邊　黑口
　17.4×12.9 釐米
義烏圖　衢博

史 0463
御撰資治通鑑綱目三編二十卷
　清張廷玉等纂
　清抄本
浙大

史 0464
兩朝憲章錄二十卷
　明吳瑞登撰
　明萬曆二十二年(1594)光州儒學刻本
缺五卷　十六至二十
　十行二十二字　四周雙邊　白口
　19.8×13 釐米
天一閣

史 0465
兩朝從信錄三十五卷
　明秀水沈國元撰
　明崇禎(1628—1644)刻本
　十行二十二字　四周單邊　白口
　21.8×14.4 釐米
浙圖

史 0466
山書十八卷
　清孫承澤撰
　清抄本
浙圖

史 0467
東華錄十六卷
　清蔣良騏撰
　清抄本
浙圖　上虞圖

編年類

編年類

史 0468

太宗皇帝實錄八十卷

宋錢若水等纂修

清抄本

存八卷　二十六至三十　七十六　七十九
至八十

浙圖

史 0469

大明太祖高皇帝實錄不分卷

明胡廣等纂修

明抄本

存洪武元年正月至三月　三年五月至四年
八月　九年正月至十二月

浙圖

史 0470

大明太祖高皇帝實錄二百五十七卷

明胡廣等纂修

明抄本

存洪武二年十月至三年四月

21.5×18 釐米

天一閣

史 0471

大明太祖高皇帝實錄二百五十七卷

明胡廣等纂修

明抄本

缺五卷　二百四十九至二百五十三

浙圖

史 0472

皇明實錄不分卷

明胡廣等纂修

明抄本

存洪武九年三月至十三年正月　洪武十七
年十月至二十三年十二月

天一閣

史 0473

大明宣宗章皇帝實錄一百十五卷

明張輔、楊士奇等纂修

明抄本

缺五卷　三十至三十一　四十七至四十九

浙圖

史 0474

大明憲宗純皇帝實錄二百九十三卷

明張懋、劉吉等纂修

明抄本

缺二十七卷　九至十二　十八至四十

浙圖

史 0475

大明武宗毅皇帝實錄一百九十七卷

明徐光祚、費宏等纂修

明抄本

缺七卷　七十七至七十九　一百二十九至
一百三十二

浙圖

史 0476

大明武宗毅皇帝實錄一百九十七卷

明徐光祚、費宏等纂修

明抄本

缺十八卷　三十四至四十五　九十六至一
百一

天一閣

史 0477

大明武宗毅皇帝實錄一百九十七卷

明徐光祚、費宏等纂修

明抄本

存三十六卷　二至三　二十四至二十七
三十四至三十六　四十至四十二　四十
六至四十八　八十七至八十九　一百十
四至一百十六　一百二十至一百二十二

一百三十至一百三十二　　一百五十一至
一百五十七　　一百七十三至一百七十四
浙圖

史 0478
大明世宗肅皇帝實錄不分卷
　明張溶、徐階等纂修
　明抄本
存嘉靖元年八月至十月　　二年四月至六月
　三年正月至四月　　六年六月至九月　　七
　年八月至十月　　九年八月至十月　　十三
　年正月至十二月　　十四年正月至六月
　十五年正月至九月　　十八年五月至十二
　月　　二十年全　　二十七年全　　三十一年
　正月至五月　　三十六年三月至十二月
　三十八年全
浙圖

史 0479
**大明世宗肅皇帝實錄五百六十六卷目錄一
卷**
　明張溶、徐階等纂修
　明抄本
存十六卷　　目錄　　一至十　　十五　　十八
　二十一　　二十四　　四十一
溫圖

史 0480
大明穆宗莊皇帝實錄七十卷
　明張溶、張居正等纂修
　明抄本
浙圖

史 0481
大明穆宗莊皇帝實錄七十卷
　明張溶、張居正等纂修
　明抄本
浙圖

史 0482
大明神宗顯皇帝實錄不分卷
　明張惟賢、顧秉謙等纂修
　明抄本
浙圖

史 0483
弘光實錄鈔四卷附弘光大臣月表一卷
　清餘姚黃宗羲撰
　清光緒三年(1877)傅氏長恩閣抄本　清
　　傅以禮跋
浙圖

史 0484
大清太祖高皇帝實錄不分卷
　清勒德洪、明珠等纂修
　清抄本
浙圖

史 0485
大清太祖高皇帝實錄十卷
　清勒德洪、明珠等纂修
　清抄本
浙圖

史 0486
大清太宗文皇帝實錄六十五卷
　清圖海、勒德洪等纂修
　清抄本
浙圖

史 0487
大清世祖章皇帝實錄一百四十四卷
　清巴泰、圖海等纂修
　清抄本
浙圖

史 0488
清世祖章皇帝實錄八卷
　清抄本

浙圖

史 0489
攝政睿忠親王起居注不分卷
　清李若琳等記
　清劉啓瑞食舊慧齋抄本
順治二年五月六月閏六月
浙圖

紀事本末類

通代

史 0490
通鑑紀事本末四十二卷
　宋袁樞撰
　宋淳熙二年(1175)嚴陵郡庠刻宋元遞修本
存七卷　二至三　二十八　三十二　三十四　三十七至三十八
　十三行二十四字　左右雙邊　白口
　21×16 釐米
浙圖

史 0491
通鑑紀事本末四十二卷
　宋袁樞撰
　宋淳熙二年(1175)嚴陵郡庠刻宋元遞修本
存一卷　十
浙博

史 0492
通鑑紀事本末四十二卷
　宋袁樞撰
　宋寶祐五年(1257)趙與籌刻元明遞修本
　十一行十九字　左右雙邊　白口
　24.3×19.7 釐米
浙大

史 0493
通鑑紀事本末四十二卷
　宋袁樞撰
　宋寶祐五年(1257)趙與籌刻元明遞修本
缺五卷　二至三　五　十七　三十八
浙圖

史 0494
通鑑紀事本末四十二卷
　宋袁樞撰
　宋寶祐五年(1257)趙與籌刻元明遞修本
缺九卷　二　四至八　二十七　二十九　三十一
天一閣

史 0495
通鑑紀事本末四十二卷
　宋袁樞撰
　明萬曆二年(1574)李栻刻本
　十二行二十八字　左右雙邊　白口
　24×17 釐米
浙圖　溫圖

史 0496
通鑑紀事本末四十二卷
　宋袁樞撰
　明萬曆三十四年(1606)黃起士刻本
　十一行二十二字　四周單邊　白口
　21.2×15 釐米
浙圖

史 0497
通鑑紀事本末二百三十九卷
　宋袁樞撰　明張溥論正
　明末正雅堂刻本
　九行二十字　左右雙邊　白口　眉上鐫評
　18.5×14.2 釐米
浙圖　上虞圖　天一閣

史 0498

通鑑紀事本末前編十二卷

明沈朝陽撰

明萬曆四十五年(1617)唐世濟刻本

十一行二十二字　四周單邊　白口

20.8×15.4釐米

浙圖

史 0499

繹史一百六十卷世系圖一卷年表一卷

清馬驌撰

清康熙(1662—1722)刻本

十一行二十四字　左右雙邊　白口

19.4×14.2釐米

浙圖　杭圖　溫圖　上虞圖　嵊州圖

史 0500

通鑑本末紀要八十一卷首三卷

清蔡毓榮輯　清林子卿注

清康熙(1662—1722)刻本

十行二十二字　左右雙邊　白口

21.1×15釐米

浙圖

史 0501

蜀鑑十卷

宋郭允蹈撰

明嘉靖三十四年(1555)刻本〔卷一至三、

　九至十配清抄本〕

八行十六字　四周單邊　白口

21.3×14.9釐米

天一閣

史 0502

蜀鑑十卷

宋郭允蹈撰

明嘉靖(1522—1566)刻本

八行十六字　四周單邊　白口

18.9×12.5釐米

浙圖

斷代

史 0503

左傳分國紀事本末二十二卷

明武林孫范撰

明崇禎十一年(1638)刻本

九行二十字　四周單邊　白口

21×14.6釐米

浙圖　臨海博

史 0504

皇朝通鑑長編紀事本末一百五十卷

宋楊仲良撰

清抄本

浙圖

史 0505

宋史紀事本末十卷

明馮琦撰　明陳邦瞻補

明萬曆三十三年(1605)劉曰梧、徐申刻

　本

十一行二十二字　四周單邊　白口

21.5×15釐米

浙圖

史 0506

宋史紀事本末二十八卷

明馮琦撰　明陳邦瞻補

明萬曆(1573—1620)刻本

十行二十字　左右雙邊　白口

22.4×14.5釐米

浙圖

史 0507

宋史紀事本末一百九卷

明馮琦撰　明陳邦瞻補　明張溥論正

明末張溥刻本

九行二十字　左右雙邊　白口

18.7×14釐米

溫圖　上虞圖　天一閣

史 0508

元史紀事本末六卷

明陳邦瞻撰　明長興臧懋循補

明萬曆（1573—1620）刻本

十行二十字　左右雙邊　白口

21.7×14.4 釐米

浙圖

史 0509

元史紀事本末二十七卷

明陳邦瞻撰　明長興臧懋循補輯　明張

溥論正

明張溥刻本

九行二十字　左右雙邊　白口

18.3×14.1 釐米

上虞圖　天一閣

史 0510

鴻猷錄十六卷

明高岱撰

明嘉靖四十四年（1565）高思誠刻本

九行二十二字　四周雙邊　白口

22.5×14.2 釐米

浙圖

史 0511

明朝紀事本末八十卷

清谷應泰撰

清順治十五年（1658）刻本

餘姚文

史 0512

明史紀事本末補遺六卷

清光緒三年（1877）傅氏長恩閣抄本　清

傅以禮跋

浙圖

史 0513

炎徼紀聞四卷

明錢塘田汝成撰

明嘉靖三十七年（1558）刻本

九行十八字　左右雙邊　白口

19×15 釐米

天一閣

史 0514

綏寇紀略補遺三卷

清吳偉業撰

清初抄本

浙大

史 0515

綏寇紀略十二卷補遺二卷

清吳偉業撰

清抄本

浙大

史 0516

交山平寇本末三卷

清夏駰撰　清陸慶臻評

清康熙十一年（1672）擁青閣刻本

九行二十字　左右雙邊　白口

19.5×13.9 釐米

浙圖　嘉圖

史 0517

三藩紀事本末四卷

清楊陸榮撰

清康熙五十六年（1717）刻本

九行二十字　左右雙邊　白口

18.6×13.9 釐米

嘉圖

史 0518

三藩紀事本末四卷

清楊陸榮撰

清康熙（1662—1722）刻本　清會稽孫廷

璋跋　清傅以禮題簽

九行二十字　左右雙邊　白口

18.5×13.2 釐米

浙圖

史 0519

三藩紀事本末四卷

清楊陸榮撰

清康熙五十六年(1717)刻本　清葉蒸雲
批注

溫嶺圖

史 0520

靖逆記六卷

清盛大士撰

清嘉慶二十五年(1820)刻本

九行二十字　左右雙邊　白口

17.7×12.7 釐米

浙圖　溫圖

史 0521

海寧倭事始末記不分卷

清海寧吳騫輯

清抄本

清雍正十一年至嘉慶九年

海寧圖

史 0522

平臺紀略一卷

清藍鼎元撰　清王者輔評

清雍正十年(1732)刻本

九行十九字　左右雙邊　白口

18.5×14 釐米

杭圖

史 0523

欽定剿捕臨清逆匪紀略十六卷

清舒赫德等撰

清乾隆四十六年(1781)武英殿刻本

七行二十字　四周雙邊　白口

22.8×16.6 釐米

浙圖

雜史類

史 0524

路史四十七卷

宋羅泌撰

明嘉靖(1522—1566)洪梗刻本

缺一卷　國名紀一卷

十行二十字　四周單邊　白口

18.5×13.6 釐米

天一閣＊　海寧圖＊

史 0525

路史四十七卷

宋羅泌撰

明萬曆三十一年(1603)刻本

存二十二卷　前紀九卷　後紀十三卷

九行二十二字　四周雙邊　白口

21.8×14.8 釐米

天一閣

史 0526

路史四十七卷

宋羅泌撰

明萬曆三十九年(1611)刻本

十行二十字　四周單邊　白口

20.7×14.7 釐米

浙圖

史 0527

路史四十七卷

宋羅泌撰

明萬曆三十九年(1611)刻清印本

玉海樓

史 0528

路史四十七卷

宋羅泌撰

明吳宏基刻本

存二十九卷　後記三至四　七至十三　發

撣一至六　餘論一至三　五至八　國名
紀七卷
十行二十字　四周單邊　白口
18×13.5 釐米
天一閣

史 0529
重訂路史全本四十七卷
　宋羅泌撰
　明末刻本
　八行二十字　左右雙邊　白口
　19.8×14.4 釐米
浙圖　溫圖

史 0530
重訂路史全本四十七卷
　宋羅泌撰　宋羅蘋注　清羅大振輯
　清乾隆元年(1736)羅氏刻本
　九行二十字　左右雙邊　白口
　19×12.6 釐米
浙圖　溫圖

史 0531
路史二十四卷
　宋羅泌撰
　明豫章刻本
　十行二十字　四周單邊　白口
　18.9×14 釐米
浙圖

史 0532
漢唐秘史二卷
　明朱權輯
　明建文四年(1402)寧藩刻本
　十三行二十二字　四周雙邊　黑口
杭圖

史 0533
楚紀六十卷
　明廖道南撰

明萬曆三年(1575)刻本
十行二十字　左右雙邊　白口
19.5×15.1 釐米
天一閣

史 0534
楚紀六十卷
　明廖道南撰
　明萬曆二十四年(1596)郭惟賢刻本
　十行二十字　四周雙邊　白口
　20.3×14.4 釐米
浙圖

史 0535
汲塚周書十卷
　晉孔晁注
　明萬曆(1573—1620)刻三代遺書本
　八行十八字　四周雙邊　白口
　21.1×14.6 釐米
天一閣

史 0536
逸周書十卷
　晉孔晁注
　清乾隆五十一年(1786)盧文弨刻抱經堂
　　叢書本　清瑞安孫詒讓校
　十行二十字　左右雙邊　白口
　17.9×13.2 釐米
浙大

史 0537
周書十卷附周書逸文一卷
　清朱右曾輯注
　清抄本　清瑞安孫詒讓校　清汪宗沂跋
浙圖

史 0538
逸周書集訓校釋十卷逸文一卷
　清朱右曾輯注
　清光緒三年(1877)崇文書局刻本　清瑞

雜史類

安孫詒讓校

十二行二十四字　四周雙邊　粗黑口

19.4×15 釐米

浙大

史 0539

東周列國攻略二卷

清海寧朱元烑撰

清抄本　清朱文治跋

浙圖

史 0540

國語八卷

明刻本　佚名批校

十行十七字　四周單邊　白口

15.2×12.4 釐米

浙圖

史 0541

國語二十一卷

明吳勉學刻本

九行十八字　左右雙邊　白口

20×14.4 釐米

浙圖

史 0542

國語二十一卷

吳韋昭注

明嘉靖七年(1528)金李澤遠堂刻本

十行二十字　左右雙邊　白口

22.3×16.2 釐米

浙圖　浙大

史 0543

國語二十一卷

吳韋昭注

明天啓六年(1626)鍾人傑刻本

存八卷　一至八

九行二十字　四周單邊　白口

21.3×14.8 釐米

天一閣

史 0544

國語二十一卷

吳韋昭注　宋宋庠補音

明萬曆(1573—1620)張一鯤刻本

九行二十字　左右雙邊　白口

21.3×14.8 釐米

溫圖

史 0545

國語二十一卷

吳韋昭注　宋宋庠補音

明萬曆(1573—1620)張一鯤刻本　佚名

批校

浙圖

史 0546

國語二十一卷

吳韋昭注　宋宋庠補音

明萬曆十三年(1585)吳汝紀刻本

九行二十字　左右雙邊　白口

21.1×14.7 釐米

浙圖　紹圖

史 0547

國語二十一卷

吳韋昭注　宋宋庠補音

明萬曆(1573—1620)刻本

九行二十字　四周雙邊　白口

24.2×14.6 釐米

浙圖

史 0548

國語二十一卷

吳韋昭注　宋宋庠補音

清乾隆二十七年(1762)刻本

十行二十一字　四周單邊　白口

20×14 釐米

衢博

史 0549

國語二十一卷

吳韋昭注　明陳仁錫、鍾惺評

明崇禎(1628—1644)刻本

九行十八字　左右雙邊　白口

21×14.7 釐米

浙大

史 0550

國語評苑六卷

明穆文熙輯

明萬曆(1573—1620)光裕堂刻本

十行二十四字　四周雙邊　白口

21.9×13.1 釐米

浙圖

史 0551

國語髓析二十一卷

明公鼐、呂邦燿撰

明唐暉刻本

九行十八字　四周雙邊　白口

21.5×15.1 釐米

浙圖

史 0552

國語九卷

明烏程閔齊伋裁注

明萬曆四十七年(1619)閔氏刻三色套印本

九行十九字　四周單邊　白口

21.1×15 釐米

浙圖　天一閣

史 0553

戰國策十卷

明吳勉學刻本

九行十八字　四周雙邊　白口

20.5×14.4 釐米

浙圖　天一閣

史 0554

戰國策十卷

明吳勉學刻本　明余煌批點　清山陰沈

復粲跋

存五卷　一至三　六至七

浙圖

史 0555

戰國策十卷

明末葛氏永懷堂刻本

八行二十五字　左右雙邊　白口

20.5×11.9 釐米

浙圖

史 0556

鮑氏國策十卷

宋繆雲鮑彪校注

明嘉靖七年(1528)龔雷影宋刻本

十一行二十字　左右雙邊　白口

21.5×15.3 釐米

浙圖　天一閣　餘姚文　浙大

史 0557

鮑氏國策十卷

宋繆雲鮑彪校注

明嘉靖三十一年(1552)杜詩刻本

十一行二十字　左右雙邊　白口

21.1×14.9 釐米

浙大

史 0558

鮑氏國策十卷

宋繆雲鮑彪校注

明刻本

十一行二十字　左右雙邊　白口

20.8×14.9 釐米

天一閣

史 0559

戰國策十卷

宋繆雲鮑彪校注

明天啓三年(1623)鍾人傑刻本
九行二十字　四周單邊　白口
21.3×15 釐米
玉海樓

史 0560
重刊鮑氏戰國策十二卷
宋繒雲鮑彪校注
明刻本　佚名評注
十行二十二字　四周單邊　白口
18.3×13.6 釐米
浙圖

史 0561
戰國策十卷
宋繒雲鮑彪校注　元東陽吳師道補正
明刻本
十一行二十字　左右雙邊　粗黑口
20.6×15.5 釐米
天一閣

史 0562
戰國策十卷
宋繒雲鮑彪校注　元東陽吳師道補正
明刻本
存二卷　九至十
十行二十字　左右雙邊　黑口
21×15.3 釐米
天一閣

史 0563
戰國策十卷
宋繒雲鮑彪校注　元東陽吳師道補正
明萬曆九年(1581)張一鯤刻本
九行二十字　左右雙邊　白口
21.5×14.5 釐米
浙圖　杭圖　餘杭圖*

史 0564
戰國策十卷
宋繒雲鮑彪校注　元東陽吳師道補正

明萬曆(1573—1620)刻本
九行二十字　四周單邊　白口
22×15.1 釐米
浙大

史 0565
戰國策十卷
宋繒雲鮑彪校注　元東陽吳師道補正
明刻本　佚名批校　明戴士章評
九行二十字　四周單邊　白口
19.2×14.2 釐米
浙圖

史 0566
戰國策十卷
宋繒雲鮑彪校注　元東陽吳師道補正
明刻本
九行二十字　左右雙邊　白口
20.8×14.5 釐米
天一閣

史 0567
戰國策校注十卷
宋繒雲鮑彪校注　元東陽吳師道補正
清乾隆三十年(1765)刻本
十行二十一字　四周單邊　白口
20.2×13.5 釐米
浙圖

史 0568
戰國策十卷
宋繒雲鮑彪校注　元東陽吳師道補正
明穆文熙輯評
明萬曆(1573—1620)劉懷恕刻春秋戰國
評苑本
九行二十字　四周雙邊　白口
24.7×14.6 釐米
浙圖　浙博

史 0569

戰國策譚㭬十卷

　　宋繒雲鮑彪校注　元東陽吳師道重校

　　明張文爟集評

附錄一卷

　　明張文爟輯

　　明萬曆(1573—1620)刻本

　　九行十八字　左右雙邊　白口

　　21.7×14.7 釐米

　浙圖　浙大

史 0570

戰國策十二卷

　　明陳仁錫、鍾惺評

　　明末刻本

　　九行十八字　左右雙邊　白口

　　21.4×14.6 釐米

　浙圖　天一閣

史 0571

戰國策十二卷

　　明烏程閔齊伋裁注

元本目錄一卷

　　明萬曆四十八年(1620)閔齊伋刻三色套

　　　印本

　　九行十九字　四周單邊　白口

　　21×15 釐米

　浙圖　天一閣

史 0572

戰國策十二卷

　　明烏程閔齊伋裁注

今本目錄一卷

　　明末刻本

　　九行十九字　四周單邊　白口

　　22.2×15 釐米

　平湖圖

史 0573

國策膽四卷

　　明項應祥輯

　　明末刻本

　遂昌圖

史 0574

戰國策全編十卷國策異同四卷

　　明宋存標輯

　　明崇禎(1628—1644)刻本

　　九行二十字　四周單邊　白口

　　20.5×14.2 釐米

　天一閣

史 0575

采菽堂評選戰國策十二卷

　　清仁和陳祚明評選

　　清康熙(1662—1722)采菽堂刻本

　　十行二十字　四周單邊　白口

　　17×13.6 釐米

　天一閣

史 0576

戰國策釋地二卷

　　清張興權撰

　　清抄本

　浙大

史 0577

世本集覽四十八卷

　　清鄞縣王梓材撰

　　稿本

　浙博

史 0578

歷代小史一百五卷

　　明李栻輯

　　明刻本

　　十一行二十六字　四周雙邊　白口

　　21.8×13.5 釐米

　天一閣

史 0579

左逸一卷短長一卷

明王世貞撰

明刻本　佚名跋

八行十八字　四周單邊　白口

18.9×12.6 釐米

天一閣

史 0580

晉文春秋一卷

清抄本

天一閣

史 0581

吳越春秋十卷

漢山陰趙曄撰　元徐天祐音注

補註一卷

元徐天祐撰

明弘治十四年(1501)鄺廷瑞、馮弋刻本

九行十八字　小字雙行二十六至二十八字　左

右雙邊　白口

19.8×12.8 釐米

浙圖

史 0582

吳越春秋十卷

漢山陰趙曄撰　元徐天祐音注

明刻本

缺四卷　一至四

九行十七字　四周雙邊　白口

18.5×13.5 釐米

天一閣

史 0583

吳越春秋十卷

漢山陰趙曄撰　元徐天祐音注

明萬曆十四年(1586)馮念祖臥龍山房刻

本　佚名校

八行十七字　左右雙邊　白口

19×13.1 釐米

浙大

史 0584

吳越紀餘五卷附雜詠一卷

明錢貴撰

清花橋水閣抄本

浙圖

史 0585

越絕書十五卷

漢袁康撰

明嘉靖二十四年(1545)孔天胤刻本

九行十六字　左右雙邊　白口

19×13.8 釐米

天一閣

史 0586

越絕書十五卷

漢袁康撰

明嘉靖二十六年(1547)陳堨刻本

十行二十二字　四周單邊　綫黑口

20.3×14.1 釐米

浙圖

史 0587

越絕書十五卷

漢袁康撰

明刻本　清瑞安孫詒讓批校

十行十六字　左右雙邊　白口

19×15.5 釐米

浙大

史 0588

越絕書十五卷

漢袁康撰　宋劉辰翁評

明刻本

九行二十字　四周單邊　白口

20.2×14 釐米

杭圖　天一閣

史 0589

越絕書一卷吳越春秋一卷

清俞長城評點

清乾隆(1736—1795)刻本

九行二十五字　四周單邊　白口

19×11.5釐米

溫圖

史 0590

秦漢郡國考一卷名人占籍今釋一卷

清朱駿聲撰

手稿本

浙圖

史 0591

華陽國志十二卷

晉常璩撰

明嘉靖四十二年(1563)張佳胤刻本

十行二十字　四周單邊　白口

20×13.3釐米

浙圖

史 0592

華陽國志十二卷

晉常璩撰

明天啓六年(1626)李一公等刻本

九行十九字　四周單邊　白口

20.6×14.5釐米

天一閣

史 0593

增補註釋史歌大成二卷

明唐體元輯

明崇禎三年(1630)刻本

十行十五字　四周單邊　白口

24.8×16釐米

浙圖

史 0594

十六國春秋一百卷

題北魏崔鴻撰

明萬曆三十七年(1609)屠氏蘭暉堂刻本

九行十八字　左右雙邊　白口

20.5×14.7釐米

浙圖　天一閣＊　杭高

史 0595

十六國春秋一百卷

題北魏崔鴻撰

清乾隆四十六(1781)汪日桂刻本

九行十八字　左右雙邊　白口

20.8×14.8釐米

浙圖　杭圖　溫圖　平湖圖　上虞圖＊　浙大

史 0596

五胡十六國考鏡一卷

宋石延年撰

清抄本

浙圖

史 0597

貞觀政要十卷

唐吳兢撰　元戈直集論

明成化元年(1465)內府刻本

十行二十字　四周雙邊　大黑口

25×18釐米

天一閣

史 0598

貞觀政要十卷

唐吳兢撰　元戈直集論

明成化十二年(1476)崇府刻本

十行二十字　四周雙邊　大黑口

25.6×18.4釐米

浙大

史 0599

貞觀政要十卷

唐吳兢撰　元戈直集論

清大易閣刻本

十行二十字　四周雙邊　大黑口

25.6×18.3 釐米

天一閣

史 0600

西魏書二十四卷

清謝啓昆撰

清乾隆六十年(1795)謝氏樹經堂刻本

十一行二十三字　左右雙邊　白口

19.5×14 釐米

浙圖　嘉圖　上虞圖

史 0601

西魏書二十四卷

清謝啓昆撰

清乾隆六十年(1795)謝氏樹經堂刻本

清海寧周春跋

杭圖

史 0602

藩鎮指掌編一卷唐末諸王一卷

明陳繼儒撰

明末刻本

九行二十字　左右雙邊　白口

20.2×14.4 釐米

浙圖

史 0603

五代史補五卷

宋陶岳撰

五代史闕文一卷

宋王禹偁撰

明末毛氏汲古閣刻本

十二行二十五字　左右雙邊　白口

21.5×15.3 釐米

天一閣

史 0604

五代史補五卷

宋陶岳撰

清抄本

浙圖

史 0605

五代史補五卷

宋陶岳撰

清抄本

浙圖

史 0606

五國故事二卷

清抄本

天一閣

史 0607

十國春秋一百十四卷

清仁和吳任臣撰

清康熙十七年(1678)彙賢齋刻本

十行二十二字　左右雙邊　白口

21×14 釐米

浙圖　天一閣*

史 0608

十國春秋一百十六卷

清仁和吳任臣撰

清乾隆五十八年(1793)周昂校刻本

十行二十一字　左右雙邊　白口

21×14.1 釐米

浙圖　溫圖　玉海樓

史 0609

江南野史十卷

宋龍袞撰

清抄本

浙圖

史 0610

江南野史十卷

宋龍袞撰

清抄本

浙大

史 0611

江南野史十卷

　宋龍袞撰

　張宗祥抄本　海寧張宗祥跋

浙圖

史 0612

吳越備史五卷

　題宋范坰、林禹撰

補遺一卷雜考一卷

　明錢受徵輯

　清影抄明萬曆二十七年（1599）錢達道刻
　　本

　十行二十字　左右雙邊　白口

浙圖

史 0613

吳越備史四卷補遺一卷

　題宋范坰、林禹撰

　清康熙十年（1671）錢奎光刻本

　八行二十字　左右雙邊　白口

　20.9×15.1 釐米

溫圖

史 0614

增訂吳越備史六卷首一卷

　題宋范坰、林禹撰

雜考附刻一卷

　明錢桂峰輯

五代史吳越世家疑辯一卷

　明馬蕡臣撰

　清乾隆六十年（1795）錢敬業刻本

　19.3×13.7 釐米

溫圖

史 0615

隆平集二十卷

　宋曾鞏撰

　清康熙四十年（1701）彭期七業堂刻本

　九行二十字　左右雙邊　白口

　20×13.4 釐米

浙圖　紹圖　浙大

史 0616

宣靖備史四卷

　明德清陳霆撰

　清末周氏鴿峰草堂抄本　周大輔校

浙圖

史 0617

宣靖備史四卷

　明德清陳霆撰

　清抄本

浙圖

史 0618

宣靖備史四卷

　明德清陳霆撰

　清抄本

浙圖

史 0619

靖康孤臣泣血錄不分卷

　題宋丁特起撰

　明刻本

存一卷　一

　九行二十字　四周單邊　白口

　20.7×14 釐米

紹圖

史 0620

靖康孤臣泣血錄不分卷

　題宋丁特起撰

　清抄本　佚名錄清黃丕烈跋

浙圖

史 0621

靖康孤臣泣血錄不分卷

　題宋丁特起撰

　清抄本　佚名錄清黃丕烈跋

浙圖

史 0622

建炎維揚遺錄一卷

清大雷岸經鉏堂抄本

浙大

史 0623

北狩見聞錄一卷

宋曹勛撰

北狩行錄一卷

宋蔡鞗撰

清吳焯瓶花齋抄本

浙大

史 0624

北狩蒙塵錄一卷

張宗祥抄本

浙圖

史 0625

南燼紀聞錄二卷

題宋辛棄疾撰

南渡錄大略一卷竊憤錄一卷續錄一卷阿計替傳一卷

清環玉草堂抄本

浙圖

史 0626

中興禦侮錄二卷

清抄本

浙圖

史 0627

辛巳泣蘄錄一卷

宋趙與襄撰

附錄一卷

清抄本

浙圖

史 0628

燼餘錄二卷

元徐大焯撰

清末周氏鴿峰草堂抄本

浙圖

史 0629

契丹國志二十七卷

宋葉隆禮撰

明抄本

天一閣

史 0630

契丹國志二十七卷

宋葉隆禮撰

清乾隆五十八年(1793)承恩堂刻本

十行二十字　左右雙邊　白口

18.6×13.6 釐米

浙圖

史 0631

契丹國志二十七卷

宋葉隆禮撰

清嘉慶二年(1797)席世臣掃葉山房刻本

十二行二十五字　左右雙邊　白口

21.7×15 釐米

上虞圖

史 0632

契丹國志二十七卷

宋葉隆禮撰

清抄本

天一閣

史 0633

遼小史一卷

明楊循吉撰

明刻本

十行十八字　左右雙邊　白口

17.1×13 釐米

天一閣

史 0634
遼小史一卷
明楊循吉撰
清戴氏秋樹山房抄本
浙圖

史 0635
遼小史一卷金小史八卷
明楊循吉撰
清抄本
天一閣

史 0636
大金國志四十卷
題宋宇文懋昭撰
清嘉慶二年（1797）席世臣掃葉山房刻本
十二行二十五字　左右雙邊　白口
21.7×15 釐米
上虞圖

史 0637
大金國志四十卷
題宋宇文懋昭撰
清抄本
缺一卷　三十一
浙圖

史 0638
大金國志四十卷
題宋宇文懋昭撰
清瑞安孫希旦抄校本
存五卷　七至十一
溫圖

史 0639
弔伐錄二卷
清抄本
天一閣

史 0640
金國南遷錄一卷
題金張師顏撰
清乾隆（1736—1795）綠滿山房主人抄本
浙大

史 0641
金國南遷錄一卷
題金張師顏撰
清抄本
浙圖

史 0642
汝南遺事四卷
元王鶚撰
清抄本
各卷後附金人地名考證
浙圖

史 0643
金小史八卷
明楊循吉撰
明嘉靖（1522—1566）刻本
存四卷　五至八
十行十八字　四周單邊　白口
17×13 釐米
天一閣

史 0644
金小史八卷
明楊循吉撰
清戴氏秋樹山房抄本
浙圖

史 0645
黑韃事略一卷
宋彭大雅撰　宋徐霆疏證
承華事略一卷
元王惲撰
清抄本

浙圖

史 0646

黑韃事略一卷

　　宋彭大雅撰　　宋徐霆疏證

　　清雲自在龕抄本

　　清抄本

天一閣

史 0647

黑韃事略一卷

　　宋彭大雅撰　　宋徐霆疏證

　　抄本　朱贊卿校

天一閣

史 0648

皇元聖武親征錄一卷

故宮遺錄一卷

　　明蕭洵輯

　　清抄本

浙圖

史 0649

皇元聖武親征記一卷

　　清何秋濤校

　　清抄本　慈溪馮貞群跋

天一閣

史 0650

故宮遺錄一卷

　　明蕭洵輯

　　清大雷岸經鋤堂抄本　鐵盒跋

浙大

史 0651

欽定蒙古源流八卷

　　清抄本

浙圖

史 0652

敦煌新錄一卷

　　後魏劉昞撰

　　清抄本

浙圖

史 0653

保越錄一卷

　　元徐勉之撰

　　清蔣鳳藻心矩齋抄本　清傅以禮校並跋

浙圖

史 0654

保越錄一卷

　　元徐勉之撰

　　清王埈抄本

浙圖

史 0655

拊膝錄四卷

　　明劉琳撰

　　蟬隱廬抄本

浙圖

史 0656

吾學編六十九卷

　　明海鹽鄭曉撰

　　明隆慶元年（1567）鄭履淳刻本

存三十五卷

　　　皇明大政記十卷

　　　皇明同姓諸王傳三卷　存二卷　二至三

　　　皇明異姓諸侯表一卷傳二卷

　　　皇明直文淵閣諸臣表一卷

　　　皇明兩京典銓尚書表一卷

　　　建文遜國臣記八卷

　　　皇明天文述一卷

　　　皇明地理述二卷

　　　皇明三禮述二卷

　　　皇明百官表一卷

　　　皇明百官述二卷

皇明四夷考二卷

　　十行十九字　　左右雙邊　　白口

　　18.5×14 釐米

浙圖 ＊　杭圖 ＊　天一閣 ＊

史 0657

吾學編六十九卷

　　明海鹽鄭曉撰

　　明萬曆二十七年（1599）鄭心材刻本

　　　　大政記十卷

　　　　遜國記一卷

　　　　同姓諸王表二卷傳三卷

　　　　異姓諸侯表一卷傳二卷

　　　　直文淵閣諸臣表一卷

　　　　兩京典銓尚書表一卷

　　　　名臣記三十卷

　　　　遜國臣記八卷

　　　　天文述一卷

　　　　地理述二卷

　　　　三禮述二卷

　　　　百官述二卷

　　　　四夷考二卷

　　　　北虜考一卷

　　十行十九字　　左右雙邊　　白口

　　18.3×13.8 釐米

浙圖

史 0658

今言四卷

　　明海鹽鄭曉撰

　　明嘉靖四十五年（1566）項篤壽刻本

　　八行十六字　　左右雙邊　　白口

　　20.9×13.7 釐米

浙圖　天一閣 ＊

史 0659

今言四卷

　　明海鹽鄭曉撰

　　明萬曆四十二年（1614）彭宗孟刻本

　　八行十七字　　左右雙邊　　白口

　　20.8×14 釐米

浙圖

史 0660

弇山堂別集一百卷

　　明王世貞撰

　　明萬曆十八年（1590）金陵刻本

　　十行二十字　　四周單邊　　白口

　　19.6×13.2 釐米

浙圖　浙大

史 0661

弇州史料前集三十卷後集七十卷

　　明王世貞撰　　明董復表輯

　　明萬曆四十二年（1614）楊鶴等刻本

缺二卷　後集六十九至七十

　　九行十八字　　四周單邊　　白口

　　21.5×15 釐米

浙圖 ＊　天一閣 ＊　浙大 ＊

史 0662

弇州史料前集三十卷後集七十卷

　　明王世貞撰　　明董復表輯

　　明萬曆（1573—1620）刻本

　　九行十八字　　四周單邊　　白口

　　21.5×14.2 釐米

浙圖

史 0663

諸邊考議五卷

　　明馬汝驥撰

　　明抄本

存三卷

　　　　北虜事蹟一卷

　　　　西夷事蹟一卷

　　　　制府經略三疏一卷

天一閣

史 0664

遼紀一卷

　　明錢塘田汝成撰

清抄本

杭圖

史 0665

皇明典故紀聞十八卷

明余繼登輯

明萬曆(1573—1620)王象乾刻本

九行十八字　左右雙邊　細黑口

21.9×15 釐米

浙圖

史 0666

皇明典故紀聞十八卷

明余繼登輯

明萬曆(1573—1620)周曰校刻本

十一行二十二字　四周單邊　白口

21.1×13.8 釐米

浙圖

史 0667

國史唯疑十二卷

明黃景昉撰

清康熙(1662—1722)范氏雙雲堂抄本
〔卷一至三、七至十二配清同治十一年
范氏抄本〕　清范邦棠跋並錄清寧波
范光陽、鄞縣全祖望跋　清鄞縣徐時
棟校並跋

天一閣

史 0668

國史唯疑十二卷

明黃景昉撰

張宗祥抄本

浙圖

史 0669

明朝小史十八卷

明呂毖撰

清初刻本

存十六卷　一　四至十八

八行二十字　四周單邊　白口

19.4×11.8 釐米

浙圖

史 0670

勝國小史十八卷

明呂毖撰

清抄本

浙圖

史 0671

國朝謨烈輯遺二十三卷

明嘉靖三十二年(1553)刻本

存三卷

　　靳勝野聞一卷

　　天潢玉牒一卷

　　皇明本紀一卷

十行二十字　四周單邊　白口

19.2×14.1 釐米

天一閣

史 0672

皇朝史概一百二十一卷

明烏程朱國楨撰

明崇禎(1628—1644)刻本

　　皇明大事記五十卷(卷四十三、四十五、四十
　　　八原題嗣刻)

　　皇明大訓記十六卷

　　皇明大政記三十六卷

　　皇明開國臣傳十三卷

　　皇明遜國臣傳五卷首一卷

十行二十一字　左右雙邊　白口

21.7×14.9 釐米

浙圖 *　天一閣 *　浙大 *

史 0673

國初群雄事略十二卷

清錢謙益撰

清尚志堂抄本

浙圖

雜史類

史 0674

國初群雄事略十四卷

清錢謙益撰

清抄本

浙圖

史 0675

國初事蹟一卷

明劉辰撰

明抄本

十行二十字　四周單邊　白口

天一閣

史 0676

皇祖四大法十二卷

明何棟如輯

明萬曆四十二年(1614)刻本

十行二十二字　左右雙邊　白口

20.4×14.2 釐米

浙圖

史 0677

聖典二十四卷

明朱睦㮮輯

明萬曆四十一年(1613)刻本

九行二十字　四周單邊　白口

23×15.5 釐米

杭圖

史 0678

皇明平吳錄二卷

明刻本

九行十八字　左右雙邊　白口

18×12.7 釐米

天一閣

史 0679

皇明平吳錄三卷附錄四卷

清抄本

天一閣

史 0680

革朝志十卷

明海寧許相卿撰

明刻本

九行十九字　左右雙邊　白口

天一閣

史 0681

建文朝野彙編二十卷

明秀水屠叔方撰

明萬曆(1573—1620)刻本

九行十八字　左右雙邊　白口

20.8×14.8 釐米

浙圖

史 0682

建文書法儗前編一卷正編二卷附編二卷

明朱鷺撰

明萬曆(1573—1620)刻本

七行十七字　四周單邊　白口

22.8×15.7 釐米

浙圖

史 0683

永樂聖政記三卷

明張輔撰

明抄本

存二卷　二至三

天一閣

史 0684

李侍郎使北錄一卷

明李實撰

明抄本

浙圖

史 0685

平蠻錄七卷

明韓雍撰

明成化(1465—1487)刻本

十一行二十字　四周雙邊　黑口

23×17.3釐米

天一閣

史 0686

安楚錄十卷

明秦金撰

明萬曆(1573—1620)刻本

存一卷　二

十二行二十字　左右雙邊　白口

19×14.7釐米

天一閣

史 0687

海寧倭寇始末一卷

清海寧吳騫批注　海寧張宗祥增補

張宗祥抄本　海寧張宗祥跋

浙圖

史 0688

萬代公論不分卷

明隆慶(1567—1572)刻本

九行十八字　四周雙邊　白口

21.5×15.8釐米

天一閣

史 0689

萬曆辛亥京察記事始末八卷

明周念祖撰

張宗祥抄本

浙圖

史 0690

三朝遼事實錄十七卷

明王在晉撰

清抄本

浙圖

史 0691

三朝要典二十四卷原始一卷

明顧秉謙、徐紹言等纂修

清光緒二十七年(1901)周大輔郗公鍾室

抄本

缺原始一卷

浙大

史 0692

維新志六卷附集二卷

明伍袁萃撰

明天啓元年(1621)刻本

八行二十字　四周單邊　白口

21×12.2釐米

天一閣

史 0693

酌中志六卷

明劉若愚撰

清金象豫抄本

缺一卷　四

浙圖

史 0694

酌中志六卷

明劉若愚撰

清別有軒抄本

浙圖

史 0695

酌中志四卷

明劉若愚撰

清抄本

缺一卷　四

天一閣

史 0696

酌中志略二十三卷

明劉若愚撰

清初抄本

缺七卷　九至十五

杭圖

雜史類

史 0697

酌中志略不分卷

　明劉若愚撰

　張宗祥抄本

浙圖

史 0698

酌中志餘不分卷

　清道光十九年(1839)抄本　錢塘吳慶坻
　　校並跋

浙圖

史 0699

酌中志餘不分卷

　張宗祥抄本　海寧張宗祥跋

浙圖

史 0700

社事本末不分卷

　清杜登春撰

　清抄本

浙圖

史 0701

先撥志始二卷

　明文秉撰

　清初刻本

　　十一行二十一字　左右雙邊　白口

　　21.2×14.37 釐米

杭圖

史 0702

先撥志始二卷

　明文秉撰

　清同治二年(1863)刻本　清山陰平步青
　　批校

存一卷　一

　　十行二十二字　四周雙邊　白口

　　17.5×12.3 釐米

杭圖

史 0703

三朝野紀七卷

　清李遜之撰

　清抄本

浙圖

史 0704

東江疏揭塘報節抄八卷

　明仁和毛文龍撰　明仁和毛承斗輯

東江客問一卷

　明吳惟英撰

　明崇禎(1628—1644)張應魁刻本

　　八行二十字　四周單邊　白口

　　21.6×14.7 釐米

浙圖

史 0705

明黨禍始末記二卷

　清海寧吳騫校訂

　清末張氏小清儀閣抄本　海寧張光第跋

浙圖

史 0706

熹朝閹黨禍國錄一卷

　題江右遺民撰

　清末張氏小清儀閣抄本

浙圖

史 0707

頌天臚筆二十四卷

　明金日升輯

　明崇禎(1628—1644)刻本

　　九行十八字　四周單邊　白口

　　20.7×14 釐米

浙圖

史 0708

崇禎長編不分卷

　清抄本

天一閣

史 0709

崇禎遺錄一卷

　明王世德撰

　清周氏都公鍾室抄本

浙圖

史 0710

崇禎遺錄不分卷

　明王世德撰

　張宗祥抄本

浙圖

史 0711

崇禎遺錄不分卷

　明王世德撰

倖存錄一卷

　明夏允彝撰

　清抄本

海寧圖

史 0712

遺事瑣談六卷附紀一卷

　明沈壽世撰

　清抄本

浙圖

史 0713

明季北略二十四卷

　清計六奇撰

　清抄本　佚名校

浙大

史 0714

辛巳越中荒紀一卷附辛巳歲救荒小議一卷

　明山陰祁彪佳撰

　明祁氏遠山堂抄本

浙圖

史 0715

甲申傳信錄十卷

　明錢䞋撰

　清抄本

浙圖

史 0716

三垣筆記四卷補編一卷

　清李清撰

　清抄本　清傅以禮校並跋

浙圖

史 0717

三垣筆記三卷附識二卷

　清李清撰

　清抄本

浙圖

史 0718

三垣筆記三卷附識三卷補遺一卷

　清李清撰

　清抄本

存五卷

　筆記一卷　附識全　補遺一卷

浙圖

史 0719

甲申日紀八卷附錄一卷

　清李清撰

　清抄本

浙圖

史 0720

明季甲乙兩年彙略三卷

　清許重熙撰

　抄本　海寧費寅校並跋

浙圖

史 0721

明代實錄一卷

明楊可學編

清虞山周氏鴿峰草堂抄本

天一閣

史 0722

明季實錄四卷

清顧炎武輯

清末抄本

浙大

史 0723

甲申朝事小紀八卷二編八卷三編八卷四編八卷五編八卷

題清抱陽生輯

清抄本

缺三編八卷

浙圖

史 0724

甲申朝事小紀八卷二編八卷三編八卷四編八卷五編八卷

題清抱陽生輯

清靖樂軒抄本

缺二卷　小紀一至二

浙圖＊　浙大＊

史 0725

甲申朝事小紀八卷二編八卷三編八卷四編八卷五編八卷

題清抱陽生輯

清抄本

缺五編八卷

浙圖

史 0726

甲申朝事小紀十卷續編八卷

題清抱陽生輯

清抄本

浙圖

史 0727

甲申朝事小紀十卷

題清抱陽生輯

清抄本

浙圖

史 0728

甲申朝事小紀不分卷二編一卷

題清抱陽生輯

清屠麻草盦抄本

浙圖

史 0729

流寇志十四卷

清海鹽彭孫貽撰

清抄本

浙圖

史 0730

流寇編年始終錄十八卷

清戴耘撰

清抄本

存四卷　一至四

天一閣

史 0731

平寇志十二卷

清海鹽彭孫貽撰

清康熙(1662—1722)活字印本

十一行二十二字　左右雙邊　黑口

18×13.7 釐米

浙圖

史 0732

武林紀略二卷

明黃鳴俊撰

明崇禎(1628—1644)刻本

九行二十字　四周單邊　白口

20.6×14.8釐米

浙圖

史 0733

守郿紀略一卷

　明高斗樞撰

　清抄本　佚名校

浙圖

史 0734

平叛記二卷

　清毛霖撰

　清康熙(1662—1722)刻本

　九行二十字　左右雙邊　白口

13×14釐米

浙圖

史 0735

豫變紀略八卷

　清鄭廉撰

虎口餘生記一卷

　清邊大綬撰

燕都志變一卷

　清徐應芬撰

紀事本末辨訛一卷明季遺聞辨訛一卷白愚

　濕襟錄摘語一卷

　清抄本

浙圖

史 0736

蜀碧四卷

　清彭遵泗輯

　清乾隆(1736—1795)刻本

　八行二十字　左右雙邊　白口

19.5×13.5釐米

浙圖

史 0737

野錄八卷

　清抄本

浙圖

史 0738

明季水西紀略二卷

　張宗祥抄本　海寧張宗祥跋

浙圖

史 0739

嘉定紀事一卷

　明趙鼎勳撰

松江紀事一卷

　清末周氏鵓峰草堂抄本

浙圖

史 0740

武塘野史不分卷

　清抄本

浙圖

史 0741

海角遺編一卷江陰殉難實跡一卷

　題清漫游野史纂記

　清周左季鵓峰草堂抄本

天一閣

史 0742

聖安皇帝本紀二卷

　清顧炎武撰

　清抄本

浙圖

史 0743

甲乙事案二卷

　明文秉撰

　清初崇本堂抄本

浙圖

史 0744

南渡錄五卷

　清李清撰

清抄本　清傅以禮校並跋　清山陰周星
詒跋

浙圖

雜史類

史 0745

南渡錄不分卷

清李清撰

清抄本

浙圖

史 0746

金陵野鈔十四卷

清顧苓撰

清初抄本

天一閣

史 0747

金陵野鈔不分卷附南都死難紀略一卷

清顧苓撰

清乾隆(1736—1795)抄本

嘉圖

史 0748

金陵野鈔十四卷附南都死難紀略一卷

清顧苓撰

清抄本　清莊士敏、傅以禮校並跋

浙圖

史 0749

江表遺事二卷

清抄本

浙圖

史 0750

天南逸史一卷

明瞿共美撰

清抄本

浙圖

史 0751

平妖紀事一卷附圍城日錄一卷

明徐從治撰

清末抄本

浙圖

史 0752

安龍逸史一卷

清屈大均撰

清末周氏鴿峰草堂抄本

浙圖

史 0753

嶺表紀年四卷

明魯可藻撰

清抄本

天一閣

史 0754

嶺表紀年四卷

明魯可藻撰

清傅氏長恩閣抄本

浙圖

史 0755

江變紀略一卷

清徐世溥撰

大哀賦一卷

明夏完淳撰

清末周氏鴿峰草堂抄本　周大輔校並跋

浙圖

史 0756

劫灰錄三卷

題清珠江寓舫撰

清抄本

浙圖

史 0757

劫灰錄不分卷

  題清珠江寓舫撰

  清周氏都公鍾室抄本　周大輔校

浙圖

史 0758

四鎮紀一卷

  清抄本

浙圖

史 0759

明末滇南紀略一卷

  清鄒存淦抄本

浙圖

史 0760

狩緬紀事一卷

  抄本

浙圖

史 0761

魯春秋一卷

  清海寧查繼佐撰

  劉氏嘉業堂抄本　南潯劉承幹跋　蔣文
   勳校

浙圖

史 0762

粵微語一卷

  清海寧查繼佐撰

  管氏靜得樓抄本　沈墨菴校

海寧圖

史 0763

燕都志變一卷

  題聾道人撰

  清抄本

浙圖

史 0764

螳臂錄四卷附錄一卷

  清會稽丁業撰

  清抄本

浙圖

史 0765

魯之春秋二十四卷

  清海鹽李聿求撰

  清咸豐（1851—1861）刻本〔目錄、卷一至
   二配抄本〕

校勘記二卷

  海寧朱希祖、徐益之撰

  稿本

浙圖

史 0766

閩海紀錄不分卷

  清夏琳撰

  抄本

浙圖

史 0767

行朝錄三卷

  清餘姚黃宗羲撰

甲申核真略一卷南行日記一卷

  清楊士聰撰

賀宿紀聞一卷

  清賀宿撰　清楊士聰輯

江右紀變一卷

  清陸世儀撰

  清抄本　佚名校

浙圖

史 0768

行朝錄六卷

  清餘姚黃宗羲撰

  清抄本

天一閣

史 0769

行朝錄十一卷

　清餘姚黃宗羲撰

附江右紀變一卷

　清陸世儀撰

　清抄本　清傅以禮校並跋

浙圖

史 0770

行朝錄十一卷

　清餘姚黃宗羲撰

附江右紀變一卷

　清陸世儀撰

　清抄本

浙圖

史 0771

明末遺事不分卷

　清抄本　佚名校點

浙圖

史 0772

明季遺聞四卷

　清鄒漪撰

　清傅氏長恩閣抄本

天一閣

史 0773

明季遺聞四卷

　清鄒漪撰

　清抄本　佚名校

浙圖

史 0774

明季南略十六卷

　清計六奇撰

　清抄本

浙大

史 0775

野史無文二十一卷

　清鄭達撰

　清抄本

存四卷　十三至十六

天一閣

史 0776

明史南都大略三卷

　清吳興沈鳴撰

　張宗祥抄本

浙圖

史 0777

明史南都大略三卷

　清吳興沈鳴撰

　清周氏郤公鍾室抄本　周大輔跋

存二卷　二至三

浙圖

史 0778

明史南都紀略二卷

　清吳興沈鳴撰

　清抄本

浙圖

史 0779

燼火錄三十二卷附記一卷

　清李本撰

　劉氏嘉業堂抄本

浙圖

史 0780

甲申野史彙鈔十一種二十三卷

　清顧炎武輯

　清抄本

　　平叛記二卷　清毛霦撰

　　殷頑錄六卷　清楊陸榮撰

　　閣臣事略一卷　明陳盟撰

　　圍城日錄一卷　明徐從治撰

桂林田海記一卷　明雷亮功撰
續明季遺聞二卷　明汪廣復撰
兩粵新書一卷　明方以智撰
兩廣紀略一卷　明華復蠡撰
江變紀略一卷　清徐世溥撰
兩朝剝復錄六卷　明吳應箕撰
風倒梧桐記一卷　明何是非撰
浙圖

史 0781
書事七則一卷山陽錄一卷秋園雜佩一卷
　清陳貞慧撰
　清康熙二十七年(1688)彊善堂患立堂刻
　本
　十二行二十二字　左右雙邊　黑口
　17.1×13.7釐米
浙圖

史 0782
三異詞錄三種三卷
　清末周氏郒公鍾室抄本　佚名批校
　　求野錄一卷　明鄧凱撰
　　也是錄一卷　明鄧凱撰
　　殘明紀事一卷　清羅謙撰
浙圖

史 0783
瀬江紀事本末一卷
　題明處士一明道人撰
　清抄本
浙圖

史 0784
莊氏史案本末二卷
　清傅以禮輯
　清抄本　佚名批　清山陰周星詒跋
浙圖

史 0785
陸麗京雪罪雲遊記一卷
　清錢塘陸莘行撰

清抄本
浙圖

史 0786
庭聞錄六卷
　清劉健撰
　清傅氏長恩閣抄本
浙圖

史 0787
海濱外史三卷
　清陳維安撰
少保兵部尚書姚公傳一卷
　清林義儒撰
　清抄本
浙圖

史 0788
閩幕紀略二卷
　清許旭撰
　清抄本
浙圖

史 0789
北征紀略一卷
　清張鵬翮撰
　清抄本
浙圖

史 0790
平閩紀十三卷
　清楊捷撰
　清康熙二十二年(1683)世澤堂刻本
　九行二十二字　四周單邊　白口
　20.8×15.2釐米
浙圖　嘉圖

史 0791
野變憐史一卷附野史九種一卷
　清天台齊心祖輯

清抄本

浙圖

史 0792

抄存華亭山案卷一卷

清抄本　佚名朱筆批

溫圖

史 0793

海寧將軍固山貝子恢復溫郡並台處事實一卷

清永嘉周聲炯撰

清抄本

浙圖

史 0794

紀華事夷言不分卷

題清笠華輯

清道光二十年(1840)韓應陛長青館抄本

清韓應陛校並跋

浙圖

史 0795

欽定林鍾英全案不分卷

清平陽林汝淞輯

清道光二十二年(1842)聚珍堂活字印本

十行二十三字　四周雙邊　白口

21.4×16.1 釐米

溫圖

史 0796

臺陽剿匪事略一卷

清桐鄉朱玨撰

清抄本

浙圖

史 0797

國朝稗乘八種八卷

清抄本

辛丑紀聞一卷

金壇獄案一卷

家難紀略一卷

過墟志一卷

吳逆取亡錄一卷

殛珅誌略一卷

守撫紀略一卷

庚辛記事一卷

浙圖

史 0798

平夷錄十六卷

抄本

浙圖

史 0799

道光洋艘征撫記二卷

清抄本

浙圖

史 0800

粵匪始末紀略二卷

題杏花樵子輯

清抄本

浙圖

史 0801

稗屑一卷

清會稽王華齋輯

稿本

浙圖

史 0802

滬城浩劫錄一卷

清末抄本

浙圖

史 0803

錫金團練始末記一卷

清華翼綸撰

清抄本

浙圖

清同治六年(1867)下浣潁川星榆氏抄本
浙圖

史 0804
庚申北略一卷
　清抄本
浙圖

史 0811
遂安歷劫記一卷
　清王其信撰
　清抄本　佚名批並校
浙圖

史 0805
庚癸紀略二卷
　題清倦圃野老撰
　清同治四年(1865)稿本
浙大

史 0812
太平軍陷海寧始末記一卷
　清海昌陳錫麟撰
　清末張氏小清儀閣抄本　海寧張光第跋
浙圖

史 0806
庚癸紀略二卷續編一卷
　題清倦圃野老撰
　稿本
浙圖

史 0813
樂清紅寇不分卷
　清樂清林大椿撰
　清抄本
溫圖

史 0807
蒙難紀略一卷
　清杭州林穎山撰
　稿本
杭圖

史 0814
瞿振漢檔案不分卷
　清抄本
溫圖

史 0808
蒙難日記一卷
　清杭州林穎山撰
　清末抄本
浙圖

史 0815
溪山遭難志略不分卷
　清應文炳撰
　清同治(1862—1874)蘊齋稿本
天一閣

史 0809
杭城辛酉紀事詩一卷
　題清錢塘東郭子、武林蒿目生撰
　清抄本
浙圖

史 0816
髮亂紀略不分卷
　清抄本
浙圖

史 0810
杭城辛酉紀事詩一卷
　題清錢塘東郭子、武林蒿目生撰

史 0817
寇難紀略一卷附詩一卷
　清評花館抄本

浙圖

史 0818

蠡城被賊記一卷附義民包立身事略一卷
　清山陰陳錦撰
　稿本
浙圖

史 0819

包村事實一卷
　清抄本
浙圖

史 0820

包村事實一卷
　清抄本
浙圖

史 0821

辛壬瑣記一卷
　清柯超撰
　稿本
天一閣

史 0822

辛壬寇略二卷
　清葉蒸雲撰
　稿本
臨海博

史 0823

賊匪始末記不分卷
　清褚聖恩撰
　稿本
臨海博

史 0824

辛壬脞錄一卷
　清抄本
浙圖

史 0825

咸豐象山粵氛紀實一卷
　清象山王蒔蕙撰
　清抄本
浙圖

史 0826

書事志恨一卷
　清方榮芬撰
　稿本　清方宏辰跋
杭圖

史 0827

霜猨集二卷
　清鄞縣陳興汭撰
　稿本
浙圖

史 0828

劫餘紀事詩一卷
　清錢塘張麗生撰
　清抄本
浙圖

史 0829

圍城記一卷
　題甦菴道人撰
　清抄本
浙圖

史 0830

清光緒間江山農民暴動史料一卷
　清劉朝鎔輯
　清抄本
浙圖

史 0831

錢虜爰書一卷
　清瑞安黃體芳撰

稿本
溫圖

史 0832
浙江平定粵寇紀略不分卷
清李圭撰
清抄本
浙博

史 0833
逆黨禍蜀記一卷
清汪堃撰
清同治五年(1866)不懼無齋刻本　佚名朱墨筆批校
九行二十一字　左右雙邊　白口
17.5×11.3 釐米
嘉圖

史 0834
京津拳匪記一卷附上諭一卷
清德清許子屏輯
清抄本
浙圖

史 0835
雲龍州白楊廠漢回聚衆械鬬紀實不分卷
清抄本
浙大

史 0836
金錢會匪紀略一卷
清瑞安孫衣言撰
稿本
20×14.4 釐米
溫圖

史 0837
辛酉都城紀事一卷
清抄本
浙圖

史 0838
越南朝貢過楚紀事一卷南遊紀勝一卷
清張福鐄撰
清同治八年(1869)進修齋抄本
浙圖

詔令奏議類

詔令

史 0839
兩漢詔令二十三卷
宋林虙、樓昉輯
元至正九年(1349)蘇天爵刻明遞修本
存十六卷　西漢七至十二　東漢二至十一
十行十八字　四周雙邊　綫黑口
天一閣

史 0840
兩漢詔令二十三卷
宋林虙、樓昉輯
明刻本
十行十八字　四周雙邊　綫黑口
19.7×14.5 釐米
浙圖

史 0841
唐大詔令一百三十卷
宋宋敏求輯
清初抄本
缺二十三卷　十四至二十四　八十七至九十八
浙圖

史 0842
代言選五卷
明上虞倪元璐撰　明文震孟、清王鐸評
清初影抄明崇禎(1628—1644)王貽栻刻本

浙圖

史 0843

上諭解義二卷

　清聖祖玄燁撰

　清康熙二十六年(1687)范正輅刻本

　　九行二十字　四周雙邊　白口

　　21.2×13.6 釐米

天一閣

史 0844

大清聖祖仁皇帝聖訓六十卷

　清乾隆六年(1741)武英殿刻本

缺二卷　十一至十二

　　九行十八字　四周雙邊　白口

　　19.7×14.1 釐米

嘉圖

史 0845

大義覺迷錄四卷

　清世宗胤禛撰

　清雍正(1723—1735)內府刻本

　　八行十七字　四周雙邊　白口

　　19.7×14.4 釐米

浙圖

史 0846

大清世宗憲皇帝聖訓三十六卷

　清乾隆六年(1741)武英殿刻本

缺四卷　三十一至三十四

　　九行十八字　四周雙邊　白口

　　19.6×14.3 釐米

嘉圖

史 0847

平南恩詔一卷

　清劉啓瑞食舊憙齋抄本

浙圖

史 0848

硃批諭旨三百六十卷

　清張廷玉等編

　清乾隆三年(1738)刻朱墨套印本

　　十行二十一字　四周雙邊　白口

　　20.5×14.7 釐米

浙圖　溫圖　嘉圖＊

史 0849

五朝聖訓一百二十卷

　清乾隆四年至六年(1739—1741)武英殿
　　刻本

　　九行十八字　四周雙邊　白口

　　24.3×17.5 釐米

浙圖

史 0850

諭奏恭錄不分卷

　清抄本

浙圖

史 0851

光緒庚子辛丑上諭一卷

　滋蘭室抄本

浙圖

奏議

史 0852

歷代名臣奏議三百五十卷目錄一卷

　明黃淮、楊士奇等輯

　明永樂六年(1408)內府刻本

　　十二行二十六字　四周雙邊　黑口

　　25.8×16.2 釐米

天一閣＊　浙大

史 0853

歷代名臣奏議三百五十卷目錄一卷

　明黃淮、楊士奇等輯

　明永樂(1403—1424)內府刻重修本

浙圖＊　杭圖＊　天一閣＊

史 0854

歷代名臣奏議三百二十卷

　　明黄淮、楊士奇輯　明張溥删正

　　明崇禎(1628—1644)東觀閣刻本

　　　九行十八字　左右雙邊　白口

　　　20.6×14.1 釐米

　　浙大

史 0855

歷代名臣奏議三百二十卷

　　明黄淮、楊士奇輯　明張溥删正

　　明崇禎八年(1635)聚英堂刻本

　　　九行十八字　左右雙邊　白口

　　　20.6×14.2 釐米

　　浙圖

史 0856

歷代名臣奏議三百二十卷

　　明黄淮、楊士奇輯　明張溥删正

　　明崇禎(1628—1644)刻本

　　缺一卷　三百二十

　　　兩欄　下欄九行十七字　左右雙邊　白口

　　　16.7×14.2 釐米

　　天一閣

史 0857

荆川先生右編四十卷

　　明唐順之輯　明劉日寧補遺

　　明萬曆三十三年(1605)南京國子監刻本

　　　十行二十字　左右雙邊　白口

　　　22.2×14.5 釐米

　　天一閣　嘉圖＊　浙大

史 0858

秦漢書疏十八卷

　　明嘉靖三十七年(1558)吳國倫、黄國卿

　　　刻本

　　　秦書疏三卷

　　　西漢書疏六卷

　　　東漢書疏九卷

　　　十行二十字　四周單邊　白口

　　　20.9×14.9 釐米

　　浙圖＊　浙大　天一閣＊

史 0859

秦漢書疏十八卷

　　明隆慶六年(1572)桂天祥山右刻本

　　　秦書疏三卷

　　　西漢書疏六卷

　　　東漢書疏九卷

　　　十行二十字　四周單邊　白口

　　　21×15 釐米

　　浙圖＊

史 0860

兩漢策要十二卷

　　宋陶叔獻編

　　清乾隆(1736—1795)張朝樂刻本

　　　六行十四字　四周雙邊　粗黑口

　　　23.3×13.5 釐米

　　浙圖

史 0861

東漢書疏八卷

　　明周瑾輯

　　明弘治十四年(1501)刻兩漢書疏本

　　　十行二十一字　四周單邊　白口

　　　18.8×13.2 釐米

　　浙大

史 0862

西漢書疏六卷東漢書疏七卷

　　明李琯輯

　　明刻本

　　　十行十九字　左右雙邊　白口

　　　19.1×14.3 釐米

　　浙圖

史 0863

國朝諸臣奏議一百五十卷目録四卷

　　宋趙汝愚輯

宋淳祐十年(1250)史季溫福州刻元明遞
　　修公文紙印本

存四十七卷　五十四至六十　六十七至七
十四　一百十一至一百十六　一百二十
三至一百四十四　目錄全

十一行二十三字　左右雙邊　白口

23.4×16.5釐米

天一閣

史 0864

大儒大奏議六卷

　明邵寶輯

　明嘉靖六年(1527)郭韶刻本

十行二十一字　四周單邊　白口

21.3×14釐米

浙圖

史 0865

皇明名臣經濟錄五十三卷

　明黃訓輯

　明嘉靖三十年(1551)汪雲程刻本

十行十九字　四周單邊　白口

16.7×12.4釐米

浙圖　杭博 *

史 0866

皇明名臣經濟錄十八卷

　明陳九德輯

　明嘉靖二十八年(1549)羅鴻刻本

十行二十字　四周單邊　白口

19.8×14釐米

浙圖 *　天一閣 *

史 0867

皇明疏議輯略三十七卷

　明仁和張瀚輯

　明嘉靖三十年(1551)大名府刻本

十行二十二字　四周單邊　白口

17.5×13.3釐米

浙圖　天一閣 *

史 0868

皇明疏議輯略三十七卷

　明仁和張瀚輯

　明王汝訓、萬世德刻本

缺六卷　一　三十三至三十七

十行二十二字　四周雙邊　白口

19.5×15.3釐米

浙圖

史 0869

皇明奏疏類鈔六十一卷

　明汪少泉輯　明孫維城、方萬山等增刪

　明萬曆十六年(1588)王用汲等刻本

十行二十字　左右雙邊　白口

20.3×14.7釐米

浙圖

史 0870

皇明疏鈔七十卷

　明孫旬輯

　明萬曆十二年(1584)自刻本

缺四卷　五十五至五十八

十一行二十字　四周單邊　白口

19.3×14.3釐米

天一閣 *　杭圖

史 0871

表約不分卷

　明王宇輯

　明末刻本

九行二十二字　四周單邊　白口

22.3×12.2釐米

浙圖

史 0872

獻瑞詞一卷

　明嚴嵩等撰

　明抄本

浙圖

史 0873

本朝奏疏不分卷

明抄本

天一閣

史 0874

皇明奏議選十六卷備選不分卷

明秦駿生輯

明崇禎(1628—1644)馮闀閣刻本

九行二十三字　四周單邊　白口

19.7×12.3 釐米

浙大

史 0875

劉東山招由一卷

明刻本

十行二十字　左右雙邊　白口

19×13.5 釐米

天一閣

史 0876

浙江海防兵糧疏一卷

明嘉靖(1522—1566)刻本

九行二十字　四周雙邊　白口

20×14.5 釐米

天一閣

史 0877

康熙廷臣奏表不分卷附在官指南一卷

清毛瑞輯

清抄本

浙圖

史 0878

西藏奏疏十卷首一卷

清孟保、鍾方等撰

清道光(1821—1850)刻本

十行二十一字　四周雙邊　白口

19.3×14.1 釐米

浙圖

史 0879

註陸宣公奏議十五卷

唐嘉興陸贄撰　宋郎曄注

明嘉靖三十四年(1555)汪氏刻本

存四卷　十二至十五

十行二十字　四周雙邊　白口

20.8×14.5 釐米

天一閣

史 0880

疊山批點陸宣公奏議十五卷

唐嘉興陸贄撰　宋謝枋得批點

明刻本

九行二十字　四周單邊　白口

18.6×12.8 釐米

浙圖

史 0881

陸宣公奏議四卷

唐嘉興陸贄撰　清江榕輯

清乾隆十一年(1746)經畬堂刻本

八行二十四字　四周單邊　白口

20.3×12.3 釐米

嘉圖

史 0882

范文正公政府奏議二卷續集二卷書牘一卷

宋范仲淹撰

明嘉靖四十年(1561)韓叔陽刻本

十一行二十字　四周單邊　白口

21×15 釐米

浙圖　天一閣 *

史 0883

孝肅包公奏議十卷

宋包拯撰

明活字印本

九行二十字　四周雙邊　白口

20.4×14.3 釐米

浙大

史 0884

包孝肅公奏議十卷

宋包拯撰

清嘉慶八年(1803)刻本

十一行二十三字　左右雙邊　白口

20.2×15.1 釐米

浙圖

史 0885

范忠宣公奏議三卷

宋范純仁撰

明嘉靖四十年(1561)韓叔陽刻本

十一行二十字　四周單邊　白口

20.5×14.5 釐米

浙圖

史 0886

蘇東坡先生上神宗皇帝書一卷

宋蘇軾撰　清蔡焯注

清乾隆十一年(1746)刻本

八行十六字　四周單邊　黑口

17.5×12 釐米

浙大

史 0887

秦子文諫三卷

宋秦觀撰　明孟紱輯

明嘉靖二十二年(1543)刻本

十行二十字　四周雙邊　細黑口

19.5×14 釐米

天一閣

史 0888

宋丞相李忠定公奏議六十九卷附錄九卷

宋李綱撰

明正德十一年(1516)胡文靜、蕭泮刻天

啓二年(1622)重修本

十行二十二字　四周雙邊　白口

19.5×12.6 釐米

浙圖　天一閣　浙大

史 0889

宋丞相李忠定公奏議六十九卷附錄九卷

宋李綱撰

明正德十一年(1516)胡文靜、蕭泮刻天

啓二年(1622)、清雍正十一年(1733)

重修本

溫圖

史 0890

少保于公奏議十卷

明錢塘于謙撰

附錄一卷

明嘉靖二十年(1541)杭州府刻本

十行二十三字　四周單邊　黑口

20.5×14.5 釐米

天一閣

史 0891

南征疏稿六卷

明錢塘于謙撰

清抄本

浙圖

史 0892

恤刑錄二卷

明餘姚孫燧撰

明刻本

存六十三頁　九十八至一百六十

八行二十字　四周雙邊　黑口

22.5×15.5 釐米

天一閣

史 0893

余肅敏公奏議三卷

明余子俊撰

明刻本

存二卷　二至三

十行二十二字　四周單邊　白口

19.7×13.2釐米

天一閣

史0894

馬端肅公奏議十四卷恩命錄一卷

明馬文升撰

清馬相俊刻本

缺二卷　十三至十四

十行二十字　左右雙邊　白口

18.5×14.2釐米

浙圖

史0895

張簡肅公奏議三卷

明張敷華撰

明抄本

天一閣

史0896

關中奏議全集十八卷

明楊一清撰

明嘉靖二十九年(1550)刻本

存十六卷　一至五　八至十八

十一行二十二字　四周雙邊　白口

21.5×14釐米

天一閣

史0897

南宮奏議三十卷歷官表奏十六卷

明嚴嵩撰

清活字印本

十二行二十字　四周單邊　白口

22.1×16.4釐米

浙大

史0898

南宮疏略八卷

明嚴嵩撰

明嘉靖(1522—1566)刻本

十行二十字　左右雙邊　白口

20×14.8釐米

浙圖

史0899

撫臺奏議四卷

明潘塤撰

明嘉靖(1522—1566)刻本

存一卷　一

九行十八字　左右雙邊　白口

17.6×13.5釐米

天一閣

史0900

渭厓疏要二卷

明霍韜撰

明隆慶(1567—1572)刻本

存一卷　下

十行十九字　左右雙邊　白口

19×14釐米

天一閣

史0901

戴兵部奏疏一卷

明戴金撰

明嘉靖(1522—1566)龍山書院刻本

九行十八字　四周雙邊　白口

21×15釐米

天一閣

史0902

郊祀奏議二卷

明夏言撰

明嘉靖(1522—1566)刻本

九行二十字　左右雙邊　黑口

21.5×15釐米

浙圖

史 0903

水西諫疏二卷

明沈漢撰

宏所諫疏一卷

明沈珣撰

清康熙六十年(1721)沈氏家刻本

十行二十字　四周單邊　白口

21.8×15.6 釐米

浙圖

史 0904

青瑣疏略二卷

明餘姚張遂撰

明刻本

十行二十字　四周單邊　白口

18.2×13.2 釐米

天一閣

史 0905

東甌張文忠公奏對稿十二卷

明永嘉張孚敬撰

明萬曆四十二年(1614)楊鶴刻本

九行十八字　四周單邊　白口

21.6×15.2 釐米

溫圖

史 0906

總督採辦疏草三卷條約一卷行稿一卷

明劉伯躍撰

明嘉靖(1522—1566)刻本

九行二十字　四周雙邊　白口

23.5×15.5 釐米

天一閣

史 0907

楊襄毅公本兵疏議二十四卷

明楊博撰

明萬曆十四年(1586)師貞堂刻本

十行二十字　四周雙邊　白口

21×14.8 釐米

浙圖

史 0908

侍御公奏疏不分卷

明鄞縣李循義撰

清同治(1862—1874)衣德樓抄本

天一閣

史 0909

奏議四卷

明鄞縣范欽撰

明天一閣刻本

十行二十字　左右雙邊　白口

20×14.5 釐米

天一閣

史 0910

南宮奏牘二卷

明高拱撰

明嘉靖(1522—1566)刻本　長興王修跋

九行十八字　四周雙邊　白口

19.5×14.7 釐米

浙圖

史 0911

掌銓題藁二十四卷

明高拱撰

明隆慶(1567—1572)刻本

存二卷　二十三至二十四

九行十八字　左右雙邊　白口

19.5×14.6 釐米

杭圖

史 0912

奏進郭勛招供一卷

明高時撰

明嘉靖(1522—1566)刻本

八行二十二字　四周單邊　白口

20.5×15.5 釐米

天一閣

史 0913

譚襄敏公奏議十卷

　明譚綸撰

　明萬曆二十八年(1600)顧所有刻清康熙

　　四十三年(1704)譚政重修本

　　九行二十字　四周單邊　白口

　　20.8×14.6 釐米

溫圖

史 0914

南贛督撫奏議七卷

　明吳伯朋撰

　明隆慶元年(1567)刻本

存六卷　一　三至七

　　十行二十字　左右雙邊　白口

　　21.3×16 釐米

天一閣

史 0915

督撫江西奏議四卷

　明徐栻撰

　明萬曆元年(1573)刻本

缺一卷　二

　　十行二十字　四周單邊　白口

　　18.5×14.3 釐米

天一閣

史 0916

粵西奏議五卷

　明吳文華撰

　明萬曆十五年(1587)桂林府刻本

　　九行二十字　四周雙邊　白口

　　21×14.6 釐米

浙圖

史 0917

允釐堂本奏議不分卷

　明曾省吾撰

　明刻本

　　十行二十字　四周雙邊　白口

　　21×15 釐米

天一閣

史 0918

文肅王公奏草二十三卷

　明王錫爵撰

　明天啓二年(1622)王時敏刻本

　　九行十八字　四周單邊　白口

　　23.5×15 釐米

浙圖

史 0919

綸扉奏稿六卷

　明沈鯉撰

　明萬曆三十六年(1608)王肯堂刻本

　　九行十八字　左右雙邊　白口

　　20.7×14.3 釐米

浙圖

史 0920

焚餘集一卷

　明管大勳撰

　明萬曆五年(1577)刻本

　　九行二十字　四周單邊　白口

　　20.9×13.5 釐米

天一閣

史 0921

恤刑題稿八卷

　明盧漸撰

　明萬曆五年(1577)刻本

存四卷　五至八

　　十行二十字　四周雙邊　白口

　　19.5×13.5 釐米

天一閣

史 0922

重訂周恭肅公奏議一卷

　明周用撰

重訂周忠毅公奏議二卷

　明周宗建撰

清嘉慶十四年(1809)周鶴立刻本

十行二十四字　左右雙邊　黑口

19.2×13.7釐米

浙圖

史 0923

兩臺奏議十卷

明邵陛撰

明萬曆(1573—1620)刻本

十行二十字　左右雙邊　白口

21×15.2釐米

浙圖

史 0924

朱文懿公奏議十二卷

明山陰朱賡撰

清刻本

十行二十二字　四周單邊　白口

21×13.8釐米

浙圖

史 0925

朱文懿公奏疏十二卷

明山陰朱賡撰

清乾隆嘉慶間(1736—1820)朱繼刻本

十行二十字　四周單邊　白口

21.1×14釐米

浙大

史 0926

海防奏疏二卷撫畿奏疏十卷

明汪應蛟撰

明萬曆三十二年(1604)鄭三俊刻本

九行二十字　四周雙邊　白口

21.8×14.5釐米

浙圖

史 0927

海防奏疏二卷撫畿奏疏十卷計部奏疏四卷

明汪應蛟撰

明刻本

九行二十字　四周雙邊　白口

21×14釐米

杭圖

史 0928

周中丞疏稿十六卷救荒事宜一卷

明周孔教撰

明萬曆(1573—1620)刻本

存中州疏稿五卷　一至五

九行十九字　四周單邊　白口

22.4×14.4釐米

浙圖

史 0929

綸扉奏草三十卷

明葉向高撰

明末刻本

十行十九字　左右雙邊　白口

21.1×14.2釐米

溫圖

史 0930

賜餘草不分卷

明何士晉撰

明萬曆四十三年(1615)刻本

九行十八字　四周單邊　白口

20.5×15.5釐米

杭圖＊　寧圖

史 0931

疏稿六卷書牘五卷

明熊廷弼撰

明末汪修能刻本

存二卷　一至二

十行二十二字　四周單邊　白口

21.6×13.8釐米

浙大

史 0932

西臺疏草一卷北畿疏草一卷東粵疏草五卷
南國疏草一卷
　明王以寧撰
　明萬曆（1573—1620）刻本
　　九行十九字　左右雙邊　白口
　　22.4×14.7 釐米
浙圖

史 0933

楚臺疏略十卷
　明彭宗孟撰
　明刻本
　　八行十八字　左右雙邊　白口
　　20.7×14.5 釐米
浙圖

史 0934

周忠毅公奏議四卷
　明周宗建撰
附錄一卷
　明周廷祚撰
　明崇禎（1628—1644）熊開元刻本
　　九行二十字　左右雙邊　白口
　　21.6×14.9 釐米
浙圖

史 0935

諫垣奏議不分卷
　明李維樾撰
　清項氏水仙亭抄本
溫圖

史 0936

周給諫文不分卷
　明周洪謨撰
　清末會稽徐氏鑄學齋抄本
浙圖

史 0937

倪元璐草書奏稿一卷附手牘六通
　明上虞倪元璐撰
　稿本　清同治六年（1867）楊沂孫、薛時
　　雨跋　清同治七年（1868）宗源瀚跋
　　經折裝
西泠印社

史 0938

祁忠敏公疏稿五卷
　明山陰祁彪佳撰
　稿本
　　在籍公疏稿一卷
　　按吳清留州守疏稿一卷
　　居官要類稿一卷
　　翁賢書思貽先生贊一卷
　　公私雜稿一卷
浙圖

史 0939

祁忠敏公西臺疏草一卷巡城疏抄一卷未上
疏揭稿一卷
　明山陰祁彪佳撰
　清初祁氏遠山堂抄本　清山陰祁理孫批
　　校並跋
浙圖

史 0940

宜焚小疏不分卷
　明山陰祁彪佳撰
　明崇禎（1628—1644）祁氏遠山堂刻本
　　八行十八字　四周單邊　白口
　　20.6×16 釐米
浙圖

史 0941

祁忠敏公揭帖二十二通
　明山陰祁彪佳撰
　明崇禎七年（1634）抄本
浙圖

史 0942

刑垣疏稿二卷附錄一卷

　明黃巖吳執禦撰

　清初刻本　清道光元年(1821)郭旰寅跋

　清黃巖王菜跋

存二卷　下　附錄

　十行二十四字　左右雙邊　白口

　22.3×15.4釐米

黃巖圖

史 0943

林棟隆奏稿一卷

　清林棟隆撰

　稿本

浙圖

史 0944

李文襄公奏議二卷奏疏十卷別錄六卷

　清李之芳撰

李文襄公年譜一卷

　清程光禮撰

　清康熙(1662—1722)刻本

　十行二十二字　四周雙邊　白口

　19.7×14.9釐米

浙圖　嘉圖

史 0945

楊黃門奏疏不分卷

　清海昌楊雍建撰

西臺奏議一卷

　清康熙(1662—1722)刻本

　九行二十字　四周單邊　白口

　19.4×13.6釐米

浙圖　嘉圖

史 0946

蒿庵奏疏不分卷

　清臨海馮甦撰

　清抄本

臨海博

史 0947

心政錄八卷

　清雅爾圖撰

　清乾隆(1736—1795)刻本

　九行二十字　左右雙邊　白口

　19.8×13.9釐米

浙圖

史 0948

硃批田文鏡奏摺不分卷

　清田文鏡撰

　清乾隆三年(1738)內府刻朱墨印本

　十行二十一字　四周雙邊　白口

　20.2×16.1釐米

嘉圖

史 0949

硃批田文鏡奏摺不分卷

　清田文鏡撰

　清抄本

溫圖

史 0950

撫豫宣化錄四卷

　清田文鏡撰

　清雍正五年(1727)刻本

　九行二十字　左右雙邊　白口

　20.1×14.7釐米

嘉圖

史 0951

撫豫宣化錄四卷

　清田文鏡撰

　清正誼堂抄本

浙圖

史 0952

健餘奏議十卷

　清尹會一撰　清張受長編

　清乾隆十四年(1749)敦崇堂刻本

九行二十字　四周雙邊　白口
18×13 釐米
浙圖

史 0953
奏稿不分卷
　清閔鶚元撰
　清抄本
　清乾隆五十年至五十一年（1785—1786）
　　七月
浙圖

史 0954
顧用方奏稿不分卷
　清顧琮撰
　清乾隆（1736—1795）抄本
浙大

史 0955
奏稿二十三卷
　清康紹鏞撰
　清抄本
浙圖

史 0956
奏稿不分卷
　清錢塘吳振棫撰
　清抄本
　清咸豐元年至八年（1851—1858）
浙圖

史 0957
奏稿不分卷
　清沈葆楨撰
　清抄本
　清同治元年至二年（1862—1863）
浙圖

史 0958
宮同蘇館奏疏擬稿六卷
　清嘉善金安清撰　張履勳輯
　稿本
嘉圖

史 0959
嚴禁鴉片煙奏稿不分卷
　清黃爵滋等撰
　清末抄本　佚名校
浙大

史 0960
丁中丞六條覆議一卷
　清丁□□撰
　清青山白雲廬抄本
浙圖

史 0961
蔣京兆奏議一卷
　清蔣琦齡撰
　清抄本
浙大

史 0962
滇中奏議不分卷
　清彰寶撰
　清抄本
浙圖

史 0963
直督奏議□□卷
　清仁和王文韶撰
　稿本
　存光緒二十一年四月　閏五月　六月至十
　　一月
浙圖

詔令奏議類

史 0964

退圃老人直督丙申奏議十二卷

清仁和王文韶撰

稿本

存三卷　光緒二十二年（1896）正月　四月

八月

浙圖

史 0965

退圃主人奏議鈔存不分卷壽蘐堂奏議不分

卷

清仁和王文韶撰

津通鐵路奏議鈔存不分卷

清奕譞等撰

清光緒（1875—1908）抄本

浙大

史 0966

剿平陝甘回匪彙編四卷

清林壽圖等撰

清末味經書屋抄本

浙大

史 0967

同光間各大臣密摺不分卷

清秀水陶模輯

稿本

嘉圖

史 0968

醇王使德奏稿三卷

清載灃撰

清抄本

浙圖

史 0969

岑春煊奏稿不分卷

清岑春煊撰

清光緒抄本

浙大

史 0970

林公迪臣奏議公文一卷

清林啓撰

抄本

浙圖

史 0971

黃仲弢先生奏稿一卷

清瑞安黃紹箕撰

清抄本

溫圖

史 0972

大統平議一卷

清黃巖王棻輯評

稿本

浙圖

史 0973

奏議不分卷

清嘉興金蓉鏡撰

清末刻本　錢塘吳慶坻批校

十一行二十四字　左右雙邊　黑口

17.9×12.6釐米

嘉圖

史 0974

奏稿錄要十卷

錢塘吳慶坻輯

清抄本

浙圖

史 0975

光緒朝奏摺雜抄不分卷

劉氏嘉業堂抄本

浙圖

史 0976

繕摺奏式一卷

　清抄本

浙圖

史 0977

繕摺款式一卷

　清抄本

浙圖

傳記類

總傳

史 0978

標注蜀本王學士當春秋名臣傳三十卷

　宋王當撰　明曾基之、丘聞之校正

　明抄本

存十卷　十至十九

　十行十八字　無邊框

　19×14.5 釐米

天一閣

史 0979

春秋列傳五卷

　明劉節撰

　明嘉靖(1522—1566)刻本

　十行二十或二十一字　四周單邊　白口

　20.4×14.3 釐米

浙圖　天一閣

史 0980

春秋列傳八卷

　明劉節撰

　明萬曆十三年(1585)大梁書院刻本　悟

　　阿跋

　九行二十一字　四周單邊　白口

　20.9×15.3 釐米

浙大

史 0981

三史統不分卷

　明鄞縣屠本畯撰

　明屠氏霞爽閣抄本

浙圖

史 0982

孔孟聖迹圖一卷

　明謝秉秀輯

　明嘉靖四年(1525)戴充刻本

　九行十七至十八字不一　四周雙邊　黑口

天一閣

史 0983

聖門志六卷

　明海鹽呂元善輯

　明天啓四年(1624)樊維成刻本

　十行十九字　左右雙邊　白口

　20.1×14.9 釐米

浙圖

史 0984

聖門志考略二卷熙朝盛事一卷歷代幸臨闕

　　里致祭考一卷

　清沈德涓撰

　清康熙二十四年(1685)衢州刻本

　九行二十四字　四周單邊　白口

　19.1×12.4 釐米

浙圖　寧圖*

史 0985

劉向古列女傳七卷

　漢劉向撰　明黃魯曾贊

續一卷

　明嘉靖三十一年(1552)黃魯曾刻漢唐三

　　傳本

　十二行二十字　左右雙邊　白口

　19.5×15.7 釐米

天一閣　餘姚文

傳記類

史 0986

新刊古列女傳七卷

　漢劉向撰

續一卷

　清道光五年(1825)阮福文選樓影宋刻本

列女傳考證一卷

　清顧廣圻撰

　清抄本

上圖下文　左右雙邊　黑口

浙圖

史 0987

列女傳十六卷

　漢劉向撰　明汪道昆輯　明仇英繪圖

　明萬曆(1573—1620)汪氏刻清乾隆四十

　四年(1779)鮑氏知不足齋印本(有

　圖)

十行二十一字　四周單邊　白口

22×15.4 釐米

浙圖　嘉圖　海寧圖*

史 0988

古今列女傳三卷

　明解縉等撰

　明永樂元年(1403)內府刻本

存二卷　一至二

十行十八字　四周雙邊　黑口

28.7×21.3 釐米

浙圖

史 0989

女範編四卷首一卷

　明黃尚文輯

　明萬曆(1573—1620)刻本(有圖)

存三卷　首　一至二

19.6×14 釐米

杭圖　天一閣*

史 0990

婦人集一卷

　清陳維崧撰

補一卷

　清冒丹書撰

　清孫氏壽松堂抄本　清錢塘丁丙跋　仁

　　和孫峻跋

浙圖

史 0991

節婦傳十六卷

　清楊錫紱撰

　清乾隆(1736—1795)刻本

九行二十一字　左右雙邊　白口

17.3×13 釐米

浙圖

史 0992

高士傳三卷

　明薛應旂撰

　明嘉靖(1522—1566)黃氏刻漢唐三傳本

　　清錢塘羅以智校

十二行二十字　左右雙邊　白口

19.7×15.8 釐米

浙大

史 0993

高士傳四卷

　明薛應旂撰

　明隆慶(1567—1572)刻本

十行二十字　四周單邊　白口

19.3×14.4 釐米

溫圖

史 0994

孝順事實十卷

　明成祖朱棣撰

　明永樂十八年(1420)內府刻本

十行十九字　四周雙邊　黑口

27.7×17.8 釐米

浙圖

史 0995
歷代臣鑒三十七卷
　明宣宗朱瞻基撰
　明宣德元年(1426)内府刻本
　十行二十字　四周雙邊　黑口
　27×18.1 釐米
浙圖

史 0996
歷代君鑒五十卷
　明景帝朱祁鈺撰
　明景泰四年(1453)内府刻本
　十行二十字　四周雙邊　黑口
　27.9×18 釐米
浙大

史 0997
帝鑑圖説不分卷
　明張居正等撰
　明萬曆元年(1573)刻本
　九行二十字　四周雙邊　白口
　19.7×13.7 釐米
天一閣

史 0998
帝鑑圖説不分卷
　明張居正等撰
　清乾隆(1736—1795)純忠堂刻本
　九行十九字　四周雙邊　白口
　20×14.5 釐米
溫圖　義烏圖

史 0999
經世要略二十卷
　明萬廷言輯
　明萬曆三十八年(1610)萬廷謙刻本
　十行二十字　四周雙邊　白口
　20.5×14.7 釐米

蕭山圖　天一閣*

史 1000
歷代相臣傳一百六十八卷
　明魏顯國撰
　明萬曆三十四年(1606)鄧以誥刻本
　十行二十字　四周單邊　白口
　21.9×14 釐米
浙大

史 1001
鹽梅志二十卷
　明李茂春輯
　明萬曆三十七年(1609)刻本
　九行二十字　四周單邊　白口
　22.2×15.8 釐米
浙圖

史 1002
古今廉鑑八卷
　明喬懋敬撰
　明萬曆六年(1578)刻本
　九行十八字　四周雙邊　白口
　21.2×14.1 釐米
浙圖

史 1003
四史疑年錄四卷
　清劉文如撰
　清嘉慶二十三年(1818)刻本
　九行十九字　四周雙邊　白口
　18.8×12.7 釐米
浙圖

史 1004
廉吏傳十四卷附錄一卷
　明錢塘黃汝亨撰
　清雍正十一年(1733)汪元貞明善堂刻本
　八行十九字　四周單邊　白口
　21.8×14.4 釐米

傳記類

浙圖

史 1005

壺天玉露四卷又一卷

明錢陛撰

明天啓五年(1625)自刻本

存四卷　一至四

九行十九字　左右雙邊　白口

20.6×14.1 釐米

浙圖

史 1006

歷代内侍考十四卷

明毛一公撰

清抄本

浙圖

史 1007

從祀先賢事蹟錄二十四卷

明李廷寶撰

明嘉靖四十五年(1566)刻本

十行二十一字　四周雙邊　黑口

22.3×14.8 釐米

浙圖

史 1008

從祀名賢傳六卷

清常安輯

清雍正十二年(1734)刻本

十行二十字　左右雙邊　白口

17.4×12.7 釐米

浙圖

史 1009

文廟從祀賢事儒表八卷

清錢塘羅以智撰

清抄本

浙圖

史 1010

蒐集群書紀載萬年壽錄□卷

清抄本

存一卷　二

浙圖

史 1011

人鏡陽秋二十二卷

明汪廷訥撰

明萬曆二十八年(1600)汪氏環翠堂刻本
（有圖）

存五卷　七至十一

九行十八字　四周單邊　白口

23.5×16.5 釐米

杭圖

史 1012

歷代名賢齒譜九卷女齒譜三卷

清易餘涒輯

清雍正三年(1725)刻乾隆六十年
(1795)補刻本

十四行二十字　左右雙邊　黑口

19.1×13.3 釐米

溫圖

史 1013

名世編八卷

明吳亮撰

明天啓四年(1624)刻本

九行二十字　四周單邊　白口

22.5×15.4 釐米

天一閣

史 1014

憨士列傳不分卷

明鄞縣屠本畯輯

明萬曆四十年(1612)人倫堂刻本

八行十六字　四周單邊　白口

19×13 釐米

天一閣

史 1015

鏡古錄八卷

　明毛調元撰

　明萬曆四十四年(1616)紫陽書院刻本

　　九行二十字　四周單邊　白口

　　21×13.8釐米

　浙大

史 1016

壽者傳三卷

　明陳懋仁撰

　清乾隆五十年(1785)刻本

　　九行二十字　四周單邊　白口

　　18.1×13.4釐米

　嘉圖

史 1017

古今明堂記六卷

　明黃景昉撰

　清抄本　杭州鄭道乾跋

　浙圖

史 1018

康濟譜二十五卷

　明潘游龍輯　明金俊明參評

　明崇禎十三年(1640)王期昇刻本

　　九行二十字　左右雙邊　白口

　　20×14.3釐米

　浙圖　浙大　天一閣

史 1019

名世述三卷

　清王川撰

　清初不昧齋抄本

　浙圖

史 1020

留溪外傳十八卷

　清陳鼎撰

　清康熙三十七年(1698)自刻本

　　八行二十二字　左右雙邊　白口

　　20.7×15.1釐米

　嘉圖

史 1021

歷朝名人小傳八卷

　清□□撰

　清抄本

　浙圖

史 1022

我師錄不分卷

　清武林葉逢時撰

　稿本

　浙圖

史 1023

聖學宗傳十八卷

　明嵊縣周汝登輯

　明萬曆三十三年(1605)王世韜等刻本

　　九行十八字　四周單邊　白口

　　20.5×14.7釐米

　浙圖

史 1024

聖學嫡派四卷

　明當湖過庭訓撰

　明天啓元年(1621)賈克忠刻本

　　九行十八字　四周雙邊　白口

　　21.4×14.7釐米

　浙圖

史 1025

述聖圖不分卷

　清康熙十七年(1678)刻本

　　十行十九字　四周單邊　白口

　　19×14.5釐米

　天一閣

史 1026

洛學編四卷

　清湯斌輯

續編一卷

　清尹會一輯

　清乾隆三年(1738)懷潤堂刻本

義烏圖

史 1027

宋元學案一百卷

　清餘姚黃宗羲輯　清鄞縣全祖望訂補

　清道光十七年(1837)馮氏醉經閣刻本

　　清鄞縣王梓材批校

缺十七卷　一至十六　一百

　十一行二十四字　左右雙邊　黑口

　17×13.7釐米

浙圖

史 1028

宋元學案一百卷備覽四卷

　清餘姚黃宗羲輯　清鄞縣全祖望訂補

　清道光(1821—1850)抄本　清慈谿馮雲

　　濠、鄞縣王梓材校

浙圖

史 1029

宋元學案校補不分卷

　清黃璋撰

　稿本

餘姚文

史 1030

宋元學案補遺四十二卷首一卷

　清慈谿馮雲濠、鄞縣王梓材輯

　稿本　仁和孫峻跋

浙圖

史 1031

宋元學案補遺四十二卷

　清慈谿馮雲濠、鄞縣王梓材輯

　單丕抄本　蕭山單丕校

浙圖

史 1032

新校廣平學案二卷

　宋舒璘撰　清鄞縣徐時棟輯校

　稿本

天一閣

史 1033

學統五十六卷

　清熊賜履撰

　清康熙二十四年(1685)下學堂刻本

　九行二十字　左右雙邊　白口

　20.4×14.1釐米

浙圖　溫圖*　天一閣*　衢博

史 1034

儒林宗派十六卷

　清鄞縣萬斯同輯

　清乾隆三十八年(1773)萬邠初刻本　清

　　海寧吳騫批

　八行二十六字　左右雙邊　白口

　19.8×13.6釐米

浙大

史 1035

儒林宗派十六卷

　清鄞縣萬斯同輯

　清抄本

　18.5×10釐米

寧圖

史 1036

朱門授受錄十卷

　清吳甝撰

　清乾隆(1736—1795)抄本

浙圖

史 1037

台學統一百卷

清黃巖王棻撰

稿本

19.5×14 釐米

黃巖圖

史 1038

台學統一百卷

清黃巖王棻撰

稿本

存二十二卷　一至二十二

浙圖

史 1039

歷代忠義錄十四卷

明王賷撰

明刻本

缺二卷　一至二

十行二十字　四周單邊　白口

18.5×13.2 釐米

天一閣

史 1040

古今義烈傳八卷

清山陰張岱撰

清鳳嬉堂抄本

浙圖

史 1041

孝友傳二十四卷

明郭凝之撰

明崇禎(1628—1644)刻本

八行十九字　四周雙邊　白口

21.4×14.9 釐米

溫圖

史 1042

盧墓考三卷

明方以智撰

明末刻本

九行十八字　左右雙邊　白口

20×13.2 釐米

浙大

史 1043

古懽錄八卷

清王士禛撰

清康熙三十九年(1700)朱從延快宜堂刻本

十行十九字　左右雙邊　白口

16.7×13.4 釐米

浙圖　天一閣　嘉圖

史 1044

逸民史二十二卷

明陳繼儒輯

明萬曆(1573—1620)刻本

九行十八字　左右雙邊　白口

21.1×13.8 釐米

浙圖　天一閣

史 1045

詩巢附祀諸賢考次四卷

清董氏行餘學舍抄本

十行二十二字　四周單邊　白口

17×12.5 釐米

紹圖

史 1046

曹棟亭先生詩人百家小傳二卷

清嘉善曹庭棟輯

清抄本

十行二十字　無行格

19.7×15.8 釐米

天一閣

史 1047

畫梅百家小傳不分卷

清紹興佚名撰

清象玄抄本　清象玄跋

八行二十四字　白口

20×11 釐米

紹圖

史 1048

疑年錄四卷

清錢大昕撰　清海鹽吳修續

清抄本

浙圖

史 1049

疑年錄四卷

清錢大昕撰

續稿一卷

清仁和許增撰

葉舟抄本　楊宗鏞跋

浙圖

史 1050

疑年表不分卷

清錢大昕撰　清海鹽吳修續　清平湖錢
椒、歸安陸心源補　題石曇輯

稿本

浙圖

史 1051

列朝私紀三卷

清永嘉周天錫撰

清末抄本

十二行二十四字　四周單邊　粗藍口

19.8×14.5 釐米

浙大

史 1052

漢名臣言行錄十二卷

清夏之芳輯

清乾隆十七年(1752)積翠軒刻本

十行二十一字　左右雙邊　白口

17.4×13 釐米

浙圖　衢博

史 1053

**西漢以來廟諱陵名考不分卷宋景祐以來名
賢生卒譜不分卷**

清謝學鈔輯

清抄本

十一行十二字　左右雙邊　白口

19.6×15 釐米

天一閣

史 1054

齊名紀數十二卷

清王承烈輯

清嘉慶十八年(1813)環山樓刻本

九行二十字　左右雙邊　黑口

18.2×14.8 釐米

浙圖

史 1055

唐詩人姓氏六卷補一卷附見聞文錄一卷

清抄本

浙圖

史 1056

南唐三隱考一卷

清游丕基撰

清抄本

浙圖

史 1057

凌煙閣功臣圖一卷

清劉源繪

清康熙七年(1668)桂笏齋刻本　清海寧
周春跋

浙圖

史 1058

凌烟閣功臣圖像一卷

清劉源繪

清康熙七年（1668）桂笏堂刻本　黃賓
　虹、海寧張宗祥跋
杭博

史 1059

五朝名臣言行錄前集十卷後集十四卷
　宋朱熹輯
　明建昌郡齋刻本
存前集十卷
　　十一行二十三字　四周單邊　白口
　　18.3×13.5 釐米
天一閣

史 1060

五朝名臣言行錄前集十卷後集十四卷
　宋朱熹輯
　明刻本　清允禮批並跋
存十二卷　前集二至四　後集二　五至六
　九至十四
　　十行十九字　左右雙邊　白口
　　17.5×12.8 釐米
浙大

史 1061

五朝名臣言行錄前集十卷後集十四卷
　宋朱熹輯
續集八卷別集二十六卷外集十七卷
　宋李幼武輯
　元刻本
存二十三卷　續集一至三　別集二至十三
　外集十至十七
　　十行二十三字　左右雙邊　黑口
　　20.1×13 釐米
浙圖

史 1062

五朝名臣言行錄前集十卷後集十四卷
　宋朱熹輯
續集八卷別集二十六卷外集十七卷
　宋李幼武輯

明萬曆三十五年（1607）黃吉士等刻本
　　十一行二十二字　四周單邊　白口
　　19.9×15 釐米
浙圖

史 1063

五朝名臣言行錄前集十卷後集十四卷
　宋朱熹輯
續集八卷別集二十六卷外集十七卷
　宋李幼武輯
　明張鰲山刻本
　　十二行二十三字　四周單邊　白口
　　18.4×13.5 釐米
浙圖

史 1064

五朝名臣言行錄前集十卷後集十四卷
　宋朱熹輯
續集八卷別集二十六卷外集十七卷
　宋李幼武輯
　明張鰲山刻鄭汝璧重修本
存四十三卷　續集八卷　別集二十六卷
　外集九至十七
浙圖

史 1065

**宋朱晦菴先生名臣言行錄前集十卷後集十
四卷**
　宋朱熹輯　明張采評閱
續集八卷別集十三卷外集十七卷
　宋李幼武輯　明張采評閱
　明崇禎十一年（1638）張采、宋學顯等刻
　　本
　　十行二十字　左右雙邊　白口
　　20×14.8 釐米
浙圖　天一閣

史 1066

**宋朱晦菴先生名臣言行錄前集十卷後集十
四卷**
　宋朱熹輯

續集八卷別集十三卷外集十七卷
　宋李幼武輯
　明刻本
存十三卷　前集八　十　後集六　十一至
　十二　續集三至四　別集二下　三下
　外集一至二　九至十
　　十行二十字　四周單邊　白口
　　20×15 釐米
天一閣

史 1067
新刊名臣碑傳琬琰之集上集二十七卷中集
　五十五卷下集二十五卷
　宋杜大珪輯
　宋刻元明遞修本
存九卷　上集十四至二十二
　　十五行二十五字　左右雙邊　白口
　　18.6×13.5 釐米
天一閣

史 1068
新刊名臣碑傳琬琰之集上集二十七卷中集
　五十五卷下集二十五卷
　宋杜大珪輯
　宋刻元明遞修本〔四庫底本〕〔中集卷六
　　至十二、二十九至三十六、下集卷一至
　　六、二十至二十五配明抄本〕　清德清
　　俞樾題款
　　十五行二十五字　左右雙邊　白口
　　19.1×13.6 釐米
浙圖

史 1069
伊洛淵源錄十四卷
　宋朱熹撰
　明成化九年(1473)張瓚刻本
　　十行二十字　左右雙邊　白口
　　19.3×14.5 釐米
浙圖

史 1070
伊洛淵源錄十四卷
　宋朱熹撰
續錄六卷
　明黃巖謝鐸撰
　明嘉靖八年(1529)高貫亨刻本
　　十行二十字　左右雙邊　白口
　　19.3×14.4 釐米
浙圖

史 1071
伊洛淵源錄十四卷
　宋朱熹撰
續錄六卷
　明黃巖謝鐸撰
　明刻本　清黃巖王棻校並跋
　　十一行二十一字　四周雙邊　白口
海鹽博

史 1072
伊洛淵源續錄六卷
　明黃巖謝鐸撰
　清抄本
浙圖

史 1073
伊洛淵源錄新增十卷
　明楊廉增輯
　明刻本
　　十一行二十一字　左右雙邊　白口
　　19.1×13 釐米
浙圖

史 1074
考亭淵源錄二十四卷
　明宋端儀撰　明薛應旂重輯
　明隆慶三年(1569)刻本
　　十行二十字　四周單邊　白口
　　20×14.4 釐米
浙圖　天一閣

史 1075
蘇米志林三卷
　明毛晉輯
　明天啓五年(1625)毛氏綠君亭刻本
　　蘇子瞻二卷　宋蘇轍撰
　　米元章一卷　宋米芾撰
　八行十八字　左右雙邊　白口
　20.5×14.2 釐米
浙圖　浙博＊

史 1076
宋人世系考二卷
　清仁和勞格撰　清歸安丁寶書述
　清抄本
　七行字數不一　四周單邊
　17.6×13.2 釐米
浙大

史 1077
元朝名臣事略十五卷
　元蘇天爵撰
　清經鉏堂抄本
浙圖

史 1078
元儒考略四卷
　明馮從吾撰
　清抄本
浙圖

史 1079
元朝人物略四卷
　清孫承澤撰
　張宗祥抄本
浙圖

史 1080
草莽私乘一卷
　明黃巖陶宗儀輯
　清抄本

黃巖圖

史 1081
皇朝名臣言行通錄十二卷
　明尹直撰
　明弘治十三年(1500)刻本
　十行二十一字　四周雙邊　黑口
　19.5×13 釐米
天一閣

史 1082
新刊皇明名臣言行錄四卷
　明楊廉輯　明海鹽徐咸續輯
　明嘉靖二十年(1541)魏有本刻本
　十行二十字　左右雙邊　白口
　20.2×14.2 釐米
浙圖

史 1083
皇明理學名臣言行錄二卷
　明楊廉輯
　明嘉靖(1522—1566)刻本
存一卷　二
　十行二十八字　四周雙邊　黑口
　19.5×15 釐米
天一閣

史 1084
皇明理學名臣言行錄二卷
　明楊廉輯
　明嘉靖(1522—1566)刻本
存一卷　二
　十行二十字　四周雙邊　白口
　21.2×14.5 釐米
天一閣

史 1085
皇明理學名臣言行錄二卷
　明楊廉輯
　明嘉靖四年(1525)刻本

存一卷　上

　　十行十九字　　四周單邊　　白口

　　18.5×13.3 釐米

天一閣

史 1086

皇明名臣琬琰錄二十四卷後集二十二卷

　　明徐紘輯

　　明抄本

浙圖

史 1087

明名臣琬琰錄二十四卷續錄二十二卷

　　明徐紘輯

　　清顧氏藝海樓抄本

存三十七卷　琬琰錄全　續錄一至十三

浙圖

史 1088

近代名臣言行錄十卷

　　明海鹽徐咸撰

　　明萬曆十六年(1588)張程刻本

　　九行十九字　　四周單邊　　白口

　　20.4×14.1 釐米

浙圖

史 1089

皇朝名臣言行錄前集十二卷後集十二卷

　　明海鹽徐咸輯

　　明嘉靖二十八年(1549)施漸刻本

缺六卷　後集七至十二

　　十二行二十三字　　四周單邊　　白口

　　19×13.6 釐米

天一閣

史 1090

殿閣詞林記二十二卷

　　明廖道南撰

　　明嘉靖(1522—1566)刻本

　　十行二十字　　左右雙邊　　白口

　　20.2×15 釐米

浙大

史 1091

內閣行實八卷

　　明雷禮撰

　　明刻本

存四卷　一至四

　　十行二十四字　　四周單邊　　白口

　　21.1×14.1 釐米

浙圖

史 1092

國朝列卿年表□□卷

　　明雷禮輯

　　明查志隆刻本

存十三卷　十四至二十六

　　九行十八字　　左右雙邊　　白口

　　20.5×14.8 釐米

天一閣

史 1093

皇明名臣琬琰錄三十二卷

　　明王世貞輯

　　明抄本

浙圖

史 1094

皇明名臣言行錄新編三十四卷

　　明沈應魁輯

　　明嘉靖三十二年(1553)自刻本

　　十行二十四字　　四周單邊　　白口

　　20.5×14 釐米

天一閣

史 1095

國朝名世類苑四十六卷

　　明吳興凌迪知輯

　　明萬曆(1573—1620)刻本

存二十四卷　十一至十八　二十一至二十

六　三十一至四十

十行二十字　左右雙邊　白口

20.4×13.3 釐米

浙圖　天一閣

史 1096

今獻備遺四十二卷

明秀水項篤壽輯

明萬曆十一年(1583)項氏萬卷堂刻本

九行二十字　四周單邊　白口

18.7×13.5 釐米

浙圖

史 1097

今獻備遺四十二卷

明秀水項篤壽輯

清抄本

天一閣

史 1098

皇明應謚名臣十二卷

明林元盛輯

明刻本

存十卷　一至十

十行二十字　四周單邊　白口

21.8×15.3 釐米

浙圖

史 1099

皇明名臣言行錄四卷

明李廷機撰

明刻本

九行十八字　左右雙邊　白口

19×14.4 釐米

天一閣

史 1100

焦太史編輯國朝獻徵錄一百二十卷

明焦竑輯

明萬曆四十四年(1616)徐象橒曼山館刻

本

十行二十字　左右雙邊　白口

20.8×14.7 釐米

浙圖　天一閣

史 1101

昭代明良錄二十卷

明淳安童時明撰

明萬曆四十年(1612)童文龍刻本

十行二十字　四周雙邊　白口

22×14 釐米

浙圖

史 1102

國朝名臣言行略四卷

明當湖劉廷元撰

明刻本

十行二十三字　四周單邊　白口

21.7×14.2 釐米

浙圖

史 1103

本朝京省人物考一百十五卷

明當湖過庭訓撰

明天啓二年(1622)刻本〔卷一百十配清

抄本〕

十行二十字　四周單邊　白口

22.2×14.5 釐米

浙圖

史 1104

國朝內閣名臣事略十六卷

明吳伯與輯

明崇禎五年(1632)魏光緒刻本

九行十八字　四周單邊　白口

20.1×14.1 釐米

溫圖

史 1105

勳臣世系不分卷

明抄本

存後冊

　　九行二十七字　　無格

　　28×18 釐米

天一閣

史 1106

錢牧齋先生列朝詩集小傳十卷

　　清錢謙益撰　　清錢陸燦輯

　　清康熙三十七年（1698）誦芬堂刻本

　　十一行二十一字　　左右雙邊　　白口

　　17.5×13.9 釐米

浙圖　杭圖

史 1107

明儒學案六十二卷師説一卷

　　清餘姚黃宗羲撰

　　清康熙三十年（1691）刻本

缺十九卷　　二十五至三十一　　四十二至四

十六　　五十七至六十二　　師説

　　十二行二十四字　　左右雙邊　　黑口

　　18.7×14 釐米

玉海樓

史 1108

明儒學案六十二卷師説一卷

　　清餘姚黃宗羲撰

　　清康熙三十二年（1693）賈樸刻本〔卷三

　　　配清刻本，卷四至八、十四至十七、三

　　　十一至三十三配清道光元年（1821）莫

　　　晉、莫階刻本〕　佚名批校

　　十二行二十四字　　左右雙邊　　黑口

　　18.1×13.9 釐米

浙圖

史 1109

明儒學案六十二卷師説一卷附案一卷

　　清餘姚黃宗羲撰

　　清雍正十三年至乾隆四年（1735—1739）

　　　慈溪鄭氏二老閣刻本

　　十一行二十字　　四周單邊　　黑口

　　17.8×13.6 釐米

浙圖

史 1110

蕺山學案不分卷

　　清抄本

浙圖

史 1111

雜閩源流録十七卷

　　清張夏撰

　　清康熙二十一年（1682）黃昌衢彝敘堂刻

　　　本

　　十行二十一字　　四周雙邊　　白口

　　19.7×14.2 釐米

浙圖

史 1112

儒林録十九卷

　　清張恒撰

　　清康熙四十七年（1708）廣志堂刻本

　　十行二十一字　　四周單邊　　白口

　　18.5×13.9 釐米

浙圖

史 1113

明儒學案正編十一卷

　　清天台張廷琛撰

　　稿本

臨海博

史 1114

明名臣言行録九十五卷

　　明徐開任撰

　　清康熙二十年（1681）刻本

存二十五卷　　二十四至四十　　六十五至七

十二

　　十行二十一字　　左右雙邊　　白口

　　20×14 釐米

溫圖

史 1115

明女史八卷

　清鄞縣萬言撰

　稿本

浙圖

史 1116

史外三十二卷

　清汪有典撰

　清乾隆十四年（1749）刻本

　　九行二十二字　左右雙邊　白口

　　18×12.4 釐米

平湖圖

史 1117

史外八卷

　清汪有典撰

　清同治三年（1864）廬陵尋樂山房刻本

　　郭象升批並跋

　　九行二十四字　左右雙邊　白口

　　19×13.9 釐米

浙大

史 1118

明史續編不分卷

　清傅以禮撰

　稿本

浙圖

史 1119

皇明忠義存褒什二卷

　明許有穀撰

　明崇禎（1628—1644）刻本

　　八行二十二字　四周單邊　白口

　　20.5×12.5 釐米

桐廬圖　天一閣

史 1120

皇明表忠紀十卷首一卷

　明嘉善錢士升撰

附錄一卷

　明崇禎六年（1633）刻本

　　九行十九字　四周單邊　白口

　　20.5×14.4 釐米

浙圖　浙大*

史 1121

皇明三異人錄四卷

　明俞允諧輯

　明刻本

　　九行二十字　四周單邊　白口

　　21.5×15.3 釐米

天一閣

史 1122

雙忠錄二卷

　明嘉靖十九年（1540）刻本

　　十行十九字　左右雙邊　白口

　　20×16 釐米

天一閣

史 1123

嘉靖以來首輔傳八卷

　明王世貞撰

　明萬曆四十五年（1617）茅元儀刻本

　　九行十八字　四周單邊　白口

　　19.2×12.5 釐米

浙大

史 1124

明史王傳十二卷

　清抄本

浙圖

史 1125

東林同難錄一卷

　明楊坤等輯

列傳一卷附傳一卷

　清繆敬持輯

　清雍正六年（1728）繆思勃耕學草堂刻道

光五年(1825)葉氏水心齋重修本　清
傅以禮跋　清山陰周星詒跋
十行二十字　左右雙邊　黑口
18.3×13.9 釐米
浙圖

史 1126
東林列傳二十四卷末二卷
　清陳鼎撰
　清康熙五十年(1711)山壽堂刻本
　九行二十字　左右雙邊　白口
　17×13.7 釐米
嘉圖

史 1127
復社姓氏傳略十卷首一卷續輯一卷
　清吳山嘉輯
　清道光十一年(1831)吳氏南陔堂刻本
　　佚名批校　清黎里跋
　十行二十五字　左右雙邊　白口
　16.7×12.5 釐米
浙圖

史 1128
明史閣本諸傳不分卷
　清抄本
浙圖

史 1129
崇禎五十宰相傳初稿一卷宰相年表一卷宰
　相列傳六卷
　清秀水曹溶撰
　清抄本
浙圖

史 1130
天問閣明季雜稿三卷
　清李長祥撰
　清抄本
存二卷　上　中

十行二十字　無格
27.8×17.8 釐米
天一閣

史 1131
崇禎盡忠錄三十二卷
　清高承埏撰
　張宗祥抄本　海寧張宗祥跋
浙圖

史 1132
續表忠記八卷
　清趙起士、盧宜撰
　清康熙三十七年(1698)趙起士寄園刻本
　九行二十字　四周單邊　白口
　18.7×14.4 釐米
浙圖　浙大 *

史 1133
修史試筆二卷
　清藍鼎元輯
　清雍正六年(1728)刻本
　九行二十字　左右雙邊　白口
　19×14.5 釐米
浙圖　玉海樓

史 1134
雪交亭集十二卷
　清高宇泰撰
　清咸豐元年(1851)何樹侖抄本　清何樹
　　侖跋
存十一卷　一至八　十至十二
浙圖

史 1135
皇明四朝成仁錄不分卷
　清屈大均撰
　清抄本
存一卷
浙圖

史 1136

明末忠烈紀實二十卷

　清徐秉義撰

　清書福樓抄本

浙圖

史 1137

明末忠烈紀實二十卷

　清徐秉義撰

　清抄本

浙圖

史 1138

忠義錄不分卷

　清朱榕撰

　清抄本

浙圖

史 1139

勝國遺獻諸人傳不分卷

　清山陰沈冰壺撰

　稿本　清傅以禮題簽　龍游余紹宋跋

浙圖

史 1140

勝國遺獻諸人傳一卷

　清山陰沈冰壺撰

　章氏翠微樓抄本

浙圖

史 1141

勝國傳略不分卷

　題越中沈冰壺撰

　清施溶抄本　清光緒四年(1878)會稽施

　　山跋

　20.5×11 釐米

紹圖

史 1142

欽定勝朝殉節諸臣錄十二卷

　清嘉慶二年(1797)謝啓昆浙江刻本

　十行二十一字　左右雙邊　黑口

　18.5×13.7 釐米

浙圖

史 1143

明季正氣錄十一卷

　清天台張廷琛撰

　稿本

臨海博

史 1144

璽菴碎築集四卷

　明鄞縣林時對撰

　稿本

天一閣

史 1145

劉蕺山弟子考不分卷

　清董氏行餘學舍抄本

　十行二十五字　四周單邊　白口

　17.5×12.5 釐米

紹圖

史 1146

四王傳四卷附錄一卷

　清錢名世撰

　清抄本

浙圖

史 1147

欽定文廟祀位考一卷附文廟彙考一卷

　清黃巖王棻輯

　清王氏家抄本

黃巖圖

史 1148

黃梨洲先生思舊錄一卷

　清餘姚黃宗羲撰　清慈溪鄭性訂

　清抄本

浙圖

史 1149

聞見錄不分卷

清錢塘顧自俊撰

稿本

浙圖

史 1150

清名人傳不分卷

清汪琬、陳廷敬等撰

清初抄本

書名編者擬

浙圖

史 1151

三老會圖一卷

清朱弼輯　清胡九思繪圖

清道光十年(1830)稿本

軸裝

浙圖

史 1152

公車徵士小錄八卷附錄一卷

清鄞縣全祖望撰

清抄本　清嘉興馮登府校

十行二十四字　無格

15.4×23.4 釐米

天一閣

史 1153

國朝功臣傳一百二十卷

清抄本

浙圖

史 1154

本朝諸公傳不分卷

清山陰沈冰壺撰

稿本　清傳以禮校並跋

浙圖

史 1155

本朝諸公傳二卷

清山陰沈冰壺撰

章氏翠微樓抄本

浙圖

史 1156

國朝漢學師承記八卷經師經義目錄一卷

清江藩撰

清嘉慶二十三年(1818)刻本

十行二十一字　四周雙邊　白口

17.9×13 釐米

浙圖

史 1157

南書房入直諸臣考略一卷

清山陰平步青撰

手稿本

浙圖

史 1158

彤芳彙錄十二卷

清王學粲撰

清乾隆(1736—1795)抄本

浙圖

史 1159

俎豆集三十卷

清潘承焯撰

清乾隆四十三年(1778)刻本

十一行二十三字　左右雙邊　白口

19.3×15.1 釐米

浙圖

史 1160

庚辛之間亡友列傳一卷

清會稽章學誠撰

清末周氏鴿峰草堂抄本

浙圖

史 1161

重洋紀聞一卷

清山陰魯爕光輯

稿本

浙圖

史 1162

吳中往哲記一卷

明楊循吉撰

續吳中往哲記一卷補遺一卷

明黃魯曾撰

明嘉靖(1522—1566)刻本

存一卷　續

九行十八字　左右雙邊　白口

18×13 釐米

天一閣

史 1163

續吳先賢讚十五卷

明劉鳳撰

明萬曆(1573—1620)刻本

九行十八字　左右雙邊　白口

18.8×13.7 釐米

浙圖　天一閣

史 1164

吳中人物志十三卷

明張昶撰

明隆慶四年(1570)張鳳翼、張燕翼刻本

十行二十字　四周單邊　白口

18.8×15 釐米

浙圖

史 1165

南湖舊話六卷

明李延昰撰

清嘉慶二十二年(1817)書三味樓刻本

十行二十一字　左右雙邊　白口

15.2×12.1 釐米

浙圖

史 1166

無錫人物志不分卷

清抄本

浙圖

史 1167

京口耆舊傳九卷

清抄文瀾閣四庫全書本

十一行二十一字　四周雙邊　黑口

20×14.1 釐米

浙大

史 1168

婁東耆舊傳八卷

清程穆衡撰

清杏香廬抄本

浙圖

史 1169

金壇十生事略一卷

清歸安姚文田撰

清抄本

浙圖

史 1170

龍山詩巢祀位記一卷

清山陰陳錦撰

清稿本

浙圖

史 1171

國朝祥符文獻志十七卷

明李濂撰

明嘉靖二十四年(1545)刻本

缺二卷　十三至十四

九行十八字　四周單邊　白口

17.8×13.5 釐米

天一閣

傳記類

史 1172

中州人物考□□卷

　　清孫奇逢輯

　　清康熙六十一年（1722）刻本

存理學編

　　　九行二十字　　四周單邊　　白口

　　　20.6×13.7 釐米

嵊州圖

史 1173

欽定外藩蒙古回部王公表傳一百二十卷

　　清國史館撰

　　清乾隆四十四年（1779）內府刻本

　　　八行二十字　　四周雙邊　　白口

　　　25.8×20 釐米

溫圖

史 1174

兩浙名賢錄五十四卷外錄八卷

　　明錢塘徐象梅撰

　　明天啓（1621—1627）徐氏光碧堂刻本

存四十三卷　一至三十四　四十五至四十

　　九　五十一至五十四

　　　九行二十一字　　四周單邊　　白口

　　　21.7×14.6 釐米

天一閣

史 1175

兩浙耆獻傳略不分卷

　　稿本

浙圖

史 1176

兩浙輶軒續錄採訪册不分卷

　　清潘衍桐輯

　　稿本

浙圖

史 1177

清代杭人小傳三十二卷續集不分卷三集不

　　分卷

　　清抄本

浙圖

史 1178

錢塘汪氏東軒吟社小傳一卷

　　清錢塘諸可寶撰

　　清抄本　　佚名批校

浙圖

史 1179

海昌人物紀略不分卷

　　清抄本

　　　十行字數不一　　四周單邊　　白口

　　　19×13.6 釐米

海寧圖

史 1180

紫峽文獻錄二卷

　　清海寧曹宗載撰

　　清小清儀閣抄本

浙圖

史 1181

鶴徵錄八卷

　　清嘉興李集撰

後錄十二卷

　　清嘉興李富孫撰

　　清嘉慶十六年（1811）漾葭老屋刻本

　　　十一行二十四字　　左右雙邊　　黑口

　　　17.9×13 釐米

浙圖　溫圖

史 1182

蛟川耆舊傳不分卷

　　清鎮海姚燮撰

　　稿本

浙圖

史 1183

皇明鄞獻表二卷

明鄞縣薛岡輯

張氏約園抄本

浙圖

史 1184

三不朽圖贊三卷

清山陰張岱撰

清乾隆五年(1740)鳳嬉堂刻本

八行十八字　四周雙邊　白口

18.9×14.5 釐米

浙圖

史 1185

越人三不朽圖贊不分卷

清山陰張岱撰

清乾隆六十年(1795)鳳嬉堂刻本

八行十八字　四周雙邊　白口

18.9×14.1 釐米

溫圖

史 1186

有明於越三不朽名賢圖贊不分卷

清山陰張岱撰

清嘉慶二十五年(1820)鳳嬉堂刻本

八行十八字　四周雙邊　白口

18×14 釐米

紹圖

史 1187

有明於越三不朽圖贊不分卷

清山陰張岱撰

清光緒十四年(1888)陳錦刻本　清楊越

校並錄清會稽李慈銘校　清楊越跋

18.8×14.1 釐米

浙圖

史 1188

紹興名宦鄉賢贊一卷

明刻本

存十一頁

十行十六字　左右雙邊　白口

22×16.4 釐米

天一閣

史 1189

句無幽芳集一卷

清諸暨章陶撰

抄本

浙圖

史 1190

諸暨賢達傳八卷

清諸暨郭世勳輯

清乾隆三年(1738)刻本

九行二十二字　左右雙邊　白口

18×14 釐米

嵊州圖

史 1191

兩浙名賢錄台人摘錄一卷

明錢塘徐象梅撰

清王棻抄本　清黃巖王棻批校

浙圖

史 1192

台州續攷不分卷

清郭肇昌撰

清刻本

臨海博

史 1193

台獻疑年錄一卷

清黃巖王棻輯

稿本

九行二十二字　四周雙邊　白口

19.5×14 釐米

杭圖

傳記類

史 1194

敬鄉錄十四卷

　元東陽吳師道撰

　清抄本

浙圖

史 1195

金華徵獻略二十卷

　清東陽王崇炳撰　清金律編

　清雍正（1723—1735）金律刻本

　十行二十字　左右雙邊　白口

　18.5×13.4 釐米

浙圖　嘉圖

史 1196

婺學志二卷

　清張祖年撰

　清康熙五十五年（1716）刻本

　十行二十字　左右雙邊　黑口

　17.7×12.6 釐米

浙圖

史 1197

東嘉先哲錄二十卷

　明王朝佐撰

　清林慶雲惜硯樓抄本

　存五卷　一至五

　八行二十一字　四周雙邊　白口

　19.3×13 釐米

玉海樓

史 1198

東嘉錄二十卷

　明王朝佐撰

　清影明抄本　清瑞安孫詒讓批校

　十行二十字　無格

浙大

史 1199

永嘉學案不分卷

　清瑞安孫衣言輯

稿本

溫圖

史 1200

溫州氏族韻編不分卷

　清瑞安孫衣言撰

　稿本

　十行三十三至三十四字　無格

　17.5×11.8 釐米

溫圖

史 1201

甌海軼聞不分卷

　清瑞安孫衣言撰

　稿本

　存四卷　一至四

　十行二十字　無格

　14.7×10.5 釐米

溫圖

史 1202

甌海軼聞不分卷

　清瑞安孫衣言撰

　稿本

　存儒學之始　諸儒之學　經制之學　程門

　　之學等

　十行二十六字　無格

　19.5×11.7 釐米

溫圖

史 1203

甌海軼聞五十八卷

　清瑞安孫衣言撰

　稿本

　存二十九卷　一至八　十二至十四　十九

　　至二十三　二十五　二十八至三十二

　　三十六至三十九　四十一至四十三

　十行二十字　左右雙邊　白口

　14.7×10.5 釐米

溫圖

史 1204

甌海軼聞五十八卷

　清瑞安孫衣言撰

　稿本

存三十二卷　一至三　五至六　八至九
十二至十四　十八至二十　二十二　二
十四至二十五　二十八至三十　三十二
至三十九　四十一至四十五

　十二行二十四字　左右雙邊

　16.9×11.7 釐米

溫圖

史 1205

鄉先生錄不分卷

　清瑞安孫衣言輯

　稿本

　九行二十五字　四周雙邊

　17.1×11.5 釐米

溫圖

史 1206

**廬山十八賢傳不分卷附百二十三人傳不入
　社諸賢傳不分卷**

　明天啓二年(1622)刻本

　十行二十字　四周雙邊　黑口

　23.6×14.6 釐米

嵊州圖

史 1207

襄陽耆舊傳一卷

　明刻本

　十行十八字　左右雙邊　白口

　17.2×13.1 釐米

天一閣

史 1208

閩學宗傳不分卷

　明劉廷焜撰

浙學宗傳不分卷推豪別錄一卷

　明劉鱗長撰

明崇禎十一年(1638)劉鱗長刻本

　八行二十字　四周雙邊　白口

　21.8×15.4 釐米

浙圖

史 1209

莆陽文獻十三卷列傳七十五卷

　明鄭岳輯

　明萬曆四十四年(1616)黃起龍刻本

　十行二十字　四周雙邊　白口

　18.9×13.4 釐米

天一閣

史 1210

東甌獻徵錄二卷

　清黃巖王棻輯

　稿本

　　清芬集一卷

　　縞紵集一卷

黃巖圖

史 1211

開州正祀錄四卷

　明潘塤撰

　明正德十四年(1519)刻本

存三卷　二至四

　十行十九字　左右雙邊　白口

　19.6×14.5 釐米

天一閣

別傳

史 1212

**殷太師比干錄三卷微子附錄一卷箕子附錄
　一卷旁證一卷**

　明曹安輯

　明弘治(1488—1505)刻本

　十一行二十字　四周雙邊　黑口

　21.2×12.5 釐米

天一閣

史 1213

聰聖志四卷附錄一卷

　明范弘嗣輯

　明崇禎(1628—1644)刻本

　　九行十九字　四周單邊　白口

天一閣

史 1214

晏子春秋八卷

　明刻本

　　九行十八字　左右雙邊　白口

　　16.5×11.8釐米

天一閣

史 1215

晏子春秋六卷

　明刻本

　　九行二十字　四周單邊　白口

　　20.9×14.7釐米

浙圖

史 1216

晏子春秋六卷

　明刻本　清何焯批校　清烏程嚴可均跋

存二卷　一　六

　　九行二十字　四周單邊　白口

　　22.5×14.5釐米

天一閣

史 1217

晏子春秋四卷

　明萬曆十六年(1588)吳懷保刻本

存一卷　二

　　九行二十字　四周單邊　白口

　　20.2×13.5釐米

天一閣

史 1218

晏子春秋八卷

　慈溪馮貞群集注

稿本

　　18.1×13.2釐米

天一閣

史 1219

晏子春秋七卷附音義二卷

　清孫星衍撰

　清乾隆五十三年(1788)孫星衍刻本

　　十二行二十四字　左右雙邊　白口

　　18.4×14.9釐米

義烏圖

史 1220

校注晏子春秋七卷附錄一卷

　海寧張宗祥校注

稿本

浙圖

史 1221

孔子編年五卷

　宋胡仔撰　清胡培翬注

　清嘉慶二十三年(1818)耘經軒刻本

　　九行二十字　左右雙邊　黑口

　　18×13釐米

浙圖　溫圖

史 1222

東家雜記二卷

　宋孔傳撰

　清抄本

　　十行十八字　左右雙邊　黑口

　　17.3×12.6釐米

浙大

史 1223

孔庭摘要不分卷

　清尚忻輯

　清康熙四十七年(1708)世澤堂刻本

　　九行二十字　四周單邊　白口

　　17.7×13.4釐米

嘉圖

史 1224

新鍥孔聖宗師出身全傳四卷

影抄明刻本　錄胡適跋

浙圖

史 1225

孔子聖蹟圖□□卷

明刻本

浙圖

史 1226

聖賢像贊四卷

清康熙五十三年(1714)刻本

十行十九字　四周雙邊　白口

20×15 釐米

衢博

史 1227

杏壇聖蹟四卷

清孔衍珷纂

清康熙(1662—1722)刻本

九行十九字　四周單邊　白口

20.3×13.2 釐米

嘉圖

史 1228

闕里文獻考一百卷

清孔繼汾撰

清乾隆二十七年(1762)刻本

十三行二十六字　小字雙行三十九字　左右雙

邊　黑口

19.3×14.7 釐米

浙圖　溫圖　嘉圖　玉海樓

史 1229

曾誌四卷首一卷末一卷

明李天植輯

明萬曆二十六年(1598)曾承業刻本

九行十六字　左右雙邊　白口

22×15 釐米

浙圖

史 1230

孟子時事略一卷

清任兆麟撰

清乾隆五十三年(1788)刻本

九行十七字　左右雙邊　白口

18.1×13.5 釐米

嘉圖

史 1231

會稽朱太守事實一卷

清山陰沈復粲輯

稿本

浙圖

史 1232

關天帝紀四卷

明孫際可等撰

明天啓元年(1621)刻本

九行二十字　四周單邊

22.5×15 釐米

天一閣

史 1233

關聖類編六卷補編一卷

明黃希聲輯

清順治十三年(1656)稷山葛承講等刻本

八行二十二字　四周單邊　白口

20.9×14.3 釐米

浙圖

史 1234

關聖帝君聖蹟圖誌全集五卷

清盧湛輯

清康熙三十二年(1693)盧氏刻本

十行二十一字　四周雙邊　白口

24.1×16.1 釐米

浙大

天一閣

史 1235

關聖帝君聖蹟圖誌全集五卷

清盧湛撰

清康熙三十二年(1693)盧氏刻嘉慶二年
(1797)補刻本

浙圖

史 1240

臥龍崗志二卷

清羅景輯

清康熙五十一年(1712)刻本

八行二十字　左右雙邊　白口

17.5×12.8釐米

紹圖

史 1236

關帝志四卷

清張鎮輯

清乾隆二十一年(1756)刻本

九行十九字　左右雙邊　白口

17.1×13.5釐米

溫圖

史 1241

紹陶錄二卷

宋王質撰

清抄本　清繆荃孫校

十二行二十四字　無格

浙大

史 1237

忠武志八卷

清張鵬翮輯

清康熙四十四年(1705)冰雪堂刻本

九行十九字　左右雙邊　黑口

18.5×14.8釐米

浙圖

史 1242

新安忠烈廟神紀實十五卷乾集一卷

元鄭弘祖輯

明天順四年至成化元年(1460—1465)汪
儀鳳刻本

存十二卷　四至十五

十一行二十字　四周雙邊　黑口

浙圖

史 1238

忠武誌八卷

清張鵬翮輯

清康熙四十五年(1706)刻本

九行十九字　左右雙邊　黑口

19.6×14.6釐米

紹圖

史 1243

魏鄭公諫錄五卷

唐王方慶撰

清康熙(1662—1722)秀野草堂閒丘辯囿
刻本

十一行二十一字　左右雙邊　白口

18.2×14.2釐米

浙圖

史 1239

諸葛忠武書十卷

明楊時傳輯

明萬曆四十七年(1619)楊時偉刻忠武靖
節二編本

九行十八字　四周單邊　白口

18.5×14.8釐米

史 1244

魏鄭公諫續錄二卷

元瞿思忠撰

清乾隆(1736—1795)刻本

十行二十一字　四周雙邊　白口

21.6×15.1釐米

浙圖

史 1245

安祿山事蹟三卷

　唐姚汝能撰

　清抄本

　七行十六字　左右雙邊　白口

浙大

史 1246

李相國論事集六卷

　唐蔣偕輯

　清顧氏藝海樓抄本

浙圖

史 1247

江東外紀拾殘一卷

　清泰順林用霖撰

　清咸豐十一年(1861)林用霖刻本　清瑞

　　安孫詒讓批

　九行二十二字　四周雙邊　白口

　18.2×12.3釐米

浙大

史 1248

褒賢集一卷褒賢祠記二卷諸賢詩頌一卷贊
**　頌一卷諸賢贊頌論疏一卷鄱陽遺事錄一**
**　卷**

　元天曆至正間(1328—1368)褒賢世家家

　　塾歲寒堂刻范文正公集本

　十二行二十字　四周單邊　白口

　21.5×16.5釐米

天一閣

史 1249

范文正公言行拾遺事錄一卷義莊規矩一卷
**　鄱陽遺事錄一卷**

　明萬曆三十六年(1608)刻本

　九行二十字　四周單邊　白口

22×15釐米

天一閣

史 1250

忠獻韓魏王君臣相遇別錄三卷

　宋王巖叟撰

遺事一卷

　宋強至撰

傳十卷

　明萬曆四十二年(1614)徐縉芳刻本

　九行十八字　左右雙邊　白口

　19.5×14.5釐米

浙圖

史 1251

韓忠獻公別錄三卷

　宋王巖叟撰

　明抄本

　十行二十字　四周單邊　白口

　21×14釐米

天一閣

史 1252

蔡端明別紀十二卷

　明徐𤊟輯

　明萬曆(1573—1620)刻本

　十行二十字　左右雙邊　白口

　19.8×14釐米

天一閣

史 1253

烏臺詩案一卷

　清康熙四十年(1701)馬氏衎齋刻本

　十三行二十三字　左右雙邊　黑口

　19×14.5釐米

杭圖

史 1254

東坡烏臺詩案一卷

　清抄本

十行二十字　無格

浙大

傳記類

史 1255

蘇長公外紀十二卷

明王世貞輯　明璩之燦補

明萬曆二十二年(1594)璩氏燕石齋刻本

存五卷　二至三　六至八

十行十八字　左右雙邊　白口

17.4×12.9釐米

嘉圖

史 1256

蘇長公外紀十二卷

明王世貞輯　明璩之燦校補

明萬曆二十二年(1594)璩氏燕石齋刻二
十三年(1595)重修本

浙圖　杭圖　浙大

史 1257

東坡先生遺事不分卷

明崇禎九年(1636)抄本

九行二十九字　無格

浙大

史 1258

邵康節先生外紀四卷

明陳繼儒輯

明刻本

八行十八字　左右雙邊　白口

19.6×13釐米

天一閣

史 1259

米襄陽志林十三卷

明范明泰輯

**米襄陽遺集一卷海嶽名言一卷寶章待訪錄
一卷研史一卷**

宋米芾撰　明范明泰輯

明萬曆三十二年(1604)范氏清宛堂刻舞

蛟軒重修本

九行十八字　左右雙邊　白口

21.9×14.5釐米

浙大　天一閣

史 1260

米襄陽外紀十二卷

明范明泰輯　明陳之伸參補

明刻本

十行二十字　左右雙邊　白口

20.7×13.6釐米

浙大

史 1261

鄂國金陀稡編二十八卷續編三十卷

宋岳珂撰

明嘉靖二十一年(1542)洪富刻三十七年
(1558)黃日敬重修本

九行十七字　左右雙邊　黑口

20.6×16.3釐米

浙圖　天一閣*

史 1262

鄂國金陀稡編二十八卷續編三十卷

宋岳珂輯

明嘉靖二十一年(1542)洪富刻三十七年
(1558)黃日敬重修本　清蔣節跋

存十五卷　續編一至十五

浙圖

史 1263

岳鄂王金陀稡編十八卷首一卷續編八卷

宋岳珂輯　清岳士景重訂

清乾隆元年(1736)刻本

九行二十一字　四周雙邊　白口

21×13.8釐米

浙圖　溫圖

史 1264

新鐫增補宋岳鄂武穆王精忠彙編十四卷

明高應科輯

明崇禎元年（1628）刻本

九行二十四字　四周單邊　白口

19.4×12.5 釐米

天一閣

史 1265

岳忠武王事略八卷首一卷

清抄本

浙圖

史 1266

朱子實紀十二卷

明戴銑輯

明正德八年（1513）鮑雄刻本

十行二十字　四周單邊　白口

19×13 釐米

天一閣

史 1267

宋丞相崔清獻公全錄十卷

宋崔與之撰　明崔子璲輯　明崔曉增輯

明嘉靖三十二年（1553）刻本

十行十九字　四周單邊　黑口

17.8×13.3 釐米

浙圖

史 1268

袁公像贊一卷

清鄞縣袁士傑輯

稿本

浙圖

史 1269

忠貞錄三卷

明李維樾、林增志輯

附錄一卷

清孫氏玉海樓抄本

溫圖

史 1270

忠貞錄三卷

明李維樾、林增志輯

附錄一卷

清劉氏遠碧樓抄本

十行二十一字　左右雙邊　白口

22×15 釐米

餘杭圖

史 1271

夏忠靖公遺事一卷

明何喬新輯

明弘治十四年（1501）馬炳然刻本

九行十七字　四周雙邊　黑口

18.3×12.5 釐米

天一閣

史 1272

黄氏祖德錄三卷

明黄孔昭輯

明成化（1465—1487）刻本

九行十九字　四周雙邊　黑口

臨海博

史 1273

薛文清公行實不分卷

明刻本

存一卷　上

八行十五字　四周單邊　白口

18.3×13 釐米

天一閣

史 1274

商文毅公遺行集一卷

明商汝頤撰

明正德十六年（1521）刻本

十行十九字　四周雙邊　黑口

19.5×13 釐米

天一閣

傳記類

史 1275

謝翺西臺慟哭記一卷

　宋謝翺撰　明張丁注

　清抄本

浙圖

史 1276

儀制司郎中松溪戚府君墓誌行實不分卷

　明雷禮、戚元佐撰

　明隆慶（1567—1572）刻本

　八行十七字　左右雙邊　白口

　19.5×13.5 釐米

天一閣

史 1277

福建按察司副使陸公暨妻楊氏行實不分卷

　明唐龍撰

　明嘉靖（1522—1566）刻本

　九行二十字　四周單邊　白口

　19.5×13.8 釐米

天一閣

史 1278

忠烈編一卷

　明孫堪等撰

　明嘉靖三十年（1551）刻本

　八行十六至二十字　四周單邊　黑口間白口

　19×12.1 釐米

天一閣

史 1279

羅文莊完名集壽祺錄二卷壽榮錄二卷哀榮錄八卷

　明羅欽德等輯

　明嘉靖二十五年（1546）刻本

存二卷　壽榮錄全

　十行二十字　左右雙邊　白口

　19×13 釐米

天一閣

史 1280

邵端峰先生遺範錄三卷

　明邵子存撰

　明嘉靖十九年（1540）刻本

　十行二十三字　四周單邊　白口

　20×12.8 釐米

天一閣

史 1281

伍忠襄公事跡鈔略一卷

　清伍騭輯

　清康熙二十六年（1687）刻本

　八行二十字　四周單邊　白口

　18.9×12.2 釐米

浙圖

史 1282

許忠節錄六卷

　明楊旦撰

　明嘉靖十一年（1532）刻本

存二卷　五至六

　十行二十字　四周單邊　白口

　19.5×14 釐米

天一閣

史 1283

明歐陽庸及妻蕭氏誥命墓碑傳狀不分卷

　明嘉靖（1522—1566）刻本

　九行十九字　四周雙邊　白口

　19.5×14 釐米

天一閣

史 1284

忠義實記不分卷

　明楊二和撰

　明嘉靖十年（1531）刻本

缺一至六十四頁

　八行二十字　四周單邊　白口

　20.5×14 釐米

天一閣

史 1285

榮忠錄十卷

明何世守撰

附錄一卷

明嘉靖二十六年(1547)刻本

存四卷　八至十　附錄

十行二十二字　左右雙邊　白口

19.3×14 釐米

天一閣

史 1286

恩命錄不分卷

明嘉靖(1522—1566)刻本

八行十五字　四周單邊　白口

19.3×15.7 釐米

天一閣

史 1287

先公少司馬傳一卷

明胡大慎撰

明刻本

九行十八字　四周單邊　白口

18×13 釐米

天一閣

史 1288

荊溪盧司馬九台公殉忠實錄一卷

明許德士撰

清末周氏鴿峰草堂抄本

浙圖

史 1289

贈太僕寺少卿蒼野王公褒忠錄不分卷

清郭一鶚輯

清初刻本

東陽博

史 1290

明故戶部右侍郎贈尚書一川游公行狀一卷

明焦竑撰

大司徒游公傳一卷

明韓仲雍撰

先考少司徒一川府君行述一卷

明游元潤等輯

明萬曆三十六年(1608)刻本

九行二十字　四周單邊　白口

22.1×14 釐米

浙圖

史 1291

見田公行述一卷

明余同光撰

清抄本

浙圖

史 1292

明兵部尚書贈太子太保謚恭敏青雷薛公傳
　一卷行狀一卷墓誌銘一卷

明賀逢聖等撰

文武官員祭恭敏公奠稿一卷

清抄本

浙圖

史 1293

福建按察司楚亭楊君暨妻舒氏行述一卷

明寧波楊恂撰

明刻本

八行十八字　左右雙邊　白口

20.5×13.7 釐米

天一閣

史 1294

贈言錄一卷

明樊土家輯

明萬曆(1573—1620)潘文楚刻天啓四年
　(1624)續刻本

九行二十一字　四周雙邊　白口

23×14.3 釐米

浙圖

史 1295

明魏忠節公大中孝子學洢畫像傳贊一卷

清宋犖、曹度等撰　清魏儒勳輯

稿本

浙圖

史 1296

衡陽吳悝臺先生忠烈遺蹤一卷

清吳文煥輯

清抄本

二十行二十四字　左右雙邊　綫藍口

17.1×11.8 釐米

玉海樓

史 1297

尚書倪文正公傳一卷

明蔣平階撰

清康熙（1662—1722）刻本

八行二十字　四周單邊　白口

20×13.7 釐米

浙圖

史 1298

倮東餓夫傳一卷

明會稽章正宸撰

清抄本

天一閣

史 1299

東山外紀二卷

清劉振麟、周驤輯

抄本

浙圖

史 1300

查伊璜東山外紀二卷

清劉振麟、周驤輯

清光緒十九年（1893）抄本

浙圖

史 1301

寧波府知府九春楊公行狀一卷

清史大成撰

清順治（1644—1661）刻本

九行二十字　四周單邊　白口

21.5×14.7 釐米

天一閣

史 1302

孝義妥公傳不分卷

清潘可選等撰

清康熙（1662—1722）刻本

九行二十字　四周單邊　白口

21.5×14.7 釐米

天一閣

史 1303

高蔚臣行實一卷

清高攀桂撰

清康熙（1662—1722）刻本

八行二十字　四周雙邊　白口

21×13.3 釐米

天一閣

史 1304

陳于階行狀傳略一卷

清徐學柄等撰

疏草一卷

清抄本

浙圖

史 1305

**誥授奉直大夫都察院湖廣道監察御史何公
墓碑銘一卷附何母陳宜人榮壽序一卷**

清蕭山毛奇齡撰

稿本　清道光六年（1826）沈秉鈺題款

浙圖

史 1306

鄉飲大賓文學張萍止府君行述一卷

　清張德堪撰

　清康熙(1662—1722)刻本

　　八行二十字　左右雙邊　白口

　　21×13.4 釐米

天一閣

史 1307

鄉飲大賓怡靖府君行略一卷

　清陳祖錫撰

　清康熙(1662—1722)刻本

　　八行二十字　左右雙邊　白口

　　20.4×13.5 釐米

天一閣

史 1308

寧海將軍固山貝子功績錄不分卷

　清抄本

　　九行二十字　無格

　　17.1×12.4 釐米

溫圖

史 1309

寧海將軍固山貝子恢復溫郡並台處事實一卷

　清永嘉周聲炯撰

　清乾隆六年(1741)刻本

　　六行十八字　四周雙邊　白口

　　19.8×11.8 釐米

溫圖

史 1310

寧海將軍固山貝子宗室福公平定三郡紀略一卷

　清永嘉周聲炯撰

　清抄本

溫圖

史 1311

雲南學正謝正存嶷府君行述一卷

　清謝撝贊撰

　清刻藍印本

　　八行二十字　四周雙行　白口

　　21.8×14 釐米

天一閣

史 1312

驍騎將軍王銘公行實一卷

　清王鳳翔撰

　清康熙(1662—1722)刻本

　　九行二十二字　四周雙邊　白口

　　21.6×13.5 釐米

天一閣

史 1313

呂晚村先生行略一卷

　清抄本

浙圖

史 1314

越州西山以揆禪師塔誌銘一卷

　清蕭山毛奇齡撰

　稿本

天一閣

史 1315

溫文簡公遺像題詞六卷

　清王掞等撰

　清康熙五十六年(1717)刻本

　　九行二十字　四周雙邊　白口

　　16.2×11.7 釐米

浙圖

史 1316

希聖先生范公變小傳一卷

　清嘉興鄉紳公撰

　清康熙(1662—1722)刻本

　　九行二十字　四周單邊　白口

21.5×14.8釐米

天一閣

史 1317

曼殊留視圖册一卷

清蕭山毛奇齡撰

清魯變光抄本　清山陰魯變光跋

浙圖

史 1318

鴻臚寺少卿採石何公暨妻徐氏墓誌銘一卷

清梁清標撰

清刻本

九行二十一字　四周單邊　白口

21×15釐米

天一閣

史 1319

慈淑戴太宜人行狀一卷誄草一卷

清戴二球撰

清康熙（1662—1722）刻藍印本

九行十九字　四周雙邊　白口

19.5×14釐米

天一閣

史 1320

貴陽軍民府知府朱葵石暨妻戴氏行實一卷

清朱彝敘撰

清康熙（1662—1722）刻本

九行二十二字　四周雙邊　白口

22.3×14.4釐米

天一閣

史 1321

太倉王公傳略一卷

清楊繩武撰

清抄本

浙圖

史 1322

鄧嶧亭墓表一卷

清王澍撰

清雍正七年（1729）稿本　清張之洞題款

清李葆恂、楊鍾義、吳廣霈等跋

浙圖

史 1323

王介軒墓誌銘一卷

清謝章鋌撰

清光緒（1875—1908）王仁堪寫本

浙圖

史 1324

姚祖同行述一卷

清錢塘姚大成撰

稿本

杭圖

史 1325

姚祖同墓誌銘一卷

清錢塘姚大成撰

稿本

杭圖

史 1326

孫敬軒行述一卷

清瑞安孫洘撰

清乾隆四十九年（1784）刻本

八行十八字　四周雙邊　白口

21.7×15.1釐米

溫圖

史 1327

管桐南公行述一卷

清海寧管喬年撰

清乾隆（1736—1795）家刻綠印本　海寧

管偉批注

九行二十字　左右雙邊　白口

19.6×13.5釐米

餘杭圖

史 1328

蕭山施文臺墓誌銘一卷

　清楊鍾羲撰

　清光緒三十三年(1907)伊立勳寫本

浙圖

史 1329

陳公神道碑銘一卷

　清王柏心撰

　清咸豐六年(1856)何紹基寫本　清同治

　　九年(1870)譚澤闓跋

西泠印社

史 1330

童烈女實錄一卷

　清抄本

浙圖

史 1331

姚江四明黃氏老尹自敘一卷雜錄一卷

　清黃承乙撰

　稿本

浙圖

史 1332

木刻前賢遺範不分卷

　清鄞縣章鋆撰

　稿本

浙圖

史 1333

潘銘憲行狀一卷附年譜

　清潘福禧撰

　清抄本

溫圖

史 1334

處士任渭長傳一卷遺詩一卷

　稿本

浙圖

史 1335

彭城尋骸記一卷

　清歸安楊以貞撰

　清抄本

浙圖

史 1336

曾文正公傳略一卷

　朱孔彰撰

　稿本

浙圖

史 1337

羽琌逸事三卷

　清陳元祿撰

　清葉氏抄本

浙圖

年譜

史 1338

歷代名人年譜不分卷

　清吳榮光撰

　清道光(1821—1850)稿本　姜亮夫跋

浙大

史 1339

屏守齋所編年譜五卷

　清錢大昕撰

　清嘉慶八年(1803)、十二年(1807)李賡

　　芸刻本

　　洪文惠公年譜一卷

　　洪文敏公年譜一卷

　　陸放翁先生年譜一卷　清海寧吳騫批注

　　深寧先生年譜一卷

傳記類

弇州山人年譜一卷

十行二十一字　左右雙邊　白口

18.1×13.5 釐米

浙圖

史 1340

周公年表一卷

　清牟廷相撰

　抄本

浙圖

史 1341

孔孟紀年不分卷

　清朱駿聲撰　朱師轍注

　稿本

浙圖

史 1342

許君年表一卷附淮南參正殘草一卷説文古
讀考二卷

　清會稽陶方琦撰

　稿本　清仁和譚獻批校　袁天庚題簽

浙圖

史 1343

陶靖節先生年譜一卷

　宋吳仁傑撰

　清謝氏小草齋抄本

天一閣

史 1344

韓柳二先生年譜八卷

　清馬曰琯輯

　清雍正七年(1729)馬氏小玲瓏山館刻本

　十行十八字　左右雙邊　白口

　21×13 釐米

天一閣

史 1345

玉谿生年譜會箋四卷首一卷

　清張采田撰

　劉氏求恕齋刻求恕齋叢書本　象山陳漢
　章批校

　十行二十一字　四周單邊　黑口

　13.8×10.9 釐米

浙圖

史 1346

范文正公年譜一卷

　宋鄞縣樓鑰撰

　明嘉靖二十二年(1543)文正書院刻本

　十行十八字　左右雙邊　白口

　22.4×14.8 釐米

天一閣

史 1347

范文正公年譜一卷補遺一卷

　宋鄞縣樓鑰撰　明毛一鷺補遺

　明萬曆三十六年(1608)刻本

　九行二十字　四周單邊　白口

　22.4×14.8 釐米

天一閣

史 1348

司馬溫公年譜六卷

　明馬巒撰

　明萬曆四十六年(1618)司馬露刻本

　九行二十字　四周單邊　白口

　21.9×14.3 釐米

浙大

史 1349

明道程子年譜二卷

　清池生春、諸星杓撰

　稿本

浙圖

史 1350

伊川程子年譜七卷

清池生春、諸星杓撰

稿本

浙圖

史 1351

紫陽文公先生年譜五卷

明李默、朱河重訂

明嘉靖三十一年（1552）刻本

七行十八字　四周單邊　白口

20.8×14.9 釐米

浙圖　天一閣

史 1352

紫陽朱夫子年譜三卷

清何同化等撰

清康熙五十五年（1716）朱烈刻本

八行十八字　四周雙邊　白口

21×13.8 釐米

紹圖

史 1353

朱子年譜四卷考異四卷附錄二卷

清王懋竑撰

清乾隆十七年（1752）白田草堂刻本

八行二十字　左右雙邊　白口

17.7×13.4 釐米

浙圖　海寧圖　衢博

史 1354

朱子年譜四卷考異四卷附錄二卷

清王懋竑撰

清乾隆十七年（1752）白田草堂刻本　清

　莫棠跋

杭圖

史 1355

陳文節公年譜一卷

清瑞安孫鏘鳴撰

手稿本

十行　左右雙邊

20.4×13.1 釐米

溫圖

史 1356

陳文節公年譜一卷

清瑞安孫鏘鳴撰

手稿本

九行三十字

16.6×11.1 釐米

溫圖

史 1357

陳文節公年譜一卷

清瑞安孫鏘鳴撰

清抄本

浙圖

史 1358

象山陸先生年譜二卷

宋李子願撰

明嘉靖二十三年（1544）刻本

存一卷　下

八行十九字　四周單邊　白口

19.7×14.5 釐米

天一閣

史 1359

杜清獻公年譜一卷

清黃巖王棻撰

清同治十三年（1874）稿本

黃巖圖

史 1360

宋金仁山先生年譜不分卷

明徐袍撰

清乾隆九年（1744）金華藕塘賢祠義學刻

　本

侍王府

史 1361

葉文定公年譜不分卷

清葉嘉楠撰　瑞安孫延釗校補

清孫氏玉海樓抄本

溫圖

史 1362

葉文定公年譜不分卷

清瑞安孫衣言撰

稿本

浙圖

史 1363

葉文定公年譜一卷

清瑞安孫衣言撰

稿本

溫圖

史 1364

葉文定公年譜不分卷

清瑞安孫衣言撰

林慶雲惜硯樓抄本

十行二十三字　四周單邊　白口

17.8×11.5 釐米

玉海樓

史 1365

謝皐羽年譜一卷

清徐沁撰

清抄本

天一閣

史 1366

趙松雪年譜一卷

清錢塘徐元掄撰

稿本

浙圖

史 1367

明禮部右侍郎戚友菊先生年譜一卷

清臨海黃瑞撰

稿本

臨海博

史 1368

蹇忠定年譜一卷

明蹇英撰

明正統十四年(1449)刻本

十行二十三字　四周雙邊　黑口

26.2×16.3 釐米

天一閣

史 1369

楓山章文懿公年譜二卷

明阮鶚撰

明嘉靖三十三年(1554)唐鉞刻本

八行二十字　四周雙邊　白口

19.7×13.6 釐米

嘉圖

史 1370

陽明先生年譜三卷

明餘姚錢德洪撰

明嘉靖四十三年(1564)周相、毛汝麒刻本

九行十八字　左右雙邊　白口

20.2×14.6 釐米

浙圖　天一閣

史 1371

陽明先生年譜二卷

明李贄撰

明刻本

九行十八字　四周單邊　白口

21.8×15 釐米

天一閣

史 1372

大司徒一川游公年譜一卷

　明游悦易撰

　明萬曆三十九年(1611)聚順堂刻本

　七行十八字　四周單邊　白口

　22×13.6釐米

浙圖

史 1373

張太素侍郎自著年譜不分卷

　明天台張文郁撰

　稿本　清陳立樹跋

臨海博

史 1374

黃忠端公年譜二卷

　清餘姚黃炳垕撰

　稿本

餘姚文

史 1375

吳忠節公年譜三卷

　清吳蕃昌撰

　清抄本　海寧張宗祥跋

浙圖

史 1376

徵君孫先生年譜二卷

　清湯斌等撰　清方苞訂正

　清乾隆(1736—1795)刻本

　九行二十字　左右雙邊　白口

　17.9×13.3釐米

浙大

史 1377

倪文貞公年譜四卷

　清上虞倪會鼎撰

　清活字印本

餘姚文

史 1378

一笑錄一卷

　清永嘉王欽豫撰

　稿本

　20.3×12.4釐米

溫圖

史 1379

一笑錄一卷

　清永嘉王欽豫撰

　稿本

　17.2×13.2釐米

溫圖

史 1380

祁忠敏公年譜一卷

　清山陰祁理孫撰

　稿本

浙圖

史 1381

祁忠敏公年譜一卷

　清山陰祁理孫撰

　稿本　佚名跋

浙圖

史 1382

劉忠介公年譜二卷

　清山陰劉汋撰

　清乾隆四十一年(1776)劉毓德證人堂刻
　　本

　十行二十二字　左右雙邊　白口

　17.8×13.5釐米

紹圖

史 1383

王雅宜年譜一卷

　清翁方綱撰

　劉氏嘉業堂抄本

浙圖

史 1384

楊園張先生年譜四卷

　清海鹽崔德華、海鹽崔以學撰

　清蔣氏別下齋抄本

存二卷　一至二

浙圖

史 1385

楊園張先生年譜四卷

　清海鹽崔德華、海鹽崔以學撰

　清光緒二十三年（1897）翠薇山房抄本

　　海寧費寅校並跋

浙圖

史 1386

李文襄公年譜一卷

　清程光矩撰

　清康熙（1662—1722）刻本

　十行二十二字　四周雙邊　白口

　19.5×15 釐米

浙圖

史 1387

安道公年譜二卷

　清陳溥撰

　清抄本

浙圖

史 1388

重訂顧亭林先生年譜一卷

　清張穆撰

　清抄本

浙圖

史 1389

張忠烈公年譜不分卷

　清會稽趙子謙撰

　稿本

天一閣

史 1390

四本堂自撰編年一卷

　清杭州胡吉豫撰

　清刻本

　九行二十一字　左右雙邊　白口

　20.1×13.9 釐米

溫圖

史 1391

毛西河先生年譜殘稿一卷

　清蕭山韓□□撰　清山陰平步青校輯

　稿本

浙圖

史 1392

朱竹垞先生年譜不分卷

　清楊謙撰

　清乾隆（1736—1795）刻本

　十行二十三字　左右雙邊　白口

　18×13.3 釐米

衢博

史 1393

華野郭公年譜一卷

　清郭廷翼撰

　清乾隆（1736—1795）刻本

　九行二十字　左右雙邊　白口

　19.6×13.5 釐米

浙圖

史 1394

查東山先生年譜一卷

　清嘉興沈起撰

書湖州莊氏史獄一卷

　清翁廣平撰

　清抄本

浙圖

史 1395

查他山先生年譜一卷

清陳敬璋撰

續集人名考一卷

抄本

浙圖

史 1396

陸稼書先生年譜一卷

清陸震徵、李鉉等撰

清康熙五十七年(1718)三魚堂刻本

九行二十字　左右雙邊　白口

17.3×14.1 釐米

平湖圖

史 1397

陸稼書先生年譜定本二卷附錄一卷

清吳光西輯

清雍正三年(1725)清風堂刻乾隆六年

(1741)增刻本

十行二十三字　左右雙邊　黑口

19.5×13.7 釐米

浙圖　平湖圖　浙大

史 1398

漁洋山人自撰年譜二卷

清王士禛撰　清惠棟注補

清紅豆齋刻本

十行二十一字　四周雙邊　白口

19.5×15 釐米

浙圖

史 1399

閻潛丘先生年譜一卷

清張穆撰

清道光二十七年(1847)祁氏䃍訆亭刻本

十一行二十三字　左右雙邊　白口

19.2×14.6 釐米

浙圖　溫圖

史 1400

蒼山年譜知非紀不分卷

清遂安毛雲孫撰

稿本

浙圖

史 1401

厲樊榭先生年譜一卷

清仁和朱文藻撰

清末藕香簃抄本　佚名校

浙圖

史 1402

阿文成公年譜三十四卷

清那彥成撰

清嘉慶十八年(1813)刻本

十行二十二字　四周雙邊　白口

22.1×15.7 釐米

浙圖　溫圖

史 1403

南江先生年譜初稿一卷

清餘姚朱蘭撰

稿本

餘姚文

史 1404

先府君北湖公年譜一卷

清海昌張京顏撰

管氏靜得樓抄本

浙圖

史 1405

無墨公年譜一卷

清山陰何經方撰

清何澂抄本　何杶跋

浙圖

傳記類

史 1406

長文襄公自定年譜四卷

清長齡撰

清道光二十一年(1841)桂叢堂刻本

九行十一字　左右雙邊　白口

20.1×14.6 釐米

浙圖

史 1407

宮傅楊果勇侯自編年譜五卷

清楊芳撰

清道光二十年(1840)傅氏寶和堂刻本

十行二十一字　四周雙邊　白口

18.1×13.3 釐米

浙圖

史 1408

太鶴山人年譜不分卷

清青田端木國瑚撰

手稿本

玉海樓

史 1409

歲閱編不分卷

清彭蘊琳撰

清道光元年(1821)抄本　佚名跋

溫圖

史 1410

吳太夫人年譜二卷

清會稽董金鑑撰

稿本

十行二十字　版心下鐫"會稽董氏行餘學舍"

紹圖

史 1411

補讀書室自訂年譜不分卷

清餘姚朱蘭撰

稿本

餘姚文

史 1412

桐溪達叟自編年譜不分卷

清桐鄉嚴辰撰

稿本

溫圖

史 1413

言舊錄一卷

清張金吾撰

清抄本

浙圖

史 1414

石隱山人自訂年譜一卷

清朱駿聲撰

稿本　朱師轍補並跋

浙圖

史 1415

賈芝房自纂年譜一卷

清平湖賈敦艮撰

手稿本

浙圖

史 1416

李介繁先生自定年譜稿一卷

清濮院李枝昌撰

清光緒七年(1881)戴以恒抄本　清錢塘

戴以恒跋

浙圖

史 1417

會稽秦太常公年譜一卷

清會稽秦曾熙撰

稿本　清光緒六年(1880)秦吉德等跋

浙圖

史 1418

丁丙年譜四卷

錢塘丁立中撰

稿本

杭圖

史 1419

臥虎山人年譜一卷

清黃巖王棻撰

稿本

黃巖圖

史 1420

宗室偶齋先生年譜一卷

富陽夏震武撰

稿本

浙圖

史 1421

古草老人自編年編不分卷

清□□撰

稿本

杭圖

日記

史 1422

雲山日記不分卷

元郭畀撰

清抄本　佚名校並錄清宋葆淳、趙輯寧、

鮑廷博、周倫、趙魏等跋

元至大元年八月至二年十月

浙圖

史 1423

客長日記不分卷

元郭畀撰

清抄本

元至大元年十一月初五至閏十一月十五

浙圖

史 1424

味水軒日記八卷

明嘉興李日華撰

清嘉慶十八年(1813)抄本　清戴光曾校

跋

明萬曆三十七年至四十四年

浙圖

史 1425

味水軒日記八卷

明嘉興李日華撰

清漱玉氏抄本

明萬曆三十七年至四十四年

天一閣

史 1426

真率先生學譜不分卷

明徐日久撰

明崇禎五年(1632)刻本

明萬曆三十八年至泰昌元年、天啓五年

至七年

九行二十字　四周單邊　白口

20.8×14.8 釐米

杭圖

史 1427

祁忠敏公日記十五卷

明山陰祁彪佳撰

明末祁氏遠山堂抄本

明崇禎四年至弘光元年

浙圖

史 1428

孫徵君日譜錄存三十六卷

清孫奇逢撰

稿本

缺五卷　六　十六　二十一　二十三　三

十六

清順治六年至康熙十四年

浙圖

史 1429

拜經齋日記不分卷

清鄭旼撰

稿本

清康熙十一年至十三年、十五年

杭博

史 1430

北遊日記一卷

明海寧陸嘉淑撰

清管庭芬抄本　清海寧管庭芬跋

清順治十年四月至六月

浙圖

史 1431

霍邸日記不分卷

清莊同生撰

稿本　清莊國楨跋

清順治十三年十月至十一月

浙圖

史 1432

西征日記一卷

清杜昌丁撰

清抄本

清康熙五十九年

浙圖

史 1433

燕程日記一卷

清程穆衡撰

杏香廬抄本

清乾隆二年正月至二月

浙圖

史 1434

螺江日記八卷續編四卷

清蕭山張文虉撰

清乾隆十七年（1752）刻乾隆三十年
　（1765）張鵬續刻本

十行二十字　四周雙邊　白口

17.8×13.6 釐米

浙大

史 1435

冬集紀程一卷附詩一卷

清海寧周廣業撰

清周氏種松書屋抄本

清乾隆四十八年至四十九年

浙圖

史 1436

客皖紀行三卷

清海寧周廣業撰

清抄本

清乾隆五十五年十月至五十六年二月

浙圖

史 1437

雷州公日記不分卷

清會稽宗聖垣撰

稿本

清乾隆五十六年至嘉慶十八年

紹圖

史 1438

守禾日記六卷

清盧崇興撰

清乾隆（1736—1795）刻本

九行二十字　左右雙邊　白口

20.9×14.8 釐米

嘉圖

史 1439

金陵行紀不分卷

　清錢塘姚祖同撰

　稿本

　清道光十一年、二十年至二十一年

杭圖

史 1440

孔懷錄不分卷

　清黃治撰

　稿本

　清道光十七年十一月至十八年二月

臨海博

史 1441

圖南錄不分卷

　清黃治撰

　稿本

　清道光二十五年四月至十一月

臨海博

史 1442

過來語不分卷

　清瑞安趙鈞撰

　稿本

　清道光六年至同治元年

溫圖

史 1443

黔行紀程一卷

　清錢塘吳振棫撰

　清抄本　錢塘吳慶坻校

　清道光二十一年

浙圖

史 1444

日譜不分卷

　清海寧管庭芬撰

　稿本

　清嘉慶二十年至同治四年

浙圖

史 1445

聞見隨筆不分卷

　稿本

　清道光二十四年十二月至二十七年三
　　月、咸豐二年元月至九年十一月

浙圖

史 1446

越峴山人日記不分卷

　清會稽宗稷辰撰

　稿本

　清道光六年至同治二年

浙圖

史 1447

雲將行錄不分卷

　清會稽宗稷辰撰

　稿本

　清道光二十九年九月至十二月

浙圖

史 1448

何竟山日記四卷

　清山陰何澂撰

　稿本

　　曼陀羅室日記二卷　清同治五年十月至六
　　　年二月

　　何竟山日記一卷　清何棠跋　清同治六年
　　　三月至七月

　　北遊日記一卷　清同治十三年八月至十二
　　　月

浙圖

史 1449

端木叔縂日記不分卷

清青田端木百祿撰

手稿本

清咸豐二年正月至十一月

玉海樓

史 1450

補讀齋日記不分卷

清屠誦清撰

稿本

清咸豐八年至同治十三年

紹圖

史 1451

計偕日錄不分卷

清吳璇撰

稿本

清道光二十四年正月至九月

桐盧圖

史 1452

同治壬戌日記一卷

清鴛湖吳蘭珍撰

稿本

清同治元年一月至七月

浙圖

史 1453

同治三年甲子京師日記一卷

清周壽昌撰

稿本　清何維樸、李瑞奇跋

清同治三年九月至十二月

浙圖

史 1454

日記一卷

清胡肇智撰

稿本

清同治五年三月至六年十二月

浙圖

史 1455

同治癸亥日記一卷

稿本

清同治二年四月

浙圖

史 1456

孫衣言日記四卷

清瑞安孫衣言撰

稿本

丙子瞻天日記一卷　清光緒二年正月至二月

出都日記一卷　清光緒二年三月

丙戌滬遊日記一卷　清光緒十二年四月至八月

丁亥江滬遊記一卷　清光緒十三年三月至八月

溫圖

史 1457

止盫日記不分卷

清瑞安孫鏘鳴撰

稿本

清同治元年七月至閏八月、二年一至三月

溫圖

史 1458

姚覲元日記不分卷

清歸安姚覲元撰

稿本

清光緒元年正月至十二月

浙圖

史 1459

建寧粵匪圍城日記不分卷

　清程我齋撰

　稿本

　清咸豐七年三月至四月

杭圖

史 1460

庚申避寇瑣記一卷吳門記遊錄一卷遊當湖
**　小説一卷**

　清秀水郭照撰

　稿本

　清咸豐十年、光緒間

嘉圖

史 1461

臥虎山人日記不分卷

　清黃巖王棻撰

　稿本

　清光緒十四年四月至二十五年

黃巖圖

史 1462

越縵堂日記壬集一卷

　清會稽李慈銘撰

　抄本

浙圖

史 1463

越縵堂日記鈔不分卷附雜鈔一卷

　清會稽李慈銘撰

　楊越抄本

浙圖

史 1464

越縵堂詹詹錄補編不分卷

　清會稽李慈銘撰　李文䋮輯

　抄本

浙圖

史 1465

寄園子日記一卷

　清諸暨錢□鍔撰

　稿本

　清咸豐八年三月至十年八月

浙圖

史 1466

西征日記二卷

　清紹興潘敦田撰

　稿本

　清同治六年至七年

浙圖

史 1467

縵雅堂日記不分卷

　清山陰王詒壽撰

　稿本

　清同治六年至九年

浙圖

史 1468

修得到梅花山館日記不分卷

　清胡晉牲撰

　稿本

　清同治九年至十二年

浙圖

史 1469

譚宗庚日記一卷

　清譚宗庚撰

　稿本

　清同治十年至光緒三年

浙圖

史 1470

王文韶日記不分卷

　清仁和王文韶撰

　稿本

　清同治六年至十一年、光緒元年至二十

　　八年

杭圖

史 1471

請纓日記十卷首一卷

　清唐景崧撰

　清光緒十九年(1893)臺灣布政使署刻本

　清光緒八年七月至十二年九月

溫圖

史 1472

請纓日記十卷

　清唐景崧撰

　清抄本

　清光緒八年至十一年

浙圖

史 1473

窳盫日劄不分卷

　清山陰周星詒撰

　稿本

　清光緒二十一年至二十二年

浙圖

史 1474

佩韋室日記不分卷

　清高心夔撰

　稿本

　清咸豐十年至同治二年

浙圖

史 1475

拙宜日記不分卷

　清海鹽黃爕清撰

　稿本

　存咸豐九年北行紀事

溫圖

史 1476

避寇日記不分卷

　清秀水沈梓撰

　稿本

　清咸豐十年至同治三年

嘉圖

史 1477

避寇日記不分卷

　清秀水沈梓撰

　清抄本

浙圖

史 1478

續記事珠不分卷

　清朱衍緒撰

　稿本

　清同治五年五月至七年十一月

餘姚文

史 1479

客杭日記附續記不分卷

　清朱衍緒撰

　稿本

　清同治十二年七月至十月

餘姚文

史 1480

微波榭日記不分卷

　清永嘉周少菴撰

　稿本

清同治十二年

溫圖

史 1481

邃翁日記一卷

　清錢塘許乃釗撰

　手稿本

　清同治十三年一月至十月

浙圖

史 1482

朵庵日記不分卷

　清秀水許受頤撰

　稿本

　清同治十三年至光緒十四年

浙圖

史 1483

小吉羅庵日紀不分卷

　清蔣子相撰

　稿本

　清同治十二年七月至十二月、光緒七年
　　一月至四月

浙圖

史 1484

日記稿不分卷

　清邵漁訪撰

　稿本

　清同治十三年至光緒十四年

浙圖

史 1485

寄蘿菴日識一卷

　題瓊尊閣主人撰

　稿本

　清光緒二年正月至四月

浙圖

史 1486

蘇甘室日記不分卷

　清紹興何豫才撰

　稿本

　清光緒六年至二十八年

浙圖

史 1487

南輶紀程二卷附一卷

　清山陰平步青撰

　稿本

　清同治三年九月至四年八月

浙圖

史 1488

王繼香日記不分卷

　清會稽王繼香撰

　稿本

　清同治八年一月至十二月

浙圖

史 1489

山桑宧記不分卷

　清仁和譚獻撰

　稿本

　清光緒五年六月至六年八月

浙大

史 1490

復堂日記一卷

　清仁和譚獻撰

　稿本

　清光緒二十二年六月至十月

浙圖

史 1491

日記不分卷

　稿本

清同治七年至同治八年、光緒二年

浙圖

史 1492

李笙魚日記不分卷

清石門李嘉福撰

稿本

清光緒元年至二年

浙圖

史 1493

鐵如意館日記不分卷

清毛昶熙撰

稿本

清光緒二年五月至三年三月

浙圖

史 1494

秋燈課詩之屋日記不分卷

清黃巖王彥威撰

稿本

清光緒十五年

溫圖

史 1495

光緒九年歲次癸未琴詠樓主日記一卷

清鎮海姚景虁撰

稿本

清光緒九年元月至十二月

浙圖

史 1496

旅粵日記一卷

清紹興陳陔撰

稿本

清光緒十年八月至十二年五月

浙圖

史 1497

映紅樓日記不分卷

清慈溪王定祥撰

清稿本

清光緒十年五月六日至十一年四月四日

浙圖

史 1498

微蟲世界一卷

清抄本

清光緒十九年四月

浙圖

史 1499

記事珠一卷

清陸懋勳撰

稿本

清光緒十九年五月至十二月

浙圖

史 1500

寄龕日記不分卷

清會稽孫德祖撰

稿本

清光緒二十一年至二十三年

浙圖

史 1501

項申甫日記不分卷

清瑞安項崧撰

稿本

清光緒二十二年至二十三年

溫圖

史 1502

燕趙行記一卷附拓菴諸器銘一卷里諺集一卷

清許德裕撰

稿本

清光緒十七年六月

浙圖

史 1503

權富日記不分卷

　海寧張光第撰

　稿本

　清光緒二十六年至二十七年

浙圖

史 1504

入蜀紀程一卷

　錢塘吳慶坻撰

　稿本　錢塘吳士鑑跋

　清光緒二十三年九月至十一月

浙圖

史 1505

使滇紀程二卷

　錢塘吳慶坻撰

　稿本

　清光緒二十九年五月至八月

浙圖

史 1506

滌廬日記一卷

　清會稽阮國權撰

　清稿本

　清光緒二十九年

紹圖

史 1507

研精覃思室日鈔不分卷

　清黃巖王詠霓撰

　稿本

黃巖圖

史 1508

孫仲彤日記不分卷

　清瑞安孫詒績撰

　稿本

溫圖

史 1509

張小孟日記不分卷

　清永嘉張志烸撰

　稿本

　清光緒十一年

溫圖

史 1510

客閩日記不分卷

　稿本

　清光緒十七年正月至五月

溫圖

史 1511

往西郵日記不分卷

　稿本

　清光緒十九年至二十年

溫圖

史 1512

頗宜茨室日記不分卷

　清瑞安林駿撰

　稿本

　清光緒二十三年至三十年

溫圖

史 1513

東津摧舍日記不分卷

　清瑞安林向撰

　稿本

　清光緒三十年三月至三十一年三月

溫圖

家傳

史 1514

涑水司馬氏源流集略八卷

明司馬晰輯

明萬曆十五年(1587)司馬祉刻三十五年

(1607)司馬露增修本

九行二十字　四周雙邊　白口

19.4×14 釐米

浙大

史 1515

明遺民族祖楚嶼先生家傳一卷

清朱衍緒撰

稿本

餘姚文

史 1516

崇孝錄一卷

明錢鳳來輯

明隆慶三年(1569)刻本

十一行二十二字　四周雙邊　白口

21.5×12.8 釐米

天一閣

史 1517

世恩錄□卷

明刻本

存二卷　一至二

八行十五字　四周雙邊　白口

19.6×14.3 釐米

天一閣

史 1518

明太師張文忠世家不分卷

明永嘉姜應等輯

清孫氏玉海樓抄本

玉海樓

史 1519

漁渡董氏族譜人物傳一卷

清會稽董氏行餘學舍抄本

十行二十五字　四周單邊　白口

17.4×12.4 釐米

紹圖

史 1520

會稽董氏名人錄一卷

清會稽董氏行餘學舍抄本

十行二十五字　四周單邊　白口

17.4×12.4 釐米

紹圖

史 1521

四朝恩典錄不分卷

明高祉輯

明嘉靖六年(1527)刻本

九行十八字　左右雙邊　白口

18.4×13 釐米

天一閣

史 1522

林氏雜記不分卷

明林烴撰

清初抄本　清高兆、林侗跋　仁和王存

善跋

浙圖

史 1523

華氏傳芳集十一卷

明華方輯

續集五卷

明華察輯

明嘉靖十一年(1532)華從智刻隆慶六年

(1572)華察續刻本

存十一卷　一至十一

十一行二十一字　四周雙邊　細黑口

15.6×22.8 釐米

天一閣

史 1524

吳氏家乘□卷

明抄本

存二卷　三至四

溫圖　玉海樓

史 1525

恩光世紀八卷

明傅德輝撰

明嘉靖（1522—1566）刻本

九行二十字　左右雙邊　白口

23.5×15.5 釐米

天一閣

史 1526

平湖陸氏家傳不分卷

清平湖陸攀撰

清初刻本

九行二十字　左右雙邊　白口

19×14.2 釐米

天一閣

史 1527

黃氏續錄五卷首一卷

清黃炳纂修

清康熙四十二年（1703）刻本

十一行二十二字　四周雙邊　黑口

19.8×14.2 釐米

玉海樓　餘姚文

史 1528

晚香錄三卷

清臨海馮甦輯

稿本

臨海博

史 1529

避暑山莊五福五代堂記不分卷

清永瑢撰

清抄本

浙圖

史 1530

貽令堂家告不分卷

清鄞縣陳康祺撰

稿本　陳宗劭跋

浙圖

史 1531

樊氏南渡遷浙世乘源流攷不分卷

清樊學淮輯

清抄本

浙圖

史 1532

濮川岳氏繼志錄不分卷

清岳半農撰

稿本

浙圖

史 1533

先芬錄一卷

清蕭山湯元裕撰

清蒙養山房抄本

浙圖

史 1534

傅氏先世事實編不分卷

清傅以禮撰

稿本

浙圖

史 1535

泰順林氏家傳不分卷

清泰順林昕撰

稿本

溫圖

史 1536

先人老屋記二卷

　清錢塘丁立誠輯

　稿本

　　十行二十字　四周單邊　白口

　　17.2×11.5 釐米

杭圖

史 1537

錢氏先正事略不分卷

　抄本

浙圖

宗譜

史 1538

新安名族志二卷

　明程尚寬撰

　明嘉靖(1522—1566)刻本

　　九行二十字　四周單邊　白口

　　19.2×15 釐米

浙圖

史 1539

八旗滿洲氏族通譜八十卷

　清雍正十三年(1735)刻本

　　十行二十字　四周雙邊　白口

　　20.2×14.4 釐米

浙圖

史 1540

[錢塘]丁氏譜牒一卷

　清丁氏嘉惠堂抄本

浙圖

史 1541

[新安]武口王氏統宗譜不分卷

　明王銑等輯

明隆慶四年(1570)刻本

　　九行二十四字　四周雙邊　白口

　　26.4×18 釐米

天一閣

史 1542

[永嘉]東嘉英橋王氏重修宗譜十卷

　明永嘉王叔果等纂修

　明萬曆(1573—1620)抄本

溫博

史 1543

浙東王氏宗譜不分卷

　清乾隆(1736—1795)抄本

寧海文

史 1544

[黃巖]柔橋王氏家譜九卷

　清黃巖王棻修

　稿本

杭圖

史 1545

豐湖王氏譜藝文鈔略不分卷

　明王心宸輯

　清抄本　清瑞安孫鏘鳴批校並跋

溫圖

史 1546

諸暨白門方氏宗譜不分卷

　清諸暨方健、郭瀚纂修

　清嘉慶十二年(1807)抄本

浙圖

史 1547

史氏譜錄合編八卷

　清史璞庵輯

　清康熙三十一年(1692)刻本

　　十行二十字　四周單邊　白口

　　20.4×14.6 釐米

浙圖

史 1548

虎林江氏族譜不分卷

　　明江鎏輯

　　明刻補修本

天一閣

史 1549

[徽婺紫陽闕里]朱氏統宗譜九卷

　　明朱邦相等纂修

　　明崇禎(1628—1644)刻本

　　十行二十二字　四周雙邊　白口

　　23.6×16.1釐米

浙圖

史 1550

[海寧]朱氏花園支家乘□卷

　　清海寧朱一是纂修

　　清順治(1644—1661)刻本

存四卷　世系一卷　述略一至三

　　九行二十字　四周雙邊　白口

　　20.2×14.2釐米

浙圖

史 1551

[杭州]朱氏族譜不分卷

　　清仁和朱世榮輯　清朱燮元、朱倫元續
　　　輯

　　清同治十年(1871)朱學勤抄本

餘杭圖

史 1552

秀水朱氏家乘□□卷

　　清秀水朱建纂修　清秀水朱德遜重修
　　清抄本

存一卷　四

嘉圖

史 1553

[慈谿]向氏家乘十卷

　　明慈谿向洪上纂修

　　明嘉靖(1522—1566)抄本　明隆慶四年
　　　(1570)薛應旂跋

存八卷　一至二　四至七　九至十

浙圖

史 1554

重修濟陽江氏族譜八卷

　　明江來岷、江中淮纂修

　　明萬曆四十年(1612)刻本

存三卷　二至四

　　十行二十字　四周雙邊　白口

　　24.1×18釐米

浙圖

史 1555

[江西永豐寧都]江氏初修族譜一卷

　　清江啓球纂修

　　清乾隆(1736—1795)活字印本

　　28.8×18.2釐米

浙圖

史 1556

[歙州]汪氏淵源錄十卷

　　元汪松壽纂修

　　明刻正德十三年(1518)重修本

　　十四行二十六字　左右雙邊　綫黑口

　　22.5×16.2釐米

浙圖

史 1557

[安徽][江西]汪氏統宗正脈□□卷

　　明刻本

存爽公支、俊公支世系圖

　　十六行四十字　四周單邊　白口

　　30×18釐米

浙圖

史 1558

[安徽]汪氏統宗正脈二十八卷首一卷

　明汪奎纂修

　明隆慶四年(1570)刻本

　十行三十九字　四周雙邊　白口

　31.1×20.6釐米

浙圖

史 1559

[安徽]汪氏統宗譜八卷

　清乾隆(1736—1795)刻本

　十六行四十字　四周雙邊　白口

　29.7×19.2釐米

浙圖

史 1560

平陽汪氏遷杭支譜五卷首一卷

　清汪廷璐纂修

　清光緒十七年(1891)稿本

存四卷　首　一　三上　五

浙圖

史 1561

四明沈氏宗譜世傳二卷

　清康熙二十三年(1684)抄本

奉化文

史 1562

慈谿沈氏宗譜不分卷

　清慈谿沈汝魁纂修　清慈谿沈景旋續修

　清光緒十三年(1887)抄本

浙圖

史 1563

山陰沈氏族譜不分卷

　明山陰沈級纂修

　明萬曆七年(1579)抄本

浙圖

史 1564

[諸暨]孝義青石李氏宗譜四卷

　清斯邁德纂修

　清康熙二十四年(1685)抄本

浙圖

史 1565

三田李氏宗譜十二卷

　明嘉靖(1522—1566)刻本

存一卷　十二

杭圖

史 1566

[江蘇吳江]曹吳合譜十四卷首一卷

　清吳磊纂修

　清乾隆四十二年(1777)秀聚堂刻本

　十行二十一字　四周單邊　白口

　18.6×13.6釐米

浙圖

史 1567

休寧厚田吳氏宗譜不分卷

　清吳之瑗續修

　清乾隆五十一年(1786)賜錦堂刻本　緒

　　升等校

　九行二十一字　左右雙邊　白口

　19.7×14釐米

海寧圖

史 1568

會稽吳氏家譜不分卷

　明會稽吳鐩、林喬纂修

　明抄本

浙圖

史 1569

[新安]臨溪蓀圻吳氏宗譜集不分卷

　清康熙(1662—1722)抄本

浙圖

史 1570

[富陽]春江何氏家譜□□卷
　清陸履泰等纂修
　清乾隆(1736—1795)稿本
存譜序　墓圖　像贊
浙圖

史 1571

[上虞]崧里何氏宗譜八卷
　清上虞何洵、何簡纂修
　清乾隆十九年(1754)抄本
浙圖

史 1572

[蕭山]西河郁氏宗譜不分卷
　清蕭山郁九成纂修
　清末抄本
浙圖

史 1573

蕭山來氏族譜十七卷
　明蕭山來端蒙纂修
　稿本
杭圖

史 1574

鄞縣范氏族譜不分卷
　清鄞縣范上林纂修
　清乾隆五十六年(1791)稿本
天一閣

史 1575

[寧波]鄞西范氏族譜不分卷
　清鄞縣范邦諼纂修
　稿本
天一閣

史 1576

宜興岳氏族譜不分卷
　明邵珪纂修

明抄本
浙圖

史 1577

瑞溪金氏族譜十八卷
　明金瑤、金應宿纂修
　明隆慶二年(1568)刻本
十一行二十五字　四周雙邊　白口
奉化文

史 1578

瑞溪金氏族譜十八卷
　明刻本
存五卷　五　十二至十五
十一行二十五字　四周雙邊　黑口
25×16.8釐米
杭圖

史 1579

[紹興]賢莊金氏家譜不分卷
　清山陰金烺編纂
　清康熙(1662—1722)觀巷敬愛堂刻本
九行二十一字　四周雙邊　白口
21.5×13.5釐米
浙圖

史 1580

新安汪溪金氏族譜五卷附錄一卷譜號一卷
　明金弁等纂修
　明嘉靖三十三年(1554)刻本
存五卷　三至五　附錄　譜號
十三行三十二字　四周雙邊　白口
26.3×13.5釐米
杭圖

史 1581

龍溪金氏族譜不分卷
　清丁文哲纂修
　清雍正(1723—1735)抄本
奉化文

傳記類

史 1582

龍溪金氏重修族譜不分卷

　清金光褅等纂修

　清乾隆(1736—1795)抄本

奉化文

史 1583

休寧金氏族譜二十六卷首一卷

　清金門詔纂修

　清乾隆十三年(1748)活字印本

十三行三十二字　四周雙邊　白口

30.6×20 釐米

杭圖

史 1584

會稽周氏宗譜不分卷

　清會稽周長源、周起鳳編纂

　清乾隆五十五年(1790)永思堂活字印本

十行二十三字　四周雙邊　白口

24.4×15.8 釐米

浙圖

史 1585

嵊州開元周氏宗譜□□卷

　清乾隆五十二年(1787)追遠堂木活字本

存後田屋派廿一至廿二行傳

兩欄　下欄十二行二十四字　四周雙邊　白口

32.4×23.3 釐米

嵊州圖

史 1586

重修胡氏龔原西岙派宗譜不分卷

　清周南性纂修

　清抄本

奉化文

史 1587

[諸暨]上金胡氏宗譜不分卷

　清周鈞纂修

　清乾隆(1736—1795)清潤堂活字印本

十二行二十五字　四周雙邊　白口

28.6×19.9 釐米

浙圖

史 1588

畸山皇甫宗譜二卷

　清徐泮肇纂修

　清乾隆四十八年(1783)抄本

奉化文

史 1589

[新昌]俞氏西宅世德祠宗譜不分卷

　清俞亘、俞大光纂修

　清雍正(1723—1735)刻本

九至十四行十八至二十五字不一　四周單邊

　　白口

27.3×21 釐米

浙圖

史 1590

新安俞氏統宗譜十九卷

　明俞肇光纂修

　明萬曆四十四年(1616)活字印本

存七卷　一至三　七至十

十三行三十字　四周雙邊　白口

29×20.2 釐米

浙圖

史 1591

[餘姚]姜氏世譜不分卷

　清餘姚姜之瓏等纂修

　清乾隆(1736—1795)刻本

十二行二十三字　四周單邊　白口

20×13.8 釐米

浙圖

史 1592

洪氏宗譜不分卷

　明洪中正纂修

　明崇禎(1628—1644)刻本

十二行二十六字　四周雙邊　白口

30.7×23.7釐米

浙圖

史 1593

吳興姚氏家乘六卷

清姚淳龍纂修

清雍正二年(1724)抄本

浙圖

史 1594

慈谿秦氏宗譜不分卷

明慈谿秦應鸞纂修

明萬曆二十一年(1593)刻本

十行二十四字　四周雙邊　白口

26.7×16釐米

浙圖

史 1595

[富陽]富春祥風華氏宗譜二卷

清孫光陽等纂修

清乾隆(1736—1795)稿本

存一卷　上

浙圖

史 1596

[嵊州穀來]剡北龍山莫氏宗譜三卷

清嵊縣莫光宗纂修

清乾隆三十六年(1771)餘慶堂木活字本

十一行二十二字　四周雙邊　白口

28.8×23.3釐米

嵊州圖

史 1597

[海寧]郜氏家譜二卷

明海寧郜然纂修

明末刻本

十行二十六字　四周單邊　白口

22.8×15.8釐米

浙圖

史 1598

[吳江]西濛港徐氏宗譜二卷

清徐書成纂修

清乾隆五十七年(1792)刻本　佚名增補
世系至嘉慶二年並評注

20×14.5釐米

浙圖

史 1599

[吳江]西濛港徐氏家譜八卷

清徐我增重訂

稿本

浙圖

史 1600

[吳江]西濛港徐氏家譜八卷

清徐我增重訂

清抄本

缺三卷　四至六

浙圖

史 1601

徐氏備錄一卷

清徐亮勳輯

抄本

浙圖

史 1602

吳江徐氏家譜八卷

清徐我增纂修

清抄本

浙圖

史 1603

剡溪徐氏族譜不分卷

清康熙六十年(1721)抄本

寧海文

史 1604

[山陰]秀巷徐氏宗譜不分卷
　清山陰徐苓纂修
　清抄本
浙圖

史 1605

[山陰]南翰徐氏家譜不分卷
　清山陰徐汝璋纂修
　清抄本
浙圖

史 1606

[慈谿]翁氏家譜一卷
　稿本
浙圖

史 1607

海寧巖門高氏家譜十四卷首一卷末一卷
　清高仕謙、高□永纂修
　清乾隆二十年(1755)刻本
　九行二十一字　四周雙邊　白口
　20×14.5釐米
溫圖

史 1608

當湖陸氏祥里世譜不分卷
　清抄本
浙圖

史 1609

[諸暨]暨陽唐谷陳氏宗譜□□卷
　清章占禮纂修
　清乾隆(1736—1795)永睦堂活字印本
　十行二十二字　左右雙邊　白口
　22.7×15.7釐米
浙圖

史 1610

海寧陳氏家譜二十卷
　清海寧陳元龍纂修
　清乾隆二十八年(1763)刻本
　九行二十一字　四周雙邊　黑口
　19.9×14.4釐米
溫圖

史 1611

[嵊州]剡西陳氏宗譜四卷
　清陳虎文纂修
　清乾隆(1736—1795)活字印本
　十三行三十一字　四周雙邊　白口
　32.9×21.2釐米
浙圖

史 1612

會稽陶氏族譜不分卷
　清會稽陶元藻纂修
　清留畊草堂抄本
浙圖

史 1613

[仁和]孫氏梅東家乘一卷
　清仁和孫彬士纂修
　稿本
浙圖

史 1614

盤古孫氏家譜八卷
　清瑞安孫衣言纂修
　手稿本
溫圖

史 1615

盤古孫氏族譜不分卷
　清瑞安孫衣言纂修
　清抄本
溫圖

史 1616

盤古孫氏族譜八卷

清瑞安孫衣言纂修

清抄本　清同治三年(1864)瑞安孫仲容
　題款

溫圖

史 1617

孫氏世系表不分卷

清瑞安孫鏘鳴錄

稿本

溫圖

史 1618

新安黃氏會通譜十六卷文獻錄二卷外集三卷首一卷

明程天相等纂修

明弘治十四年(1501)刻本

存一卷　首

十四行二十七字　四周雙邊　大黑口

27.7×19.2釐米

杭圖

史 1619

新安左田黃氏正宗譜派系十卷文獻十九卷

明黃瑜纂修

明嘉靖三十七年(1558)刻本

十四行三十字　四周雙邊　黑口

26×17.2釐米

溫圖

史 1620

南昌武陽曹氏宗譜不分卷

清曹文安、曹安行等纂修

清康熙三十二年(1693)抄本

浙圖

史 1621

古歙防溪許氏世譜二卷

清許一績纂修

清乾隆(1736—1795)刻本

兩欄　下欄十行二十六字　四周雙邊　白口

29.5×20.3釐米

浙圖

史 1622

天台坡街許氏族譜三十六卷

清許傳考纂修

清乾隆二十八年(1763)活字印本

十七行三十四字　四周雙邊　白口

39×28.5釐米

浙圖

史 1623

[紹興]續修張氏家譜一卷

清會稽張賚庵纂修

清抄本

浙圖

史 1624

[紹興]張氏宗譜不分卷

清紹興張廷楠等纂修

清雍正(1723—1735)抄乾隆(1736—1795)增補本

浙圖

史 1625

[當湖]張氏家乘三修五卷

清平湖張顯周纂修

清抄本

浙圖

史 1626

[杭州]張氏族譜四卷首一卷

清張振河、張果纂修

稿本

浙圖

史 1627

[東陽]張氏宗譜不分卷

　明崇禎十年(1637)活字印本

　十行二十三字　四周單邊　白口

　30.9×24.8釐米

浙圖

史 1628

[嵊州]珏芝續修張氏宗譜□卷

　清張宗讓、張惟善、張惟登等纂修

　清雍正(1723—1735)活字印本

存三卷　一至三(世系圖、世傳)

　十二行二十六字至二十七字不一

浙圖

史 1629

南皮張氏族譜十二卷

　清張卿子、張受長纂修

　清乾隆二十九年(1764)刻本

缺四卷　二至四　八

　九行二十二字　左右雙邊　白口

　20×13.3釐米

浙圖

史 1630

[餘姚]張氏家譜七卷首一卷

　清餘姚張國坫纂修

　清乾隆五十九年(1794)活字印本

　十行二十二字　四周雙邊　白口

　26×18.5釐米

浙圖

史 1631

[蘭溪]張氏重修族譜四卷首一卷

　清蘭溪張逢祚、張開運纂修

　清乾隆六十年(1795)孝友堂活字印本

　九行二十五字　四周雙邊　白口

　30.8×19.8釐米

浙圖

史 1632

[武林]項氏家譜不分卷

　清武林項燾纂修

　抄本

浙圖

史 1633

瑞安項氏家乘一卷

　清瑞安項傳霖撰

　稿本

溫圖

史 1634

新州葉氏家譜不分卷

　清葉以英等纂修

　清乾隆三十三年(1768)刻本

　九行二十三字　四周雙邊　白口

　21.9×13.8釐米

浙圖

史 1635

歙西官塘黄村葉氏族譜不分卷

　明刻本

　十四行二十五字　四周雙邊　黑口

　24.1×17.5釐米

杭圖

史 1636

[紹興]馮氏家譜不分卷

　清馮廣文編纂

　清乾隆十三年(1748)四德堂稿本

浙圖

史 1637

新安程氏家譜七卷

　明程克榮等纂修

　明成化七年(1471)程氏刻本

　十四行三十一字　四周雙邊　粗黑口

　37.2×29.2釐米

浙圖

史 1638

新安程氏慶源家乘二十卷

　明游輪、程有亮纂修

　明嘉靖三十一年(1552)刻本

缺三卷　一至三

　　十四行三十一字　四周雙邊　粗黑口

　　29.7×21.4釐米

浙圖

史 1639

休寧率口程氏本宗譜十卷

　明程曾纂修

　明正德六年(1511)刻本

存五卷　六至十

　　十二行二十三字　四周雙邊　黑口

　　20.2×15.2釐米

浙圖

史 1640

遂安中洲程氏宗譜十六卷首一卷

　清遂安程筆修纂修

　清乾隆(1736—1795)崇本堂刻本

缺四卷　六　十一至十三

　　十行二十二字　左右雙邊　白口

　　22.5×16釐米

浙圖

史 1641

[衢州]金溪程氏世譜九卷革圖一卷

　明崇禎十六年(1643)稿本

浙圖

史 1642

[慈谿]福聚馮氏宗譜十卷

　明慈谿馮紹功、馮文燦等纂修

　明天啓(1621—1627)抄本

浙圖

史 1643

武城曾氏家乘十卷

　清曾毓塼撰

　清乾隆四十六年(1781)刻本

　　十行十九字　四周雙邊　白口

　　19.5×14.8釐米

溫圖

史 1644

廬陵曾氏家乘□□卷

　明曾孔化編

　明嘉靖(1522—1566)刻本

存二十五卷

　　昭光錄一至七　十

　　旌節錄二卷

　　存賢錄十一卷

　　悼後錄二卷附錄二卷

　　19.8×13.8釐米

天一閣

史 1645

[婺源]濟溪游氏宗譜二十八卷首一卷

　清游永等纂修

　清乾隆三十三年(1768)敘倫堂活字印本

　　十三行三十字　四周單邊　白口

　　26.5×18.8釐米

浙圖

史 1646

濠梁萬氏家譜內集十四卷

　清鄞縣萬斯大增修

　清息耕堂抄本

存二卷　四至五

天一閣

史 1647

會稽小江董氏家譜二卷

　明會稽董豫纂修

　明弘治(1488—1505)刻本

　　九行十九字　四周雙邊　黑口

20×13 釐米

蕭山博　紹圖＊

史 1648

弘治會稽小江董氏家譜□□卷

清會稽董氏行餘學舍抄本

存一卷　下

紹圖

史 1649

［嘉興］董氏家譜十二卷

清嘉興董廷獻纂修

明泰昌元年（1620）刻清康熙（1662—
1722）嘉慶（1796—1820）增修本

十行二十字　四周單邊　白口

20.7×14.6 釐米

嘉圖

史 1650

［嘉興］董氏家譜不分卷

清會稽董瑞書抄本

紹圖

史 1651

晦溪蔣氏宗譜六卷

清王恭椿纂修

清乾隆五十九年（1794）刻本

奉化文

史 1652

越州裘氏本源考一卷附義門盛衰紀略一卷

清會稽裘象坤撰

清抄本

浙圖

史 1653

［新昌］蔡氏宗譜五卷

清新昌蔡應鳳、蔡思德纂修

清乾隆（1736—1795）奉先堂活字印本

十三行二十八字　四周雙邊　白口

32.5×23 釐米

浙圖

史 1654

［紹興］濬儀趙氏玉牒世譜不分卷

清抄本

浙圖

史 1655

［紹興］濬儀趙氏家譜不分卷

清趙士介纂修

清道光十七年（1837）愛日堂抄本

浙圖

史 1656

浦江鄭氏旌義編二卷

元浦江鄭濤纂　明鄭楷重纂修

明萬曆三十一年（1603）鄭氏書種堂刻本

九行二十字　四周單邊　白口

20.7×13.1 釐米

浙圖　天一閣

史 1657

榮陽鄭氏統宗譜不分卷

明鄭仲纂修

明抄本

浙圖

史 1658

武林蔣氏族譜不分卷

清武林蔣壽齡纂修

清光緒（1875—1908）抄本

浙圖

史 1659

山陰樊氏南陽族譜一卷

清山陰樊士斌纂修

清嘉慶二十五年（1820）抄本

浙圖

史 1660

休寧邑前劉氏族譜六卷附錄一卷

　明劉堯錫、劉齊禮纂修

　明嘉靖三十六年（1557）刻本

存五卷　一至三　五至六

　　十三行三十字　四周雙邊　黑口

　　27.2×18.7釐米

浙圖

史 1661

歙縣敬興劉氏世譜十二卷首一卷

　清孫存坊、劉仕鑾纂修

　清乾隆四十七年（1782）惇典堂活字印本

　　十一行二十二字　四周雙邊　白口

　　28.7×19.5釐米

浙圖

史 1662

石矼劉氏四修族譜不分卷

　明劉仕朝、劉日惺等纂修

　明抄本

浙圖

史 1663

水澄劉氏家譜一卷

　明山陰劉宗周纂修

　明崇禎（1628—1644）刻本

　　九行二十字　四周單邊　白口

　　21×15釐米

浙圖　紹圖　天一閣

史 1664

[紹興]水澄劉氏家譜不分卷

　清紹興劉大申纂修

　清乾隆（1736—1795）刻本

　　九行二十字　四周單邊　白口

　　20.5×13.5釐米

浙圖

史 1665

山陰蕭氏家乘三卷

　清山陰蕭翀纂修

　清抄本

浙圖

史 1666

海虞錢氏家乘不分卷

　清錢謙益纂修

　清抄本

浙圖

史 1667

休寧隆阜戴氏荊敦門家譜不分卷

　清戴秉清等纂修

　清乾隆三十三年（1768）寫本

浙圖

史 1668

休寧戴氏族譜十五卷

　明戴堯天纂修

　明崇禎五年（1632）刻本

存一卷　一

　　九行二十二字　四周單邊　白口

　　25.5×17.2釐米

浙圖

史 1669

[祁門]王源謝氏孟宗譜十卷

　明謝顯纂修

　明萬曆三十年（1602）刻本

存九卷　一至五　七至十

　　十行二十二字　四周雙邊　白口

　　24×16.8釐米

浙圖＊　杭圖＊

史 1670

安陽韓氏湘南小譜四卷

　清韓人驥等纂修

　清乾隆五十七年（1792）活字印本

九行二十一字　四周雙邊　白口

22.8×16.2釐米

浙圖

史1671

[仁和]關氏文獻錄一卷

　清仁和關槐撰

　清光緒二十一年(1895)關豫抄本

浙圖

史1672

蘇氏譜一卷

　宋蘇洵修

　明刻本

存九頁

九行十七字　四周單邊　黑口

20.5×14.8釐米

天一閣

史1673

龔自珍家譜不分卷

　清仁和龔廷諤纂修

　清抄本

杭博

史1674

越南顧氏宗譜不分卷

　明顧兌纂修

　明萬曆三十四年(1606)抄本

浙圖

史1675

越南顧氏宗譜不分卷

　明顧兌纂修

　明抄本

浙圖

氏姓

史1676

百家姓考略不分卷

　明王相撰

清乾隆(1736—1795)乙照齋刻本

七行八字　小字雙行十六字　四周單邊　白口

18.8×12.5釐米

溫圖

史1677

奇姓通十四卷

　明夏樹芳輯

　明天啓四年(1624)江陰夏氏宛委堂刻本

七行十六字　四周單邊　白口

18.8×12.5釐米

天一閣

史1678

史姓韻編六十四卷

　清蕭山汪輝祖撰

　清乾隆五十五年(1790)刻本

兩欄　上欄八行三字　下欄小字雙行二十四字

　四周單邊　黑口

19×12.9釐米

浙圖　溫圖

史1679

九史同姓名略七十二卷補遺四卷增補一卷

　清蕭山汪輝祖撰

　清乾隆五十六年(1791)刻本

兩欄　上欄八行三字　下欄十六行二十四字

　四周單邊　黑口

18.9×13.4釐米

溫圖

史1680

姓氏尋源四十五卷姓氏辨誤三十卷

　清張澍撰

　清道光十八年(1838)棗花書屋刻本

十行二十四字　四周雙邊　白口

18.1×14.2釐米

浙圖

史 1681

宋詩紀事姓氏韻編不分卷

　　清瑞安孫衣言撰

　　清孫氏玉海樓抄本

溫圖

貢舉

史 1682

兩朝會狀不分卷

　　清抄本

　　明洪武元年至清順治六年

浙圖

史 1683

明狀元圖考五卷

　　明顧鼎臣撰

　　明萬曆（1573—1620）刻本

存三卷　一至三

　　九行二十字　四周單邊　白口

　　20.7×13.8 釐米

浙圖

史 1684

增明狀元圖考六卷

　　明顧祖訓輯　明吳承恩、程一楨補　明

　　　黃應澄繪圖　清陳枚增訂

　　明萬曆三十七年（1609）吳承恩、黃文德

　　　刻清初陳枚文治書坊增刻本

　　九行二十字　四周單邊　白口

　　20.8×13.8 釐米

浙大　天一閣

史 1685

皇明三元考十四卷科名盛事錄七卷

　　明張弘道、張凝道撰

　　明書林何敬塘刻本

存科名盛事錄七卷

　　八行十九字　四周單邊　白口

　　21.8×14.7 釐米

天一閣 *

史 1686

皇明三元考十四卷

　　明張弘道、張凝道撰

　　明刻本　佚名校點

　　八行字數不一　小字雙行十七字　四周單邊

　　　白口

　　23.5×15 釐米

浙圖

史 1687

明貢舉錄不分卷

　　明鄞縣范欽輯

　　稿本

天一閣

史 1688

皇明進士登科考十二卷

　　明俞憲輯

　　明嘉靖（1522—1566）鷦鳴館刻本

存三卷　一至三

　　十行字數不一　四周單邊　白口

　　20×14.2 釐米

天一閣

史 1689

皇明進士登科考十二卷

　　明俞憲輯

　　明嘉靖（1522—1566）刻本

存二卷　八至九

　　十行二十四字　四周單邊　白口

　　21×14.5 釐米

浙圖

史 1690

皇明恩命錄四卷

　　明嘉靖三十二年（1553）刻本

存三卷　一至二　四

傳記類

天一閣

史 1691

皇明恩命錄四卷

　明嘉靖九年(1530)刻本

存三卷　一至二　四

十行二十字　四周雙邊　下黑口

20×14.1 釐米

天一閣

史 1692

南國賢書五卷

　明張朝瑞輯

　明萬曆(1573—1620)應天府刻本

十行二十字　左右雙邊　白口

21.8×14.6 釐米

浙圖

史 1693

**國朝歷科題名碑錄初集不分卷附明洪武至
崇禎各科題名錄不分卷**

　清康熙刻雍正乾隆(1662—1795)增刻本

十行二十二字　左右雙邊　黑口

19.9×15 釐米

浙圖

史 1694

國朝歷科館選錄不分卷

　清仁和沈廷芳輯

　清嘉慶(1796—1820)翰林院刻本

八行十九字　四周雙邊　白口

15.6×13.3 釐米

浙圖　嘉圖

史 1695

召試博學鴻儒攻略二卷薦舉經學攻略一卷

　清山陰平步青撰

　清安越堂抄本

浙圖

史 1696

乾嘉道咸四朝鄉會殿試題名錄不分卷

　清抄本

浙圖

史 1697

康熙十八年博學鴻儒科題名錄一卷

　清抄本

天一閣

史 1698

詞科掌錄十七卷餘話七卷

　清仁和杭世駿輯

　清乾隆(1736—1795)道古堂刻本

十一行二十一字　左右雙邊　黑口

16.9×11.9 釐米

浙圖　海寧圖　平湖圖　上虞圖

史 1699

己未詞科錄十二卷

　清秦瀛撰

　清嘉慶十二年(1807)世恩堂刻本

十行二十一字　左右雙邊　白口

18.1×13.6 釐米

浙圖　溫圖

史 1700

道光庚子科六省鄉試同年譜一卷

　清抄本

浙圖

史 1701

嘉慶辛酉科各直省拔貢錄不分卷

　清胡開益輯

　抄本

九行十四字　無格

嘉圖

史 1702

咸豐元年辛亥科直省鄉試同年錄一卷

　清抄本

浙圖

史 1703

道光八年直省同年錄不分卷

　清徐有壬輯

　清道光十六年（1836）刻本

　十四行三十六字　四周雙邊　白口

　19.9×13.9 釐米

浙圖

史 1704

道光十二年直省同年錄不分卷

　清道光二十六年（1846）北京龍文齋刻本

　十四行三十八字　四周雙邊　白口

　16.1×15 釐米

浙圖

史 1705

道光十四年直省同年錄不分卷

　清徐有孚輯

　清道光二十年（1840）刻本

　十一行三十八字　四周雙邊　白口

　19×14.1 釐米

浙圖

史 1706

金陵采芹錄不分卷

　抄本

浙圖

史 1707

國朝河南進士名錄一卷

　明李濂編

　明嘉靖（1522—1566）刻本

　十行二十字　四周單邊　白口

　17.5×13.7 釐米

天一閣 *

史 1708

國朝河南舉人名錄不分卷

　明李濂輯

　明嘉靖（1522—1566）刻本

　十行二十字　四周單邊　白口

天一閣 *

史 1709

國朝杭郡秀才錄不分卷

　清末抄本

存清乾隆三十年至光緒二十七年

浙圖

史 1710

永嘉縣造報貢監生名冊稿不分卷

　清乾隆三十一年（1766）稿本

溫圖

史 1711

皇明吉安進士錄一卷

　明正德（1506—1521）刻本

　十行字數不一　四周雙邊　白口

　20.2×13.7 釐米

天一閣

史 1712

紹興十八年戊辰科題名錄一卷附錄一卷

　清乾隆四十八年（1783）謝袞康樂官署活
　字印本　勵乃驥錄清徐松校並跋　葉
　德輝、周作人、馬裕藻、許壽裳跋

　23×16.3 釐米

浙圖

史 1713

紹興十八年同年小錄一卷

　清抄本

浙圖

史 1714

寶祐四年登科錄一卷

清抄本

浙圖

史 1715

洪武四年進士登科錄一卷

明洪武（1368—1398）刻本

十行　四周雙邊　黑口

21.8×15.2 釐米

天一閣

史 1716

洪武四年會試紀錄一卷

明洪武（1368—1398）刻本

九行二十字　四周雙邊　黑口

21×15 釐米

天一閣

史 1717

宣德五年進士登科錄一卷

明宣德（1426—1435）刻本

十行字數不一　四周雙邊　黑口

26.5×17.5 釐米

天一閣

史 1718

宣德五年科會試錄一卷

明宣德（1426—1435）刻本

十行字數不一　四周雙邊　黑口

26.5×17.5 釐米

天一閣

史 1719

宣德八年進士登科錄一卷

明宣德（1426—1435）刻本

十行　四周雙邊　黑口

24.5×17.2 釐米

天一閣

史 1720

宣德八年會試錄一卷

明抄本

十行二十字　四周雙邊　黑口

24×17.2 釐米

天一閣

史 1721

正統元年會試錄一卷

明正統（1436—1449）刻本

九行二十字　四周雙邊　黑口

26×16.4 釐米

天一閣

史 1722

正統四年進士登科錄一卷

明正統（1436—1449）刻本

十行　四周雙邊　黑口

25.7×16 釐米

天一閣

史 1723

正統四年會試錄一卷

明正統（1436—1449）刻本

九行　四周雙邊　黑口

25.5×16.5 釐米

天一閣

史 1724

正統七年進士登科錄一卷

明正統（1436—1449）刻本

十行　四周雙邊　黑口

25.6×16 釐米

天一閣

史 1725

正統七年會試錄一卷

明正統（1436—1449）刻本

九行字數不一　四周雙邊　黑口

25×16.3 釐米

天一閣

史 1726

正統十年進士登科錄一卷

明正統(1436—1449)刻本

十行　四周雙邊　黑口

25.5×16.3 釐米

天一閣

史 1727

正統十年會試錄一卷

明正統(1436—1449)刻本

九行字數不一　四周雙邊　黑口

25.5×16.3 釐米

天一閣

史 1728

正統十三年進士登科錄一卷

明正統(1436—1449)刻本

十行　四周雙邊　黑口

26×15.5 釐米

天一閣

史 1729

正統十三年會試錄一卷

明正統(1436—1449)刻本

九行二十字　四周雙邊　黑口

25.5×16.3 釐米

天一閣

史 1730

景泰二年進士登科錄一卷

明景泰(1450—1456)刻本

十行　四周雙邊　黑口

22.5×15.7 釐米

天一閣

史 1731

景泰二年會試錄一卷

明景泰(1450—1456)刻本

九行　四周雙邊　黑口

25×16.2 釐米

天一閣

史 1732

景泰五年進士登科錄一卷

明景泰(1450—1456)刻本

十行　四周雙邊　黑口

26.5×16.7 釐米

天一閣

史 1733

景泰五年會試錄一卷

明景泰(1450—1456)刻本

九行二十字　四周雙邊　黑口

25×16.5 釐米

天一閣

史 1734

天順元年會試錄一卷

明天順(1457—1464)刻本

九行二十字　四周雙邊　黑口

25.5×16.5 釐米

天一閣

史 1735

天順四年進士登科錄一卷

明天順(1457—1464)刻本

十行　四周雙邊　黑口

24×16.2 釐米

天一閣

史 1736

天順四年會試錄一卷

明天順(1457—1464)刻本

九行　四周雙邊　黑口

25.2×16.2 釐米

天一閣

史 1737

天順七年會試錄一卷

明天順(1457—1464)刻本

九行十八字　四周雙邊　黑口

25.2×16.1 釐米

天一閣

史 1738

天順八年進士登科錄一卷

明天順(1457—1464)刻本

十行　四周雙邊　黑口

23.5×16 釐米

天一閣

史 1739

成化二年進士登科錄一卷

明成化(1465—1487)刻本

十行字數不一　四周雙邊　黑口

24×16.2 釐米

天一閣

史 1740

成化二年會試錄一卷

明成化(1465—1487)刻本

九行十八字　四周雙邊　黑口

24.4×15.8 釐米

天一閣

史 1741

成化五年進士登科錄一卷

明成化(1465—1487)刻本

十行　四周雙邊　黑口

24×16.2 釐米

天一閣

史 1742

成化八年會試錄一卷

明成化(1465—1487)刻本

九行　四周雙邊　黑口

天一閣

史 1743

成化十一年進士登科錄一卷

明成化(1465—1487)刻本

十行　四周雙邊　黑口

24×15.6 釐米

天一閣

史 1744

成化十四年進士登科錄一卷

明成化(1465—1487)刻本

十行　四周雙邊　黑口

22.5×18 釐米

天一閣

史 1745

成化十七年進士登科錄一卷

明成化(1465—1487)刻本

十行　四周雙邊　黑口

23.2×15.7 釐米

天一閣

史 1746

成化十七年會試錄一卷

明成化(1465—1487)刻本

九行十八字　四周雙邊　黑口

23.5×15.7 釐米

天一閣

史 1747

成化二十年會試錄一卷

明成化(1465—1487)刻本

九行十八字　四周雙邊　黑口

23.5×16.1 釐米

天一閣

史 1748

成化二十三年進士登科錄一卷

明成化(1465—1487)刻本

十行字數不一　四周雙邊　黑口

21.5×15.6 釐米

天一閣

史 1749

成化二十三年會試錄一卷

明成化(1465—1487)刻本

九行字數不一　四周雙邊　黑口

24×16.8 釐米

天一閣

史 1750

弘治三年進士登科錄一卷

　明弘治(1488—1505)刻本

　十行　四周雙邊　黑口

　23×15.8 釐米

天一閣

史 1751

弘治六年進士登科錄一卷

　明弘治(1488—1505)刻本

　十行二十二字　四周雙邊　黑口

　23×15.8 釐米

天一閣

史 1752

弘治十二年會試錄一卷

　明弘治(1488—1505)刻本

　九行字數不一　四周雙邊　黑口

　23.3×15.6 釐米

天一閣

史 1753

弘治十五年進士登科錄一卷

　明弘治(1488—1505)刻本

　十行十九字　四周雙邊　黑口

　23×16 釐米

天一閣

史 1754

弘治十八年進士登科錄一卷

　明弘治(1488—1505)刻本

　十行字數不一　四周雙邊　黑口

　23×16 釐米

天一閣

史 1755

弘治十八年會試錄一卷

　明弘治(1488—1505)刻本

　九行十八字　四周雙邊　黑口

　22.4×15.8 釐米

天一閣

史 1756

正德六年進士登科錄一卷

　明正德(1506—1521)刻本

　十行字數不一　四周雙邊　黑口

　23×15.5 釐米

天一閣

史 1757

正德六年會試錄一卷

　明正德(1506—1521)刻本

　九行十八字　四周雙邊　黑口

　22×15.5 釐米

天一閣

史 1758

正德九年會試錄一卷

　明正德(1506—1521)刻本

　九行字數不一　四周雙邊　黑口

　22.4×15.5 釐米

天一閣

史 1759

正德十二年進士登科錄一卷

　明正德(1506—1521)刻本

　十行二十字　四周雙邊　黑口

　23×15.8 釐米

天一閣

史 1760

正德十二年會試錄一卷

　明正德(1506—1521)刻本

　九行字數不一　四周雙邊　黑口

　22.5×15.7 釐米

天一閣

史 1761

嘉靖二年進士登科錄一卷

　明嘉靖(1522—1566)刻本

　十行二十字　四周雙邊　黑口

　23×15.6 釐米

天一閣

史 1762

嘉靖二年會試錄一卷

明嘉靖(1522—1566)刻本

九行十八字　四周雙邊　黑口

22×15.2釐米

天一閣

史 1763

嘉靖八年進士登科錄一卷

明嘉靖(1522—1566)刻本

十行二十字　四周雙邊　黑口

22.7×15.7釐米

天一閣

史 1764

嘉靖八年會試錄一卷

明嘉靖(1522—1566)刻本

九行十八字　四周雙邊　黑口

21.8×16釐米

天一閣

史 1765

嘉靖十一年進士登科錄一卷

明嘉靖(1522—1566)刻本

十行字數不一　四周雙邊　黑口

22.5×16釐米

天一閣

史 1766

嘉靖十一年會試錄一卷

明嘉靖(1522—1566)刻本

九行字數不一　四周雙邊　黑口

22.6×15.8釐米

天一閣

史 1767

嘉靖十一年壬辰科進士同年序齒錄一卷

明萬曆(1573—1620)刻本

十行字數不一　四周雙邊　黑口

22.5×16釐米

天一閣

史 1768

嘉靖十四年進士登科錄一卷

明嘉靖(1522—1566)刻本

十行　四周雙邊　黑口

22.5×16釐米

天一閣

史 1769

嘉靖十七年進士登科錄一卷

明嘉靖(1522—1566)刻本

十行　四周雙邊　黑口

23×15.2釐米

天一閣

史 1770

嘉靖二十年進士登科錄一卷

明嘉靖(1522—1566)刻本

十行　四周雙邊　黑口

22×15.5釐米

天一閣

史 1771

嘉靖二十三年進士登科錄一卷

明嘉靖(1522—1566)刻本

十行　四周雙邊　黑口

23×16.4釐米

天一閣

史 1772

嘉靖二十三年會試錄一卷

明嘉靖(1522—1566)刻本

九行字數不一　四周雙邊　黑口

21.7×15.6釐米

天一閣

史 1773

嘉靖二十三武舉錄一卷

明嘉靖(1522—1566)刻本

九行十八字　四周雙邊　黑口

22.5×15.8釐米

天一閣

史 1774

嘉靖二十六年進士登科錄一卷

明嘉靖(1522—1566)刻本

十行　四周雙邊　黑口

22.5×15.5 釐米

天一閣

史 1775

嘉靖二十六年會試錄一卷

明嘉靖(1522—1566)刻本

九行字數不一　四周雙邊　黑口

22.5×15.7 釐米

天一閣

史 1776

嘉靖二十六年武舉錄一卷

明嘉靖(1522—1566)刻本

九行十八字　四周雙邊　黑口

23.2×15.2 釐米

天一閣

史 1777

嘉靖二十九年進士登科錄一卷

明嘉靖(1522—1566)刻本

十行　四周雙邊　黑口

15.8×15.2 釐米

天一閣

史 1778

嘉靖二十九年會試錄一卷

明嘉靖(1522—1566)刻本

九行字數不一　四周雙邊　黑口

21.2×15.8 釐米

天一閣

史 1779

嘉靖二十九年武舉錄一卷

明嘉靖(1522—1566)刻本

九行十八字　四周雙邊　黑口

24×15.6 釐米

天一閣

史 1780

嘉靖三十二年進士登科錄一卷

明嘉靖(1522—1566)刻本

九行字數不一　四周雙邊　黑口

21.5×15 釐米

天一閣

史 1781

嘉靖三十二年會試錄一卷

明嘉靖(1522—1566)刻本

九行字數不一　四周雙邊　黑口

21.5×16 釐米

天一閣

史 1782

嘉靖三十二年武舉錄一卷

明嘉靖(1522—1566)刻本

九行十八字　四周雙邊　黑口

22.8×15.7 釐米

天一閣

史 1783

嘉靖三十三年進士登科錄一卷

明嘉靖(1522—1566)刻本

十行　四周雙邊　黑口

21.5×15 釐米

天一閣

史 1784

嘉靖三十五年進士登科錄一卷

明嘉靖(1522—1566)刻本

十行　四周雙邊　黑口

22×15.5 釐米

天一閣

史 1785

嘉靖三十五年會試錄一卷

明嘉靖(1522—1566)刻本

九行　四周雙邊　黑口

22.3×15.8 釐米

天一閣

史 1786

嘉靖三十五年武舉錄一卷

明嘉靖(1522—1566)刻本

九行十八字　四周雙邊　黑口

23.4×16 釐米

天一閣

史 1787

嘉靖三十八年進士登科錄一卷

明嘉靖(1522—1566)刻本

十行　四周雙邊　黑口

22×15.3 釐米

天一閣

史 1788

嘉靖三十八年會試錄一卷

明嘉靖(1522—1566)刻本

九行字數不一　四周雙邊　黑口

21.9×15.7 釐米

天一閣

史 1789

嘉靖三十八年武舉錄一卷

明嘉靖(1522—1566)刻本

九行十八字　四周雙邊　黑口

22.8×16 釐米

天一閣

史 1790

嘉靖四十一年進士登科錄一卷

明嘉靖(1522—1566)刻本

十行字數不一　四周雙邊　黑口

21.5×15.4 釐米

天一閣

史 1791

嘉靖四十一年會試錄一卷

明嘉靖(1522—1566)刻本

九行十八字　四周雙邊　黑口

21.7×15.7 釐米

天一閣

史 1792

嘉靖四十一年武舉錄一卷

明嘉靖(1522—1566)刻本

九行十八字　四周雙邊　黑口

23×15.9 釐米

天一閣

史 1793

嘉靖四十四年進士登科錄一卷

明嘉靖(1522—1566)刻本

十行字數不一　四周雙邊　黑口

21.7×15.5 釐米

天一閣

史 1794

嘉靖四十四年會試錄一卷

明嘉靖(1522—1566)刻本

九行字數不一　四周雙邊　黑口

22.7×15.6 釐米

天一閣

史 1795

隆慶五年進士登科錄一卷

明隆慶(1567—1572)刻本

十行字數不一　四周雙邊　黑口

23.4×15.3 釐米

天一閣

史 1796

隆慶五年會試錄一卷

明隆慶(1567—1572)刻本

十行十八字　四周雙邊　黑口

21.8×15.5 釐米

天一閣

史 1797

隆慶五年武舉錄一卷

　明隆慶(1567—1572)刻本

　　十行字數不一　四周雙邊　黑口

　　22×15.7 釐米

　天一閣

史 1798

萬曆二年進士登科錄一卷

　明萬曆(1573—1620)刻本

　　十行字數不一　四周雙邊　黑口

　　23×15.4 釐米

　天一閣

史 1799

萬曆二年會試錄一卷

　明萬曆(1573—1620)刻本

　　九行字數不一　四周雙邊　黑口

　　22×15.8 釐米

　天一閣

史 1800

萬曆二年會試錄一卷

　清抄本　佚名批校

　浙圖

史 1801

萬曆二年武舉錄一卷

　明萬曆(1573—1620)刻本

　　九行十八字　四周雙邊　黑口

　　21.5×15.5 釐米

　天一閣

史 1802

萬曆五年進士登科錄一卷

　明萬曆(1573—1620)刻本

　　十行字數不一　四周雙邊　黑口

　　22.7×15.5 釐米

　天一閣

史 1803

萬曆五年會試錄一卷

　明萬曆(1573—1620)刻本

　　九行二十字　四周雙邊　黑口

　　22.4×15.8 釐米

　天一閣

史 1804

萬曆八年武舉錄一卷

　明萬曆(1573—1620)刻本

　　九行十八字　四周雙邊　黑口

　　22×16.2 釐米

　天一閣

史 1805

萬曆八年會試錄一卷

　明萬曆(1573—1620)刻本

　　九行字數不一　四周雙邊　黑口

　　24×15.5 釐米

　天一閣

史 1806

萬曆十一年進士登科錄一卷

　明萬曆(1573—1620)刻本

　　十行字數不一　四周雙邊　黑口

　　22.7×15.5 釐米

　天一閣

史 1807

萬曆十四年丙戌科進士履歷便覽一卷

　明萬曆(1573—1620)刻本

　　行數字數不一　四周單邊　白口

　　22.7×15.5 釐米

　天一閣

史 1808

萬曆十七年己丑科進士履歷便覽一卷

　明萬曆(1573—1620)刻本

　　行數字數不一　四周單邊　白口

　　22×15 釐米

　天一閣

史 1809

萬曆二十三年乙未科進士履歷便覽一卷

明刻本

行數字數不一　上下雙邊　白口

22.8×15.5 釐米

天一閣

史 1810

萬曆二十六年戊戌科進士履歷便覽一卷

明萬曆(1573—1620)刻本

行數字數不一　四周單邊　白口

23.9×14.6 釐米

天一閣

史 1811

萬曆二十六年戊戌至國朝康熙壬戌進士履歷跋後不分卷

清仁和邵懿辰、瑞安項傳霖撰

清抄本

溫圖

史 1812

萬曆二十九年進士登科錄一卷

清抄本

浙圖

史 1813

萬曆二十九年辛丑科進士履歷便覽一卷

明萬曆(1573—1620)刻本

行數字數不一　四周單邊　白口

22×16.5 釐米

天一閣

史 1814

萬曆三十二年甲辰科進士履歷便覽一卷

明萬曆(1573—1620)刻本

行數字數不一　四周單邊　白口

22×15.6 釐米

天一閣

史 1815

崇禎四年辛未科進士履歷便覽一卷

明刻本

行數字數不一　上下雙邊　白口

23.4×15 釐米

天一閣

史 1816

崇禎七年甲戌科進士履歷便覽一卷

明刻本

行數字數不一　四周單邊　白口

23.3×15.2 釐米

天一閣

史 1817

崇禎十年丁丑科進士履歷便覽一卷

明刻本

行數字數不一　四周單邊　白口

22.7×14.7 釐米

天一閣

史 1818

崇禎十三年庚辰科進士履歷便覽一卷

明刻本

行數字數不一　上下雙邊　白口

21.5×15.3 釐米

天一閣

史 1819

順治三年丙戌科進士履歷便覽一卷

清順治(1644—1661)刻本

行數字數不一　上下雙邊　白口

21.7×15.5 釐米

天一閣

史 1820

順治三年丙戌科會試春秋房同門錄不分卷

清順治(1644—1661)刻本

六行字數不一　四周單邊　白口

20.5×12.5 釐米

天一閣

史 1821

順治四年丁亥科進士履歷便覽一卷

清順治(1644—1661)刻本

天一閣

史 1822

順治六年進士登科錄一卷

清順治(1644—1661)刻本

天一閣

史 1823

順治六年己丑科進士履歷便覽一卷

清順治(1644—1661)刻本

天一閣

史 1824

順治九年壬辰科進士履歷便覽一卷

清順治(1644—1661)刻本

行數字數不一　四周單邊

22×15.2 釐米

天一閣

史 1825

順治十二年乙未科進士履歷便覽一卷

清順治(1644—1661)刻本

行數字數不一　四周單邊　白口

22×15.6 釐米

天一閣

史 1826

順治十二年乙未科進士履歷便覽一卷

清順治(1644—1661)刻本

行數字數不一　四周單邊　白口

15.3×22.5 釐米

天一閣

史 1827

順治十六年己亥科進士履歷便覽一卷

清順治(1644—1661)刻本

行數字數不一　四周單邊　白口

15.3×22.5 釐米

天一閣

史 1828

順治十八年辛丑科進士履歷便覽一卷

清順治(1644—1661)刻本

行數字數不一　四周單邊　白口

22×15.5 釐米

天一閣

史 1829

康熙三年甲辰科進士履歷便覽一卷

清康熙(1662—1722)刻本

行數字數不一　四周單邊　白口

22×15.5 釐米

天一閣

史 1830

康熙六年丁未科進士履歷便覽一卷

清康熙(1662—1722)刻本

行數字數不一　四周單邊　白口

22.2×15.3 釐米

天一閣

史 1831

康熙九年庚戌科進士履歷便覽一卷

清康熙(1662—1722)刻本

行數字數不一　四周單邊　白口

22.2×15.3 釐米

天一閣

史 1832

康熙十二年癸丑科進士履歷便覽一卷

清康熙(1662—1722)刻本

行數字數不一　四周單邊　白口

22.2×15.3 釐米

天一閣

史 1833

康熙十五年丙辰科進士履歷便覽一卷

清康熙(1662—1722)刻本

行數字數不一　四周單邊　白口

22×15.5 釐米

天一閣

傳記類

史 1834

康熙十八年己未科進士履歷便覽一卷

清康熙（1662—1722）刻本

行數字數不一　四周單邊　白口

21.5×15.5 釐米

天一閣

史 1835

康熙十八年博學鴻儒科題名一卷

清抄本

四周單邊　白口

24.5×13.5 釐米

天一閣

史 1836

康熙二十一年壬戌科殿試題名全錄一卷

清康熙（1662—1722）刻本

存四頁

十行字數不一　四周單邊　白口

21×12.5 釐米

天一閣

史 1837

康熙二十四年乙丑科進士履歷便覽一卷

清康熙（1662—1722）刻本

行數字數不一　四周單邊　白口

21.7×15.5 釐米

天一閣

史 1838

康熙三十三年甲戌科進士履歷便覽一卷

清康熙（1662—1722）刻本

行數字數不一　四周單邊　白口

22.3×15.2 釐米

天一閣

史 1839

乾隆十九年甲戌科會試錄一卷

王氏仁壽堂抄本　長興王修跋

浙圖

史 1840

乾隆五十四年進士登科錄一卷

清乾隆（1736—1795）刻本

九行十八字　四周雙邊　白口

18.2×13.8 釐米

浙圖

史 1841

嘉慶六年進士登科錄一卷

清嘉慶（1796—1820）刻本

八行二十字　四周雙邊　白口

17.6×12.6 釐米

浙圖

史 1842

嘉慶十六年辛未齒錄一卷

清谷善禾撰

清道光八年（1828）刻本

十四行三十三字　四周雙邊　白口

17.6×12.5 釐米

浙圖

史 1843

道光三年進士登科錄一卷

清道光（1821—1850）刻本

九行十八字　四周雙邊　白口

16.8×12.5 釐米

浙圖

史 1844

道光元年大同年全錄不分卷

清史致蕃輯

清道光十年（1830）刻本

十二行三十一字　四周雙邊　白口

浙圖

史 1845

道光五年選拔明經通譜不分卷

清道光六年(1826)刻本

十二行四十一字　四周單邊　白口

19.1×13.6釐米

浙圖

史 1846

道光十二年恩科會試同年齒錄不分卷

清道光二十年(1840)刻本

十二行三十四字　四周雙邊　白口

17.7×12.8釐米

浙圖

史 1847

道光十五年乙未恩科各省鄉試題名錄一卷
附丙申戊戌庚子辛丑甲辰乙巳六科進士
題名錄一卷

清抄本

浙圖

史 1848

道光二十四年甲辰科進士同年錄一卷

清松竹齋抄本

浙圖

史 1849

道光丙午科鄉試同年錄一卷

清抄本　清鄞縣徐時棟跋

浙圖

史 1850

成化十年順天府鄉試錄一卷

明成化(1465—1487)刻本

九行字數不一　四周雙邊　黑口

25×16釐米

天一閣

史 1851

成化十三年順天府鄉試錄一卷

明成化(1465—1487)刻本

九行字數不一　四周雙邊　黑口

25×15.5釐米

天一閣

史 1852

成化十六年順天府鄉試錄一卷

明成化(1465—1487)刻本

九行字數不一　四周雙邊　黑口

23.8×15.5釐米

天一閣

史 1853

弘治五年順天府鄉試錄一卷

明弘治(1488—1505)刻本

九行字數不一　四周雙邊　黑口

15.8×24釐米

天一閣

史 1854

弘治十一年順天府鄉試錄一卷

明弘治(1488—1505)刻本

九行十八字　四周雙邊　黑口

24.3×15.6釐米

天一閣

史 1855

弘治十四年順天府鄉試錄一卷

明弘治(1488—1505)刻本

九行字數不一　四周雙邊　黑口

24.4×15.8釐米

天一閣

史 1856

弘治十七年順天府鄉試錄一卷

明弘治(1488—1505)刻本

九行字數不一　四周雙邊　黑口

24.2×15.5釐米

天一閣

史 1857

正德二年順天府鄉試錄一卷

明正德(1506——1521)刻本

九行十八字　四周雙邊　黑口

24.2×15.5 釐米

天一閣

史 1858

正德五年順天府鄉試錄一卷

明正德(1506—1521)刻本

九行字數不一　四周雙邊　黑口

24.5×15.8 釐米

天一閣

史 1859

正德八年順天府鄉試錄一卷

明正德(1506—1521)刻本

九行字數不一　四周雙邊　黑口

24.4×15.2 釐米

天一閣

史 1860

正德十一年順天府鄉試錄一卷

明正德(1506—1521)刻本

九行字數不一　四周雙邊　黑口

25×15.5 釐米

天一閣

史 1861

嘉靖四年順天府鄉試錄一卷

明嘉靖(1522—1566)刻本

九行字數不一　四周雙邊　黑口

天一閣

史 1862

嘉靖七年順天府鄉試錄一卷

明嘉靖(1522—1566)刻本

九行十八字　四周雙邊　黑口

24.2×15.4 釐米

天一閣

史 1863

嘉靖十三年順天府鄉試錄一卷

明嘉靖(1522—1566)刻本

九行字數不一　四周雙邊　黑口

24.4×15.5 釐米

天一閣

史 1864

嘉靖十九年順天府鄉試錄一卷

明嘉靖(1522—1566)刻本

九行十八字　四周雙邊　黑口

24×16 釐米

天一閣

史 1865

嘉靖二十二年順天府鄉試錄一卷

明嘉靖(1522—1566)刻本

九行字數不一　四周雙邊　黑口

23.8×15.5 釐米

天一閣

史 1866

嘉靖二十五年順天府鄉試錄一卷

明嘉靖(1522—1566)刻本

九行十八字　四周雙邊　黑口

24.4×15.4 釐米

天一閣

史 1867

嘉靖二十八年順天府鄉試錄一卷

明嘉靖(1522—1566)刻本

九行字數不一　四周雙邊　黑口

24.3×15.7 釐米

天一閣

史 1868

嘉靖三十一年順天府鄉試錄一卷

明嘉靖(1522—1566)刻本

九行字數不一　四周雙邊　黑口

22.1×15.8 釐米

天一閣

史 1869

嘉靖三十四年順天府鄉試錄一卷

明嘉靖(1522—1566)刻本

九行字數不一　四周雙邊　黑口

21.7×15.8釐米

天一閣

史 1870

嘉靖三十七年順天府鄉試錄一卷

明嘉靖(1522—1566)刻本

九行十八字　四周雙邊　黑口

22.8×16釐米

天一閣

史 1871

隆慶元年順天府鄉試錄一卷

明隆慶(1567—1572)刻本

九行字數不一　四周雙邊　黑口

22×16.2釐米

天一閣

史 1872

隆慶四年順天府鄉試錄一卷

明隆慶(1567—1572)刻本

九行十八字　四周雙邊　黑口

22.4×15.9釐米

天一閣

史 1873

萬曆元年順天府鄉試錄一卷

明萬曆(1573—1620)刻本

九行十八字　四周雙邊　黑口

22.5×16釐米

天一閣

史 1874

萬曆四年順天府鄉試錄一卷

明萬曆(1573—1620)刻本

九行字數不一　四周雙邊　黑口

22.1×15.6釐米

天一閣

史 1875

萬曆七年順天府鄉試錄一卷

明萬曆(1573—1620)刻本

九行字數不一　四周雙邊　黑口

22.4×15.6釐米

天一閣

史 1876

萬曆十年順天府鄉試錄一卷

明萬曆(1573—1620)刻本

九行字數不一　四周雙邊　黑口

22.4×16釐米

天一閣

史 1877

景泰元年應天府鄉試小錄一卷

明景泰(1450—1456)刻本

行數字數不一　四周雙邊　黑口

26.7×17釐米

天一閣

史 1878

天順六年應天府鄉試錄一卷

明天順(1457—1464)刻本

行數字數不一　四周雙邊　黑口

25.1×15.8釐米

天一閣

史 1879

成化四年應天府鄉試錄一卷

明成化(1465—1487)刻本

行數字數不一　四周雙邊　黑口

27.3×15釐米

天一閣

史 1880

成化七年應天府鄉試錄一卷

明成化(1465—1487)刻本

九行十八字　四周雙邊　黑口

25.5×15.2釐米

天一閣

傳記類

史 1881

成化十年應天府鄉試錄一卷

明成化（1465—1487）刻本

九行字數不一　四周雙邊　黑口

25.7×15 釐米

天一閣

史 1882

成化十三年應天府鄉試錄一卷

明成化（1465—1487）刻本

九行十八字　四周雙邊　黑口

24.8×15.2 釐米

天一閣

史 1883

成化十六年應天府鄉試錄一卷

明成化（1465—1487）刻本

九行十八字　四周雙邊　黑口

24.3×15.5 釐米

天一閣

史 1884

正德二年應天府鄉試錄一卷

明正德（1506—1521）刻本

九行十八字　四周雙邊　黑口

24×15.4 釐米

天一閣

史 1885

正德五年應天府鄉試錄一卷

明正德（1506—1521）刻本

九行十八字　四周雙邊　黑口

24.3×15.1 釐米

天一閣

史 1886

正德八年應天府鄉試錄一卷

明正德（1506—1521）刻本

九行十八字　四周雙邊　黑口

24×15 釐米

天一閣

史 1887

正德十一年應天府鄉試錄一卷

明正德（1506—1521）刻本

九行十八字　四周雙邊　黑口

24×15.3 釐米

天一閣

史 1888

正德十四年應天府鄉試錄一卷

明正德（1506—1521）刻本

九行字數不一　四周雙邊　黑口

24.2×15.5 釐米

天一閣

史 1889

嘉靖七年應天府鄉試錄一卷

明嘉靖（1522—1566）刻本

九行字數不一　四周雙邊　黑口

23.9×15.8 釐米

天一閣

史 1890

嘉靖十三年應天府鄉試錄一卷

明嘉靖（1522—1566）刻本

九行字數不一　四周雙邊　黑口

23.4×16 釐米

天一閣

史 1891

嘉靖十六年應天府鄉試錄一卷

明嘉靖（1522—1566）刻本

九行十八字　四周雙邊　黑口

23.3×16 釐米

天一閣

史 1892

嘉靖二十二年應天府鄉試錄一卷

明嘉靖（1522—1566）刻本

九行十八字　四周雙邊　黑口

23×16 釐米

天一閣

史 1893

嘉靖二十五年應天府鄉試錄一卷

明嘉靖(1522—1566)刻本

九行十八字　四周雙邊　黑口

23.2×15.5 釐米

天一閣

史 1894

嘉靖二十八年應天府鄉試錄一卷

明嘉靖(1522—1566)刻本

九行字數不一　四周雙邊　黑口

23×15.5 釐米

天一閣

史 1895

嘉靖二十八年江南武舉鄉試錄一卷

明嘉靖(1522—1566)刻本

九行字數不一　四周雙邊　黑口

22.8×15 釐米

天一閣

史 1896

嘉靖三十一年應天府鄉試錄一卷

明嘉靖(1522—1566)刻本

九行字數不一　四周雙邊　黑口

天一閣

史 1897

嘉靖三十七年應天府鄉試錄一卷

明嘉靖(1522—1566)刻本

九行十八字　四周雙邊　黑口

22.4×16.2 釐米

天一閣

史 1898

嘉靖四十三年應天府鄉試錄一卷

明嘉靖(1522—1566)刻本

九行字數不一　四周雙邊　黑口

22×15.7 釐米

天一閣

史 1899

隆慶元年應天府鄉試錄一卷

明隆慶(1567—1572)刻本

九行十八字　四周雙邊　黑口

22.5×16 釐米

天一閣

史 1900

隆慶四年應天府鄉試錄一卷

明隆慶(1567—1572)刻本

九行字數不一　四周雙邊　黑口

22.4×15.9 釐米

天一閣

史 1901

萬曆元年應天府鄉試錄一卷

明萬曆(1573—1620)刻本

九行字數不一　四周雙邊　黑口

22×15.9 釐米

天一閣

史 1902

萬曆四年應天府鄉試錄一卷

明萬曆(1573—1620)刻本

九行字數不一　四周雙邊　黑口

22×15.5 釐米

天一閣

史 1903

萬曆七年應天府鄉試錄一卷

明萬曆(1573—1620)刻本

九行字數不一　四周雙邊　黑口

22.3×15.8 釐米

天一閣

史 1904

萬曆十年應天府鄉試錄一卷

明萬曆(1573—1620)刻本

九行字數不一　四周雙邊　黑口

22.3×15.6 釐米

天一閣

史 1905

萬曆十年應天府武舉鄉試錄一卷

　明萬曆(1573—1620)刻藍印本

　　九行十七字　四周雙邊　黑口

　　23.3×16.5 釐米

天一閣

史 1906

萬曆十年江北武舉鄉試錄一卷

　明萬曆(1573—1620)刻藍印本

　　九行十八字　四周雙邊　黑口

　　22.3×15.6 釐米

天一閣

史 1907

乾隆壬午科江南鄉試詩四房同門錄一卷

　清乾隆二十七年(1762)刻本

　　19.7×11.1 釐米

溫圖

史 1908

天順六年山西鄉試錄一卷

　明天順(1457—1464)刻本

　　九行字數不一　四周雙邊　黑口

　　26.5×16.3 釐米

天一閣

史 1909

成化二十二年山西鄉試錄一卷

　明成化(1465—1487)刻本

　　行數字數不一　四周雙邊　黑口

　　26.1×15.5 釐米

天一閣

史 1910

弘治五年山西鄉試錄一卷

　明弘治(1488—1505)刻本

　　九行字數不一　四周雙邊　黑口

天一閣

史 1911

正德二年山西鄉試錄一卷

　明正德(1506—1521)刻本

　　九行字數不一　四周雙邊　黑口

　　24.5×15.6 釐米

天一閣

史 1912

正德八年山西鄉試錄一卷

　明正德(1506—1521)刻本

　　九行字數不一　四周雙邊　黑口

　　23.4×16 釐米

天一閣

史 1913

正德十一年山西鄉試錄一卷

　明正德(1506—1521)刻本

　　九行字數不一　四周雙邊　黑口

　　22.5×15.6 釐米

天一閣

史 1914

正德十四年山西鄉試錄一卷

　明正德(1506—1521)刻本

　　九行字數不一　四周雙邊　黑口

　　22.5×15.9 釐米

天一閣

史 1915

嘉靖元年山西鄉試錄一卷

　明嘉靖(1522—1566)刻本

　　九行字數不一　四周雙邊　黑口

　　22.2×15.8 釐米

天一閣

史 1916

嘉靖十六年山西鄉試錄一卷

　明嘉靖(1522—1566)刻本

　　九行字數不一　四周雙邊　黑口

　　23.3×15.3 釐米

天一閣

史 1917

嘉靖二十五年山西鄉試錄一卷

明嘉靖(1522—1566)刻本

九行字數不一　四周雙邊　黑口

23.9×16 釐米

天一閣

史 1918

嘉靖二十八年山西鄉試錄一卷

明嘉靖(1522—1566)刻本

九行字數不一　四周雙邊　黑口

24×15.8 釐米

天一閣

史 1919

嘉靖三十一年山西鄉試錄一卷

明嘉靖(1522—1566)刻本

九行字數不一　四周雙邊　黑口

21.5×16 釐米

天一閣

史 1920

嘉靖三十四年山西鄉試錄一卷

明嘉靖(1522—1566)刻本

九行字數不一　四周雙邊　黑口

21.6×15.5 釐米

天一閣

史 1921

嘉靖四十三年山西鄉試錄一卷

明嘉靖(1522—1566)刻本

九行字數不一　四周雙邊　黑口

22.2×16 釐米

天一閣

史 1922

隆慶元年山西鄉試錄一卷

明隆慶(1567—1572)刻本

九行字數不一　四周雙邊　黑口

21.5×15.9 釐米

天一閣

史 1923

隆慶四年山西鄉試錄一卷

明隆慶(1567—1572)刻本

九行十八字　四周雙邊　黑口

22.8×16 釐米

天一閣

史 1924

萬曆元年山西鄉試錄一卷

明萬曆(1573—1620)刻本

九行字數不一　四周雙邊　黑口

22×15.5 釐米

天一閣

史 1925

萬曆四年山西鄉試錄一卷

明萬曆(1573—1620)刻本

九行字數不一　四周雙邊　黑口

22×15.2 釐米

天一閣

史 1926

萬曆七年山西鄉試錄一卷

明萬曆(1573—1620)刻本

九行字數不一　四周雙邊　黑口

22.4×15.2 釐米

天一閣

史 1927

萬曆十年山西鄉試錄一卷

明萬曆(1573—1620)刻本

九行字數不一　四周雙邊　黑口

22.3×15 釐米

天一閣

史 1928

天順六年山東鄉試錄一卷

明天順(1457—1464)刻本

九行字數不一　四周雙邊　黑口

26.3×15.8 釐米

天一閣

傳記類

史 1929

成化元年山東鄉試錄一卷

明成化（1465—1487）刻本

行數字數不一　四周雙邊　黑口

26.7×15.5 釐米

天一閣

史 1930

成化十年山東鄉試錄一卷

明成化（1465—1487）刻本

九行字數不一　四周雙邊　黑口

28.5×15.5 釐米

天一閣

史 1931

成化十六年山東鄉試錄一卷

明成化（1465—1487）刻本

九行字數不一　四周雙邊　黑口

24.3×15.5 釐米

天一閣

史 1932

成化十九年山東鄉試錄一卷

明成化（1465—1487）刻本

九行字數不一　四周雙邊　黑口

24×15.6 釐米

天一閣

史 1933

弘治八年山東鄉試錄一卷

明弘治（1488—1505）刻本

九行十八字　四周雙邊　黑口

23.5×15.8 釐米

天一閣

史 1934

正德八年山東鄉試錄一卷

明正德（1506—1521）刻本

九行字數不一　四周雙邊　黑口

22.6×15.9 釐米

天一閣

史 1935

正德十一年山東鄉試錄一卷

明正德（1506—1521）刻本

九行字數不一　四周雙邊　黑口

22.3×16 釐米

天一閣

史 1936

嘉靖四年山東鄉試錄一卷

明嘉靖（1522—1566）刻本

九行字數不一　四周雙邊　黑口

24×16.3 釐米

天一閣

史 1937

嘉靖七年山東鄉試錄一卷

明嘉靖（1522—1566）刻本

九行字數不一　四周雙邊　黑口

24.4×16.3 釐米

天一閣

史 1938

嘉靖十九年山東鄉試錄一卷

明嘉靖（1522—1566）刻本

九行字數不一　四周雙邊　黑口

22.7×15.9 釐米

天一閣

史 1939

嘉靖二十八年山東鄉試錄一卷

明嘉靖（1522—1566）刻本

九行字數不一　四周雙邊　黑口

22.8×15.3 釐米

天一閣

史 1940

嘉靖三十四年山東鄉試錄一卷

明嘉靖（1522—1566）刻本

九行字數不一　四周雙邊　黑口

21×15.9 釐米

天一閣

史 1941

嘉靖三十七年山東鄉試錄一卷

明嘉靖（1522—1566）刻本

九行字數不一　四周雙邊　黑口

21.5×15.8釐米

天一閣

史 1942

嘉靖四十三年山東鄉試錄一卷

明嘉靖（1522—1566）刻本

九行字數不一　四周雙邊　黑口

21.5×16.2釐米

天一閣

史 1943

隆慶四年山東鄉試錄一卷

明隆慶（1567—1572）刻本

九行字數不一　四周雙邊　黑口

22.4×15.5釐米

天一閣

史 1944

萬曆四年山東鄉試錄一卷

明萬曆（1573—1620）刻本

九行字數不一　四周雙邊　黑口

22.2×15.3釐米

天一閣

史 1945

萬曆七年山東鄉試錄一卷

明萬曆（1573—1620）刻本

九行字數不一　四周雙邊　黑口

22.3×15.6釐米

天一閣

史 1946

萬曆十年山東鄉試錄一卷

明萬曆（1573—1620）刻本

九行字數不一　四周雙邊　黑口

21.9×16釐米

天一閣

史 1947

崇禎六年山東春秋房同門錄一卷

明崇禎（1628—1644）刻本

六行字數不一　四周單邊　白口

20.5×12.5釐米

天一閣

史 1948

成化二十二年河南鄉試錄一卷

明成化（1465—1487）刻本

九行字數不一　四周雙邊　黑口

24×16釐米

天一閣

史 1949

弘治八年河南鄉試錄一卷

明弘治（1488—1505）刻本

九行字數不一　四周雙邊　黑口

24×16釐米

天一閣

史 1950

弘治十一年河南鄉試錄一卷

明弘治（1488—1505）刻本

九行字數不一　四周雙邊　黑口

23.5×15.8釐米

天一閣

史 1951

弘治十四年河南鄉試錄一卷

明弘治（1488—1505）刻本

九行字數不一　四周雙邊　黑口

天一閣

史 1952

正德二年河南鄉試錄一卷

明正德（1506—1521）刻本

九行字數不一　四周雙邊　黑口

24.2×15.9釐米

天一閣

史 1953

正德八年河南鄉試錄一卷

明正德（1506—1521）刻本

九行字數不一　四周雙邊　黑口

25×16.8 釐米

天一閣

史 1954

正德十四年河南鄉試錄一卷

明正德（1506—1521）刻本

九行字數不一　四周雙邊　黑口

22.5×15.5 釐米

天一閣

史 1955

嘉靖元年河南鄉試錄一卷

明嘉靖（1522—1566）刻本

九行字數不一　四周雙邊　黑口

22.2×16.2 釐米

天一閣

史 1956

嘉靖七年河南鄉試錄一卷

明嘉靖（1522—1566）刻本

九行字數不一　四周雙邊　黑口

23×15.5 釐米

天一閣

史 1957

嘉靖十三年河南鄉試錄一卷

明嘉靖（1522—1566）刻本

九行字數不一　四周雙邊　黑口

23×16 釐米

天一閣

史 1958

嘉靖十六年河南鄉試錄一卷

明嘉靖（1522—1566）刻本

九行字數不一　四周雙邊　黑口

23.3×16 釐米

天一閣

史 1959

嘉靖十九年河南鄉試錄一卷

明嘉靖（1522—1566）刻本

九行字數不一　四周雙邊　黑口

23.2×19 釐米

天一閣

史 1960

嘉靖二十二年河南鄉試錄一卷

明嘉靖（1522—1566）刻本

九行字數不一　四周雙邊　黑口

23×16 釐米

天一閣

史 1961

嘉靖二十五年河南鄉試錄一卷

明嘉靖（1522—1566）刻本

九行字數不一　四周雙邊　黑口

23×16 釐米

天一閣

史 1962

嘉靖二十八年河南鄉試錄一卷

明嘉靖（1522—1566）刻本

九行字數不一　四周雙邊　黑口

23.2×16.2 釐米

天一閣

史 1963

嘉靖三十一年河南鄉試錄一卷

明嘉靖（1522—1566）刻本

九行字數不一　四周雙邊　黑口

23.2×16.2 釐米

天一閣

史 1964

嘉靖三十四年河南鄉試錄一卷

明嘉靖（1522—1566）刻本

九行字數不一　四周雙邊　黑口

21.7×15.7 釐米

天一閣

史 1965

嘉靖三十七年河南鄉試錄一卷

明嘉靖(1522—1566)刻本

九行字數不一　四周雙邊　黑口

21.3×16 釐米

天一閣

史 1966

嘉靖四十三年河南鄉試錄一卷

明嘉靖(1522—1566)刻本

九行字數不一　四周雙邊　黑口

21.5×15.5 釐米

天一閣

史 1967

隆慶元年河南鄉試錄一卷

明隆慶(1567—1572)刻本

九行字數不一　四周雙邊　黑口

21.3×16 釐米

天一閣

史 1968

隆慶四年河南鄉試錄一卷

明隆慶(1567—1572)刻本

九行字數不一　四周雙邊　黑口

22×15.9 釐米

天一閣

史 1969

萬曆元年河南鄉試錄一卷

明萬曆(1573—1620)刻本

九行字數不一　四周雙邊　黑口

22×15.5 釐米

天一閣

史 1970

萬曆四年河南鄉試錄一卷

明萬曆(1573—1620)刻本

九行字數不一　四周雙邊　黑口

21.5×15.5 釐米

天一閣

史 1971

成化七年陝西鄉試錄一卷

明成化(1465—1487)刻本

八行字數不一　四周雙邊　黑口

25.5×15 釐米

天一閣

史 1972

成化十年陝西鄉試錄一卷

明成化(1465—1487)刻本

八行字數不一　四周雙邊　黑口

25.8×15.3 釐米

天一閣

史 1973

弘治八年陝西鄉試錄一卷

明弘治(1488—1505)刻本

九行十八字　四周雙邊　黑口

24.5×16 釐米

天一閣

史 1974

弘治十一年陝西鄉試錄一卷

明弘治(1488—1505)刻本

九行字數不一　四周雙邊　黑口

24×16.2 釐米

天一閣

史 1975

弘治十七年陝西鄉試錄一卷

明弘治(1488—1505)刻本

九行字數不一　四周雙邊　黑口

23.6×16.2 釐米

天一閣

史 1976

正德十一年陝西鄉試錄一卷

明正德(1506—1521)刻本

九行字數不一　四周雙邊　黑口

23.7×15 釐米

天一閣

史 1977

嘉靖四年陝西鄉試錄一卷

明嘉靖(1522—1566)刻本

九行字數不一　四周雙邊　黑口

23.9×15.4 釐米

天一閣

史 1978

嘉靖十六年陝西鄉試錄一卷

明嘉靖(1522—1566)刻本

九行字數不一　四周雙邊　黑口

24×15.5 釐米

天一閣

史 1979

嘉靖二十八年陝西鄉試錄一卷

明嘉靖(1522—1566)刻本

九行字數不一　四周雙邊　黑口

23.9×16 釐米

天一閣

史 1980

嘉靖三十一年陝西鄉試錄一卷

明嘉靖(1522—1566)刻本

九行十八字　四周雙邊　黑口

21.6×15.6 釐米

天一閣

史 1981

嘉靖三十七年陝西鄉試錄一卷

明嘉靖(1522—1566)刻本

九行字數不一　四周雙邊　黑口

21.6×15.5 釐米

天一閣

史 1982

隆慶四年陝西鄉試錄一卷

明隆慶(1567—1572)刻本

九行字數不一　四周雙邊　黑口

22.5×15.5 釐米

天一閣

史 1983

萬曆元年陝西鄉試錄一卷

明萬曆(1573—1620)刻本

九行字數不一　四周雙邊　黑口

22×15.5 釐米

天一閣

史 1984

萬曆七年陝西鄉試錄一卷

明萬曆(1573—1620)刻本

九行字數不一　四周雙邊　黑口

22.5×15.5 釐米

天一閣

史 1985

萬曆十年陝西鄉試錄一卷

明萬曆(1573—1620)刻本

九行字數不一　四周雙邊　黑口

22.1×15.5 釐米

天一閣

史 1986

順治八年陝西鄉試序齒錄一卷

清順治(1644—1661)刻本

行數字數不一　四周單邊　白口

20×13.5 釐米

天一閣

史 1987

永樂十八年浙江鄉闈小錄一卷

明抄本

天一閣

史 1988

天順六年浙江鄉試錄一卷

明天順(1457—1464)刻本

八行二十字　四周雙邊　黑口

26.8×16.5 釐米

天一閣

史 1989

成化七年浙江鄉試錄一卷

明抄本

九行十八字　四周雙邊

26×16 釐米

天一閣

史 1990

成化十年浙江鄉試錄一卷

明成化(1465—1487)刻本

八行字數不一　四周雙邊　黑口

27.5×15.6 釐米

天一閣

史 1991

成化十三年浙江鄉試錄一卷

明成化(1465—1487)刻本

八行字數不一　四周雙邊　黑口

27.2×15.5 釐米

天一閣

史 1992

成化十六年浙江鄉試錄一卷

明成化(1465—1487)刻本

九行字數不一　四周雙邊　黑口

23.8×15.2 釐米

天一閣

史 1993

成化十九年浙江鄉試錄一卷

明抄本

九行字數不一　四周雙邊　黑口

23.8×15 釐米

天一閣

史 1994

成化二十二年浙江鄉試錄一卷

明成化(1465—1487)刻本

九行字數不一　四周雙邊　黑口

24.2×15.3 釐米

天一閣

史 1995

正德五年浙江鄉試錄一卷

明正德(1506—1521)刻本

九行十八字　四周雙邊　黑口

24.2×15.3 釐米

天一閣

史 1996

正德八年浙江鄉試錄一卷

明抄本

九行字數不一　左右雙邊　白口

26×15.8 釐米

天一閣

史 1997

嘉靖七年浙江鄉試錄不分卷

明嘉靖(1522—1566)刻本

九行字數不一　四周雙邊　黑口

21.8×15.6 釐米

天一閣

史 1998

嘉靖七年浙江同年錄一卷

明嘉靖(1522—1566)刻本

八行字數不一　四周雙邊　黑口

21×18 釐米

天一閣

史 1999

嘉靖十三年浙江鄉試錄一卷

明嘉靖(1522—1566)刻本

九行字數不一　四周雙邊　黑口

23.2×16.3 釐米

天一閣

史 2000

嘉靖二十二年浙江鄉試錄一卷

明嘉靖(1522—1566)刻本

九行字數不一　四周雙邊　黑口

23.2×16.5 釐米

天一閣

傳記類

傳記類

史 2001

嘉靖二十八年浙江鄉試錄一卷

　明嘉靖(1522—1566)刻本

　　九行十八字　四周雙邊　黑口

　　23.5×16 釐米

　天一閣

史 2002

嘉靖四十年浙江鄉試錄一卷

　明嘉靖(1522—1566)刻本

　　九行十八字　四周雙邊　黑口

　　23×15.9 釐米

　天一閣

史 2003

嘉靖四十年浙江武舉鄉試錄一卷

　明嘉靖(1522—1566)刻本

　　九行十八字　四周雙邊　黑口

　　21.8×14.2 釐米

　天一閣

史 2004

隆慶四年浙江鄉試錄一卷

　明隆慶(1567—1572)刻本

　　九行十八字　四周雙邊　黑口

　　22×15.8 釐米

　天一閣

史 2005

萬曆元年浙江鄉試錄一卷

　明萬曆(1573—1620)刻本

　　九行十八字　四周雙邊　黑口

　　22×15.3 釐米

　天一閣

史 2006

萬曆元年浙江武舉鄉試題名錄一卷

　明萬曆(1573—1620)刻本

　　九行字數不一　四周雙邊　黑口

　　21.8×15.3 釐米

　天一閣

史 2007

萬曆四年浙江鄉試錄一卷

　明萬曆(1573—1620)刻本

　　九行十八字　四周雙邊　黑口

　　22.2×15.4 釐米

　天一閣

史 2008

萬曆七年浙江鄉試錄一卷

　明萬曆(1573—1620)刻本

　　九行字數不一　四周雙邊　黑口

　　22×15.5 釐米

　天一閣

史 2009

萬曆十年浙江鄉試錄一卷

　明萬曆(1573—1620)刻本

　　九行字數不一　四周雙邊　黑口

　　22×15.5 釐米

　天一閣

史 2010

康熙四十七年浙江鄉試錄一卷

　明康熙(1662—1722)刻本

　　九行十八字　四周雙邊　黑口

　　21×15.1 釐米

　天一閣

史 2011

國朝蕭山文學生員錄歷科甲等錄不分卷

　清康熙(1662—1722)高瞻承抄本

　天一閣

史 2012

嘉興府學生員履歷册

　清康熙(1662—1722)高瞻承抄本

　天一閣

史 2013

道光十四年甲午科浙江鄉試錄一卷

　清道光(1821—1850)活字印本

九行十八字　四周雙邊　黑口

浙圖

史 2014

咸豐九年己未科浙江鄉試題名錄一卷

清抄本　清錢塘丁立誠題簽　丁玨跋

浙圖

史 2015

同治六年浙江武鄉試錄一卷

清許振中抄本

浙圖

史 2016

天順三年江西鄉試錄一卷

明天順(1457—1464)刻本

九行字數不一　四周雙邊　黑口

25×15.5 釐米

天一閣

史 2017

成化十年江西鄉試錄一卷

明成化(1465—1487)刻本

九行十八字　四周雙邊　黑口

26×16.7 釐米

天一閣

史 2018

成化十三年江西鄉試錄一卷

明成化(1465—1487)刻本

九行十八字　四周雙邊　黑口

25×15.3 釐米

天一閣

史 2019

弘治二年江西鄉試錄一卷

明弘治(1488—1505)刻本

九行十八字　四周雙邊　黑口

24.5×15.5 釐米

天一閣

史 2020

弘治五年江西鄉試錄一卷

明弘治(1488—1505)刻本

九行十八字　四周雙邊　黑口

24×14.8 釐米

天一閣

史 2021

弘治十四年江西鄉試錄一卷

明弘治(1488—1505)刻本

九行字數不一　四周雙邊　黑口

23×15.5 釐米

天一閣

史 2022

正德二年江西鄉試錄一卷

明正德(1506—1521)刻本

九行十八字　四周雙邊　黑口

24×15.5 釐米

天一閣

史 2023

正德十一年江西鄉試錄一卷

明正德(1506—1521)刻本

九行字數不一　四周雙邊　黑口

24.7×15.2 釐米

天一閣

史 2024

嘉靖元年江西鄉試錄一卷

明嘉靖(1522—1566)刻本

九行十八字　四周雙邊　黑口

21.8×15.8 釐米

天一閣

史 2025

嘉靖四年江西鄉試錄一卷

明嘉靖(1522—1566)刻本

九行字數不一　四周雙邊　黑口

25×15.7 釐米

天一閣

史 2026

嘉靖七年江西鄉試錄一卷

明嘉靖(1522—1566)刻本

九行十八字　四周雙邊　黑口

24.5×15.5 釐米

天一閣

史 2027

嘉靖十三年江西鄉試錄一卷

明嘉靖(1522—1566)刻本

九行十八字　四周雙邊　黑口

22.8×15.9 釐米

天一閣

史 2028

嘉靖十六年江西鄉試錄一卷

明嘉靖(1522—1566)刻本

九行字數不一　四周雙邊　黑口

22.8×15.9 釐米

天一閣

史 2029

嘉靖十九年江西鄉試錄一卷

明嘉靖(1522—1566)刻本

九行字數不一　四周雙邊　黑口

23×16 釐米

天一閣

史 2030

嘉靖二十二年江西鄉試錄一卷

明嘉靖(1522—1566)刻本

九行十八字　四周雙邊　黑口

23×16.2 釐米

天一閣

史 2031

嘉靖二十二年江西鄉試錄一卷

明嘉靖(1522—1566)刻本

九行字數不一　四周雙邊　黑口

22.8×15.5 釐米

天一閣

史 2032

嘉靖二十五年江西鄉試錄一卷

明嘉靖(1522—1566)刻本

九行十八字　四周雙邊　黑口

23×16 釐米

天一閣

史 2033

嘉靖三十一年江西鄉試錄一卷

明嘉靖(1522—1566)刻本

九行十八字　四周雙邊　黑口

22.4×16.5 釐米

天一閣

史 2034

嘉靖四十年江西鄉試錄一卷

明嘉靖(1522—1566)刻本

九行字數不一　四周雙邊　黑口

21.8×15.8 釐米

天一閣

史 2035

嘉靖四十三年江西鄉試錄一卷

明嘉靖(1522—1566)刻本

九行十八字　四周雙邊　黑口

22×15.8 釐米

天一閣

史 2036

隆慶四年江西鄉試錄一卷

明隆慶(1567—1572)刻本

九行字數不一　四周雙邊　黑口

22.4×15.8 釐米

天一閣

史 2037

萬曆四年江西鄉試錄一卷

明萬曆(1573—1620)刻本

九行十八字　四周雙邊　黑口

22×15.5 釐米

天一閣

史 2038

萬曆七年江西鄉試錄一卷

　明萬曆（1573—1620）刻本

　九行字數不一　四周雙邊　黑口

　22.4×15.8 釐米

天一閣

史 2039

成化七年湖廣鄉試錄一卷

　明成化（1465—1487）刻本

　九行十八字　四周雙邊　黑口

　27.5×15.5 釐米

天一閣

史 2040

成化十六年湖廣鄉試錄一卷

　明成化（1465—1487）刻本

　九行字數不一　四周雙邊　黑口

　24.3×15.5 釐米

天一閣

史 2041

弘治五年湖廣鄉試錄一卷

　明弘治（1488—1505）刻本

　九行十八字　四周雙邊　黑口

　24.6×15.7 釐米

天一閣

史 2042

弘治十一年湖廣鄉試錄一卷

　明弘治（1488—1505）刻本

　九行字數不一　四周雙邊　黑口

　23.2×15.3 釐米

天一閣

史 2043

正德十一年湖廣鄉試錄一卷

　明正德（1506—1521）刻本

　九行十八字　四周雙邊　黑口

　23×15.8 釐米

天一閣

史 2044

正德十四年湖廣鄉試錄一卷

　明正德（1506—1521）刻本

　九行字數不一　四周雙邊　黑口

　22.4×15.2 釐米

天一閣

史 2045

嘉靖七年湖廣鄉試錄一卷

　明嘉靖（1522—1566）刻本

　九行十八字　四周雙邊　黑口

　23.4×15 釐米

天一閣

史 2046

嘉靖十年湖廣鄉試錄一卷

　明嘉靖（1522—1566）刻本

　九行字數不一　四周雙邊　黑口

　22.4×15.5 釐米

天一閣

史 2047

嘉靖十九年湖廣鄉試錄一卷

　明嘉靖（1522—1566）刻本

　九行字數不一　四周雙邊　黑口

　22.5×15.8 釐米

天一閣

史 2048

嘉靖二十二年湖廣鄉試錄一卷

　明嘉靖（1522—1566）刻本

　九行十八字　四周雙邊　黑口

　22.7×15.8 釐米

天一閣

史 2049

嘉靖二十五年湖廣鄉試錄一卷

　明嘉靖（1522—1566）刻本

　九行十八字　四周雙邊　黑口

　22.1×15.8 釐米

天一閣

史 2050

嘉靖三十一年湖廣鄉試錄一卷

明嘉靖（1522—1566）刻本

九行字數不一　四周雙邊　黑口

21.5×15.7 釐米

天一閣

史 2051

嘉靖三十七年湖廣鄉試錄一卷

明嘉靖（1522—1566）刻本

九行十八字　四周雙邊　黑口

22×16 釐米

天一閣

史 2052

萬曆元年湖廣鄉試錄一卷

明萬曆（1573—1620）刻本

九行字數不一　四周雙邊　黑口

22.5×15.3 釐米

天一閣

史 2053

萬曆十年湖廣鄉試錄一卷

明萬曆（1573—1620）刻本

九行十八字　四周雙邊　黑口

22.2×15.2 釐米

天一閣

史 2054

成化元年四川鄉試錄一卷

明成化（1465—1487）刻本

九行二十字　四周雙邊　黑口

26.52×16 釐米

天一閣

史 2055

正德八年四川鄉試錄一卷

明正德（1506—1521）刻本

九行字數不一　四周雙邊　黑口

22.5×15.5 釐米

天一閣

史 2056

嘉靖十六年四川鄉試錄一卷

明嘉靖（1522—1566）刻本

九行十八字　四周雙邊　黑口

23×15.8 釐米

天一閣

史 2057

嘉靖十九年四川鄉試錄一卷

明嘉靖（1522—1566）刻本

九行字數不一　四周雙邊　黑口

23.4×15.5 釐米

天一閣

史 2058

嘉靖二十二年四川鄉試錄一卷

明嘉靖（1522—1566）刻本

九行十八字　四周雙邊　黑口

23.5×15.4 釐米

天一閣

史 2059

嘉靖二十五年四川鄉試錄一卷

明嘉靖（1522—1566）刻本

九行字數不一　四周雙邊　黑口

24×15.4 釐米

天一閣

史 2060

隆慶四年四川鄉試錄一卷

明隆慶（1567—1572）刻本

九行十八字　四周雙邊　黑口

22.3×15.5 釐米

天一閣

史 2061

萬曆元年四川鄉試錄一卷

明萬曆（1573—1620）刻本

九行十八字　四周雙邊　黑口

22.2×16 釐米

天一閣

史 2062

萬曆十年四川鄉試錄一卷

明萬曆(1573—1620)刻本

九行字數不一　四周雙邊　黑口

22×15.4 釐米

天一閣

史 2063

康熙二十三年四川鄉試錄一卷

清康熙(1662—1722)刻本

九行十八字　四周單邊　黑口

22.2×14.3 釐米

天一閣

史 2064

乾隆三十六年四川鄉試錄一卷

清乾隆(1736—1795)刻本

九行十八字　四周雙邊　黑口

22.2×14.3 釐米

天一閣

史 2065

永樂十二年福建鄉試錄一卷

明抄本

九行字數不一　四周雙邊　黑口

23.4×15.3 釐米

天一閣

史 2066

宣德元年福建鄉試錄一卷

明抄本

九行字數不一　四周雙邊　黑口

23.4×14.5 釐米

天一閣

史 2067

景泰四年福建鄉試錄一卷

明抄本

九行字數不一　四周雙邊　黑口

23.5×15.4 釐米

天一閣

史 2068

弘治八年福建鄉試錄一卷

明弘治(1488—1505)刻本

九行十八字　四周雙邊　黑口

23.5×16 釐米

天一閣

史 2069

弘治十一年福建鄉試錄一卷

明弘治(1488—1505)刻本

九行十八字　四周雙邊　黑口

24.3×16 釐米

天一閣

史 2070

弘治十四年福建鄉試錄一卷

明弘治(1488—1505)刻本

九行字數不一　四周雙邊　黑口

23.9×15.6 釐米

天一閣

史 2071

正德五年福建鄉試錄一卷

明正德(1506—1521)刻本

九行十八字　四周雙邊　黑口

24×15.5 釐米

天一閣

史 2072

正德八年福建鄉試錄一卷

明正德(1506—1521)刻本

九行十八字　四周雙邊　黑口

23×15.5 釐米

天一閣

史 2073

正德十一年福建鄉試錄一卷

明正德(1506—1521)刻本

九行十八字　四周雙邊　黑口

23.4×15.6 釐米

天一閣

史 2074

嘉靖七年福建鄉試錄一卷

明嘉靖(1522—1566)刻本

九行字數不一　四周雙邊　黑口

21.9×14.9 釐米

天一閣

史 2075

嘉靖七年福建鄉試錄一卷

明嘉靖(1522—1566)刻本

九行字數不一　四周雙邊　黑口

23×15.2 釐米

天一閣

史 2076

嘉靖十三年福建鄉試錄一卷

明嘉靖(1522—1566)刻本

九行字數不一　四周雙邊　黑口

27.2×15.8 釐米

天一閣

史 2077

嘉靖十六年福建鄉試錄一卷

明嘉靖(1522—1566)刻本

九行十八字　四周雙邊　黑口

22.4×15.9 釐米

天一閣

史 2078

嘉靖二十五年福建鄉試錄一卷

明嘉靖(1522—1566)刻本

九行字數不一　四周雙邊　黑口

23×16 釐米

天一閣

史 2079

嘉靖二十八年福建鄉試錄一卷

明嘉靖(1522—1566)刻本

九行十八字　四周雙邊　黑口

23.4×16 釐米

天一閣

史 2080

嘉靖三十一年福建鄉試錄一卷

明嘉靖(1522—1566)刻本

九行字數不一　四周雙邊　黑口

21.2×15.8 釐米

天一閣

史 2081

嘉靖三十四年福建武舉鄉試錄一卷

明嘉靖(1522—1566)刻本

九行十八字　四周雙邊　黑口

22.5×16.3 釐米

天一閣

史 2082

嘉靖四十三年福建鄉試錄一卷

明嘉靖(1522—1566)刻本

九行字數不一　四周雙邊　黑口

21.5×15.5 釐米

天一閣

史 2083

隆慶元年福建鄉試錄一卷

明隆慶(1522—1566)刻本

九行字數不一　四周雙邊　黑口

21.7×15.5 釐米

天一閣

史 2084

隆慶四年福建鄉試錄一卷

明隆慶(1567—1572)刻本

九行字數不一　四周雙邊　黑口

22×15.2 釐米

天一閣

史 2085

萬曆元年福建鄉試錄一卷

明萬曆(1573—1620)刻本

九行字數不一　四周雙邊　黑口

22×15.5 釐米

天一閣

史 2086

萬曆四年福建鄉試錄一卷

明萬曆(1573—1620)刻本

九行十八字　四周雙邊　黑口

21.5×15.5 釐米

天一閣

史 2087

萬曆七年福建鄉試錄一卷

明萬曆(1573—1620)刻本

九行字數不一　四周雙邊　黑口

22.2×15.3 釐米

天一閣

史 2088

萬曆十年福建鄉試錄一卷

明萬曆(1573—1620)刻本

九行字數不一　四周雙邊　黑口

22.2×15.6 釐米

天一閣

史 2089

成化四年廣東鄉試錄一卷

明成化(1465—1487)刻本

九行二十二字　四周雙邊　黑口

25.8×15.5 釐米

天一閣

史 2090

成化七年廣東鄉試錄一卷

明成化(1465—1487)刻本

九行二十二字　四周雙邊　黑口

25.8×15.3 釐米

天一閣

史 2091

成化十年廣東鄉試錄一卷

明成化(1465—1487)刻本

十行字數不一　四周雙邊　黑口

25.5×15.2 釐米

天一閣

史 2092

成化二十二年廣東鄉試錄一卷

明成化(1465—1487)刻本

九行十八字　四周雙邊　黑口

25×15.9 釐米

天一閣

史 2093

弘治二年廣東鄉試錄一卷

明弘治(1488—1505)刻本

九行字數不一　四周雙邊　黑口

23.5×15.8 釐米

天一閣

史 2094

弘治八年廣東鄉試錄一卷

明弘治(1488—1505)刻本

九行十八字　四周雙邊　黑口

24×16 釐米

天一閣

史 2095

正德二年廣東鄉試錄一卷

明正德(1506—1521)刻本

九行十八字　四周雙邊　黑口

23.6×15 釐米

天一閣

史 2096

正德五年廣東鄉試錄一卷

明正德(1506—1521)刻本

九行字數不一　四周雙邊　黑口

25.5×15.7 釐米

天一閣

史 2097

正德十四年廣東鄉試錄一卷

明正德(1506—1521)刻藍印本

九行十八字　四周雙邊　黑口

23.5×15.5 釐米

天一閣

史 2098

嘉靖十三年廣東鄉試錄一卷

明嘉靖(1522—1566)刻藍印本

九行十八字　四周雙邊　黑口

22.8×15.8 釐米

天一閣

史 2099

嘉靖十六年廣東鄉試錄一卷

明嘉靖(1522—1566)刻藍印本

九行十八字　四周雙邊　黑口

22.7×15.7 釐米

天一閣

史 2100

嘉靖十九年廣東鄉試錄一卷

明嘉靖(1522—1566)刻本

九行字數不一　四周雙邊　黑口

25.8×15.5 釐米

天一閣

史 2101

嘉靖二十二年廣東鄉試錄一卷

明嘉靖(1522—1566)刻藍印本

九行十八字　四周雙邊　黑口

23.5×15.5 釐米

天一閣

史 2102

嘉靖二十五年廣東鄉試錄一卷

明嘉靖(1522—1566)刻本

九行十八字　四周雙邊　黑口

22.8×16 釐米

天一閣

史 2103

嘉靖二十八年廣東鄉試錄一卷

明嘉靖(1522—1566)刻本

九行字數不一　四周雙邊　黑口

23×16 釐米

天一閣

史 2104

嘉靖三十一年廣東鄉試錄一卷

明嘉靖(1522—1566)刻本

九行字數不一　四周雙邊　黑口

22×16 釐米

天一閣

史 2105

嘉靖四十年廣東鄉試錄一卷

明嘉靖(1522—1566)刻本

九行字數不一　四周雙邊　黑口

21.2×15.5 釐米

天一閣

史 2106

嘉靖四十三年廣東鄉試錄一卷

明嘉靖(1522—1566)刻藍印本

九行十八字　四周雙邊　黑口

21×15.6 釐米

天一閣

史 2107

隆慶四年廣東鄉試錄一卷

明隆慶(1567—1572)刻本

九行十八字　四周雙邊　黑口

22.3×15.6 釐米

天一閣

史 2108

隆慶四年廣東鄉試錄一卷

明隆慶(1567—1572)刻藍印本

九行十八字　四周雙邊　黑口

21.4×15.3 釐米

天一閣

史 2109

隆慶四年廣東武舉鄉試錄一卷

明隆慶(1567—1572)刻本

九行十八字　四周雙邊　黑口

22.5×15.6 釐米

天一閣

史 2110

萬曆元年廣東鄉試錄一卷

明萬曆(1573—1620)刻藍印本

九行十八字　四周雙邊　黑口

22.1×15.5 釐米

天一閣

史 2111

萬曆七年廣東鄉試錄一卷

明萬曆(1573—1620)刻本

九行字數不一　四周雙邊　黑口

21.4×15.2 釐米

天一閣

史 2112

萬曆十年廣東鄉試錄一卷

明萬曆(1573—1620)刻本

九行十八字　四周雙邊　黑口

22×15.5 釐米

天一閣

史 2113

弘治五年廣西鄉試錄一卷

明弘治(1488—1505)刻本

九行十八字　四周雙邊　黑口

24×16 釐米

天一閣

史 2114

正德二年廣西鄉試錄一卷

明正德(1506—1521)刻本

九行字數不一　四周雙邊　黑口

23.1×15.6 釐米

天一閣

史 2115

正德八年廣西鄉試錄一卷

明正德(1506—1521)刻本

九行十八字　四周雙邊　黑口

23.4×15.6 釐米

天一閣

史 2116

正德十四年廣西鄉試錄一卷

明正德(1506—1521)刻本

九行字數不一　四周雙邊　黑口

23.4×15.9 釐米

天一閣

史 2117

嘉靖十六年廣西鄉試錄一卷

明嘉靖(1522—1566)刻本

九行十八字　四周雙邊　黑口

23.5×16 釐米

天一閣

史 2118

嘉靖二十八年廣西鄉試錄一卷

明嘉靖(1522—1566)刻本

九行字數不一　四周雙邊　黑口

23×15.6 釐米

天一閣

史 2119

嘉靖四十年廣西鄉試錄一卷

明嘉靖(1522—1566)刻本

九行十八字　四周雙邊　黑口

22×15.5 釐米

天一閣

史 2120

嘉靖四十三年廣西鄉試錄一卷

明嘉靖(1522—1566)刻本

九行字數不一　四周雙邊　黑口

21.4×15.5 釐米

天一閣

史 2121

隆慶四年廣西鄉試錄一卷

明隆慶(1567—1572)刻本

九行十八字　四周雙邊　黑口

22.3×15.6 釐米

天一閣

史 2122

萬曆元年廣西鄉試錄一卷

明萬曆(1573—1620)刻本

九行字數不一　四周雙邊　黑口

21.8×15.4 釐米

天一閣

史 2123

萬曆四年廣西鄉試錄一卷

明萬曆(1573—1620)刻本

九行字數不一　四周雙邊　黑口

22.2×15.5 釐米

天一閣

史 2124

萬曆七年廣西鄉試錄一卷

明萬曆(1573—1620)刻本

九行十八字　四周雙邊　黑口

22×15.9 釐米

天一閣

史 2125

萬曆十年廣西鄉試錄一卷

明萬曆(1573—1620)刻本

九行字數不一　四周雙邊　黑口

22.6×15.1 釐米

天一閣

史 2126

弘治十四年雲貴鄉試錄一卷

明弘治(1488—1505)刻本

九行十八字　四周雙邊　黑口

24×15.6 釐米

天一閣

史 2127

正德二年雲貴鄉試錄一卷

明正德(1506—1521)刻本

九行字數不一　四周雙邊　黑口

23.5×15.5 釐米

天一閣

史 2128

嘉靖元年雲貴鄉試錄一卷

明嘉靖(1522—1566)刻本

九行十八字　四周雙邊　黑口

22×16 釐米

天一閣

史 2129

嘉靖四年雲貴鄉試錄一卷

明嘉靖(1522—1566)刻本

九行十八字　四周雙邊　黑口

23.5×16 釐米

天一閣

史 2130

嘉靖十三年雲貴鄉試錄一卷

明嘉靖(1522—1566)刻本

九行十八字　四周雙邊　黑口

23.5×16 釐米

天一閣

史 2131

嘉靖十六年雲南鄉試錄一卷

明嘉靖(1522—1566)刻本

九行十八字　四周雙邊　黑口

25.7×16 釐米

天一閣

史 2132

嘉靖二十五年雲南鄉試錄一卷

明嘉靖(1522—1566)刻本

九行十八字　四周雙邊　黑口

24.3×16 釐米

天一閣

史 2133

嘉靖四十三年雲南鄉試錄一卷

明嘉靖(1522—1566)刻本

九行字數不一　四周雙邊　黑口

21.5×15.7 釐米

天一閣

史 2134

萬曆四年雲南鄉試錄一卷

明萬曆(1573—1620)刻本

九行字數不一　四周雙邊　黑口

21.5×15.8釐米

天一閣

史 2135

萬曆十年雲南鄉試錄一卷

明萬曆(1573—1620)刻本

九行十八字　四周雙邊　黑口

22.2×15.2釐米

天一閣

史 2136

嘉靖二十五年貴州鄉試錄一卷

明嘉靖(1522—1566)刻本

九行十八字　四周雙邊　黑口

24×15.8釐米

天一閣

史 2137

嘉靖三十一年貴州鄉試錄一卷

明嘉靖(1522—1566)刻本

九行十八字　四周雙邊　黑口

22.2×15.8釐米

天一閣

史 2138

嘉靖三十四年貴州鄉試錄一卷

明嘉靖(1522—1566)刻本

九行十八字　四周雙邊　黑口

22×15.5釐米

天一閣

史 2139

嘉靖四十年貴州鄉試錄一卷

明嘉靖(1522—1566)刻本

九行字數不一　四周雙邊　黑口

21.8×15.6釐米

天一閣

史 2140

隆慶四年貴州鄉試錄一卷

明隆慶(1567—1572)刻本

九行十八字　四周雙邊　黑口

22.7×15.6釐米

天一閣

史 2141

隆慶四年貴州武舉鄉試錄一卷

明隆慶(1567—1572)刻本

九行十八字　四周雙邊　黑口

22×15.7釐米

天一閣

史 2142

萬曆四年貴州鄉試錄一卷

明萬曆(1573—1620)刻本

九行十八字　四周雙邊　黑口

22.2×15.8釐米

天一閣

史 2143

萬曆十年貴州鄉試錄一卷

明萬曆(1573—1620)刻本

九行十八字　四周雙邊　黑口

22.7×15.4釐米

天一閣

職官錄

史 2144

季漢官爵考二卷

清海寧周廣業撰

稿本

天一閣

史 2145

季漢官爵考二卷

清海寧周廣業撰

稿本　清周氏錄清海寧吳騫、蔣師爌跋

天一閣

史 2146

續宋宰輔編年錄二十六卷

　明呂邦燿撰

　明天啓元年(1621)呂邦燿刻本

存十八卷　二至三　九至十九　二十一至

　二十三　二十五至二十六

　　十行二十字　四周單邊　白口

　　19.3×13.8釐米

溫圖

史 2147

殘明百官簿不分卷

　清山陰平步青輯

　稿本　清巘□漫士跋

浙圖

史 2148

殘明百官簿四卷

　清山陰平步青輯

　清抄本

　　宏光百官簿一卷

　　魯監國百官簿一卷

　　唐王百官簿一卷

　　永曆百官簿一卷

浙圖

史 2149

殘明宰輔表一卷

　清傅以禮撰

　稿本　清俞人蔚跋

杭圖

史 2150

古今南人宰相表不分卷

　清會稽李慈銘撰

　稿本　清沈大本跋

浙圖

史 2151

順治九年司道職名册不分卷

　清劉啓瑞食舊悳齋抄本　清劉啓瑞跋

浙圖

史 2152

清康熙三十□年縉紳錄不分卷

　清康熙(1662—1722)刻本

存京官五十頁

天一閣

史 2153

國朝詞垣考鏡五卷

　清吳鼎雯撰

　清乾隆五十八年(1793)刻本

　　九行十九字　四周雙邊　白口

　　18.5×14.5釐米

紹圖

史抄類

史 2154

十七史詳節二百八十三卷

　宋金華呂祖謙輯

　明正德十一年(1516)劉弘毅慎獨齋刻本

存二十一卷

　　西漢詳節一至二　二十二至三十

　　五代史詳節十卷

　　十三行二十六字　四周雙邊　白口

　　18×16釐米

天一閣

史 2155

十七史詳節二百八十三卷

　宋金華呂祖謙輯

　明嘉靖四十五年至隆慶四年(1566—
　　1570)陝西布政司刻本

　　東萊先生史記詳節二十卷首一卷

　　東萊先生西漢書詳節三十卷首一卷

　　東萊先生東漢書詳節三十卷首一卷

東萊先生三國志詳節二十卷首一卷
東萊先生晉書詳節三十卷首一卷
東萊先生隋書詳節二十卷首一卷
東萊先生南史詳節二十五卷首一卷
東萊先生北史詳節二十八卷首一卷
東萊先生唐書詳節六十卷首一卷
東萊先生五代史詳節十卷首一卷

十行二十二字　四周單邊　白口

19×13.7釐米

浙圖　浙大*

史 2156

標題事義明解十九史略大全十卷

元曾先之撰　明梁寅輯

明弘治六年(1493)廣德書堂刻本

存六卷　二至四　八至十

兩欄　下欄十三行二十六字　四周雙邊　黑口

20.3×13.4釐米

天一閣

史 2157

標題事義明解十九史略大全十卷

元曾先之撰　明梁寅輯

明嘉靖(1522—1566)刻本

存六卷　二至五　九至十

十二行二十五字　四周雙邊　白口

18×13.2釐米

天一閣

史 2158

標題詳註十九史音義明解十卷

元曾先之撰　明梁寅等輯　明陳殷音釋
明吳忠音義

明成化七年(1471)書林熊氏中和書堂刻
本

存四卷　二至三　九至十

兩欄　下欄十一行二十字　四周雙邊　黑口

17.8×12釐米

天一閣

史 2159

諸史提要十五卷

宋錢端禮撰　清張英補輯

清康熙五十二年(1713)內府刻本

十行二十二字　四周雙邊　白口

16.8×11.5釐米

浙圖

史 2160

天運紹統二卷

明朱權撰

明天啓元年(1621)梁鼎賢刻本

九行十六字　四周單邊　白口

24.6×18.6釐米

浙圖

史 2161

讀史備忘八卷

明天台范理撰

明嘉靖十二年(1533)鍾錫刻本

存四卷　五至八

九行二十三字　四周雙邊　黑口

21.5×13.1釐米

天一閣

史 2162

諸史品節三十九卷

明吳興陳深撰

明萬曆(1573—1620)刻本

缺八卷　十至十三　二十一至二十四

九行二十字　四周單邊　白口

22.2×14.8釐米

浙圖

史 2163

諸史品節四十卷後集八卷

明吳興陳深輯

明萬曆(1573—1620)刻本

存四卷　三十七至四十

兩欄　下欄九行二十字　四周單邊　白口

22.5×15 釐米

天一閣

史 2164

歷代史纂左編一百四十二卷

明唐順之輯

明嘉靖四十年(1561)胡宗憲刻本

缺二十七卷 六十四 六十九至七十 一
百八至一百十 一百十三至一百十八
一百二十六至一百三十 一百三十三至
一百四十二

十行二十字 四周單邊 白口

21×14.5 釐米

天一閣

史 2165

歷代史纂左編一百四十二卷

明唐順之輯

明萬曆三十九年(1611)吳用先等刻本

十行二十字 左右雙邊 白口

22.1×14.8 釐米

浙圖 浙大 *

史 2166

歷代志略四卷

明唐珣輯

明嘉靖十二年(1533)黃時刻本

十行二十一字 四周雙邊 粗黑口

18.6×13.6 釐米

浙大

史 2167

全史論贊八十一卷

明秀水項篤壽輯

明嘉靖四十五年(1566)項氏萬卷堂刻本

存南史論贊二卷

十行十九字 左右雙邊 白口

18.4×14 釐米

浙圖

史 2168

古今彝語十二卷

明汪應蛟撰

清康熙三十七年(1698)刻本

十行二十字 四周單邊 黑口

19.8×13.2 釐米

浙圖

史 2169

史書纂略二百二十卷目錄二卷

明平湖馬維銘輯

明萬曆四十三年(1615)刻本

九行二十字 四周單邊 白口

22.6×15 釐米

浙圖 浙大

史 2170

新鐫鰲頭歷朝實錄音釋引蒙鑑鈔八卷

明張崇仁輯

明萬曆十七年(1589)書林鄭雲竹刻本

十二行二十四字 四周雙邊 白口

21×12.7 釐米

杭圖

史 2171

古史談菀三十六卷

明錢世揚輯

明萬曆四十三年(1615)張雋孟刻本

十行二十字 四周單邊 白口

19.9×14.5 釐米

浙大

史 2172

史觽十七卷史測一卷

明謝肇淛輯

明崇禎三年(1630)黃氏景晉齋刻本

九行十八字 四周單邊 白口

20.4×14.2 釐米

浙圖

史 2173

雪廬讀史快編六十卷

明當湖趙維寰輯

明天啓四年(1624)趙氏刻本

十行二十字　左右雙邊　白口

22.4×14.8 釐米

浙圖　浙大

史 2174

二十一史論贊輯要三十六卷

明彭以明輯

明萬曆(1573—1620)吳洄美刻本

十行二十字　四周雙邊　白口

21.4×14.9 釐米

浙大

史 2175

二十一史論贊三十六卷

明秀水沈國元輯

明崇禎十年(1637)大來堂刻本

九行二十五字　四周單邊　白口

22×12.3 釐米

浙圖

史 2176

二十一史文鈔五十八卷

明秀水沈國元輯

明崇禎十二年(1639)大來堂刻本

存十八卷　十五至十六　二十至二十六

三十四　五十一至五十八

九行二十五字　四周單邊　白口

21.5×12.1 釐米

溫圖

史 2177

竹香齋類書三十七卷

明錢塘張墉輯

明崇禎(1628—1644)刻本

九行二十字　四周單邊　白口

19.8×14.5 釐米

天一閣

史 2178

廿一史識餘三十七卷

明錢塘張墉輯

明崇禎十七年(1644)刻本

九行二十字　四周單邊　白口

20.5×14.7 釐米

浙圖

史 2179

二十一史文鈔三百三十二卷

明戴羲輯

明崇禎(1628—1644)刻本

存五十四卷

魏書文鈔十八卷

唐書文鈔三十六卷

九行十九字　四周單邊　白口

23×14.2 釐米

浙圖

史 2180

二十一史精義二十一卷

清王南珍輯

清乾隆二十八年(1763)瓣香堂刻本

八行十八字　左右雙邊　白口

21.5×14.3 釐米

溫圖

史 2181

諸史異彙二十四卷

清李清輯

清抄本

浙圖

史 2182

廿二史紀事提要八卷

清吳綏輯

清乾隆十一年(1746)吳培源刻本

十行二十四字　四周單邊　白口

19.7×14 釐米

浙圖

史 2183

二十二史發凡二卷別傳一卷法象一卷拾遺一卷

清錢塘陶有容輯

稿本

浙圖

史 2184

史略啓蒙不分卷

明李承昌撰

明末抄本

浙大

史 2185

增定二十一史韻四卷首一卷末一卷續編四卷

明趙南星撰　清仲弘道增續

清康熙三十三年（1694）、四十年（1701）蘭雪堂刻本

九行十九字　四周單邊　白口

19.4×14.4 釐米

浙圖　溫圖　嘉圖

史 2186

史抄不分卷

清傅以禮輯

稿本

紹圖

史 2187

通鑑總類二十卷

宋德清沈樞輯

明成化（1465—1487）刻本

缺一卷　九

十一行二十三字　四周雙邊　黑口

23.5×18 釐米

天一閣

史 2188

通鑑總類二十卷

宋德清沈樞輯

明萬曆二十三年（1595）孫隆刻本

十一行二十三字　左右雙邊　白口

25×17.6 釐米

浙圖

史 2189

通鑑總類二十卷

宋德清沈樞輯

明萬曆二十三年（1595）孫隆刻天啓（1621—1627）重修本

浙圖

史 2190

左策史漢約選八卷

清洪德常輯

清康熙（1662—1722）世綸堂刻本

九行二十字　左右雙邊　白口

20.7×14.8 釐米

寧圖

史 2191

山曉閣國語選四卷

清嘉善孫琰輯並評

清康熙（1662—1722）刻本　佚名批校

九行二十五字　左右雙邊　白口

20.4×11.5 釐米

浙圖

史 2192

國語選四卷

清儲欣選

清乾隆四十五年（1780）受祉堂刻本

八行二十五字　四周單邊　白口

18.8×10.9 釐米

溫圖

史 2193

戰國策選二卷

　明吳興陸穩輯

　明刻本　清仁和杭世駿校跋

　　九行十八字　左右雙邊　白口

　　21.5×15.6 釐米

浙圖

史 2194

戰國策選四卷

　明李贄輯

　明末刻本

　　八行十八字　四周單邊　白口

　　21.3×13 釐米

浙圖

史 2195

山曉閣國策選四卷

　清嘉善孫琮輯並評

　清康熙（1662—1722）刻本

　　九行二十五字　左右雙邊　白口

　　20.4×12.2 釐米

浙圖

史 2196

戰國策選不分卷

　清儲欣輯並評

　清乾隆十五年（1750）受祉堂刻本

　　八行二十五字　左右雙邊　白口

平湖圖

史 2197

國策選四卷

　清儲欣輯並評

　清乾隆四十五年（1780）刻本

　　八行二十五字　左右雙邊　白口

　　19.1×11.1 釐米

溫圖

史 2198

七雄策纂八卷

　明穆文熙輯

　明萬曆十六年（1588）陳禹謨刻本

　　九行二十字　四周雙邊　白口

　　24×14.4 釐米

浙圖

史 2199

戰國策纂四卷

　明張榜輯

　明末刻本

　　八行二十字　四周單邊　白口

　　21×14.7 釐米

浙大

史 2200

唐荊川批選史記十二卷批選漢書四卷

　明唐順之輯

　明天啓三年（1623）沈琇卿刻本

　　九行十八字　四周單邊　白口

　　21.2×15 釐米

浙圖

史 2201

史記抄不分卷

　漢司馬遷撰

　明抄本

　　20.7×15.4 釐米

浙圖

史 2202

史記鈔九十一卷首一卷

　明歸安茅坤輯

　明萬曆三年（1575）刻本

　　十行二十一字　四周單邊　白口

　　19.8×12.7 釐米

浙圖　杭圖

史 2203

史記鈔九十一卷

明歸安茅坤輯

明泰昌元年(1620)閔振業刻朱墨套印本

九行十九字　左右雙邊　白口

21.2×15釐米

浙圖

史 2204

史記鈔二十卷

明嘉善沈科輯

明嘉靖三十六年(1557)自刻本

十行二十字　四周雙邊　白口

20.3×14.2釐米

浙圖

史 2205

史記摘麗不分卷

明鄞縣范大澈輯

明范大澈抄本

浙圖

史 2206

史記纂不分卷

明吳興凌稚隆輯

明萬曆七年(1579)自刻本

九行二十字　左右雙邊　白口

20.2×13.3釐米

浙圖　溫圖

史 2207

增訂史記纂不分卷

明吳興凌稚隆輯

明萬曆(1573—1620)刻本

九行二十字　左右雙邊　白口

21×13.5釐米

溫圖

史 2208

史記拔奇二卷

明詹惟修輯

明萬曆(1573—1620)刻本

十一行二十字　四周單邊　白口

20×12.5釐米

嘉圖

史 2209

史記奇鈔十四卷

明陳仁錫輯

明末刻本

九行二十字　四周單邊　白口

20.3×14.3釐米

溫圖　奉化文

史 2210

史記選六卷

清儲欣輯並評

清乾隆四十年(1775)受祉堂刻本

八行二十五字　四周單邊　白口

19.8×11.2釐米

溫圖＊　海寧圖　義烏圖　衢博＊

史 2211

韻史二卷補一卷

清許遜翁撰　清朱玉岑補

清抄本

海寧圖

史 2212

批點史記節略十二卷

明穆文熙輯

明萬曆(1573—1620)刻本　佚名校點

十行二十字　四周雙邊　白口

24.4×14.8釐米

溫圖

史 2213

東萊呂氏西漢精華十四卷

宋金華呂祖謙輯

明抄本

天一閣

史 2214

兩漢博聞十二卷

宋楊侃輯

明嘉靖三十七年(1558)黃魯曾刻本

八行十六字　左右雙邊　白口

17.3×12.5 釐米

天一閣　浙大

史 2215

漢雋十卷

宋括蒼林鉞輯

明嘉靖十一年(1532)郟鼎刻本

十行二十四至二十六字不一　四周單邊　白口

20.3×14.6 釐米

浙大

史 2216

漢雋十卷

宋括蒼林鉞輯

明萬曆十二年(1584)呂元刻本

八行二十四字　左右雙邊　白口

20.7×14.6 釐米

浙圖　浙大

史 2217

漢雋十卷

宋括蒼林鉞輯

明萬曆二十八年(1600)吳繼安刻本

八行十七字　四周雙邊　白口

17.6×13.1 釐米

浙圖

史 2218

漢雋十卷

宋括蒼林鉞輯

明崇禎十二年(1639)程揚刻本

八行十七字　左右雙邊　白口

17.8×13.4 釐米

浙圖

史 2219

兩漢雋言十六卷

宋括蒼林鉞輯　明吳興凌迪知增輯

明萬曆四年(1576)凌迪知刻文林綺繡叢

書本　清周峋芝跋

八行十七字　左右雙行　白口

18.7×12.8 釐米

浙大

史 2220

荊川先生批點精選漢書六卷

明唐順之輯

明萬曆(1573—1620)刻本　清佚名批校

十行二十二字　四周單邊　白口

18.5×13.5 釐米

浙圖

史 2221

荊川先生批點精選漢書六卷

明唐順之輯

明刻本

十行二十二字　四周單邊　黑口

19.5×13.1 釐米

天一閣

史 2222

漢書鈔九十三卷

明歸安茅坤輯

明萬曆十七年(1589)自刻本

十行二十一字　左右雙邊　白口

20.6×14.5 釐米

浙圖

史 2223

鹿門先生批點漢書鈔九十三卷

明歸安茅坤輯

明崇禎八年(1635)茅琛徵刻本

缺一卷　五十三

九行十九字　四周單邊　白口

21.3×15 釐米

浙圖

史 2224

漢書纂不分卷

明吳興凌稚隆輯

明萬曆十一年(1583)凌稚隆刻本

九行二十字　左右雙邊　白口

19.8×13.2釐米

浙大

史 2225

漢書雋不分卷

明海鹽陳許廷輯並評

明崇禎(1628—1644)刻本

九行二十字　四周單邊　白口

21.3×15釐米

嘉圖　天一閣＊　浙大

史 2226

漢書雋不分卷

明海鹽陳許廷輯並評

明崇禎(1628—1644)刻本　佚名錄明歸

有光等評語

浙圖

史 2227

三史文類五卷

明慈谿趙文華編

明嘉靖十六年(1537)刻本

缺一卷　四

九行十八字　四周雙邊　白口

19.7×12.5釐米

天一閣

史 2228

史漢合編題評八十八卷附錄五卷

明歸安茅一桂輯

明萬曆十四年(1586)金陵唐龍泉、周對

峰刻本

十行二十一字　左右雙邊　白口

16.8×13.6釐米

浙大

史 2229

史漢合鈔十一卷

清高嵋集評

清乾隆(1736—1795)刻本

九行二十五字　四周雙邊　白口

19.7×14.9釐米

浙大

史 2230

新鍥名家纂定注解兩漢評林三卷

明湯賓尹輯

明刻本

存二卷　中　下

十一行二十四字　四周雙邊　白口

20.9×12.6釐米

天一閣

史 2231

新鍥名家纂定註解兩漢評林三卷

明秀水陳懿典、吳默等輯

明末書林詹聖澤刻本

存一卷　一

十一行二十四字　四周雙邊　白口

20.8×12.6釐米

杭圖

史 2232

後漢書纂十二卷

明吳興凌濛初輯

明萬曆三十四年(1606)金陵周氏刻本

八行二十字　四周單邊　白口

19.9×12.3釐米

浙圖　浙大

史 2233

後漢書隨筆不分卷

海寧管鴻詞輯

稿本

浙圖

史 2234

東萊先生校正三國志詳節二十卷

　宋金華呂祖謙輯

　清抄本

浙圖

史 2235

晉書鈎玄二卷

　明錢普撰

　明萬曆六年（1578）刻本

　九行二十一字　左右雙邊　白口

　19.8×14.2 釐米

天一閣

史 2236

晉書識小錄不分卷

　清秀水朱昆田輯

　清抄本

溫圖

史 2237

兩晉南北合纂四十卷

　明錢岱輯

　明萬曆（1573—1620）刻本

　十行二十字　四周單邊　白口

　19.5×14.5 釐米

浙圖　浙大　天一閣 *

史 2238

兩晉南北合纂四十卷

　明錢岱輯

　明萬曆（1573—1620）刻本　佚名評點

存三十四卷

　　晉書纂五至十六

　　南宋纂四卷

　　南齊纂三卷

　　南梁纂四卷

　　南陳纂一卷

　　北魏纂五卷

　　北齊纂三卷

　　北隋纂二卷

浙圖

史 2239

增補南北史纂二十四卷

　明錢岱輯　清孫廷珏增補

　清抄本

浙圖

史 2240

南史刪三十一卷

　明茅國縉輯

　明刻本

　十行二十字　左右雙邊　白口

　20.1×14.1 釐米

浙大

史 2241

南史刪三十一卷

　明茅國縉輯

　明刻本　佚名批校

浙圖

史 2242

南朝史精語十卷

　宋洪邁輯

　清光緒三十一年（1905）繆氏刻對雨樓叢
　書朱印本　仁和王存善校

　十行十八字　左右雙邊　白口

　19.1×14.4 釐米

浙圖

史 2243

南史識小錄八卷北史識小錄八卷

　清沈名蓀、秀水朱昆田輯

　清抄本

天一閣

史評類

史 2244

歐陽文忠公新唐書抄二卷五代史抄二十卷

明歸安茅坤輯並評

明萬曆七年(1579)茅一桂刻本

九行十九字　左右雙邊　白口

19.6×13.6釐米

浙圖　天一閣

史 2245

歐陽文忠公新唐書抄二卷五代史抄二十卷

明歸安茅坤輯並評

明末刻本

缺五卷　五代史抄十至十四

九行二十字　四周單邊　白口

21.5×14.8釐米

嘉圖＊　海寧圖＊

史 2246

歐陽文忠公新唐書抄二卷五代史抄二十卷

明歸安茅坤輯並評

明末刻本　清潘奕雋錄清顧有孝批註並
　跋

浙圖

史 2247

歐陽文忠公新唐書抄二卷五代史抄二十卷

明歸安茅坤輯　明歸安毛著重訂

明末刻本

存五代史抄二十卷

九行二十四字　四周單邊　白口

19.7×14.4釐米

溫圖

史 2248

歐陽文忠公五代史抄二十卷

明歸安茅坤輯

明刻朱墨套印本

八行十八字　四周單邊　白口

20.4×14.6釐米

浙圖　溫圖＊　浙大

史 2249

歐陽文忠公五代史抄二十卷

明歸安茅坤輯

明末李兆刻本

九行二十字　四周單邊　白口

22.2×15.2釐米

溫圖

史 2250

蒙求節錄一卷

題宋王令撰

清雍正二年(1724)抄本

浙圖

史 2251

元史節要二卷

明張美和輯

明初刻本

十四行二十四字　四周雙邊　黑口

18×13釐米

天一閣

史 2252

見山錄二卷

清對齋輯

稿本

天一閣

史 2253

讀史偶抄不分卷

清抄本

浙圖

史評類

史 2254

史通二十卷

唐劉知幾撰

明嘉靖十四年(1535)陸深刻本

九行二十字　四周單邊　白口

浙大

史 2255
史通二十卷
　唐劉知幾撰
　明萬曆五年(1577)張之象刻本
　十行十九字　　左右雙邊　　白口
　19×14.8 釐米
平湖圖

史 2256
史通二十卷
　唐劉知幾撰
　清刻本　清張紹仁校
　九行二十字　　四周單邊　　白口
　21.1×14.8 釐米
浙圖

史 2257
史通二十卷
　唐劉知幾撰　明李維楨評　明郭孔延評
　　釋
　明刻本
　九行二十字　　四周單邊　　白口
　20.7×14.9 釐米
浙圖　溫圖

史 2258
史通二十卷
　唐劉知幾撰　明李維楨評　明郭孔延評
　　釋
　明末刻本
　九行二十字　　四周單邊　　白口
　20.2×14.5 釐米
浙圖　浙大

史 2259
史通註二十卷
　明陳繼儒撰
　明末刻本

　九行二十字　　四周單邊　　白口
　21×15.1 釐米
浙圖

史 2260
史通會要三卷
　明陸深撰
　明天啓四年(1624)萬泰抄本　清順治十
　　一年(1654)鄞縣萬泰跋　清鄞縣萬學
　　詩跋
浙圖

史 2261
史通訓故補二十卷
　清黃叔琳撰
　清乾隆十九年(1754)刻本　清戈襄批校
　九行十九字　　四周單邊　　白口
　15.4×11.1 釐米
溫圖

史 2262
史通通釋二十卷附錄一卷
　清浦起龍撰
　清乾隆十七年(1752)浦氏求放心齋刻本
　九行二十二字　　左右雙邊　　白口
　19.7×13.6 釐米
溫圖　嘉圖　平湖圖

史 2263
史通通釋二十卷附錄一卷
　清浦起龍撰
　清乾隆十七年(1752)浦氏求放心齋刻本
　　清葉廷琯錄紀昀批校
浙圖

史 2264
史通通釋二十卷附錄一卷
　清浦起龍撰
　清乾隆十七年(1752)浦氏求放心齋刻本
　　清瑞安孫詒讓批校

浙大

史 2265

東萊先生音註唐鑑二十四卷
　宋范祖禹撰　宋金華呂祖謙注
　明刻本
　　十一行十八至十九字　左右雙邊　細黑口
　　18.3×12.5釐米
天一閣　浙博

史 2266

東萊先生音註唐鑑二十四卷
　宋范祖禹撰　宋金華呂祖謙注
　明刻本
　　九行十八字　四周雙邊　粗黑口
　　20.3×13.4釐米
浙圖　嘉圖　浙大

史 2267

李侍郎經進六朝通鑑博議十卷
　宋李燾撰
　清抄本　清陳守吾跋
浙圖

史 2268

讀史管見三十卷目錄二卷
　宋胡寅撰
　明崇禎八年(1635)張溥刻本
　　九行二十字　左右雙邊　白口
　　18.2×14.2釐米
浙圖　天一閣

史 2269

涉史隨筆一卷
　宋葛洪撰
　明弘治(1488—1505)刻本
　　九行十八字　四周雙邊　黑口
　　20.5×15.5釐米
天一閣

史 2270

涉史隨筆一卷
　宋葛洪撰
　清抄本
天一閣

史 2271

小學史斷四卷
　宋南宮靖一撰　明晏彥文續
　明刻本
　　九行二十字　四周雙邊　白口
　　18.2×12.4釐米
天一閣

史 2272

小學史斷二卷
　宋南宮靖一撰　明晏彥文續
　明嘉靖十七年(1538)張木刻本
　　九行二十字　四周單邊　白口
　　19.1×14釐米
天一閣

史 2273

小學史斷二卷
　宋南宮靖一撰
續一卷
　明晏彥文撰
資治通鑑總要通論一卷
　元潘榮撰
　明嘉靖二十六年(1547)趙瀛刻明末重修
　　本
　　九行二十字　左右雙邊　白口
　　16.8×13.2釐米
溫圖

史 2274

史義拾遺二卷
　元諸暨楊維楨撰
左逸一卷短長一卷
　明蔣謹輯

明崇禎五年(1632)蔣世枋刻本

八行二十字　四周單邊　白口

19.8×14.2 釐米

浙大　臨海博

史 2275

通鑑博論三卷

明朱權撰

明萬曆十四年(1586)內府刻本

八行二十字　四周雙邊　黑口

23.6×16.2 釐米

浙圖

史 2276

通鑑博論三卷

明朱權撰

明刻本

十三行二十四字　四周雙邊　白口

24.5×16.4 釐米

天一閣

史 2277

政監三十二卷

明夏寅撰

明成化(1465—1487)刻本

缺九卷　一至九

十行十九字　四周雙邊　粗黑口

17.5×12.7 釐米

天一閣

史 2278

學史十三卷

明邵寶撰

明正德十五年(1520)陳察刻本

十行二十字　左右雙邊　黑口

17.7×13.7 釐米

浙大

史 2279

史漢愚按八卷

明郝敬撰　明郝洪範校

明萬曆至崇禎(1573—1644)郝洪範刻山

草堂集本

存二卷　七至八

九行十八字　四周單邊　白口

25×14.9 釐米

天一閣

史 2280

唐宋名賢歷代確論一百卷

明弘治十七年(1504)錢孟濬刻本

存五十六卷　一至五十六

十一行二十字　左右雙邊　白口

22.2×15 釐米

浙圖

史 2281

宋史闡幽二卷

明許浩撰

明崇禎元年(1628)許鏴刻本

九行二十字　四周單邊　白口

20.7×15.1 釐米

杭圖

史 2282

史評十卷

明崇德范光宙撰

清順治十五年(1658)刻本

九行二十二字　四周單邊　白口

20.5×13.8 釐米

浙圖

史 2283

**新刊資治通鑑漢唐綱目經史品藻十二卷宋
元綱目經史品藻五卷**

明奉化戴璟撰

明嘉靖十五年(1536)清江堂刻本

十一行二十一字　四周雙邊　白口

18.8×12.8 釐米

浙圖

史 2284

史學綱領五卷

　明王紳撰

　明嘉靖二十六年(1547)刻本

　　十一行二十四字　四周單邊　白口

天一閣

史 2285

史學綱領五卷

　明王紳撰

　明刻本

　　十一行二十四字　四周單邊　白口

　　18.2×12.6 釐米

天一閣

史 2286

霞漪閣校訂史綱評要三十六卷

　明李贄撰

　明萬曆四十一年(1613)吳從先刻本

　　九行十八字　左右雙邊　白口

天一閣

史 2287

隋書論贊二卷

　唐魏徵撰　明秀水項篤壽輯

　明項氏萬卷堂刻本

　　十行十九字　左右雙邊　白口

　　18.6×14 釐米

浙圖

史 2288

刻歷朝捷錄大成二卷

　明上虞顧充撰

　明萬曆十二年(1584)定海學宮刻本

　　六行十四字　左右雙邊　白口

　　17.6×11.8 釐米

浙圖

史 2289

刻歷朝捷錄大成二卷

　明上虞顧充撰

明萬曆(1573—1620)刻本

奉化文

史 2290

刻歷朝捷錄大成二卷

　明上虞顧充撰

　明張國璽刻本

　　九行十八字　四周雙邊　白口

　　19.9×14 釐米

浙圖

史 2291

刻歷朝捷錄大成二卷

　明上虞顧充撰

　明刻本

　　七行十八字　左右雙邊　白口

　　17.6×11.8 釐米

紹圖＊　上虞圖

史 2292

重刻歷朝捷錄四卷

　明上虞顧充撰

　明刻本　佚名批校

　　九行二十二字　四周單邊　白口

　　21.4×14.4 釐米

浙大

史 2293

重刻全補標題音注歷朝捷錄四卷

　明上虞顧充撰　明顧憲成音釋

　明萬曆六年(1578)舒少軒刻本

　　十行二十二字　四周雙邊　白口

　　20.1×13.1 釐米

天一閣

史 2294

新鐫歷朝捷錄增定全編大成四卷

　明上虞顧充撰　明鍾惺等補

　明末刻本

　　八行十八字　四周單邊　白口

18.5×12.7 釐米

杭圖　浙大

史 2295

五訂歷朝捷録百家評林四卷

明上虞顧充撰　明翁正春集評

明萬曆二十一年(1593)劉龍田書林喬山

堂刻本

兩欄　下欄九行二十字　四周雙邊　白口

21×12.5 釐米

天一閣

史 2296

顧氏詩史十五卷

明顧正誼撰

明萬曆二十八年(1600)自刻本

九行十八字　四周單邊　白口

23.2×14.8 釐米

浙圖

史 2297

趙忠毅公侑鶴先生史韻二卷

明趙南星撰

清抄本

存一卷　上

紹圖

史 2298

先聖經綸五卷

明柯挺撰

明刻本

缺一卷　五

八行十八字　四周單邊　白口

20.4×14.6 釐米

浙大

史 2299

三史統類臆斷一卷

明鄞縣范大沖撰

明萬曆八年(1580)天一閣刻本

八行十六字　四周單邊　白口

19.2×13.3 釐米

天一閣

史 2300

蘭曹讀史日記四卷

明熊尚文撰

明萬曆四十三年(1615)刻本

九行十八字　左右雙邊　白口

20×14.5 釐米

杭圖

史 2301

讀史商語四卷

明王志堅輯

明萬曆四十七年(1619)刻本

九行二十字　四周單邊　白口

22.2×14.6 釐米

浙圖*　溫圖

史 2302

史懷十七卷

明鍾惺撰　明陶珽評

明崇禎(1628—1644)刻本

九行二十字　四周單邊　白口

20.5×14 釐米

浙圖　浙博　天一閣*

史 2303

史懷十七卷

明鍾惺撰　明陶珽評

明崇禎(1628—1644)刻本　佚名批校

紹圖

史 2304

史懷二十卷

明鍾惺撰　明陶珽、許豸評

明末刻本

九行二十四字　四周單邊　白口

20.5×12.2 釐米

溫圖

史 2305

鄒菴精選史記評抄四卷

明鍾惺撰　明譚元春輯

明末刻本

十行二十字　四周單邊　白口

20.5×12.2 釐米

紹圖

史 2306

千百年眼十二卷

明張燧撰

明萬曆(1573—1620)刻本

八行十九字　四周單邊　白口

20.5×13.8 釐米

浙圖

史 2307

千百年眼十二卷

明張燧撰

明萬曆(1573—1620)刻本　清光緒十四
年(1888)孫點君跋

天一閣

史 2308

新刊陳眉公先生精選古今人物論三十六卷

明陳繼儒輯

明萬曆(1573—1620)刻本

十行二十字　四周單邊　白口

23.3×15 釐米

浙圖

史 2309

史評小品二十二卷

明江用世撰

明崇禎九年(1636)刻萃雅堂印本

八行十八字　四周雙邊　白口

20.1×14.4 釐米

浙圖

史 2310

歷代史論一編四卷二編十卷

明張溥撰

明崇禎(1628—1644)刻本

九行十八字　左右雙邊　白口

19.7×14.1 釐米

浙大

史 2311

楊旭菴史衡初集八卷

明慈水楊汝昇撰

明末刻本

缺一卷　二

九行二十字　四周單邊　白口

21.6×14.9 釐米

浙圖

史 2312

讀史津逮四卷

清潘永圜編

清康熙八年(1669)刻本

十行二十二字　四周單邊　白口

19.5×14 釐米

溫圖

史 2313

同庵史彙十卷

清蔣善輯並評

清康熙(1662—1722)思永堂刻本

九行二十二字　四周雙邊　白口

18.9×14.2 釐米

浙圖

史 2314

史論二卷

清海鹽彭孫貽撰

清抄本

浙圖

史評類

史 2315

歷代史腴二卷

　清周金壇撰

　清雍正三年(1725)刻本

　九行二十五字　左右雙邊　白口

　19.8×11.9 釐米

浙圖

史 2316

評鑑闡要十二卷

　清劉統勳等撰

　清乾隆三十六年(1771)武英殿刻本

　九行十七字　四周雙邊　白口

　19.1×14.1 釐米

浙圖

史 2317

史記榷參三卷漢書榷參三卷

　清慈谿王治皞撰　清徐峻均輯

　清末抄本

浙圖

史 2318

讀史提要錄十二卷

　清夏之蓉撰

　清乾隆三十七年(1772)刻本

　十行二十一字　左右雙邊　白口

　17.2×13.1 釐米

溫圖

史 2319

空山堂史記評註十二卷

　清牛運震撰

　清乾隆五十八年(1793)張蔭堂、張魯文

　　刻本

　九行二十字　四周雙邊　白口

　17.8×13 釐米

浙大

史 2320

十七史商榷一百卷

　清王鳴盛撰

　清乾隆五十二年(1787)洞涇草堂刻本

　十行二十字　四周雙邊　白口

　18.3×13 釐米

浙圖　溫圖　上虞圖　義烏圖

史 2321

廿二史考異一百卷

　清錢大昕撰

　清乾隆四十五年(1780)刻本

　十行二十一字　四周雙邊　白口

　18.2×13.7 釐米

浙圖　溫圖

史 2322

考史拾遺十卷

　清錢大昕撰

　清嘉慶十二年(1807)嘉興郡齋刻本

　十行二十一字　左右雙邊　白口

　17.7×13.5 釐米

浙圖　溫圖

史 2323

文史通義八卷校讐通義三卷

　清會稽章學誠撰

　清光緒四年(1878)章氏刻本　清楊和甫

　　校　高廣思跋

　十一行二十五字　四周單邊　白口

　21×15 釐米

溫圖

史 2324

欽定古今儲貳金鑑六卷首一卷

　清乾隆五十一年(1786)武英殿刻本

慶元圖

史 2325

豐鎬考信錄八卷

　清崔述撰

清嘉慶二十二年(1817)太谷縣署刻本

八行二十三字　四周雙邊　白口

20.1×13.3釐米

浙圖

史 2326

讀通鑑綱目條記二十卷首一卷

清李述來撰

清嘉慶七年(1802)刻本

九行二十字　左右雙邊　黑口

17.2×12.2釐米

浙圖

史 2327

讀鑑述聞六卷

清會稽孫德祖撰

稿本

浙圖

史 2328

歷代人物論一卷

清抄本

浙圖

史 2329

史記末議五卷

清歸安楊以貞撰

稿本　金濤跋

浙圖

史 2330

志遠齋史話三卷

清歸安楊以貞撰

稿本

浙圖

史 2331

史漢樵漁八卷

清平陽祝堯之撰

清同治三年(1864)稿本

溫圖

史 2332

史漢樵漁四卷

清平陽祝堯之撰

稿本

溫圖

史 2333

諸史考異十八卷

清臨海洪頤煊撰

清抄本

浙圖

史 2334

讀史綴筆不分卷

清秀水陶葆廉撰

稿本

嘉圖

史 2335

西漢節義傳論一卷

清鄞縣李鄴嗣撰

清抄本

天一閣

時令類

史 2336

歲華紀麗四卷

題唐韓鄂撰

明刻本

九行十八字　左右雙邊　白口

19.6×13.5釐米

天一閣

史 2337

歲時廣記四卷

宋陳元靚撰

清抄本

浙圖

史 2338
歲時廣記四十卷首一卷末一卷
　宋陳元靚撰
　明抄本
缺一卷　五
天一閣

史 2339
月令廣義二十四卷首一卷統紀一卷
　明馮應京輯　明戴任增釋
附錄一卷
　明萬曆（1573—1620）陳邦泰刻本
　九行二十字　四周單邊　白口
　23.2×14.9 釐米
浙圖　餘杭圖　溫圖＊　海寧圖＊

史 2340
日涉編十二卷
　明陳堦撰
　明萬曆三十九年（1611）徐養量刻本
　九行十九字　四周單邊　白口
　22.1×14.4 釐米
浙圖　天一閣＊

史 2341
日涉編十二卷
　明陳堦撰　清白輝補輯
　明萬曆三十九年（1611）徐養量刻清康熙
　　六年（1667）白輝二十七年（1688）安
　　紀元遞修本
浙圖　杭圖

史 2342
養餘月令三十卷
　明戴義輯
　明崇禎十三年（1640）刻本
　九行十九字　四周單邊　白口
　19.8×14 釐米

浙圖

史 2343
月令輯要二十四卷首一卷
　清李光地、吳廷楨等輯
　清刻本〔卷十二至十四配抄本〕
　七行二十字　四周雙邊　白口
　19×12.6 釐米
杭圖

史 2344
七十二候表一卷
　清錢塘羅以智撰
　稿本
寧海文

史 2345
卜歲恒言一卷
　清吳鵠輯
　王雲雪蕉山房抄本　山陰王雲題簽
浙圖

史 2346
唐明皇御刊定禮記月令一卷
　清茆泮林注
　清陶濬宣抄本　清會稽陶濬宣校並跋
浙圖

史 2347
歲時碎金四卷
　清初抄本　佚名批注
浙圖

地理類

總志

史 2348
元和郡縣圖志四十卷目錄二卷
　唐李吉甫纂修

地理類

明抄本

存八卷　一至二　二十一至二十二　二十

五至二十六　二十九至三十

十行二十字　四周雙邊　白口

23.9×16 釐米

天一閣

史 2349

元和郡縣圖志四十卷

唐李吉甫纂修

清抄本　佚名校

缺八卷　五至六　十九至二十　二十三至

二十四　三十五至三十六

浙圖

史 2350

太平寰宇記二百卷目錄二卷

宋樂史撰

清酌雅軒抄本

缺八卷　四　一百十三至一百十九

浙圖

史 2351

太平寰宇記二百卷目錄二卷

宋樂史撰

清抄本

十三行二十一字　四周雙邊

27.5×18 釐米

天一閣

史 2352

太平寰宇記二百卷目錄二卷

宋樂史撰　清陳蘭森補

紀元表一卷

清陳蘭森撰

大清一統志表不分卷

清徐午輯

清乾隆五十八年(1793)萬廷蘭刻本

原書存一百九十二卷,陳蘭森補輯卷四、一

百十三至一百十九

18.8×14.8 釐米

浙圖

史 2353

[元豐]九域志十卷

宋王存等纂修

清乾隆五十三年(1788)德聚堂刻本

十一行二十一字　左右雙邊　白口

18.5×14.1 釐米

浙圖

史 2354

輿地紀勝二百卷

宋王象之撰

清初影宋抄本

缺八卷　一百九十三至二百

十行二十字　左右雙邊　白口

20.3×15 釐米

杭博

史 2355

新編方輿勝覽七十卷

宋祝穆撰

元刻本

七行十五字　小字雙行二十三字　左右雙邊

細黑口

17.4×11.7 釐米

浙大

史 2356

歷代地理指掌圖一卷

題宋蘇軾撰

明萬曆(1573—1620)刻本

十行二十一字　左右雙邊　白口

20.7×15 釐米

浙圖

史 2357

大明清類天文分野之書二十四卷

題明青田劉基撰

明初刻本

存二卷 十三至十四

八行二十字 四周雙邊 黑口

28×15 釐米

天一閣

史 2358

寰宇通志一百十九卷

明陳循、彭時等纂修

明景泰(1450—1456)刻本

存四十五卷 二至十六 二十一至二十二

二十六至二十九 三十二至四十九 五

十二至五十七

十行二十二字 四周雙邊 黑口

27.5×18.3 釐米

天一閣

史 2359

大明一統志九十卷

明李賢、萬安等纂修

明天順五年(1461)內府刻本

十行二十二字 四周單邊 粗黑口

25.7×17.7 釐米

玉海樓 衢博

史 2360

大明一統志九十卷

明李賢、萬安等纂修

明弘治十八年(1505)刻本

十行二十二字 四周單邊 粗黑口

19.7×13.2 釐米

杭圖

史 2361

大明一統志九十卷

明李賢、萬安等纂修

明嘉靖三十八年(1559)書林楊氏歸仁齋

刻本

十行二十一字 四周單邊 黑口

19.6×13 釐米

溫圖 浙大

史 2362

大明一統志九十卷

明李賢、萬安等纂修

明萬壽堂刻本

十行二十二字 四周單邊 白口 版心下鐫

"萬壽堂刊"

21.4×14.8 釐米

浙圖 杭圖 溫圖

史 2363

大明一統賦三卷

明吳莫旦撰

明嘉靖十六年(1537)刻本

九行十九字 左右雙邊 白口

21.5×15 釐米

天一閣

史 2364

大明一統賦補四卷

明吳莫旦撰

明嘉靖(1522—1566)張中立刻本

九行十九字 左右雙邊 白口

21.5×15 釐米

天一閣

史 2365

輿地略一卷

明嘉靖(1522—1566)白石精舍刻本

十行二十字 四周單邊 白口

18.7×13.8 釐米

天一閣

史 2366

皇輿考十二卷

明張天復撰

227

地理類

明嘉靖三十六年(1557)應明德刻本
缺二卷　十一至十二
　　十行二十四字　　四周單邊　　白口
　　17.8×13.2 釐米
天一閣

史 2367
皇明地理述二卷
　明海鹽鄭曉撰
　明萬曆(1573—1620)刻本
存一卷　下
　　十行十九字　　左右雙邊　　白口
　　18.4×13.8 釐米
浙圖

史 2368
皇明分省地理志圖考不分卷
　明王圻、王思義撰
　明刻本
　　九行二十二字　　四周單邊　　白口
　　21×15 釐米
浙大

史 2369
廣輿記二十四卷圖一卷
　明陸應陽撰
　明刻本
　　十行十九字　　左右雙邊　　白口
　　20.4×15.1 釐米
浙圖　杭圖　溫圖　嘉圖　天一閣

史 2370
廣輿記二十四卷
　明陸應陽輯　明閻光表增訂
　明凝香閣刻本
　　九行二十字　　四周雙邊　　白口
臨海博

史 2371
廣輿記二十四卷
　明陸應陽撰

明末刻本
　　九行二十字　　四周單邊　　白口
　　21.3×14.8 釐米
天一閣

史 2372
廣輿記二十四卷圖一卷
　明陸應陽撰
　明末刻本　　佚名批注
浙圖

史 2373
增訂廣輿記二十四卷圖一卷
　明陸應陽撰　　清蔡方炳增輯
　清康熙二十五年(1686)吳郡寶翰樓刻本
　　十行十九字　　左右雙邊　　白口
　　23.1×14.6 釐米
天一閣

史 2374
增訂廣輿記二十四卷
　明陸應陽撰　　清蔡方炳增輯
　清康熙四十六年(1707)刻本
　　十行十九字　　四周單邊　　白口
　　20.5×14.8 釐米
嘉圖

史 2375
廣輿記二十四卷
　明陸應陽撰　　清蔡方炳增輯
　清康熙(1662—1722)大文堂刻本
　　十行十九字　　左右雙邊　　白口
　　20×14.7 釐米
寧圖

史 2376
廣輿記二十四卷
　明陸應陽撰　　清蔡方炳增輯
　清刻本
　　十行十九字　　左右雙邊　　白口

21.2×15釐米

杭圖

史 2377

新鐫士商要覽天下水陸路程圖二卷

明憺漪子撰

清抄本

浙圖

史 2378

天下郡國利病書一百二十卷

清顧炎武撰

清抄本

浙圖

史 2379

天下郡國利病書一百二十卷

清顧炎武撰

清抄本

浙圖

史 2380

歷代宅京記二十卷

清顧炎武撰

清抄本

浙圖

史 2381

大清一統志表不分卷

清徐午輯

清乾隆五十五年(1790)刻本

四周單邊　黑口

18.5×14.7釐米

浙圖　平湖圖

史 2382

讀史方輿紀要一百三十六卷

清顧祖禹撰

清抄本

浙圖

史 2383

讀史方輿紀要圖説不分卷

清顧祖禹撰

清抄本

浙圖

史 2384

皇輿表十六卷

清揆敘等增修

清康熙四十三年(1704)內府刻本

22.5×15.1釐米

浙圖　天一閣

史 2385

皇輿統志十四卷

清錢霨輯

稿本　清翁同龢跋

浙圖

史 2386

乾隆府廳州縣圖志五十卷

清洪亮吉撰

清乾隆五十三年至嘉慶八年(1788—
1803)刻本

十二行二十四字　四周雙邊　黑口

19.4×14.6釐米

浙圖　溫圖＊　嘉圖

史 2387

廣輿圖不分卷

元朱思本撰　明羅洪先、胡松增補

清初抄本

浙圖

史 2388

廣輿圖不分卷

元朱思本撰　明羅洪先、胡松增補

明嘉靖四十三年(1564)刻本

十七行三十六字　四周雙邊　黑口

33.6×33.4 釐米

浙圖

史 2389

皇明職方兩京十三省地圖表二卷或問一卷

　明陳組綬撰

　明崇禎九年(1636)刻本

存二卷　地圖表

　十二行二十六字　四周單邊　白口

　30.9×21.8 釐米

浙圖

史 2390

古今州域輿地圖説不分卷

　明□□□撰

　清求志軒抄本

浙圖

史 2391

輿圖考略不分卷

　清謝超倫撰

　清抄本

浙圖

史 2392

海國雜記不分卷

　清胡學峰撰

　清末抄本

天一閣

史 2393

浙江省地圖附圖説一卷

　清絹繪本

存海鹽　平湖　烏程　長興　臨海　太平

　金華　蘭谿　永康　浦江　湯溪

　書名編者擬

浙圖

方志

河北

史 2394

[雍正]畿輔通志一百二十卷首一卷

　清唐執玉、李衞、陳儀纂修

　清雍正十三年(1735)刻本

　十行二十字　四周雙邊　白口

　17.7×14.5 釐米

浙圖

史 2395

[康熙]固安縣志八卷首一卷末一卷

　清鄭善述、潘昌纂修

　清康熙五十三年(1714)刻本

　九行二十字　左右雙邊　白口

　20.3×15.4 釐米

溫圖

史 2396

[乾隆]永清縣志二十五卷附文徵五卷

　清嘉善周震榮、會稽章學誠纂修

　清乾隆四十四年(1779)刻嘉慶十八年

　　(1813)補刻本

　十二行二十五字　左右雙邊　白口

　19×14.9 釐米

浙圖　溫圖

史 2397

[乾隆]東安縣志二十二卷

　清李光昭、周琰纂修

　清乾隆十四年(1749)刻本

　九行二十字　四周雙邊　白口

　19.8×14.2 釐米

浙圖

史 2398

[乾隆]直隸通州志二十二卷

　清王繼祖、夏之蓉等纂

　清乾隆二十年(1755)刻本

十一行二十二字　左右雙邊　白口

18.1×14.3 釐米

浙圖　溫圖

史 2399

[乾隆]通州志十卷首一卷末一卷

清高天鳳、金梅纂修

清乾隆四十八年(1783)刻本

十行二十二字　四周雙邊　白口

20×14.8 釐米

浙圖

史 2400

[道光]潙陰志略一卷

清海寧管庭芬撰

清道光十一年(1831)管嗣許抄本

浙圖

史 2401

潙陰志略一卷

清海寧管庭芬撰

清末張氏小清儀閣抄本　海寧張光第跋

浙圖

史 2402

[隆慶]昌平州志八卷

明崔學履纂修

明隆慶元年(1567)刻本

缺三卷　一至三

十行二十一字　左右雙邊　白口

21.1×19 釐米

天一閣

史 2403

[正德]涿州志十二卷

明劉坦、鄭恢纂修

明正德九年(1514)刻嘉靖三十二年

(1553)增修本

缺四卷　一至四

八行二十字　左右雙邊　白口

20.8×14 釐米

天一閣

史 2404

[嘉靖]霸州志九卷

明唐交、高濬等纂修

明嘉靖(1522—1566)刻本

九行二十字　四周單邊　白口

20.8×14.8 釐米

天一閣

史 2405

[成化]重修保定志二十五卷

明章律、張才纂修

明弘治七年(1494)刻本

九行二十字　四周雙邊　黑口

23×15.3 釐米

天一閣

史 2406

[嘉靖]薊州志十八卷

明熊相纂修

明嘉靖三年(1524)刻本

存四卷　一至四

九行二十一字　四周單邊　白口

19.2×14 釐米

天一閣

史 2407

[嘉靖]清苑縣志六卷

明李廷寶纂修

明嘉靖十七年(1538)刻本

九行二十字　四周雙邊　白口

20.2×13.7 釐米

天一閣

史 2408

[康熙]唐縣志十八卷

清王政、張玟、陳瑞纂修

清康熙十二年(1673)刻後印本

九行二十二字　四周雙邊　白口

19.5×13.8 釐米

浙圖

地理類

史 2409

［雍正］續唐縣志略十卷

清王恪等纂修

清雍正（1723—1735）刻本

九行二十二字　四周雙邊　白口

19.6×13.8 釐米

浙圖

史 2410

［嘉靖］蠡縣志五卷

明李復初纂修

明嘉靖十三年（1534）刻本

九行二十字　四周單邊　白口

19.1×14 釐米

天一閣

史 2411

［嘉靖］雄乘二卷

明王齊纂修

明嘉靖十六年（1537）刻本

十一行二十三字　四周單邊　白口

18.8×14.7 釐米

天一閣

史 2412

［雍正］高陽縣志六卷

清嚴宗嘉、李其旋纂修

清雍正八年（1730）刻本

九行二十字　四周雙邊　白口

18.8×14.7 釐米

浙圖

史 2413

［弘治］永平府志十卷

明張廷綱纂修

明弘治十四年（1501）刻本

十一行二十字　四周雙邊　黑口

23.2×15.5 釐米

天一閣

史 2414

［乾隆］永平縣志二十四卷首一卷末一卷

清李奉翰、王金英纂修

清乾隆三十九年（1774）刻本

缺二卷　二十四　末

十行二十二字　四周雙邊　白口

19.9×14.9 釐米

浙圖

史 2415

［康熙］撫寧縣志十二卷

清錢塘趙端、徐廷璨纂修

清康熙二十一年（1682）刻本

九行二十二字　四周單邊　白口

20.7×15.4 釐米

浙圖

史 2416

［乾隆］臨榆縣志十四卷首一卷

清鍾和梅纂修

清乾隆二十一年（1756）刻本

九行二十字　四周雙邊　白口

19.1×14.1 釐米

浙圖

史 2417

［嘉靖］灤志五卷

明陳士元纂修

明嘉靖二十七年（1548）刻本

缺二卷　一　四

九行二十四字　四周雙邊　白口

21.7×14.9 釐米

天一閣

史 2418

［順治］增補盧龍縣志六卷首一卷

清李士模纂修　清衛立鼎增修

清順治十七年（1660）刻康熙十九年
（1680）增刻本

九行二十二字　四周單邊　白口

20.8×15.4釐米

浙圖

史2419

[嘉靖]河間府志二十八卷

明郜相、樊深纂修

明嘉靖十九年（1540）刻本

九行二十一字　四周單邊　白口

21.9×15.6釐米

天一閣

史2420

[乾隆]景州志六卷首一卷

清屈成霖纂修

清乾隆十年（1745）刻本

十一行二十一字　四周雙邊　黑口

18.4×14釐米

浙圖

史2421

[乾隆]天津縣志二十四卷

清朱奎楊、張志奇、錢塘吳廷華纂修

清乾隆四年（1739）刻本

十行二十一字　四周雙邊　白口

19.1×14.8釐米

浙圖

史2422

[同治]續天津縣志二十卷首一卷

清吳惠元、蔣玉虹等纂修

稿本

存六卷　首　一至二　十四　十九至二十

浙圖

史2423

[萬曆]滄州志八卷

明李夢熊、顧震宇纂修

明萬曆三十一年（1603）刻本

十行二十一字　左右雙邊　白口

22×15.4釐米

浙圖

史2424

[乾隆]正定府志五十卷首一卷

清鄭大進纂修

清乾隆二十七年（1762）刻本

十行二十二字　左右雙邊　白口

18.8×13.5釐米

浙圖　溫圖＊

史2425

[雍正]井陘縣志八卷

清鍾文英纂修

清雍正八年（1730）刻乾隆（1736—1795）
　　重修本

九行二十三字　四周雙邊　白口

20.9×14.6釐米

浙大

史2426

[嘉靖]獲鹿縣志十二卷

明趙惟勤纂修

明嘉靖三十五年（1556）刻本

八行二十字　四周單邊　白口

18.5×14.6釐米

天一閣

史2427

[康熙]靈壽縣志十卷末一卷

清平湖陸隴其、傅維橒纂修

清康熙二十五年（1686）刻本

十行二十三字　四周雙邊　白口

20×13.5釐米

浙圖

史2428

[嘉靖]平山縣續錄志□卷

明仇天民纂修

明嘉靖(1522—1566)刻本

存二卷　四至五

九行二十二字　四周單邊　白口

21.6×15.3 釐米

天一閣

史 2429

[嘉靖]順德志三十五卷

明孫錦、高淹瀦纂修

明嘉靖十五年(1536)刻本

缺九卷　一至九

九行二十字　四周單邊　白口

21.5×15 釐米

天一閣

史 2430

[乾隆]邢臺縣志十八卷首一卷

清劉蒸雯、李嵷纂修

清乾隆六年(1741)刻本

缺七卷　首　一至六

九行二十字　四周雙邊　白口

18.3×13.5 釐米

溫圖

史 2431

[嘉靖]廣平府志十六卷

明翁相、陳棐纂修

明嘉靖二十九年(1550)刻藍印本

十行二十五字　四周單邊　白口

23.7×17.7 釐米

天一閣

史 2432

[乾隆]永年縣志四十四卷首一卷

清孔廣棣纂修

清乾隆二十三年(1758)刻本

十行二十二字　四周雙邊　白口

18.8×14.3 釐米

浙圖

史 2433

[雍正]邯鄲縣志十二卷

清王炯纂修

清乾隆二十一年(1756)刻本

缺一卷　一

十行二十一字　四周雙邊　白口

18.8×14.3 釐米

寧圖

史 2434

[嘉靖]威縣志八卷

明胡容、王組纂修

明嘉靖二十九年(1550)王組刻本

九行二十四字　四周雙邊　白口

21.7×15 釐米

天一閣

史 2435

[嘉靖]磁州志四卷

明周文龍、孫紹等纂修

明嘉靖三十二年(1553)刻本

九行二十字　四周雙邊　黑口

21×13.8 釐米

天一閣

史 2436

[康熙]磁州志十八卷

清蔣擢、樂玉聲纂修

清康熙(1662—1722)刻後印本

九行二十字　左右雙邊　白口

19.7×14.3 釐米

浙圖

史 2437

[正德]大名府志十卷

明唐錦纂修

明正德元年(1506)刻本

九行十八字　四周雙邊　白口

21×14 釐米

浙圖

史 2438

[嘉靖]開州志十卷

明孫巨鯨、王崇慶纂修

明嘉靖十三年(1534)刻本

十行十九字　四周雙行　白口

21.3×14.8釐米

浙圖　天一閣

史 2439

[康熙]南樂縣志十五卷

清王培宗、邱性善纂修

清康熙五十年(1711)刻後印本

九行二十字　左右雙邊　白口

19.1×14.2釐米

浙圖

史 2440

[正德]長垣縣志九卷

明劉芳等纂修

明嘉靖二十年(1541)刻本

九行二十字　四周雙邊　白口

19.5×13.6釐米

天一閣

史 2441

[乾隆]宣化府志四十二卷首一卷

清王晼、錢塘吳廷華纂修

清乾隆二十二年(1757)刻本

存十六卷　二十七至四十二

十行二十二字　左右雙邊　白口

18.2×15釐米

浙圖

史 2442

[康熙]宣化縣志三十卷

清陳坦纂修

清康熙五十年(1711)刻後印本

九行二十一字　四周雙邊　白口

22.1×14.8釐米

浙圖

史 2443

[道光]承德府志六十卷首二十六卷

清海忠纂修

清道光十一年(1831)刻本　清瑞安林従
　　烱批校

九行二十一字　四周雙邊　白口

18.5×14.3釐米

溫圖

史 2444

[嘉靖]隆慶志十卷附錄一卷

明謝庭桂纂修　明蘇乾續修

明嘉靖二十八年(1549)刻本

九行二十一字　四周雙邊　黑口

22.3×13釐米

浙圖

史 2445

[乾隆]衡水縣志十四卷

清陶淑纂修

清乾隆三十二年(1767)刻本

十行二十字　四周單邊　白口

15.9×14釐米

浙圖

史 2446

[弘治]易州志二十卷

明戴銑纂修

明弘治十五年(1502)刻本

十行二十字　左右雙邊　白口

21×14.8釐米

浙圖

史 2447

[乾隆]柏鄉縣志十卷首一卷

清鍾賡華纂修

清乾隆三十二年(1767)刻本

九行二十字　四周雙邊　白口

17.5×14釐米

浙圖

地理類

史 2448

[正德]趙州志八卷

明程遵纂修

明正德十年(1515)刻本

九行十九字　四周雙邊　黑口

32×14.3釐米

天一閣

史 2449

[隆慶]趙州志十卷

明蔡懋昭纂修

明隆慶元年(1567)刻本

十三行二十四字　四周單邊　白口

23.8×15.6釐米

天一閣

史 2450

[康熙]趙州志十卷

清祝萬祉、閻永齡、王懿纂修

清康熙十二年(1673)刻本

九行二十二字　四周單邊　白口

22.5×15.3釐米

天一閣

史 2451

[康熙]口北三廳志十六卷

清黃可潤纂修

清乾隆二十三年(1758)刻本

十行二十二字　左右雙邊　白口

17.4×14.7釐米

嘉圖

史 2452

[康熙]臨城縣志八卷

清楊寬、喬已百纂修

清康熙三十年(1691)刻本

九行二十字　四周雙邊　白口

20×15釐米

紹圖

史 2453

[嘉靖]定州志四卷

明倪璣、劉堪纂修

明嘉靖元年(1522)刻本

缺一卷　一

九行二十字　左右雙邊　白口

21.1×14.5釐米

天一閣

東北

史 2454

[乾隆]欽定盛京通志三十二卷

清乾隆(1736—1795)內府刻本

十行二十一字　左右雙邊　白口

22.2×15.3釐米

浙圖

史 2455

[光緒]開原縣志不分卷

清保清、羅寶書纂修

抄本

浙圖

史 2456

黑龍江外紀八卷

清西清撰

清吳慶坻抄本　錢塘吳慶坻跋並錄清袁

昶批校

浙圖

史 2457

黑龍江外紀八卷

清西清撰

清抄本

浙圖

江蘇

史 2458

[乾隆]江南通志二百卷首四卷

清嚴繼善、黃之儁等纂修

清乾隆元年(1736)刻本

十一行二十三字　左右雙邊　白口

20.2×14.8釐米

浙圖　嘉圖

史 2459

[嘉靖]南畿志六十四卷

明餘姚聞人詮、鄞縣陳沂纂修

明嘉靖(1522—1566)刻本

九行十九字　左右雙邊　白口

21.5×16釐米

天一閣

史 2460

[康熙]江寧府志三十四卷

清陳開虞等纂修

清康熙七年(1668)刻本

存十四卷　一至十四

十行二十一字　左右雙邊　白口

22×15釐米

天一閣

史 2461

[弘治]句容縣志十二卷

明王僖、程文纂修

明弘治九年(1496)刻本

十行二十三字　四周雙邊　黑口

22×14.5釐米

天一閣

史 2462

[萬曆]江浦縣志十二卷

明沈孟化、張夢柏纂修

明萬曆七年(1579)刻本

存九卷　一至五　九至十二

九行二十字　四周雙邊　白口

21×14.7釐米

天一閣

史 2463

[嘉靖]六合縣志八卷

明黃紹文纂修

明嘉靖三十二年(1553)刻本

九行二十字　四周雙邊　白口

21×14.7釐米

天一閣

史 2464

[嘉靖]高淳縣志四卷

明劉啟東、賈宗魯纂修

明嘉靖四十一年(1562)刻本

九行十九字　四周單邊　白口

21×14.7釐米

天一閣

史 2465

吳地記一卷

題唐陸廣微撰

後集一卷

清同治十二年(1873)江蘇書局刻本　鄭
　　文焯批校

十二行二十三字　四周雙邊　白口

17.8×12.6釐米

浙圖

史 2466

[元豐]吳郡圖經續記三卷

宋朱長文纂修

明萬曆二年(1574)龍宗武刻本

九行十八字　左右雙邊　白口

18.5×13釐米

天一閣

史 2467

[乾隆]蘇州府志八十卷首一卷

清雅爾哈善、傅椿等纂修

清乾隆十三年(1748)刻本

十行二十四字　左右雙邊　白口

20.5×14.5釐米

浙圖　溫圖*

地理類

史 2468

[正德]姑蘇志六十卷

　　明林世遠、王鏊等纂修

　　明正德元年(1506)刻嘉靖(1522—1566)

　　　增修本

　　　十行二十字　左右雙邊　白口

　　　22.5×16.7 釐米

天一閣

史 2469

[嘉靖]吳邑志十六卷

　　明蘇祐、楊循吉纂修

圖説一卷

　　明曹自守撰

　　明嘉靖(1522—1566)刻本

　　　十行十八字　左右雙邊　白口

　　　21.5×15.2 釐米

天一閣

史 2470

[嘉靖]吳邑志十六卷

　　明蘇祐、楊循吉纂修

圖説一卷

　　明曹自守撰

　　清抄本

浙圖

史 2471

[崇禎]吳縣志五十四卷首一卷

　　明牛若麟、王煥如纂修

　　明崇禎十五年(1642)刻本

　　　九行二十三字　左右雙邊　白口

　　　20×14.7 釐米

浙圖　天一閣

史 2472

[乾隆]吳郡甫里志二十四卷首一卷

　　清彭方周、顧時鴻纂修

清乾隆三十年(1765)刻本

　　十行二十字　四周雙邊　白口

　　19.2×14.9 釐米

浙圖

史 2473

[嘉慶]吳門補乘十卷首一卷

　　清錢思元撰　清錢士錡補

　　清嘉慶二十年至道光二年(1815—1822)

　　　錢士錡刻本

　　　十行十六字　左右雙邊　白口

　　　18×13.4 釐米

浙大

史 2474

[隆慶]長洲縣志十四卷藝文志十卷

　　明張德夫、皇甫汸纂修　明張鳳翼、錢允

　　　治等續修

　　明隆慶五年(1571)刻萬曆二十六年

　　　(1598)續修本

存十四卷　一至三　十一至十四　藝文志

四至十

　　　十行十八字　左右雙邊　白口

　　　21×14.7 釐米

浙圖

史 2475

[乾隆]長洲縣志三十四卷

　　清許治、顧詒祿纂修

　　清乾隆三十一年(1766)刻本

　　　十行二十四字　四周雙邊　白口

　　　20.5×14.7 釐米

浙圖

史 2476

[乾隆]元和縣志三十六卷

　　清許治、顧詒祿纂修

　　清抄乾隆二十六年(1761)刻本

浙圖

史 2477

[康熙]澹墅關志二十卷

　清陳常夏、孫珮纂修

　清康熙十二年(1673)刻本

　十行二十四字　左右雙邊　白口

　20.8×14 釐米

浙圖

史 2478

[淳祐]玉峰志三卷

　宋凌萬頃、邊實纂修

[咸淳]玉峰續志一卷

　宋謝公應、邊實纂修

　清末抄本　佚名批校

　十行二十字　四周雙邊　細綠口

　19.4×13.3 釐米

浙大

史 2479

[嘉靖]崑山縣志十六卷

　明楊逢春、方鵬纂修

　明嘉靖十七年(1538)刻本

　八行十七字　左右雙邊　白口

　21.1×14 釐米

天一閣

史 2480

[乾隆]崑山新陽合志三十八卷首一卷末一卷

　清邵大業、顧登纂修

　清乾隆十六年(1751)刻本

　十一行二十二字　左右雙邊　白口

　20.2×14.9 釐米

浙圖

史 2481

[乾隆]南翔鎮志十二卷

　清張承先纂　清程攸熙增補

　清嘉慶十二年(1807)刻本

　十行二十一字　左右雙邊　白口

　20.5×14.8 釐米

浙圖

史 2482

[寶祐]重修琴川志十五卷

　宋孫應時纂修　宋鮑廉、鍾秀實續修

　　元盧鎮增修

　清末鴿峰草堂影抄汲古閣刻本

浙圖

史 2483

[康熙]常熟縣志二十六卷

　清楊振藻、錢陸燦等纂修

　清康熙二十六年(1687)常熟縣刻本

　十行二十一字　左右雙邊　白口

　20.8×15 釐米

浙圖　浙大

史 2484

[雍正]昭文縣志十卷首一卷

　清勞必達、陳祖範纂修

　清雍正九年(1731)刻本

　十行二十三字　左右雙邊　白口

　20.5×15.1 釐米

浙圖

史 2485

[康熙]吳江縣志四十六卷

　清郭琇、葉燮等纂修

　清康熙二十三年(1684)刻本

　九行十九字　四周雙邊　白口

　19.5×14.5 釐米

浙圖

史 2486

[乾隆]吳江縣志五十八卷首一卷

　清陳歗纕等纂修

　清乾隆十二年(1747)刻本

　十一行二十一字　左右雙邊　白口

　19.1×15.1 釐米

浙圖

史 2487

[乾隆]震澤縣志三十八卷首一卷

　清陳和志、倪師孟、沈彤纂修

　清乾隆十二年(1747)刻本

　十一行二十一字　左右雙邊　白口

　19.3×14.8釐米

浙圖

史 2488

[正德]松江府志三十二卷

　明陳威、顧清等纂修

　明正德七年(1512)刻本

　九行二十二字　左右雙邊　白口

　22×14.9釐米

天一閣

史 2489

[康熙]松江府志五十四卷圖一卷

　清郭廷弼、周建鼎等纂修

　清康熙(1662—1722)刻本

　十行二十一字　左右雙邊　白口

　19.5×13.9釐米

浙圖　溫圖

史 2490

[乾隆]華亭縣志十六卷

　清馮鼎高、王顯曾等纂修

　清乾隆五十六年(1791)刻本

　十行二十字　左右雙邊　白口

溫圖

史 2491

[乾隆]婁縣志三十卷首二卷

　清謝廷薰、陸錫熊纂修

　清乾隆五十三年(1788)刻本

　十一行二十一字　左右雙邊　白口

　19.3×15釐米

浙圖　溫圖

史 2492

[弘治]上海志八卷

　明郭經、唐錦纂修

　明弘治十七年(1504)刻本

　九行十八字　左右雙邊　白口

　20.4×14.5釐米

天一閣

史 2493

[乾隆]上海縣志十二卷首一卷

　清李文耀、談起行等纂修

　清乾隆十五年(1750)刻本

　九行二十字　四周單邊　白口

　20.9×14.5釐米

浙圖

史 2494

[雍正]分建南匯縣志十六卷首一卷

　清欽璉等纂修

　清雍正十二年(1734)南匯縣署刻本

　十一行二十一字　四周雙邊　白口

　18.4×14.9釐米

浙大

史 2495

[乾隆]南滙縣新志十五卷首一卷

　清胡成熊、姚左垣等纂修

　清乾隆五十八年(1793)刻本

　十一行二十三字　左右雙邊　白口

　20×14.5釐米

浙圖

史 2496

[成化]重修毗陵志四十卷

　明孫仁、朱昱纂修

　明成化(1465—1487)刻本

　九行二十字　四周雙邊　黑口

　23.5×15釐米

天一閣

地理類

史 2497

[正德]常州府志續集八卷

　　明張愷纂修

　　明正德八年(1513)刻本

　　　九行二十字　四周雙邊　黑口

　　　23.5×15 釐米

天一閣

史 2498

[康熙]常州府志三十八卷首一卷

　　清于琨、陳玉璂纂修

　　清康熙(1662—1722)刻本

　　　十行二十一字　左右雙邊　白口

　　　22.8×15.9 釐米

浙圖

史 2499

[康熙]武進縣志四十四卷

　　清武俊、陳玉璂纂修

　　清康熙二十二年(1683)刻本

　　　十行二十二字　左右雙邊　白口

　　　21.7×14.7 釐米

浙圖

史 2500

[乾隆]陽湖縣志十二卷首一卷

　　清錢塘汪邦憲、虞鳴球、董潮纂修

　　清乾隆四十八年(1783)刻本

　　　十行二十三字　左右雙邊　白口

浙圖

史 2501

[萬曆]無錫縣志二十四卷

　　明周邦傑、秦梁纂修

　　明萬曆二年(1574)刻本

　　存十二卷　十三至二十四

　　　九行二十字　四周單邊　白口

　　　21.4×14.8 釐米

天一閣

史 2502

錫金識小錄二卷

　　清黄卬撰

　　清養修齋抄本

浙圖

史 2503

[嘉靖]江陰縣志二十一卷

　　明趙錦、張袞纂修

　　明嘉靖二十七年(1548)刻本

　　　九行十九字　左右雙邊　白口

　　　21.1×14.2 釐米

天一閣

史 2504

[康熙]重修宜興縣志十卷圖考一卷

　　清李先榮、徐喈鳳纂修

　　清康熙二十五年(1686)刻本

　　　十行二十二字　左右雙邊　白口

浙圖

史 2505

[乾隆]鎮江府志五十五卷首一卷

　　清高龍光、朱霖等纂修

　　清乾隆十五年(1750)刻本〔卷首配清抄

　　本〕

　　　十行二十一字　左右雙邊　白口

　　　21.8×14.5 釐米

浙圖

史 2506

[萬曆]丹徒縣志四卷

　　明何世學纂修

　　明萬曆(1573—1620)刻本

　　　21.8×14.5 釐米

天一閣

史 2507

[康熙]金壇縣志十六卷

　　清郭毓秀等纂修

清康熙(1662—1722)刻本

缺五卷　四至八

　　十行二十一字　四周雙邊　白口

　　18.5×14.8釐米

浙圖

史 2508

[萬曆]淮安府志二十卷

　　明陳文燭、郭大綸纂修

　　明萬曆元年(1573)刻本

　　十行二十字　左右雙邊　白口

　　20×14.2釐米

天一閣

史 2509

[乾隆]淮安府志三十二卷

　　清衛哲治、葉長揚、顧棟高等纂修

　　清乾隆(1736—1795)刻本

　　九行二十一字　左右雙邊　白口

　　18.5×14.8釐米

浙圖

史 2510

[嘉靖]惟揚志三十八卷

　　明朱懷幹、盛儀纂修

　　明嘉靖二十一年(1542)刻本

存十八卷　一至三　七至十二　十八至二

　　十二　三十二至三十三　三十七至三十

　　八

　　十行二十字　左右雙邊　白口

　　21.4×16釐米

天一閣

史 2511

[雍正]揚州府志四十卷

　　清尹會一纂修

　　清雍正十一年(1733)刻本

　　十行二十一字　左右雙邊　白口

　　20×15.2釐米

浙圖　溫圖　浙大

史 2512

[嘉慶]揚州府圖經□□卷

　　清阮元、江藩纂修

　　清嘉慶十一年(1806)刻本

存事志八卷

　　十行二十一字　四周單邊　黑口

　　19.5×14.5釐米

浙圖

史 2513

[乾隆]甘泉縣志二十卷首一卷

　　清吳鶚峙、錢塘厲鶚等纂修

　　清乾隆八年(1743)刻本

　　十行二十字　左右雙邊　白口

　　19.9×14.9釐米

溫圖

史 2514

[隆慶]儀真縣志十四卷

　　明申嘉瑞、李文等纂修

　　明隆慶元年(1567)刻本

　　九行十九字　左右雙邊　白口

　　20×15.2釐米

天一閣

史 2515

[嘉靖]寶應縣志略四卷

　　明宋佐、餘姚聞人詮纂修

　　明嘉靖十七年(1538)刻本

　　九行二十二字　左右雙邊　白口

　　20.6×14.3釐米

天一閣

史 2516

[隆慶]寶應縣志十卷

　　明湯一賢纂修

　　明隆慶三年(1569)刻本

　　十行二十一字　左右雙邊　白口

　　20.7×16釐米

天一閣

史 2517

[乾隆]直隸泰州新志十二卷首一卷末一卷

　清費廷珍、胡鈜等纂修

　清乾隆二十九年(1764)刻本

　　九行二十字　四周雙邊　白口

　　19.5×14 釐米

溫圖

史 2518

[順治]徐州志八卷

　清余志明、李向陽纂修

　清順治十一年(1654)刻本

　　九行二十字　四周單邊　白口

　　21.7×14.7 釐米

浙圖

史 2519

[乾隆]銅山志十卷

　清陳振藻纂修

　清光緒七年(1881)楊浚抄本　清楊浚校

　　跋

浙圖

史 2520

[乾隆]碭山縣志十四卷

　清劉王愛纂修

　清乾隆三十二年(1767)刻本

　　九行二十一字　四周雙邊　白口

　　19×13.7 釐米

浙圖　溫圖

史 2521

[嘉靖]沛縣志十卷

　明王治、馬偉等纂修

　明嘉靖二十二年(1543)刻本

　　九行二十字　四周雙邊　黑口

　　23.8×14.5 釐米

天一閣

史 2522

[嘉靖]重修邳州志十卷

　明楊輔纂修

　明嘉靖十六年(1537)刻本

缺二卷　九至十

　　十行二十字　四周雙邊　黑口

　　23.8×14.5 釐米

天一閣

史 2523

[嘉慶]邳州志十八卷首一卷

　清丁觀堂、陳燮等纂修

　清嘉慶十七年(1812)刻本

　　九行二十二字　四周雙邊　白口

　　20×13.5 釐米

浙圖　天一閣

史 2524

[萬曆]宿遷縣志八卷

　明喻文偉、何儀纂修

　明萬曆五年(1577)刻本

　　十行二十二字　四周雙邊　白口

　　20.8×14.3 釐米

天一閣

史 2525

[康熙]睢寧縣志十二卷

　清劉如晏、李傑纂修

　清抄本

　　九行二十一字　無格

浙大

史 2526

[嘉靖]太倉州志十卷

　明周士佐、周鳳岐、張寅纂修

　明崇禎二年(1629)刻本

天一閣

史 2527

[乾隆]崇明縣志二十卷首一卷

　清趙廷健、韓彥曾纂修

清乾隆(1736—1795)刻本

十行二十一字　左右雙邊　黑口

18×13.4 釐米

浙圖

地理類

史 2528

[萬曆]嘉定縣志二十二卷

明韓浚、張應武等纂修

明萬曆二十三年(1595)刻本

存二卷　五至六

九行十八字　左右雙邊　白口

21.2×14.5 釐米

天一閣

史 2529

重修寶山縣志稿不分卷

清陳升纂

清抄本

浙圖

史 2530

[隆慶]海州志十卷

明張峰、鄭復亨纂修

明隆慶六年(1572)刻本

十行二十字　左右雙邊　白口

20.3×14.5 釐米

天一閣

史 2531

[萬曆]贛榆縣志□卷

明樊兆程、唐時熙纂修

明萬曆(1573—1620)刻本

存一卷　五

九行二十字　四周雙邊　白口

22.1×15.6 釐米

天一閣

史 2532

[嘉靖]通州志六卷

明鍾汪、顧磐等纂修

明嘉靖九年(1530)刻本

九行二十字　四周單邊　白口

21.6×14 釐米

天一閣

史 2533

[萬曆]通州志八卷

明林雲程、鄞縣沈明臣纂修

明萬曆五年(1577)刻本

九行二十字　左右雙邊　黑口

20.8×14.6 釐米

天一閣

史 2534

[嘉靖]重修如皋縣志十卷

明謝紹祖纂修

明嘉靖三十九年(1560)刻本

十行二十字　四周雙邊　白口

19×14 釐米

天一閣

史 2535

[嘉靖]海門縣志集六卷

明吳宗元、崔桐纂修

明嘉靖十六年(1537)刻萬曆(1573—
　　1620)增修本

八行二十字　四周單邊　白口

20×14.5 釐米

天一閣

史 2536

[嘉慶]海門廳志四卷

清章廷楓、董曰申纂修

清抄本

缺一卷　三

浙圖

安徽

史 2537

[正德]安慶府志三十一卷

明胡纘宗纂修

明嘉靖二年(1523)刻本

缺六卷　一至六

八行十八字　四周單邊　白口

19×13.5釐米

天一閣

史 2538

[嘉靖]安慶府志三十一卷

明李遜纂修

明嘉靖三十二年(1553)刻本

缺十二卷　二十至三十一

八行二十字　左右雙邊　白口

22.8×14.2釐米

天一閣

史 2539

[康熙]安慶府桐城縣志八卷首一卷

清姚琅、胡必選纂修

清抄本

浙圖

史 2540

[淳熙]新安志十卷附錄一卷

宋羅願纂修

清康熙四十六年(1707)刻本

九行十九字　左右雙邊　白口

17.9×13.3釐米

浙圖

史 2541

[淳熙]新安志十卷

宋羅願纂修

清寫刻樣本

浙圖

史 2542

[弘治]徽州府志十二卷

明彭澤、汪舜民纂修

明弘治十五年(1502)刻本

九行二十二字　四周雙邊　黑口

22.2×14.7釐米

天一閣

史 2543

[康熙]徽州府志十八卷圖一卷

清丁廷楗、趙起士等纂修

清康熙三十八年(1699)刻本

九行二十三字　四周單邊　白口

21.8×15.2釐米

浙圖　溫圖　浙大

史 2544

[康熙]休寧縣志八卷

清廖騰煃、汪晉徵等纂修

清康熙三十二年(1693)刻本

十行二十一字　四周單邊　白口

20×14.5釐米

浙圖

史 2545

[乾隆]婺源縣志三十九卷首一卷

清俞雲耕、潘繼善等纂修

清乾隆十九至二十二年(1754—1757)刻
　本

十行二十二字　左右雙邊　白口

21.7×14.6釐米

浙圖

史 2546

[康熙]祁門縣志八卷

清陳之辰、張瑗等纂修

清康熙二十三年(1684)刻本

九行二十一字　四周雙邊　白口

20.7×14釐米

浙圖　杭圖

史 2547

[嘉靖]寧國府志四卷

明黎晨、李默纂修

明嘉靖十五年(1536)刻本

九行二十二字　四周單邊　白口

20×14 釐米

天一閣

地理類

史 2548

[嘉靖]涇縣志十一卷

明王廷幹纂修

明嘉靖三十一年(1552)刻本

九行二十字　四周單邊　白口

19.3×13.5 釐米

天一閣

史 2549

[嘉靖]涇縣志十二卷

明王廷幹纂修　明劉諫、楊介續修

明嘉靖四十一年(1562)刻本

天一閣

史 2550

[雍正]南陵縣志十六卷首一卷

清宋廷佐、汪越等纂修

清雍正四年(1726)刻本　徐乃昌跋

缺四卷　六至七　十五至十六

九行二十字　四周雙邊　白口

22×15.2 釐米

浙大

史 2551

[嘉靖]寧國縣志四卷

明鄞縣范鎬纂修

明嘉靖二十八年(1549)刻本

九行二十二字　四周單邊　白口

21.5×14.5 釐米

天一閣

史 2552

[萬曆]太平縣志十卷

明張廷榜、甕秉忠纂修

明萬曆(1573—1620)刻本

存六卷　一至六

十行二十字　左右雙邊　白口

21×14 釐米

天一閣

史 2553

[嘉靖]池州府志九卷

明王崇纂修

明嘉靖二十四年(1545)刻本

十行十九字　左右雙邊　白口

20.2×15.2 釐米

天一閣

史 2554

[康熙]貴池縣志略八卷圖一卷

清梁國標纂修

清康熙(1662—1722)刻乾隆九年(1744)

增修本

九行二十字　四周單邊　白口

20.5×15 釐米

浙圖

史 2555

[康熙]杏花邨志十二卷首一卷末一卷

清郎遂撰

清康熙二十四年(1685)聚星樓刻本

18.9×13.9 釐米

天一閣

史 2556

[順治]青陽縣志六卷

清楊夢鯉纂修

清順治十四年(1657)刻康熙(1662—

1722)增修本

九行二十二字　四周單邊　白口

21.7×13.3 釐米

浙圖

史 2557

[嘉靖]銅陵縣志八卷

明李士元、沈梅纂修

明嘉靖四十二年（1563）刻本

缺一卷　八

九行十八字　四周雙邊　白口

20.8×15.6釐米

天一閣

史2558

[康熙]石埭縣志八卷

清姚子莊、周體元纂修

清康熙十七年（1678）刻本

九行二十字　左右雙邊　白口

20.2×14.8釐米

浙圖

史2559

[萬曆]東流縣志十二卷

明陳春、汪文纂修

明萬曆三年（1575）刻本

缺二卷　四至五

十行二十字　四周單邊　白口

21×14.3釐米

天一閣

史2560

[康熙]太平府志四十卷

清黃桂、宋驤等纂修

清康熙十二年（1673）刻本

九行二十字　左右雙邊　白口

22.5×15釐米

浙圖

史2561

[康熙]廬州府志四十七卷

清張純修纂修

清康熙（1662—1722）刻本

十行二十一字　四周雙邊　黑口

22×14.8釐米

浙圖

史2562

[嘉慶]舒城縣志三十六卷

清熊載陞、杜茂才、孔繼序纂修

清嘉慶十一年（1806）刻本

十行二十二字　左右雙邊　白口

20.3×15釐米

浙圖

史2563

[康熙]巢縣志二十卷

清于覺世、陸龍騰纂修

清康熙十二年（1673）刻本

十行二十二字　四周單邊　白口

22.4×15.8釐米

浙圖

史2564

[雍正]巢縣志二十二卷

清鄒珵纂修

清雍正八年（1730）刻本

十行二十二字　四周單邊　白口

21.5×16釐米

紹圖

史2565

[成化]中都志十卷

明柳瑛纂修

明弘治元年（1488）刻嘉靖隆慶萬曆
（1522—1620）增修本

十行二十四字　四周單邊　白口

22.3×14.5釐米

天一閣

史2566

[乾隆]鳳陽縣志十六卷首一卷

清于萬培、吳之員等纂修

清乾隆四十年（1775）刻本

十行二十一字　四周雙邊　白口

20.8×14.4釐米

浙圖

地理類

史 2567

[嘉靖]懷遠縣志二卷

　明楊鈞纂修

　明嘉靖(1522—1566)刻本

　八行二十字　四周雙邊　黑口

　22×14.6 釐米

天一閣

史 2568

[嘉靖]壽州志八卷

　明栗永祿纂修

　明嘉靖二十九年(1550)刻本

　八行二十字　四周單邊　白口

　19.7×13.5 釐米

天一閣

史 2569

[乾隆]鳳臺縣志四卷

　清亢懷纂修

　清乾隆三十八年(1773)刻本

　八行二十字　左右雙邊　白口

　21.8×14.2 釐米

浙圖

史 2570

[弘治]直隸鳳陽府宿州志二卷

　明曾顯纂修

　明弘治十二年(1499)刻十八年(1505)

　　增修本

　十行二十二字　四周單邊　白口

　21.5×13.8 釐米

天一閣

史 2571

[嘉靖]宿州志八卷

　明余鈞纂修

　明嘉靖十六年(1537)刻本

　九行二十四字　四周雙邊　白口

　20.8×14.6 釐米

天一閣

史 2572

[成化]潁州志六卷

　明劉節纂修

　明正德(1506—1521)刻本

　九行二十字　四周雙邊　黑口

　22×15 釐米

天一閣

史 2573

[嘉靖]潁州志二十卷

　明呂景蒙、胡袞纂修

　明嘉靖十五年(1536)刻本

　九行十九字　四周單邊　白口

　19.7×14 釐米

天一閣

史 2574

[乾隆]阜陽縣志二十卷首一卷

　清潘世仁纂修

　清乾隆二十年(1755)刻本

　十行二十字　左右雙邊　白口

　19.5×14.8 釐米

浙圖

史 2575

[乾隆]潁上縣志十二卷首一卷

　清許晉等纂修

　清乾隆十八年(1753)刻本

　九行二十字　左右雙邊　白口

　20.2×14.3 釐米

浙圖

史 2576

[萬曆]蒙城縣志八卷

　明吳一鸞等纂修

　明萬曆(1573—1620)刻本

缺一卷　八

　九行二十字　四周雙邊　白口

　22×15.7 釐米

杭圖

史 2577

[順治]蒙城縣志十二卷

　清田本沛纂修

　清順治(1644—1661)刻本

　　九行二十字　四周單邊　白口

　　21.1×13.4釐米

　天一閣

史 2578

[嘉靖]和州志十七卷

　明易鸞纂修

　明嘉靖七年(1528)刻本

　存八卷　八至十五

　　九行十七字　四周雙邊　白口

　　21×15.6釐米

　天一閣

史 2579

[順治]亳州志四卷

　清劉澤溥、高搏九纂修

　清順治十三年(1656)刻本

　　十行二十字　四周雙邊　白口

　　20.9×15釐米

　浙圖

史 2580

[乾隆]亳州志十二卷首一卷

　清鄭交泰、王雲萬纂修

　清乾隆三十九年(1774)刻本

　缺二卷　首　一

　　九行二十字　四周雙邊　白口

　　20.1×15釐米

　浙圖

史 2581

[道光]亳州志四十三卷首一卷

　清任壽世、劉開等纂修

　清道光五年(1825)古譙官舍刻本

　　十行二十一字　左右雙邊　白口

　　19.7×13.7釐米

浙圖

史 2582

[雍正]來安縣志十二卷首一卷

　清伍斯璸、項世榮纂修

　清雍正十三年(1735)刻本

　　十行二十二字　四周單邊　白口

　　20.4×15.1釐米

浙圖

史 2583

[康熙]和含志三十卷

　清夏瑋、楊九思纂修　清王瑄、陶夢陽續
　　修

　清康熙二十三年(1684)刻本

　原缺卷二十一、二十九

　　九行二十一字　四周單邊　白口

浙圖

史 2584

[乾隆]含山縣志十四卷

　清梁棟、唐焯纂修

　清乾隆十三年(1748)刻本

　　九行二十一字　左右雙邊　白口

　　20×14.5釐米

浙圖

史 2585

[乾隆]廣德州志三十卷

　清李國相纂修

　清乾隆四年(1739)刻本

　　九行二十三字　四周單邊　白口

　　21.7×15釐米

浙圖

史 2586

[乾隆]廣德州志五十卷首一卷

　清海寧周廣業纂修

　清乾隆五十七年(1792)刻本

　　九行二十二字　四周雙邊　白口

溫圖

史 2587

［嘉靖］建平縣志九卷

　明連鑛、姚文燁纂修

　明嘉靖十年（1631）刻本

存五卷　一至五

　十行二十二字　四周雙邊　黑口

　22.5×14.5 釐米

天一閣

史 2588

［乾隆］六安州志二十五卷

　清金弘勳、陳步青、吳學山纂修

　清乾隆十六年（1751）刻本

　九行二十一字　四周雙邊　白口

　20.6×14.4 釐米

浙圖

史 2589

［乾隆］英山縣志二十六卷首一卷

　清張海、姚之琅纂修

　清乾隆二十三年（1758）刻本

　十行二十字　左右雙邊　白口

　19.3×14.8 釐米

浙圖

史 2590

［康熙］虹縣志二卷

　清龔起翬纂修　清彭翼宸增補

　清康熙十一年（1672）刻十七年（1678）

　　增刻本

　八行二十字　四周單邊　白口

　19.9×13 釐米

浙圖

史 2591

［乾隆］盱眙縣志二十四卷首一卷

　清郭起元、秦戀坤等纂修

　清乾隆十二年（1747）刻本

　九行二十字　左右雙邊　白口

　18.6×13.3 釐米

浙圖

史 2592

［嘉靖］皇明天長志七卷

　明邵時敏、王心纂修

　明嘉靖二十年（1541）刻本

　九行二十二字　左右雙邊　白口

　23.8×15.2 釐米

天一閣

山西

史 2593

［雍正］山西通志二百三十卷

　清覺羅石麟、儲大文纂修

　清雍正十二年（1734）山西撫署刻本〔卷

　　二至八配抄本〕

缺一卷　一

　十二行二十三字　四周雙邊　白口

　20.5×14.5 釐米

浙大

史 2594

山西志輯要十卷首一卷

　清雅德、汪本直纂修

　清乾隆（1736—1795）刻本

　九行二十一字　四周雙邊　白口

　13×8.9 釐米

浙圖

史 2595

［嘉靖］太原縣志六卷

　明高汝行纂修

　明嘉靖三十年（1551）刻本

　八行十八字　四周單邊　白口

　21×15 釐米

天一閣

史 2596

[乾隆]太谷縣志八卷

　清郭晉、管粤秀纂修

　清乾隆六十年(1795)刻本

　　九行二十字　　四周雙邊　　白口

　　19.4×14 釐米

浙圖

史 2597

[嘉靖]曲沃縣志五卷

　明劉魯生、李廷寶纂修

　明嘉靖三十年(1551)刻本

　　九行十八字　　四周雙邊　　白口

　　21.5×15 釐米

天一閣

史 2598

[嘉靖]翼城縣志六卷

　明鄢桂枝、楊汝江纂修

　明嘉靖(1522—1566)刻本

　　十行二十四字　　四周雙邊　　白口

　　20.3×14.3 釐米

天一閣

史 2599

[乾隆]翼城縣志二十八卷

　清李居頤、王昇纂修

　清乾隆二年(1737)刻本

　　九行二十二字　　四周雙邊　　白口

　　22.2×16 釐米

浙圖

史 2600

[乾隆]虞鄉縣志十二卷

　清周大儒、尚雲章纂修

　清乾隆五十四年(1789)刻本

　　九行二十二字　　左右雙邊　　白口

　　19.9×14.1 釐米

浙圖

史 2601

[雍正]猗氏縣志八卷

　清宋之樹、何世勳纂修

　清雍正七年(1729)刻本

　　十行二十二字　　左右雙邊　　白口

　　21.7×14.3 釐米

浙圖

史 2602

[乾隆]臨晉縣志八卷

　清王正茂纂修

　清乾隆三十八年(1773)刻本

　　九行二十字　　四周雙邊　　白口

　　20.9×13.1 釐米

浙圖

史 2603

[乾隆]長治縣志二十八卷首一卷末一卷

　清吳九齡、蔡履豫纂修

　清乾隆二十八年(1763)刻本

　　九行二十二字　　四周雙邊　　白口

　　19.8×13.8 釐米

浙圖

史 2604

[乾隆]襄垣縣志八卷

　清李廷芳纂修

　清乾隆四十七年(1782)刻本

　　十行二十一字　　四周雙邊　　白口

　　19.4×13.2 釐米

浙圖

史 2605

[順治]潞安府志二十卷首一卷

　清楊暶、李中白等纂修

　清順治十七年(1660)刻本

　　九行二十字　　四周單邊　　白口

　　21×14.4 釐米

浙圖

史 2606

[康熙]潞城縣志八卷

　清張士浩、申伯纂修

　清康熙四十五年(1706)刻本

　　十行二十二字　左右雙邊　白口

　　20.9×14.4 釐米

浙圖

史 2607

[乾隆]汾州府志三十四卷

　清孫和相、戴震纂修

　清乾隆三十六年(1771)刻後印本

　　十行二十一字　左右雙邊　白口

　　20×13.5 釐米

浙圖

史 2608

[康熙]重修平遙縣志八卷

　清王綬、康乃心纂修

　清康熙四十六年(1707)刻本

　　九行十八字　左右雙邊　白口

　　19.2×14.3 釐米

浙圖

史 2609

[乾隆]介休縣志十四卷

　清山陰王謀文纂修

　清乾隆三十五年(1770)刻本

　　十行二十一字　四周雙邊　白口

　　19.5×14.2 釐米

寧圖

史 2610

[正德]大同府志十八卷

　明張欽纂修

　明正德十年(1515)刻本

　存十四卷　五至十八

　　十行十八字　四周雙邊　黑口

　　21×15 釐米

天一閣

史 2611

[乾隆]大同府志三十二卷首一卷

　清吳輔宏纂修　清文光校訂

　清乾隆四十七年(1782)刻後印本

　　十行二十二字　四周雙邊　白口

　　18.7×14 釐米

浙圖

史 2612

[弘治]渾源州志五卷

　明楊大雍、董錫纂修

　明弘治六年(1493)刻本

　存一卷　五

　　十行二十二字　四周雙邊　黑口

　　21.8×14.2 釐米

天一閣

史 2613

[雍正]朔平府志十二卷

　清劉士銘、王霱纂修

　清雍正十一年(1733)刻本

　　九行二十二字　四周雙邊　白口

　　19.6×13.5 釐米

浙圖

史 2614

[雍正]朔州志十二卷

　清汪嗣聖、王霱纂修

　清雍正十三年(1735)刻本

　　九行二十二字　四周雙邊　白口

　　19.2×13.5 釐米

浙圖

史 2615

[乾隆]忻州志六卷

　清竇容邃纂修

　清乾隆十二年(1747)刻本

　　十行二十二字　四周雙邊　白口

　　20×13 釐米

浙圖

史 2616

[乾隆]解州全志十八卷首一卷

清言如泗纂修

清乾隆二十九年（1764）刻本

十行二十一字　左右雙邊　白口

18.6×15 釐米

浙圖

史 2617

[乾隆]解州安邑縣志十六卷首一卷

清言如泗、呂瀗纂修

清乾隆二十九年（1764）刻本

十行二十一字　左右雙邊　白口

18.5×15 釐米

浙圖

史 2618

[乾隆]解州安邑縣運城志十六卷首一卷

清言如泗、呂瀗纂修

清乾隆二十九年（1764）刻本

十行二十一字　左右雙邊　白口

18.4×15 釐米

浙圖

史 2619

[康熙]平陸縣志八卷

清柴應辰纂修　清潘崶增修

清康熙十八年（1679）刻五十二年

（1713）增刻本

九行二十二字　四周雙邊　白口

23.3×15 釐米

浙圖

史 2620

[乾隆]直隸絳州志二十卷圖考一卷

清張成德、李友洙等纂修

清乾隆三十年（1765）刻本

十行二十一字　左右雙邊　白口

18.5×15 釐米

浙圖

史 2621

[乾隆]聞喜縣志十二卷

清李遵唐纂修

清乾隆三十一年（1766）刻本

十行二十二字　左右雙邊　白口

19.3×15.3 釐米

浙圖

史 2622

[乾隆]蒲縣志十卷首一卷

清巫慧、王居正纂修

清乾隆十八年（1753）刻本

九行二十三字　四周雙邊　白口

20.9×14.2 釐米

浙圖

史 2623

[乾隆]沁州志十卷首一卷

清葉士寬、吳正纂修　清姚學瑛、姚學甲

續纂修

清乾隆六年（1741）刻三十六年（1771）

增刻本

缺一卷　一

九行二十一字　四周雙邊　白口

20.9×14.4 釐米

浙圖

山東

史 2624

[嘉靖]山東通志四十卷

明鄞縣陸釴等纂修

明嘉靖十二年（1533）刻本

十行二十字　左右雙邊　白口

22.5×16.6 釐米

浙圖 *　天一閣

史 2625

[嘉靖]山東通志四十卷

明鄞縣陸釴等纂修

明刻本

存四卷　六至九

十行二十字　四周雙邊　白口

22.5×16.9 釐米

天一閣

史 2626

[雍正]山東通志三十六卷首一卷

清岳濬、杜詔等纂修

清乾隆元年(1736)刻本

十行二十四字　四周雙邊　白口

22.5×16 釐米

嘉圖

史 2627

[至元]齊乘六卷

元于欽撰

釋音六卷

元于潛撰

考證六卷

清錢塘周嘉猷撰

清乾隆四十六年(1781)胡德琳刻本

十行二十字　左右雙邊　白口

18.9×13.8 釐米

浙大

史 2628

[弘治]章丘縣志四卷

明陸釴、楊循吉纂修　明祝文冕、宋秉中續修

明弘治(1488—1505)刻嘉靖(1522—1566)增修藍印本

七行大十五小十八字　四周單邊　黑口

19.5×14.2 釐米

天一閣

史 2629

[嘉靖]淄川縣志六卷

明王琮纂修

明嘉靖二十五年(1546)刻本

九行二十一字　四周雙邊　黑口

23.3×16 釐米

天一閣

史 2630

[乾隆]淄川縣志九卷

清張鳴鐸、張廷寀纂修

清乾隆四十一年(1776)刻本

十行二十字　四周單邊　白口

17.9×14 釐米

寧圖

史 2631

[嘉靖]德州志三卷

明鄭瀛、何洪纂修

明嘉靖七年(1528)刻本

九行二十一字　四周單邊　白口

20.8×14 釐米

天一閣

史 2632

[乾隆]平原縣志十卷首一卷

清黄懷祖、黄兆熊纂修

清乾隆十四年(1749)刻本

十行二十四字　四周雙邊　白口

19.3×14.7 釐米

浙圖

史 2633

[萬曆]兖州府志五十一卷

明朱泰游、季勛、包大爟纂修

明萬曆元年(1573)刻本

缺一卷　三

十行二十字　四周雙邊　白口

23.8×17.5 釐米

天一閣

史 2634

[乾隆]曲阜縣志一百卷

清潘相纂修

清乾隆三十九年(1774)刻本

缺三十九卷　六十二至一百

十一行二十三字　左右雙邊　白口

19.7×15 釐米

寧圖

史 2635

[康熙]鄒縣志三卷

清朱承命、陳子芝纂修

清康熙（1662—1722）刻本

十行二十字　四周雙邊　白口

17.5×13.7 釐米

天一閣

史 2636

[康熙]滕縣志十卷

清黃浚、王特選纂修

清康熙五十一年（1712）刻本

十行二十字　四周雙邊　白口

19×14.5 釐米

天一閣

史 2637

[萬曆]汶上縣志八卷

明栗可仕、王命新纂修

清康熙五十六年（1717）汶上縣署聞元炅

刻重修本

十行二十字　四周單邊　白口

21.3×15 釐米

浙大

史 2638

[正德]莘縣志十卷

明王琛、吳宗器纂修

明正德（1506—1521）刻本

十行二十四字　四周雙邊　黑口

22.3×14.6 釐米

天一閣

史 2639

[雍正]恩縣續志五卷

清陳學海、韓天篤纂修

清雍正元年（1723）陳學海刻乾隆

（1736—1795）印本

十行二十四字　四周雙邊　黑口

21.3×15.3 釐米

浙大

史 2640

[嘉靖]青州府志十八卷

明杜思、馮惟訥纂修

明嘉靖四十四年（1565）刻本

九行十九字　左右雙邊　白口

20.4×15.4 釐米

天一閣

史 2641

[康熙]青州府志二十二卷

清陶錦、王昌學等纂修

清康熙六十年（1721）刻本

十行二十二字　四周雙邊　白口

20×14.6 釐米

浙圖

史 2642

[康熙]山東益都顏神鎮志五卷

清葉先登纂修

清康熙（1662—1722）刻本

九行二十字　四周雙邊　白口

18.9×13.4 釐米

溫圖

史 2643

[嘉靖]昌樂縣志四卷

明朱木纂修

明嘉靖二十七年（1548）刻本

存三卷　一至三

九行二十字　四周單邊　白口

22.3×16.5 釐米

天一閣

史 2644

[嘉靖]臨朐縣志四卷
　明王家士、祝文等纂修
　明嘉靖三十一年（1552）刻本
　九行二十字　四周雙邊　白口
　22×14釐米
　天一閣

史 2645

[乾隆]諸城縣志四十六卷
　清宮懋讓、李文藻等纂修
　清乾隆二十九年（1764）刻本
　十行二十一字　四周單邊　黑口
　19.5×14.8釐米
　浙圖

史 2646

[康熙]登州府志二十二卷
　清任璿纂修
　清康熙三十三年（1694）刻後印本
　九行二十字　四周雙邊　白口
　20×13.5釐米
　浙圖

史 2647

[乾隆]續登州府志十二卷
　清永泰纂修
　清乾隆七年（1742）刻本
　九行二十字　四周雙邊　白口
　19.9×13.5釐米
　浙圖

史 2648

[乾隆]棲霞縣志十卷首一卷
　清衛萇纂修
　清乾隆十九年（1754）刻本
存六卷　一至六
　九行二十字　四周雙邊　白口
　20.9×15.9釐米
　嘉圖

史 2649

[嘉靖]寧海州志二卷
　明李光先、焦希程纂修
　明嘉靖二十七年（1548）刻本
　八行十八字　四周雙邊　白口
　21.3×14.8釐米
　天一閣

史 2650

[康熙]寧海州志十卷
　清楊引祚、王樞纂修
　清康熙五十一年（1712）刻本
存四卷　七至十
　九行二十字　四周雙邊　白口
　20.2×13.5釐米
　寧圖

史 2651

[乾隆]海陽縣志八卷
　清包桂纂修
　清乾隆七年（1742）刻本
　九行二十一字　左右雙邊　白口
　18.4×13.4釐米
　浙圖

史 2652

[乾隆]萊州府志十六卷首一卷
　清嚴有禧纂修　清張桐續纂修
　清乾隆五年（1740）刻後印本
　十行二十四字　四周雙邊　白口
　19.9×14.3釐米
　浙圖

史 2653

[乾隆]掖縣志八卷首一卷
　清張思勉、于始瞻纂修
　清乾隆二十三年（1758）刻本
缺二卷　首　一
　九行二十一字　左右雙邊　白口
　19.1×14釐米

地理類

浙圖

史 2654

[乾隆]濰縣志六卷首一卷末一卷

　清張耀璧、王誦芬纂修

　清乾隆二十五年(1760)刻本

　九行二十一字　左右雙邊　白口

　18.5×13.9釐米

浙圖

史 2655

[乾隆]即墨縣志十二卷首一卷

　清尤淑孝、李元正纂修

　清乾隆二十九年(1764)刻本

　十行二十三字　四周單邊　白口

　17.5×14.5釐米

浙圖

史 2656

[嘉靖]武定州志不分卷

　明劉佃、劉繼先等纂修

　明嘉靖二十七年(1548)刻本

　九行二十二字　四周雙邊　黑口

　22.4×12.3釐米

天一閣

史 2657

[乾隆]陽信縣志八卷

　清王允深纂修

　清乾隆二十四年(1759)刻本

　十行二十字　左右雙邊　白口

　17.9×13.9釐米

浙圖

史 2658

[乾隆]樂陵縣志八卷首一卷

　清王謙益、鄭成中纂修

　清乾隆二十七年(1762)刻本

　九行十九字　左右雙邊　白口

　17.6×13.8釐米

溫圖

史 2659

[乾隆]利津縣志補六卷

　清程士範纂修

　清乾隆三十五年(1770)刻本

　九行二十字　四周雙邊　白口

　19.6×12.6釐米

浙圖

史 2660

[乾隆]蒲臺縣志四卷首一卷

　清嚴文典、任相纂修

　清乾隆二十八年(1763)刻本

　九行二十字　左右雙邊　白口

　19×13.8釐米

浙圖

史 2661

[乾隆]沂州府志三十六卷首一卷

　清李希賢、潘遇莘、丁愷曾等纂修

　清乾隆二十五年(1760)刻後印本

　十行二十四字　左右雙邊　白口

　20.4×15.8釐米

浙圖

史 2662

[康熙]沂州志八卷

　清蕭山邵士纂修

　清康熙十三年(1674)沂州府署刻後印本

　十行二十字　四周雙邊　白口

　19.2×13.5釐米

浙圖　浙大

史 2663

[康熙]郯城縣志十卷

　清張三俊、馮可參纂修

　清康熙十二年(1673)刻本

　缺三卷　六至八

　九行十八字　四周雙邊　白口

20.2×14.5釐米

浙圖

史 2664

[乾隆]泰安府志三十卷前一卷首二卷

清顧希深、仁和成城等纂修

清乾隆二十五年(1760)刻後印本

九行二十一字　四周單邊　白口

19.8×13.6釐米

浙圖

史 2665

[萬曆]泰安州志四卷

明任弘烈、段廷選纂修　清鄒文郁、朱衣

點續修

明萬曆(1573—1620)刻清康熙八年

(1669)增修本

八行十八字　四周雙邊　白口

天一閣

史 2666

[嘉靖]萊蕪縣志八卷

明陳甘雨纂修

明嘉靖二十七年(1548)刻藍印本

九行二十一字　四周單邊

21.6×14.7釐米

天一閣

史 2667

[康熙]東阿縣志十二卷

清劉沛先、王吉臣纂修

清康熙四年(1665)刻本

存六卷　七至十二

十行二十字　四周單邊　白口

19.5×14.3釐米

嘉圖

史 2668

[康熙]曹州志二十卷

清佟企聖、蘇毓眉等纂修

清康熙十三年(1674)刻本

缺七卷　一至七

十行二十字　四周單邊　白口

21.7×15.3釐米

浙圖

史 2669

[嘉靖]郾城志二卷

明馬奇纂修

明嘉靖十九年(1540)刻本

存一卷　下

九行二十四字　四周單邊　白口

21×14.8釐米

天一閣

史 2670

[嘉靖]濮州志十卷

明鄧韍纂修

明嘉靖六年(1527)刻本

十一行二十一字　左右雙邊　白口

21.5×16釐米

天一閣

史 2671

[康熙]濮州志六卷

明李先芳、祝蕣煥纂修

清康熙十二年(1673)刻本

九行十八至二十一字不一　四周雙邊　白口

21.1×15.3釐米

嘉圖

史 2672

[康熙]濮州續志二卷

清郅玠、清任煥纂修

清康熙五十年(1711)刻本

九行二十字　四周雙邊　白口

20.7×14.9釐米

嘉圖

史 2673

[乾隆]濮州志六卷

　清邵世昌、山陰柴揆纂修

　清乾隆二十年(1755)刻本

　九行二十字　四周雙邊　白口

　21.1×15.3 釐米

浙圖

史 2674

[康熙]鉅野縣志十五卷首一卷

　清章弘、張應午纂修

　清康熙四十七年(1708)刻本

　十行二十一字　左右雙邊　白口

　21.2×16.1 釐米

天一閣

史 2675

[嘉靖]范縣志八卷

　明東時泰、王繹纂修

　明嘉靖十四年(1535)刻本

　九行二十一字　四周雙邊　白口

　21×15 釐米

天一閣

史 2676

[乾隆]濟寧直隸州志三十四卷首一卷

　清王道亨、秀水盛百二纂修

　清乾隆五十年(1785)刻本

　十行二十一字　左右雙邊　白口

　18.9×15 釐米

浙圖

史 2677

[乾隆]臨清直隸州志十一卷首一卷

　清張度、朱鍾等纂修

　清乾隆五十年(1785)刻本

　九行二十一字　四周雙邊　白口

　18.6×14.4 釐米

杭圖　溫圖*

史 2678

[嘉靖]武城縣志十卷

　明尤麒、陳露纂修

　明嘉靖二十九年(1550)刻本

　十行二十字　四周單邊　白口

　21.5×16.1 釐米

天一閣

史 2679

[嘉靖]夏津縣志五卷

　明易時中、王琳纂修

　明嘉靖(1522—1566)刻本

　八行二十字　左右雙邊　黑口

　20.5×14.5 釐米

天一閣

河南

史 2680

[嘉靖]河南通志四十五卷

　明鄒守愚、李濂纂修

　明嘉靖三十五年(1556)刻本

　十行二十字　左右雙邊　白口

　22.2×16.5 釐米

天一閣

史 2681

[康熙]河南府志二十八卷

　清張聖業、董正纂修

　清康熙三十四年(1695)刻本

存二十二卷　一至二十二

　九行二十二字　四周雙邊　白口

　20.4×14.4 釐米

浙圖

史 2682

[雍正]河南府續志四卷

　清張漢等纂修

　清雍正六年(1728)刻本

　九行二十二字　四周雙邊　白口

　19.9×14.2 釐米

浙圖

天一閣

史 2683

[乾隆]續河南通志八十卷首四卷

　清阿思哈、嵩貴纂修

　清乾隆三十二年(1767)刻本

　十一行二十二字　四周雙邊　白口

　21.2×15.8 釐米

浙圖　溫圖*

史 2688

[乾隆]通許縣志十卷

　清阮龍光、邵自祐纂修

　清乾隆三十五年(1770)刻本

　十行二十二字　四周雙邊　白口

　20.6×14.1 釐米

浙圖　溫圖

史 2684

[康熙]開封府志四十卷

　清管竭忠、張沐等纂修

　清康熙三十四年(1695)刻本

　十行二十字　四周單邊　白口

　22.1×16.8 釐米

浙圖　溫圖

史 2689

[嘉靖]尉氏縣志五卷

　明曾嘉誥、汪心纂修

　明嘉靖二十七年(1548)刻本

　九行二十二字　四周單邊　白口

　19.5×13.2 釐米

天一閣

史 2685

[乾隆]祥符縣志二十二卷

　清張淑載、會稽魯曾煜纂修

　清乾隆四年(1739)刻本

　九行二十字　四周雙邊　白口

　19.7×14 釐米

浙圖　溫圖

史 2690

[嘉靖]鄢陵志八卷

　明劉訒纂修

　明嘉靖十六年(1537)刻本

　八行二十字　左右雙邊　白口

　19.5×13.6 釐米

天一閣

史 2686

[乾隆]杞縣志二十卷首一卷

　清王之偉、潘均纂修

　清乾隆十二年(1747)刻本

　十行二十一字　四周雙邊　白口

　19.5×14.7 釐米

浙圖

史 2691

[乾隆]鄢陵縣志二十一卷首一卷

　清會稽施誠等纂修

　清乾隆三十七年(1772)刻本

　九行二十一字　四周雙邊　白口

　20.1×13.7 釐米

浙圖

史 2687

[嘉靖]通許縣志二卷

　明陳正、韓玉等纂修

　明嘉靖二十二年(1543)刻本

　八行二十字　四周單邊　白口

　18.5×14 釐米

史 2692

[嘉靖]蘭陽縣志十卷

　明褚宦、李希程纂修

　明嘉靖二十五年(1546)刻本

　九行二十一字　四周單邊　黑口

　22×14.63 釐米

地理類

天一閣

史 2693

[嘉靖]儀封縣志不分卷

　　明抄本

　　十行字數不一　四周雙邊　黑口

　　20.5×15.3 釐米

天一閣

史 2694

[乾隆]滎澤縣志十四卷

　　清崔淇、王博、李維嶠纂修

　　清乾隆十三年（1748）刻本

　　九行二十字　四周雙邊　白口

　　20.3×14.2 釐米

浙圖

史 2695

[嘉靖]鈞州志八卷

　　明謝瀗纂修

　　明抄本

　　存二卷　一至二

　　十行字數不一　四周雙邊　黑口

　　23.5×15.7 釐米

天一閣

史 2696

[乾隆]禹州志十四卷

　　清邵大業、孫廣生纂修

　　清乾隆十三年（1748）刻本

　　九行二十二字　左右雙邊　白口

　　19.8×15.1 釐米

浙圖

史 2697

[乾隆]西華縣志十四卷首一卷

　　清宋恂、于大猷纂修

　　清乾隆十九年（1754）刻本

　　九行二十二字　四周雙邊　白口

　　22.2×15 釐米

溫圖

史 2698

[嘉靖]沈丘縣志五卷

　　明李宗元纂修

　　明嘉靖九年（1530）刻本

　　缺一卷　五

　　九行二十二字　四周雙邊　白口

　　22.2×15 釐米

天一閣

史 2699

[嘉靖]太康縣志增定十卷文集十卷

　　明安都纂修

　　明嘉靖三年（1524）刻本

　　縣志七行十九至二十七字　左右雙邊　黑口

　　　文集十行二十字　左右雙邊　黑口

　　21.8×14.6 釐米

天一閣

史 2700

[乾隆]太康縣志八卷

　　清武昌國、德清胡彥昇等纂修

　　清乾隆二十六年（1761）刻本

　　九行二十字　四周單邊　白口

　　19.8×13.2 釐米

浙圖

史 2701

[嘉靖]歸德府志八卷

　　明黃鈞、李嵩纂修

　　明嘉靖（1522—1566）刻隆慶（1567—

　　　1572）增修本

　　九行二十字　左右雙邊　黑口

　　21×15 釐米

天一閣

史 2702

[嘉靖]夏邑縣志八卷

　　明鄭相、黃虎臣等纂修

明嘉靖(1522—1566)刻本

九行十九字　四周單邊　白口

20.4×14.8 釐米

天一閣

地理類

史 2703

[嘉靖]永城縣志六卷

明鄭禮纂修

明嘉靖(1522—1566)刻本

八行十九字　左右雙邊　黑口

19.5×15 釐米

天一閣

史 2704

[康熙]柘城縣志四卷

清史鑑纂修

清康熙(1662—1722)刻本

九行二十字　四周單邊　白口

20.8×14.5 釐米

浙圖

史 2705

[嘉靖]彰德府志八卷

明崔銑纂修

明嘉靖(1522—1566)刻本

八行十八字　左右雙邊　白口

18.5×14.5 釐米

天一閣

史 2706

[乾隆]彰德府志三十二卷首一卷

清盧崧、江大鍵、程煥纂修

清乾隆五十二年(1787)刻本

十一行二十二字　左右雙邊　白口

21.2×15.3 釐米

浙圖　寧圖

史 2707

[正德]臨漳縣志十卷

明景芳纂修

明正德元年(1506)刻本

十行十九字　四周雙邊　黑口

22.6×14.6 釐米

天一閣

史 2708

[乾隆]湯陰縣志十卷

清楊世達纂修

清乾隆三年(1738)刻本

八行十九字　左右雙邊　白口

20.2×14.3 釐米

浙圖　溫圖

史 2709

[康熙]林縣志十三卷

清徐岱、萬兆龍等纂修

清康熙三十三年(1694)邇復軒刻本

缺二卷　七至八

九行二十一字　左右雙邊　白口　版心下鐫
　“邇復軒”

17×12.4 釐米

天一閣

史 2710

[乾隆]林縣志十卷首一卷末一卷

清楊潮觀纂修

清乾隆十七年(1752)刻本

九行二十二字　左右雙邊　白口

18.4×13.7 釐米

浙圖

史 2711

[嘉靖]武安縣志四卷

明唐交、陳瑋纂修

明嘉靖二十六年(1547)刻本

十行二十至二十六字　四周雙邊　白口

21.8×15 釐米

天一閣

史 2712

[嘉靖]彰德府磁州涉縣志不分卷

　明抄本

　　九行二十一字　四周雙邊　白口

　　21.5×16 釐米

　天一閣

史 2713

[嘉靖]内黄志九卷

　明張鵬、董弦等纂修

　明嘉靖十六年(1537)刻本

　　九行十八字　四周單邊　白口

　　21×15.7 釐米

　天一閣

史 2714

[乾隆]内黄縣志十八卷首一卷

　清李滇、黄之徵等纂修

　清乾隆四年(1739)刻本

　　九行二十字　左右雙邊　白口

　　19.1×15.5 釐米

　浙圖

史 2715

[順治]淇縣志十卷圖考一卷

　清王謙吉、白龍躍纂修

　清順治十七年(1660)淇縣署刻本

　　八行二十字　四周單邊　白口

　　22×14.8 釐米

　溫圖

史 2716

[順治]淇縣志十卷

　清王謙吉、白龍躍纂修

　清順治十七年(1660)淇縣署刻乾隆

　　(1736—1795)印本

　　八行二十字　四周單邊　白口

　　22×14.8 釐米

　浙大

史 2717

[乾隆]汲縣志十四卷首一卷末一卷

　清徐汝瓚、杜崐纂修

　清乾隆二十年(1755)刻本

　　十行二十二字　左右雙邊　黑口

　　20.2×13.8 釐米

　浙圖　溫圖*

史 2718

[正德]新鄉縣志六卷

　明儲珊、李錦纂修

　明抄本

　　九行字數不一　四周雙邊　黑口

　　21.5×16 釐米

　天一閣

史 2719

[乾隆]獲嘉縣志十六卷首一卷

　清吳喬齡、李棟纂修

　清乾隆二十一年(1756)刻本

　　十行二十二字　左右雙邊　黑口

　　19.5×13.8 釐米

　浙圖

史 2720

[嘉靖]輝縣志十卷

　明張天真纂修

　明嘉靖(1522—1566)刻本

　　九行二十一字　四周單邊　白口

　　20×14.2 釐米

　天一閣

史 2721

[康熙]河内縣志五卷

　清李檦、蕭家蕙纂修

　清康熙三十三年(1694)刻本

　　九行二十字　左右雙邊　白口

　　20.5×13.6 釐米

　浙圖

地理類

史 2722

[乾隆]濟源縣志十六卷首一卷末一卷

清蕭應植纂修

清乾隆二十六年(1761)刻本

十行二十二字　左右雙邊　白口

19.4×13.3 釐米

浙圖

史 2723

[康熙]孟縣志十二卷

清張之紀、毛鵑纂修

清康熙三十四年(1695)刻本

九行二十二字　四周雙邊　白口

20×13 釐米

天一閣

史 2724

[乾隆]孟縣志十卷

清仇汝瑚修、馮敏昌纂

清乾隆五十五年(1790)刻本

十一行二十一字　左右雙邊　黑口

17.6×14.4 釐米

浙圖　嘉圖

史 2725

[乾隆]溫縣志十二卷首一卷

清王其華、苗于京纂修

清乾隆二十四年(1759)刻本

缺一卷　五

十二行二十五字　左右雙邊　白口

20×15 釐米

浙圖

史 2726

[乾隆]原武縣志十卷

清吳文炘、何遠等纂修

清乾隆十二年(1747)刻本

九行二十一字　四周雙邊　白口

19.2×14.5 釐米

浙圖

史 2727

[嘉靖]陽武縣志三卷

明呂柟纂修

明嘉靖(1522—1566)刻本

十行二十二字　四周雙邊　黑口

21×14 釐米

天一閣

史 2728

[乾隆]陽武縣志十二卷

清談諟曾、楊仲震等纂修

清乾隆十年(1745)刻本

九行二十一字　四周雙邊　白口

19.5×14.8 釐米

浙圖

史 2729

[順治]洛陽縣志十二卷首一卷

清武攀龍纂修　清吳源起、錢肇修等續修

清順治十五年(1658)刻康熙十年至四十年(1671—1701)增修本

九行二十字　四周雙邊　白口

22×16.2 釐米

浙圖

史 2730

[弘治]偃師縣志四卷

明魏津纂修

明抄本

十行字數不一　四周雙邊　白口

21.5×14.5 釐米

天一閣

史 2731

[乾隆]偃師縣志三十卷首一卷

清湯毓倬、孫星衍纂修

清乾隆五十三年(1788)刻本

十行二十一字　左右雙邊　白口

18.7×14.1 釐米

浙圖

天一閣

史 2732

[嘉靖]鞏縣志八卷

　明周泗、康紹第纂修

　明嘉靖三十四年(1555)刻本

　九行二十四至二十七字　四周單邊　白口

　21.8×14.6 釐米

天一閣

史 2737

[康熙]南陽縣志六卷首一卷

　清張光祖、徐永芝等纂修

　清康熙三十二年(1693)刻本

　九行二十字　左右雙邊　白口

　19.9×13 釐米

浙圖

史 2733

[康熙]登封縣志十卷

　清張聖誥、焦欽寵等纂修

　清康熙三十五年(1696)刻本

　九行二十二字　左右雙邊　白口

　19.6×14.5 釐米

浙圖

史 2738

[康熙]鎮平縣志三卷

　清張琮、崔皋宣纂修

　清康熙(1662—1722)刻本

　八行十九字　左右雙邊　白口

　20×14.2 釐米

浙圖

史 2734

[乾隆]登封縣志三十二卷

　清陸繼萼、洪亮吉纂修

　清乾隆五十二年(1787)刻本

　十一行二十一字　左右雙邊　黑口

　17.2×14.4 釐米

浙圖

史 2739

[康熙]鎮平縣志三卷

　清張琮、崔皋宣纂修

　清康熙(1662—1722)刻本

　19.3×14 釐米

浙圖

史 2735

[乾隆]嵩縣志三十卷首一卷

　清康基淵纂修

　清乾隆三十二年(1767)刻本

　九行二十二字　左右雙邊　白口

　18.3×14 釐米

浙圖

史 2740

[嘉靖]舞陽志要十二卷外紀一卷

　明張穎纂修

　明嘉靖十五年(1536)刻本

　缺五卷　一至四　外紀

　九行二十至二十二字　四周單邊　白口

　19.5×13.8 釐米

天一閣

史 2736

[嘉靖]鄧州志十六卷

　明潘庭楠纂修

　明嘉靖四十三年(1564)刻本

　十行二十字　四周單邊　白口

　20.3×15 釐米

史 2741

[康熙]汝寧府志十六卷

　清金鎮纂修

　清康熙(1662—1722)刻本

　缺五卷　六至七　十　十五至十六

　九行二十字　四周單邊　白口

21.6×15.6釐米

天一閣

史 2742

[嘉靖]真陽縣志十卷

明徐霓、何麟纂修

明嘉靖三十三年(1554)刻本

八行十八字　四周雙邊　黑口

22×16.2釐米

天一閣

史 2743

[嘉靖]確山縣志二卷

明陳耀文纂修

明嘉靖三十六年(1557)刻本

存一卷　一

九行二十二字　四周雙邊　白口

20.5×14.8釐米

天一閣

史 2744

[弘治]許州志二十卷

明邵寶纂修

明弘治六年(1493)刻本

存五卷　一至五

十行二十字　四周單邊　黑口

21.5×14.8釐米

天一閣

史 2745

[嘉靖]許州志八卷

明張良知、楊鑾等纂修

明嘉靖二十年(1541)刻本

九行十八字　四周單邊　白口

18.1×13.6釐米

天一閣

史 2746

[嘉靖]襄城縣志八卷

明林鸞纂修

明嘉靖三十年(1551)刻本

九行十六字　四周雙邊　白口

18.5×13釐米

天一閣

史 2747

[嘉靖]郾城縣志十二卷

明楊邦梁、趙應式纂修

明嘉靖(1522—1566)刻本

八行二十至二十三字　四周雙邊　黑口

21×15.1釐米

天一閣

史 2748

[嘉靖]靈寶縣志二卷

明苟汝安、萬衺纂修

明嘉靖三十五年(1556)刻本

存一卷　下

十行二十四字　四周單邊　白口

21.8×15.2釐米

天一閣

史 2749

[乾隆]重修靈寶縣志六卷

清周慶增、王道輝纂修

清乾隆十二年(1747)刻本

缺一卷　五

九行二十二字　四周雙邊　白口

17.5×14釐米

玉海樓

史 2750

[乾隆]靈寶縣志括記不分卷

清馮兹文撰

稿本

桐廬圖

史 2751

[嘉靖]光山縣志九卷

明沈紹慶、王家士纂修

明嘉靖三十五年(1556)刻本

八行二十字　四周雙邊　白口

19.6×13.6釐米

天一閣

史 2752

[嘉靖]固始縣志十卷

明張梯、葛臣纂修

明嘉靖二十一年(1542)南坰草堂刻三十

一年(1552)增修本

八行二十字　四周單邊　白口

20×14.5釐米

天一閣

史 2753

[嘉靖]息縣志八卷

明邵鳴岐纂修

明嘉靖三十二年(1553)刻本

存四卷　五至八

九行十六字　四周雙邊　白口

21.5×15.5釐米

天一閣

史 2754

[嘉靖]新刻商城縣志八卷

明萬炯、張應辰等纂修

明嘉靖(1522—1566)刻本

八行二十二字　四周雙邊　黑口

19×13.8釐米

天一閣

史 2755

[正德]汝州志八卷

明王雄、承天貴纂修

明正德五年(1510)刻本

八行十九字　四周雙邊　黑口

21.4×14釐米

天一閣

史 2756

[嘉靖]魯山縣志十卷

明姚卿、孫鐸纂修

明嘉靖三十一年(1552)刻本

八行十八字　左右雙邊　黑口

21×14.5釐米

天一閣

史 2757

[乾隆]魯山縣全志九卷

清徐若階、傅爾英纂修

清乾隆八年(1743)刻本

九行二十一字　左右雙邊　白口

19.6×14.8釐米

浙圖

史 2758

[乾隆]伊陽縣志四卷首一卷

清李章埥、張施仁、趙先第纂修

清乾隆三十一年(1766)刻本

九行二十二字　四周單邊　白口

18×13.8釐米

浙圖

史 2759

[嘉靖]雍大記三十六卷

明何景明纂修

明嘉靖(1522—1566)刻本

存二十四卷　一至二十四

十行二十一字　四周單邊　白口

20.8×15釐米

浙圖

陝　西

史 2760

[康熙]陝西通志三十二卷首三卷

清賈漢復、李楷纂修

清康熙五十年(1711)刻本

九行二十字　四周單邊　白口

22×15.3釐米

浙圖

史 2761

[雍正]陝西通志一百卷首二卷
　清劉于義、秀水沈青崖纂修
　清雍正十三年(1735)刻本
　22×16.6 釐米
寧圖　嘉圖*

史 2762

[雍正]陝西通志一百卷首二卷
　清劉于義、秀水沈青崖纂修
　清雍正十三年(1735)刻重修本
浙大

史 2763

[乾隆]西安府志八十卷首一卷
　清舒其紳、嚴長明纂修
　清乾隆四十四年(1779)刻本
　十一行二十二字　左右雙邊　黑口
　19.2×13.9 釐米
浙圖

史 2764

長安志二十卷
　宋宋敏求纂修
圖三卷
　元李好文撰
　明嘉靖十一年(1532)李經刻本
　十行二十字　四周單邊　白口
　18×13.5 釐米
天一閣

史 2765

長安志二十卷
　宋宋敏求纂修
長安圖志三卷
　元李好文撰
　清乾隆四十九年(1784)刻本
　十一行二十二字　四周單邊　黑口

19.8×14.7 釐米
浙圖　溫圖　嘉圖　平湖圖　黃巖圖

史 2766

[乾隆]咸陽縣志二十二卷首一卷末一卷
　清臧應桐纂修
　清乾隆十六年(1751)刻本
　十行二十二字　四周雙邊　白口
　21.3×14 釐米
浙圖

史 2767

[乾隆]臨潼縣志九卷
　清史傳遠纂修
　清乾隆四十一年(1776)刻本
　十行十二字　四周雙邊　白口
　20.2×15 釐米
浙圖

史 2768

[萬曆]富平縣志十卷
　清劉兌、孫丕揚纂修
　清乾隆四十三年(1778)刻本
　十行二十字　左右雙邊　白口
　20.4×14.5 釐米
浙圖

史 2769

[乾隆]富平縣志八卷
　清喬履信纂修
　清乾隆五年(1740)刻本
　十行二十字　四周雙邊　白口
　19.9×15.3 釐米
浙圖

史 2770

[乾隆]富平縣志八卷
　清吳六鰲、胡文銓纂修
　清乾隆四十三年(1778)刻本
　十行二十字　左右雙邊　白口

20.1×14.4釐米

浙圖

史 2771

[乾隆]醴泉縣志十四卷

　清蔣騏昌、孫星衍纂修

　清乾隆四十九年(1784)刻本

　十二行二十四字　四周單邊　黑口

　19.8×14.9釐米

浙圖　嘉圖

史 2772

[嘉靖]耀州志二卷

　明張璉纂修

　明嘉靖二十年(1541)刻本

　九行二十字　四周單邊　白口

　21×14.9釐米

天一閣

史 2773

[嘉靖]喬三石耀州志十一卷五臺山志一卷

　明李廷寶、喬世寧纂修

　清乾隆二十七年(1762)汪灝刻本

　十行二十字　四周雙邊　白口

　20.1×14釐米

浙圖

史 2774

[嘉慶]耀州志十卷

　清山陰陳仕林纂修

　清嘉慶七年(1802)刻本

　九行二十字　左右雙邊　白口

　19.8×13.9釐米

浙圖

史 2775

[正德]鳳翔府志八卷

　明王江、王麒纂修

　明正德十六年(1521)刻本

存三卷　一至三

九行二十字　四周雙邊　黑口

　20.5×14.5釐米

天一閣

史 2776

[乾隆]岐山縣志八卷

　清平世增、郭履恒、蔣兆甲纂修

　清乾隆四十四年(1779)刻道光二十二年

　　(1842)增補本

　九行二十四字　四周雙邊　白口

　21×13.5釐米

浙圖

史 2777

[乾隆]寶雞縣志十六卷

　清鄧夢琴、董詔纂修

　清乾隆五十年(1785)刻本

　十二行二十四字　四周單邊　黑口

　20.3×14.7釐米

浙圖

史 2778

[乾隆]扶風縣志十八卷首一卷

　清熊家振、張塤纂修

　清乾隆四十六年(1781)刻本

　十二行二十四字　四周單邊　黑口

　19.9×14.7釐米

浙圖

史 2779

[乾隆]郿縣志十八卷首一卷

　清李帶雙、張若纂修

　清乾隆四十三年(1778)刻本

　十二行二十四字　四周單邊　黑口

　20.1×14.8釐米

浙圖

史 2780

[康熙]隴州志八卷首一卷

　清羅彰彝纂修

地理類

清康熙五十二年(1713)刻本

九行二十一字　四周單邊　白口

20.7×14 釐米

浙圖

史 2781

[乾隆]隴州續志八卷首一卷末一卷

　清吳炳纂修

　清乾隆三十一年(1766)刻本

九行二十一字　四周單邊　白口

20.3×13.8 釐米

浙圖

史 2782

[嘉靖]略陽縣志六卷

　明李遇春纂修　明李東甲、賈言校補

　明嘉靖(1522—1566)刻本

缺二卷　五至六

九行二十字　四周雙邊　黑口

天一閣

史 2783

[正德]朝邑縣志二卷

　明王道、韓拜靖纂修

　清康熙五十一年(1712)王兆鰲刻本

九行二十二字　四周單邊　白口

19.8×14.2 釐米

浙圖　天一閣

史 2784

[萬曆]續朝邑縣志八卷

　明王學謨纂修

　清康熙五十一年(1712)刻本

九行二十二字　左右雙邊　白口

20.5×14.6 釐米

天一閣

史 2785

[康熙]朝邑縣後志八卷

　清王兆鰲、王鵬翼纂修

清康熙五十一年(1712)刻後印本

九行二十二字　左右雙邊　白口

19.7×13.4 釐米

浙圖

史 2786

[乾隆]朝邑縣志十一卷首一卷

　清金嘉琰、朱廷模、錢坫纂修

　清乾隆四十五年(1780)刻本

十二行二十四字　四周單邊　黑口

20.1×14.8 釐米

浙圖

史 2787

[乾隆]郃陽縣全志四卷

　清席奉乾、孫景烈纂修

　清乾隆三十四年(1769)刻本

十行二十二字　四周單邊　白口

17.6×13.5 釐米

浙圖

史 2788

[乾隆]韓城縣志十六卷首一卷

　清傅應奎、錢坫纂修

　清乾隆四十九年(1784)刻本

十二行二十二字　四周單邊　黑口

19.4×14.7 釐米

浙圖

史 2789

[萬曆]華陰縣志九卷

　明王九疇、張毓翰纂修

　明萬曆四十二年(1614)刻本

九行二十字　四周單邊　白口

21×14.5 釐米

天一閣

史 2790

[萬曆]華陰縣志九卷

　明王九疇、張毓翰纂修

明萬曆四十二年(1614)刻清康熙(1736—
　　1795)增修本

浙大

史 2791

[正德]武功縣志三卷

　明康海纂修

　明正德十四年(1519)刻本

　十行二十二字　左右雙邊　白口

　19.8×14.7 釐米

湖圖

史 2792

[正德]武功縣志三卷

　明康海纂修

　明雍正十二年(1734)沈華刻本

　十行二十二字　四周雙邊　白口

　21.5×14.4 釐米

浙圖

史 2793

[正德]武功縣志三卷首一卷

　明康海纂修　清孫景烈評注

　清乾隆二十六年(1761)刻本

　十行二十二字　四周雙邊　白口

　18.4×13.8 釐米

浙圖　寧圖

史 2794

[正德]武功縣志三卷首一卷

　明康海纂修　清孫景烈評注

　清乾隆二十六年(1761)刻本　清光緒三
　年(1877)葉裕仁跋

浙圖

史 2795

新刊康對山先生武功縣志三卷首一卷

　明康海纂修　清孫景烈評注

　清乾隆二十六年(1761)瑪星阿刻本

　十二行二十三字　四周雙邊　白口

19.9×14.8 釐米

浙圖　溫圖　紹圖

史 2796

[康熙]武功縣重校續志三卷

　清李紹韓、張文熙纂修　清康呂賜校補

　清康熙元年(1662)刻雍正十二年
　　(1734)補刻本

　十行二十二字　四周雙邊　白口

　21.5×14.8 釐米

浙圖

史 2797

[雍正]武功縣後志四卷

　清沈華、崔昭等纂修

　清雍正十二年(1734)刻本

　十行二十二字　四周雙邊　白口

　21.4×14.9 釐米

浙圖

史 2798

[嘉靖]邠州志四卷

　明姚本、閻奉恩纂修　清蘇東柱續修

　清順治六年(1649)刻本

　九行二十字　四周雙邊　白口

衢博

史 2799

[乾隆]淳化縣志三十卷

　清萬廷樹、洪亮吉纂修

　清乾隆四十九年(1784)刻本

　十一行二十一字　左右雙邊　黑口

　18×13.5 釐米

浙圖

史 2800

[乾隆]長武縣志十二卷續刻一卷

　清樊士鋒、洪亮吉纂修　清李大成續修

　清乾隆四十八年(1783)刻嘉慶二十四年
　　(1819)增刻本

十行二十二字　四周單邊　白口

20.8×13.5 釐米

浙圖

甘肅

史 2801

[乾隆]皋蘭縣志二十卷

清吳鼎新、黃建中纂修

清乾隆四十三年(1778)刻本

九行二十三字　四周雙邊　白口

17.9×13 釐米

浙圖

史 2802

[乾隆]狄道州志十六卷

清呼延華國、吳鎮纂修

清乾隆二十八年(1763)刻本

十行二十四字　四周雙邊　白口

18.4×12.9 釐米

溫圖

史 2803

[天啓]鞏昌府志二十八卷

明楊恩纂修　清紀元補訂

清康熙二十七年(1688)刻本

九行二十字　四周雙邊　白口

21.1×14.6 釐米

浙圖

史 2804

[乾隆]直隸秦州新志十二卷末一卷

清費廷珍、胡釴纂修

清乾隆二十九年(1764)刻本

九行二十字　四周雙邊　白口

19.6×13.4 釐米

浙圖

史 2805

[乾隆]成縣新志四卷

清黃泳、汪於雍等纂修

清乾隆十七年(1752)刻本

缺一卷　一

九行二十二字　四周雙邊　白口

21.3×15.2 釐米

溫圖

史 2806

[嘉慶]玉門縣志不分卷

抄本

浙圖

寧夏

史 2807

[乾隆]西寧府新志四十卷

清楊應琚纂修

清乾隆(1736—1795)刻本

九行二十一字　四周雙邊　白口

21.8×16 釐米

浙圖

史 2808

[弘治]寧夏新志八卷

明胡汝礪纂修

明弘治十四年(1501)刻本

缺一卷　七

八行十二字　四周雙邊　黑口

21.5×16 釐米

天一閣

史 2809

[嘉靖]寧夏新志八卷

明管律纂修

明嘉靖十九年(1540)刻本

八行二十至二十三字　四周單邊　白口

21.5×15.5 釐米

天一閣

史 2810

[萬曆]固原州志二卷

明劉敏寬纂修

明萬曆(1573—1620)刻本

十行二十字　四周雙邊　白口

21.5×15.4釐米

天一閣

史2811

[萬曆]朔方新志五卷

明楊壽、黃機纂修

明萬曆四十五年(1617)刻清順治(1644—
1661)增刻本

九行二十一字　四周雙邊　白口

浙圖

浙江

史2812

[嘉靖]浙江通志七十二卷

明胡宗憲、薛應旂纂修

明嘉靖四十年(1561)刻本

九行二十字　四周單邊　白口

20.6×14.4釐米

浙圖　天一閣*

史2813

[康熙]浙江通志五十卷首一卷

清王國安、張衡等纂修

清康熙二十三年(1684)刻本

九行二十字　四周雙邊　白口

22.8×15.5釐米

浙圖　寧圖*

史2814

[雍正]浙江通志二百八十卷首三卷

清李衛、海寧沈翼機等纂修

清乾隆元年(1736)刻本

十行二十字　四周雙邊　白口

19.5×15釐米

浙圖　上虞圖

史2815

[雍正]浙江通志二百八十卷

清李衛、海寧沈翼機等纂修

清乾隆七年(1742)刻本

十行二十二字　四周雙邊　白口

19.7×15釐米

寧圖

史2816

[民國]續修浙江通志殘稿不分卷

嘉興沈曾植等纂修

稿本〔第九册至十五册配抄本〕

浙圖

史2817

[民國]續修浙江通志稿不分卷

嘉興沈曾植纂修

稿本

存蠲岈　關梁　水利　海塘

嘉圖

史2818

[雍正]浙江通省志圖説不分卷

清沈德潛撰

清雍正(1723—1735)刻本

十行十九字　左右雙邊　白口

17.5×13.8釐米

嘉圖

史2819

[乾道]臨安志十五卷

宋長興周淙纂修

清抄本　佚名録清仁和杭世駿、錢塘厲
鶚跋

存三卷　一至三

浙圖

史2820

[咸淳]臨安志一百卷

宋處州潛説友纂修

清馬氏碧蘿館抄本　佚名録海寧吳騫跋
清生白録清嘉興錢泰吉跋

地理類

273

缺五卷　六十四　九十　九十八至一百

浙圖

史 2821

［成化］杭州府志六十三卷首一卷

　明陳讓、仁和夏時正纂修

　清影抄明成化（1465—1487）刻本

21×14.7 釐米

浙圖

史 2822

［康熙］杭州府志四十卷圖一卷

　清馬如龍、楊鼐等纂修

　清康熙二十五年（1686）刻本

十行二十二字　左右雙邊　白口

20.8×14.6 釐米

浙圖

史 2823

［康熙］杭州府志四十卷圖一卷

　清馬如龍、楊鼐等纂修　清李鐸續修

　清康熙二十五年（1686）刻三十三年

　　（1694）李鐸增刻本

浙圖

史 2824

［乾隆］杭州府志一百十卷首五卷

　清邵齊然、錢塘汪沆等纂修

　清乾隆四十四年（1779）刻本

缺三十八卷　七至四十三　六十三

十行二十四字　左右雙邊　白口

19.9×14.3 釐米

浙圖

史 2825

［乾隆］杭州府志一百十卷首六卷

　清鄭澐、餘姚邵晉涵纂修

　清乾隆四十九年（1784）刻本

十行二十四字　左右雙邊　白口

20.1×14.2 釐米

浙圖　杭圖 ＊　寧圖　溫圖　浙博

史 2826

［光緒］杭州府志二百卷首十卷末一卷

　清龔嘉儁、錢塘丁丙等纂修

　稿本　清黃巖王棻校

存一百九十三卷　首九　一至二十九　三

　十二至四十一　四十三至四十六　四十

　八至七十八　八十至八十六　九十至二

　百

浙圖

史 2827

［光緒］杭州府志二百卷

　清龔嘉儁、錢塘丁丙等纂修

　稿本

存循吏卷

浙圖

史 2828

錢塘縣志補不分卷

　清吳允嘉撰

　清抄本

浙博

史 2829

武林志餘十二卷

　清錢塘張暘輯

　稿本　仁和孫峻批校

存四卷　八至十二

浙圖

史 2830

［康熙］錢塘縣志三十六卷首一卷

　清魏嵻、慈谿裴璉等纂修

　清康熙五十七年（1718）刻後印本

九行二十二字　四周單邊　白口

19.6×14.7 釐米

浙圖

史 2831

錢塘紀略不分卷

　清抄本

浙圖

史 2832

[康熙]仁和縣志二十八卷首一卷

　清趙世安、仁和邵遠平纂修

　清康熙二十六年（1687）刻本

　九行二十字　四周雙邊　白口

　22.4×14.9 釐米

浙圖　浙博

史 2833

[光緒]仁和縣志稿不分卷

　清蕭治輝、仁和孫峻纂修

　稿本

浙圖

史 2834

[雍正]北新關志十六卷首一卷附船式圖一卷

　清許夢閎纂修

　清雍正九年（1731）刻本〔卷首、一至三配清抄本〕

　九行二十字　四周雙邊　白口

　19.9×14.6 釐米

浙圖

史 2835

[康熙]海寧縣志十三卷

　清許三禮纂修

　清康熙（1662—1722）刻本

　十行二十字　左右雙邊　白口

　20.6×14.7 釐米

浙圖

史 2836

[乾隆]海寧州志十六卷首一卷

　清戰效曾、高瀛洲纂修

　清乾隆四十二年（1777）刻本

　十行二十二字　左右雙邊　白口

　18.4×13.6 釐米

浙圖

史 2837

[乾隆]海寧州志十六卷首一卷

　清戰效曾、高瀛洲纂修

　清乾隆（1736—1795）刻本

　十行二十三字　左右雙邊　白口

　19.4×13.6 釐米

海寧圖

史 2838

海昌外志八卷

　明海寧談遷撰

　清抄本　清陳恭溥跋

浙圖

史 2839

海昌外志八卷

　明海寧談遷撰

　清抄本　海寧管元耀校並跋

　存六卷　輿地志　食貨志　職官志　人物志　叢談志　藝文志

浙圖

史 2840

海寧志略不分卷

　清海寧范驤撰

　張宗祥抄本

浙圖

史 2841

修川小志二卷

　清海寧鄒存淦撰

　清光緒三十二年（1906）張氏小清儀閣抄本　海寧張光第跋並錄清王承宰批校

浙圖

史 2842

修川小志一卷

　清海寧鄒存淦撰

　清光緒（1875—1908）管氏靜得樓抄本

浙圖

史 2843

修川志餘二卷

　清鍾兆彬撰

　清光緒二十九年（1903）抄本

浙圖

史 2844

花溪志補遺一卷

　清海昌許良謨撰

　稿本　馮翼雲校並跋

浙圖　杭圖

史 2845

花溪志補遺一卷

　清海昌許良謨撰

　清末張氏小清儀閣抄本　海寧張光第跋

浙圖

史 2846

花溪志補遺一卷

　清海昌許良謨撰

　清末張氏小清儀閣抄本　海寧張光第、

　　海寧王國維跋

浙圖

史 2847

花溪志補遺一卷

　清海昌許良謨撰

花溪備忘錄一卷

　清鹽官祝定國撰

敬所筆記一卷

　清許敦俅撰

　抄本

嘉圖

史 2848

［嘉慶］峽川續志校勘記一卷

　海寧管元耀撰

　稿本

浙圖

史 2849

［康熙］重修富陽縣志十卷

　清錢晉錫纂修

　清抄本

浙圖

史 2850

［正統］重修富春志六卷

　明吳堂纂修

　清抄本

浙圖

史 2851

富陽縣新舊志校記二卷

　清富陽朱壽保撰

　抄本

浙圖

史 2852

［康熙］餘杭縣志八卷

　清張思齊纂修

　清康熙（1662—1722）刻本

　九行十九字　四周雙邊　白口

浙圖

史 2853

臨平記三卷

　清仁和沈謙撰

　清抄本　馮翼雲校並跋

浙圖

史 2854

臨平記再續三卷

　　臨平陳棠、姚景瀛纂修

　　稿本　　海寧張宗祥跋

浙圖

史 2855

[乾隆]臨安縣志四卷

　　清趙民洽纂修

　　清乾隆二十四年(1759)刻本

缺一卷　三

　　十行二十二字　四周雙邊　白口

　　19.7×15 釐米

浙圖

史 2856

[康熙]於潛縣志八卷

　　清趙之珩、章國佐纂修

　　清康熙十二年(1673)刻本

　　九行二十字　四周雙邊　白口

　　21.5×15.1 釐米

浙圖

史 2857

[嘉慶]於潛縣志十六卷首一卷末一卷

　　清蔣光弼、張燮纂修

　　清嘉慶十七年(1812)刻本

　　九行二十一字　左右雙邊　白口

　　18.6×13.2 釐米

浙圖

史 2858

[萬曆]新城縣志四卷

　　明溫朝祚、新城方廉纂修

　　明萬曆(1573—1620)溫朝祚刻本　汪采

　　　庭批校

　　九行十九字　四周單邊　白口

　　19.5×14 釐米

浙圖

史 2859

[康熙]新城縣志十四卷首一卷

　　清崔懋纂修

[康熙]新城縣續志二卷

　　清孫元衡纂修

　　清康熙(1662—1722)刻乾隆(1736—

　　　1795)印本

　　十行二十一字　四周雙邊　白口

浙大

史 2860

[康熙]新城縣志八卷

　　清張瓚、張戩纂修

　　清康熙十二年(1673)深清堂刻本

存四卷　五至八

　　十一行二十字　四周雙邊　白口

　　18.5×13.7 釐米

浙圖

史 2861

[乾隆]昌化縣志二十卷首一卷

　　清甘文蔚、蔡世源纂修

　　清乾隆十三年(1748)刻本

　　九行二十字　四周單邊　白口

　　19×13.7 釐米

浙圖　浙博

史 2862

[道光]昌化縣志二十卷

　　清于尚齡等纂修

　　周氏鴿峰草堂抄本

　　九行十九字　四周雙邊　白口

　　20.6×14.5 釐米

杭圖

史 2863

[至元]嘉禾志三十二卷

　　元單慶、徐碩纂修

　　清咸豐六年(1856)抄本　佚名錄清桐鄉

　　　馮浩、戴慶增、嘉興張廷濟、戴光勇、海

寧管庭芬、李文杏、唐仁壽等校並跋

浙大

史 2864

[至元]嘉禾志三十二卷

　元單慶、徐碩纂修

　清倪禹功抄本

　十行二十字　無格

嘉圖

史 2865

[弘治]嘉興府志三十二卷

　明柳琰纂修

　清末平湖孫氏映雪廬抄本

存四卷　二十一至二十四

嘉圖

史 2866

[正德]嘉興志補十二卷

　明于鳳喈、鄒衡纂修

　清嘉慶五年(1800)思補齋抄本　清戴光

　　曾校並跋

浙圖

史 2867

[康熙]嘉興府志十八卷首一卷末一卷

　清袁國梓纂修

　清康熙二十一年(1682)刻本

缺一卷　末

　十行二十二字　左右雙邊　下黑口

　21.6×14.7 釐米

嘉圖　天一閣

史 2868

[康熙]嘉興府志十六卷

　清吳永芳、嘉善錢以塏纂修

　清康熙六十年(1721)刻本

　十行二十二字　左右雙邊　白口

　21×14.3 釐米

浙圖　嘉圖

史 2869

[萬曆]秀水縣志十卷

　明李培、秀水黃洪憲纂修

　明萬曆二十四年(1596)刻本

　九行十八字　左右雙邊　白口

　20.6×14.5 釐米

嘉圖　天一閣

史 2870

[民國]重修秀水縣志稿不分卷

　嘉興金蓉鏡等纂修

　稿本

浙圖　嘉圖

史 2871

[民國]重修秀水縣志稿不分卷

　嘉興金蓉鏡等纂修

　稿本

嘉圖

史 2872

[同治]新塍瑣志十四卷

　清鄭鳳鏘纂　鄭文謙增補

　稿本

　十行二十三字　無格

嘉圖

史 2873

梅里志稿不分卷

　清馮氏研經廬抄本

浙圖

史 2874

梅里志校勘記二卷

　嘉興祝廷錫撰

　稿本

　十二行二十字　無格

　20.6×14.5 釐米

嘉圖

史 2875

竹里述略十二卷附錄一卷

　清嘉興徐士燕撰

　清同治三年(1864)稿本

浙圖

史 2876

竹林八圩志十二卷首一卷

　嘉興祝廷錫撰

　稿本

　　十一行二十二字　四周單邊　黑口

　　20.6×14.5 釐米

嘉圖

史 2877

[正德]嘉善縣志六卷

　明倪璣、孫概等纂修

　清抄本　清畢星燦跋

嘉圖

史 2878

[正德]嘉善縣志六卷

　明倪璣、孫璧纂修

　清抄本

浙圖

史 2879

[康熙]嘉善縣志十二卷

　清楊廉、嘉善郁之章纂修

　清康熙十六年(1677)刻本

　存五卷　四至八

　　十行二十二字　左右雙邊　白口

　　21.5×14.5 釐米

浙圖

史 2880

[雍正]續修嘉善縣志十二卷

　清戈鳴岐、錢元佑纂修

　清雍正十二年(1734)刻本

　　十行二十二字　左右雙邊　白口

　　21.4×14.7 釐米

浙圖

史 2881

續澉水志九卷

　明海鹽董穀纂修

　清抄本　清道光十九年(1839)俞方穀校
　　並跋

浙圖

史 2882

[道光]澉水新志十二卷首一卷

　清方溶、萬亞蘭纂修

　清道光三十年(1850)寫刻樣本

浙圖

史 2883

[道光]澉水新志十二卷

　清方溶、萬亞蘭纂修

　抄本

浙圖

史 2884

[嘉靖]海鹽縣志五卷

　明夏浚、徐泰纂修

　清抄本　佚名校注

浙圖

史 2885

[康熙]海鹽縣志不分卷

　清張素仁、海鹽彭孫貽、童申祉纂修

　清初抄本　佚名校

浙圖

史 2886

[天啓]海鹽縣圖經十六卷

　明樊維城、海鹽胡震亨等纂修

　明天啓四年(1624)刻清乾隆(1736—
　　1795)補修本

　　十行二十字　左右雙邊　白口

20.1 × 14.5 釐米

浙圖　杭圖

史 2887

[乾隆]海鹽縣續圖經七卷

　清王如珪、陳世倕纂修

　清乾隆十三年(1748)刻本

　十行二十字　左右雙邊　白口

　20.2 × 14.7 釐米

浙圖

史 2888

[康熙]石門縣志十二卷

　清廓世培纂修

　清康熙十六年(1677)刻本

　九行十九字　四周雙邊　白口

　20.6 × 14.1 釐米

浙圖*　天一閣

史 2889

[天啓]平湖縣志十九卷

　明程楷、楊儔卿等纂修

　明天啓七年(1627)刻本

　十行二十字　四周單邊　白口

　21.5 × 15 釐米

天一閣

史 2890

[康熙]平湖縣志十卷

　清朱維熊、陸菜纂修

　平湖陸氏求是齋抄本

　缺一卷　七

浙圖

史 2891

[乾隆]平湖縣志十卷首一卷末一卷

　清王恒、平湖張誠纂修

　清乾隆五十五年(1790)刻本

　十行二十三字　四周雙邊　白口

　19.8 × 14.8 釐米

浙圖　平湖圖

史 2892

[乾隆]平湖縣志二十卷

　清張力行、平湖徐志鼎纂修

　平湖陸氏求是齋抄本

浙圖

史 2893

嘉慶甲子平湖縣志十卷

　清路錞、平湖張躍鱗纂修

　平湖陸氏求是齋抄本

浙圖

史 2894

[嘉慶]平湖縣舊志補遺四卷

　清路錞、平湖張躍鱗纂修

　平湖陸氏求是齋抄本

浙圖

史 2895

[康熙]桐鄉縣志五卷

　清徐秉元、仲弘道纂修

　清康熙十七年(1678)刻本

　九行二十字　左右雙邊　白口

　20 × 14 釐米

天一閣

史 2896

[乾隆]乍浦志六卷首一卷

　清平湖宋景關纂修

　清乾隆二十二年(1757)刻本

　九行二十字　左右雙邊　綫黑口

　16.8 × 12.9 釐米

浙圖

史 2897

[乾隆]乍浦志六卷首一卷乍川題詠續纂一卷乍浦志續纂一卷

　清平湖宋景關纂修

清乾隆五十七年(1792)刻本

九行二十字　左右雙邊　白口

16.6×12.8釐米

嘉圖

史 2898

濮川志略十四卷

　　明濮孟清撰　清濮侶莊訂補　清濮龍錫

　　　增訂　清濮潤淞重增

　　清抄本　紅鳳跋

浙圖

史 2899

濮院瑣志八卷

　　清楊樹本撰

　　清抄本

浙圖

史 2900

[嘉泰]吳興志十五卷

　　宋歸安談鑰纂修

　　清抄本

湖博

史 2901

[康熙]湖州府志纂要不分卷

　　清湯新纂修

　　清康熙(1662—1722)稿本

嘉圖

史 2902

[乾隆]湖州府志四十八卷首一卷

　　清李堂纂修

　　清乾隆二十三年(1758)刻本

十一行二十五字　小字雙行三十七字　左右雙

　　邊　白口

19.4×14釐米

浙圖

史 2903

[天啓]吳興備志三十二卷

　　明吳興董斯張纂

　　清康熙四十八年(1709)董朝柱抄本　清

　　　吳興董熄跋　仁和吳昌綏校

浙圖

史 2904

雙林鎮志新補不分卷

　　清蔡松纂

　　民國四年(1915)稿本

嘉圖

史 2905

湖錄一百二十卷

　　清歸安鄭元慶撰

　　稿本　清李少青、丁寶書、歸安楊峴、德

　　　清俞樾跋

存五卷　二十至二十四

浙圖

史 2906

[康熙]歸安縣志十卷

　　清姚時亮、何國祥、王啓胤等纂修

　　清康熙十二年(1673)刻本

九行二十二字　左右雙邊　白口

21×14.7釐米

浙圖

史 2907

晟舍鎮志八卷首一卷

　　清晟舍閔寶樑輯

　　清抄本

浙圖

史 2908

南潯鎮志十二卷首一卷

　　清潘爾夔輯　夏光遠增輯　陳可升、張

　　　鴻寯續輯

　　稿本

存四卷　四至七

21×14.7 釐米

杭圖

史 2909

烏青文獻十卷首一卷末一卷

清桐鄉張園真纂

清康熙二十五年（1686）春草堂刻本

十行二十二字　左右雙邊　黑口　版心下鐫

"春草堂"

19.4×14.3 釐米

浙圖＊　天一閣

史 2910

[康熙]長興縣志八卷

清韓應恒、長興金鏡纂修

清康熙十二年（1673）刻本

九行二十字　四周單邊　白口

23.1×14.4 釐米

浙圖

史 2911

[乾隆]長興縣志十二卷首一卷

清譚肇基、吳菜纂修

清乾隆十四年（1749）刻本

十行二十一字　小字雙行三十一字　四周單邊

白口

19.1×14.4 釐米

浙圖

史 2912

[康熙]德清縣志十卷

清侯元棐、德清陳後方纂修

清康熙十二年（1673）刻本

九行二十字　四周雙邊　白口

20.1×15 釐米

浙圖

史 2913

[正德]新市鎮志八卷

明德清陳霆纂修

清嘉慶十六年（1811）刻本

十行二十一字　左右雙邊　白口

19.4×13 釐米

浙圖

史 2914

仙潭後志不分卷

明胡道傳、德清沈戩穀纂修

清光緒二年（1876）抄本

浙圖

史 2915

[嘉靖]武康縣志八卷

明程嗣功、武康駱文盛纂修

明嘉靖二十九年（1550）刻本

九行二十字　左右雙邊　白口

19.1×14.4 釐米

天一閣

史 2916

[康熙]武康縣志八卷

清馮聖澤、武康駱維恭纂修

清抄本

浙圖

史 2917

[康熙]武康縣志八卷

清馮聖澤、武康駱維恭纂修

抄本

浙圖

史 2918

[道光]武康縣志二十四卷

清疏筐、武康李江纂修

抄本　龍游余紹宋跋

浙圖

史 2919

[嘉靖]安吉州志十六卷

明伍餘福纂修

明嘉靖十三年(1534)刻本

存九卷　一至四　九至十一　十五至十六

九行十九字　四周單邊　白口

20.2×14.1 釐米

天一閣

史 2920

[嘉靖]安吉州志八卷

明江一麟、安吉陳敬則纂修

明嘉靖三十六年(1557)刻本

八行十七字　四周雙邊　白口

19.5×13.7 釐米

天一閣

史 2921

[寶慶]四明志二十一卷

宋胡榘、羅濬纂修

清抄本

存六卷　一至六

浙圖

史 2922

[延祐]四明志二十卷

元馬澤、鄞縣袁桷纂修

清抄本　清王師竹、馮辭菴校　題清鹿
　　園居士跋

缺三卷　九至十一

浙圖

史 2923

校錄四明志徵□□卷

明鄞縣戴鯨撰

明抄本

存二卷　續傳二十六至二十七

十行二十一字　四周雙邊　白口

20.5×15.5 釐米

餘杭圖

史 2924

四明志徵不分卷

清實齋抄本

九行字數不一　左右雙邊　黑口

18.5×14.1 釐米

天一閣

史 2925

[成化]寧波郡志十卷

明張瓚、楊寔纂修

清抄本　佚名校注

浙圖

史 2926

[嘉靖]寧波府志四十二卷

明周希哲、鄞縣張時徹纂修

明嘉靖三十九年(1560)刻本

九行十九字　左右雙邊　白口

21×15 釐米

浙圖　天一閣　浙大

史 2927

[雍正]寧波府志三十六卷首一卷

清曹秉仁、鄞縣萬經纂修

清雍正十一年(1733)刻本

九行二十二字　四周雙邊　白口

20.9×14.6 釐米

浙圖　杭圖

史 2928

[雍正]寧波府志三十六卷首一卷

清曹秉仁、鄞縣萬經等纂修

清雍正十一年（1733）刻乾隆六年
　　（1741）色超補刻本

缺三卷　十四至十六

浙圖

史 2929

寧波府文獻不分卷

稿本

書名編者擬

浙博

史 2930

敬止錄不分卷

清鄞縣高宇泰撰

清抄本　慈溪馮貞群校並跋

浙圖

史 2931

敬止錄不分卷

清鄞縣高宇泰撰

清抄本

九行二十二字　無格

24.1×16.8 釐米

天一閣

史 2932

敬止錄不分卷

清鄞縣高宇泰撰

清小隱山莊抄本

九行二十四字　四周雙邊　白口

20×14.7 釐米

天一閣

史 2933

[康熙]鄞縣志二十四卷

清汪源澤、鄞縣聞性道纂修

清康熙二十九年(1690)刻本

九行十八字　四周雙邊　白口

20.7×13.8 釐米

天一閣

史 2934

[康熙]新纂鄞縣志二十四卷首一卷

清汪源澤、鄞縣聞性道纂修

清康熙二十九年(1690)刻本

九行十八字　四周雙邊　白口

20.7×14 釐米

浙圖

史 2935

[乾隆]鄞縣志三十卷首一卷

清錢維喬、錢大昕纂修

清乾隆五十三年(1788)刻本

十一行二十二字　左右雙邊　白口

18.5×14.3 釐米

浙圖

史 2936

小溪志八卷

清鄞縣柴望撰

張氏約園抄本

浙圖

史 2937

[天啓]慈谿縣志十六卷

明慈谿李逢申、慈谿姚宗文纂修

清馮氏耕餘樓抄本

浙圖

史 2938

[雍正]慈谿縣志十六卷

清楊正筍、馮鴻模等纂修

清雍正九年(1731)刻乾隆三年(1738)
　增刻本

十行二十二字　左右雙邊　白口

18.4×14.4 釐米

浙圖　寧檔

史 2939

[乾隆]鎮海縣志八卷首一卷

清王夢弻纂修

清乾隆十七年(1752)刻本

十行二十一字　四周雙邊　白口

20.1×14.8 釐米

浙圖　寧圖

史 2940

[嘉慶]鎮海縣志備修不分卷

清陳景沛纂修

地理類

稿本

浙圖

史 2941

蛟川備志二十一卷

清陳景沛輯

稿本

缺二卷　五　十三

浙圖

史 2942

蛟川備志舉要不分卷

清陳景沛撰

稿本

浙圖

史 2943

[嘉靖]象山縣志十五卷

明毛德京、象山楊民彝纂修

明嘉靖三十五年（1556）刻隆慶五年

（1571）增修本　蕭山朱鼎煦跋

十行二十二字　四周雙邊　白口

20.1×14.8 釐米

天一閣

史 2944

[康熙]象山縣志十六卷

清胡祚遠、錢塘姚廷傑纂修

清康熙三十七年（1698）刻本

八行十八字　四周單邊　白口

21.1×13.5 釐米

浙圖

史 2945

[雍正]象山縣志四十二卷

清馬受曾、象山林文戀纂修

清雍正（1723—1735）刻本

存十七卷　九至二十　三十八至四十二

18.8×14.2 釐米

天一閣

史 2946

[同治]象山縣志二十四卷末一卷

清黃丙堃、象山馬嗣澄等纂修

清抄本　張美翊跋

十二行二十八字　左右雙邊　白口

18.5×14 釐米

寧圖

史 2947

[嘉靖]定海縣志十三卷

明何愈、鄞縣張時徹纂修

明嘉靖（1522—1566）刻本

九行十九字　左右雙邊　白口

20.5×14.9 釐米

天一閣

史 2948

[康熙]定海縣志□□卷

清王元士纂修　清郝良桐續修

清抄本

存十三卷　五至十七

浙圖

史 2949

[康熙]續定海縣志不分卷

清王元士、鎮海虞光祚纂修

清抄本

浙圖

史 2950

[大德]昌國州圖志七卷

元馮福京、定海郭薦纂修

清抄四庫全書本

浙圖

史 2951

[嘉泰]會稽志二十卷

宋沈作賓、長興施宿纂修

明正德五年(1510)石存禮刻本
十行二十字　左右雙邊　白口
22×16釐米
寧圖

史 2952
[嘉泰]會稽志二十卷
　宋沈作賓、長興施宿纂修
　明抄本
存二卷　十四至十五
天一閣

史 2953
[萬曆]紹興府志五十卷
　明蕭良幹、山陰張元忭等纂修
　明萬曆十五年(1587)刻本
十行二十字　左右雙邊　白口
21.5×15釐米
浙圖　紹圖＊　浙大

史 2954
[康熙]紹興府志五十八卷
　清李鐸、王鳳采等纂修
　清康熙三十年(1691)刻本
九行二十字　四周雙邊　白口
21.1×15釐米
浙圖　浙大

史 2955
[康熙]紹興府志六十卷
　清俞卿、會稽周徐彩纂修
　清康熙五十八年(1719)刻本
九行二十字　四周雙邊　白口
21×15.2釐米
浙圖

史 2956
[乾隆]紹興府志八十卷首一卷
　清李亨特、山陰平恕等纂修
　清乾隆五十七年(1792)刻本

十行二十三字　四周雙邊　白口
19.2×13.7釐米
寧圖　溫圖　嘉圖　紹圖　上虞圖

史 2957
[乾隆]紹興府志八十卷首一卷
　清李亨特、山陰平恕等纂修
　清乾隆五十七年(1792)刻本　清會稽李
　　慈銘批校
浙圖

史 2958
[康熙]山陰縣志三十八卷
　清高登先、山陰沈麟趾等纂修
　清康熙十年(1671)刻本
九行二十字　左右雙邊　白口
21.3×15.3釐米
浙圖　紹圖＊

史 2959
[康熙]山陰縣志三十八卷
　清高登先、山陰沈麟趾等纂修　清范其
　　鑄增修
　清雍正二年(1724)丁弘刻本
九行二十字　左右雙邊　白口
20.9×15.2釐米
天一閣

史 2960
[萬曆]會稽縣志十六卷
　明楊維新、山陰張元忭等纂修
　明萬曆三年(1575)刻本
存八卷　一至八
十行二十字　左右雙邊　白口
21.7×15釐米
浙圖

史 2961
[萬曆]會稽縣志二十卷
　明楊維新、山陰張元忭等纂修

明萬曆三年(1575)刻本　題清戀書子校
　　並跋

紹圖

史 2962

[萬曆]會稽縣志十六卷

　明楊維新、山陰張元忭等纂修
　抄本

浙圖

史 2963

[康熙]會稽縣志二十八卷首一卷

　清王元臣、會稽董欽德纂修
　清康熙二十三年(1684)刻本
　九行二十字　左右雙邊　白口
　21×15 釐米

嘉圖　紹圖　天一閣

史 2964

[嘉靖]蕭山縣志六卷

　明林策、蕭山張燭纂修　明魏堂續修
　明嘉靖(1522—1566)刻萬曆(1573—
　　1620)增修本
　十行二十字　左右雙邊　白口
　21×15.5 釐米

天一閣

史 2965

[萬曆]蕭山縣志六卷

　明劉會、蕭山戴文明等纂
　明萬曆(1573—1620)刻本　題鏡西跋
　十行二十字　左右雙邊　白口
　21×15.5 釐米

天一閣

史 2966

[康熙]蕭山縣志二十一卷

　清劉儼、蕭山張遠纂修
　清康熙三十二年(1693)刻本
　缺九卷　八至九　十五至二十一

　九行二十字　四周雙邊　白口
　20.8×14.5 釐米

嘉圖

史 2967

[乾隆]蕭山縣志四十卷

　清黃鈺纂修
　清乾隆十六年(1751)刻本
　十行二十二字　四周雙邊　白口
　20.9×15.2 釐米

浙圖

史 2968

[康熙]諸暨縣志十二卷

　清蔡杓、諸暨章平事纂修
　清康熙十一年(1672)刻六十一年
　　(1722)重修本
　缺四卷　四至七
　九行二十字　左右雙邊　白口
　25.6×16.6 釐米

浙博

史 2969

[乾隆]諸暨縣志三十五卷首一卷末一卷

　清沈椿齡、諸暨樓卜瀍纂修
　清乾隆三十六年(1771)刻本
　九行二十一字　四周雙邊　白口
　19.7×14.6 釐米

浙圖

史 2970

[乾隆]諸暨縣志四十四卷首一卷末一卷

　清沈椿齡、諸暨樓卜瀍纂修
　清乾隆三十六年(1771)刻三十八年
　　(1773)增修本
　九行二十一字　四周雙邊　白口
　20×14.5 釐米

諸暨圖

地理類

史 2971

[乾隆]諸暨縣志四十四卷首一卷末一卷

　清沈椿齡、諸暨樓卜瀍纂修

　清抄本

缺六卷　三十五至三十九　末

浙圖

史 2972

[嘉靖]餘姚縣志十七卷

　明楊慱、餘姚岑原道等纂修

　明嘉靖二十一年(1542)刻本

缺四卷　一至四

　十行十九字　左右雙邊　白口

　20×14.5釐米

天一閣

史 2973

[乾隆]餘姚志四十卷

　清唐若瀛、餘姚邵晉涵等纂修

　清乾隆四十六年(1781)刻本

　十行二十一字　左右雙邊　白口

　19×14釐米

浙圖　餘杭圖

史 2974

[萬曆]新修上虞縣志二十卷首一卷

　明徐待聘、平湖馬明瑞纂修

　明萬曆三十四年(1606)刻本〔卷五至二
　十配清抄本〕

　九行十九字　左右雙邊　白口

　21.6×14.8釐米

浙圖

史 2975

[康熙]上虞縣志二十卷首一卷

　清鄭僑、慈溪姜嶽佐等纂修

　清康熙十年(1671)刻本

缺四卷　三至四　八至九

　九行二十字　左右雙邊　白口

　20.5×15釐米

浙圖

史 2976

上虞志備稿不分卷

　清上虞王振綱撰

　稿本

浙圖

史 2977

剡錄十卷

　宋鄞縣高似孫撰

　清抄四庫全書本

浙圖

史 2978

剡錄十二卷

　宋鄞縣高似孫撰

　張宗祥抄清黃丕烈抄本

浙圖

史 2979

嵊志十卷

　明抄本

存五卷　一至五

天一閣

史 2980

[乾隆]嵊縣志十八卷首一卷末一卷

　清李以琰、王瀚纂修

　清乾隆七年(1742)刻本

　19.4×14.5釐米

浙圖　嵊州圖　浙博

史 2981

[康熙]新昌縣志十八卷

　清劉作樑、呂曾枏纂修

　清康熙十年(1671)刻本

　九行二十字　四周雙邊　白口

21×14.5釐米

浙圖　嘉圖　天一閣

史 2982

[光緒]新昌縣志十六卷首一卷末一卷

　　清新昌陳謐纂修

　　清光緒七年(1881)稿本

缺五卷　首　六至九

　　十行字數不一

　　25.5×16.5釐米

嵊州圖

史 2983

[康熙]台州府志十八卷首一卷

　　清張聯元、方景濂等纂修

　　清康熙六十一年(1722)刻本

　　九行二十字　四周單邊　白口

　　21.8×15.4釐米

浙圖　溫圖　天一閣

史 2984

[康熙]天台縣志十五卷圖考一卷

　　清李德耀、黃執中纂修

　　清康熙二十三年(1684)黃執中刻本

　　九行十九字　四周雙邊　白口

　　21.4×15釐米

浙圖　溫圖

史 2985

[康熙]臨海縣志十五卷首一卷

　　清臨海洪若皋纂修

　　清康熙二十二年(1683)刻本

　　九行二十字　四周雙邊　白口

　　20.4×14.8釐米

浙圖　寧圖　黃巖圖　玉海樓

史 2986

[康熙]臨海志補遺初稿不分卷

　　清臨海黃瑞撰

　　稿本　清王棻校並跋

臨海博

史 2987

[咸豐]臨海縣續志六卷

　　清臨海程霖纂

　　稿本

存一卷　建置稿

臨海博

史 2988

[萬曆]黃巖縣志七卷

　　明袁應祺、黃巖牟汝忠等纂修

　　明萬曆七年(1579)刻本

　　十行二十一字　四周單邊　白口

天一閣

史 2989

[康熙]黃巖縣志八卷

　　清黃巖劉寬、平遇等纂修

　　清康熙三十八年(1699)刻本

　　九行二十字　左右雙邊　白口

　　21.5×15釐米

天一閣　黃巖圖*

史 2990

[乾隆]黃巖縣志十二卷首一卷

　　清王愷、陳培元纂修

　　清乾隆三十五年(1770)刻道光十八年

　　　(1838)印本

　　十行二十二字　四周雙邊　白口

　　19.1×15釐米

浙圖

史 2991

[咸豐]黃巖縣志四十卷首一卷黃巖集三十

　　二卷首一卷

　　清曾元澄、黃巖姜文衡纂修　清陳寶善、

　　　黃巖王棻等續修

　　清光緒三年(1877)刻本　清黃巖管世駿

　　　批校

十一行二十二字　左右雙邊　白口

19.1×14.1 釐米

浙圖

地理類

史 2992

邑乘管窺二卷

清黃巖管世駿撰

稿本

浙圖

史 2993

邑乘管窺拾遺十二卷

清黃巖管世駿撰　項詠輯

稿本

浙圖

史 2994

[康熙]僊居縣志三十卷

清鄭錄勳、僊居張明焜纂修

清康熙十九年(1680)刻後本

十行二十字　四周雙邊　白口

19.3×15 釐米

浙圖

史 2995

[康熙]寧海縣志十二卷首一卷

清崔秉敬、華大琰纂修

清康熙十七年(1678)刻本

十行二十四字　四周雙邊　白口

24.6×16.2 釐米

浙圖

史 2996

[嘉靖]太平縣志八卷

明曾才漢、太平葉良佩纂修

明嘉靖十九年(1540)刻本

九行二十字　四周單邊　白口

天一閣

史 2997

[康熙]金華府志三十卷

清張薑、山陰沈麟趾等纂修

清康熙二十二年(1683)刻本

九行二十字　四周雙邊　白口

22.2×15.5 釐米

浙圖　浙博

史 2998

[康熙]金華府志三十卷

清張薑、山陰沈麟趾等纂修

清康熙二十二年(1683)刻雍正七年

　(1729)增修本

浙圖

史 2999

婺志粹十四卷婺詩補三卷

清東陽盧標撰

清道光十九年(1839)刻本　清鄧子恂批

　清張春珊跋

十行二十字　左右雙邊　白口

16.7×12.8 釐米

杭圖

史 3000

[弘治]蘭谿縣志五卷

明王倬、蘭谿章懋纂修　明許完續修

明正德五年(1510)刻本　清鄧鍾玉跋

存三卷　三至五

十行二十字　四周單邊　白口

18.8×12.5 釐米

浙圖

史 3001

[康熙]蘭谿縣志九卷

清劉芳喆、蘭谿郭若繹纂修

清康熙十一年(1672)刻本

存七卷　一至七

九行二十字　四周單邊　白口

20.5×14.7 釐米

浙圖

史 3002

[隆慶]東陽縣志十七卷

　明鄭準纂修　明貢修齡增修

　明隆慶六年(1572)刻萬曆(1573—1620)

　　天啓四年(1624)遞修本

存二卷　六至七

　十行二十字　四周雙邊　白口

　20.4×14.4釐米

浙圖

史 3003

**[康熙]新修東陽縣志二十二卷前一卷後一
卷**

　清胡啓甲、東陽趙衍等纂修

　清康熙二十年(1681)刻本

　九行二十字　四周雙邊　白口

　21.5×14.8釐米

浙圖　浙大

史 3004

[萬曆]義烏縣志二十卷

　明周士英、吳從周纂修

　明萬曆(1573—1620)刻本

缺七卷　九至十　十五至十九

　九行二十一字　四周雙邊　白口

　20.6×15釐米

浙圖

史 3005

[嘉靖]永康縣志八卷

　明胡宣濟、永康陳泗等纂修

　明嘉靖四年(1525)刻本

　十行二十字　四周雙邊　白口

　18.5×13.5釐米

天一閣

史 3006

[嘉靖]永康縣志八卷

　明胡宣濟、永康陳泗等纂修

抄本

浙圖

史 3007

[康熙]永康縣志十六卷首一卷

　清沈藻、朱謹纂修

　清康熙三十七年(1698)刻後印本〔卷四

　　至六、十五、十六配抄本〕

　九行二十一字　左右雙邊　白口

　19.3×14.1釐米

浙圖

史 3008

[康熙]新修武義縣志十二卷

　清江留篇、武義徐俟召等纂修

　清康熙三十七年(1698)刻本

存五卷　一至五

　九行二十字　左右雙邊　白口

　25.5×17.2釐米

浙博

史 3009

武川備考十二卷輿圖一卷

　清武義何德潤輯

　稿本

侍王府

史 3010

[嘉靖]浦江志略八卷

　明毛鳳韶纂修

　明嘉靖五年(1526)刻本

　十行二十字　四周單邊　白口

　19.5×15釐米

天一閣

史 3011

[乾隆]湯溪縣志十卷首一卷

　清陳鍾炅、馮宗城等纂修

　清乾隆四十八年(1783)刻本

　十行二十二字　四周雙邊　白口

地理類

19.5×14.6 釐米

浙圖　嘉圖

史 3012

[弘治]衢州府志十五卷

明沈杰、開化吾㫄等纂修

明弘治(1488—1505)刻本

九行二十二字　四周雙邊　黑口

21.5×15 釐米

天一閣

史 3013

[嘉靖]衢州府志十六卷

明楊準、江山趙鏜等纂修

抄本　葉渭清批校

缺一卷　九

浙圖

史 3014

[天啓]衢州府志十六卷

明林應翔、西安葉秉敬纂修　明丁明登

　增修

明天啓二年(1622)刻崇禎五年(1632)

　增修本

九行二十字　四周單邊　白口

21.3×13.6 釐米

浙圖

史 3015

[康熙]衢州府志四十卷首一卷

清楊廷望纂修

清康熙五十年(1711)刻本

九行二十二字　四周單邊　黑口

19.8×13.3 釐米

浙圖　天一閣＊　衢博＊

史 3016

[民國]衢縣志稿三十卷首一卷

衢縣鄭永禧纂修

抄本　龍游余紹宋跋

浙圖

史 3017

[康熙]西安縣志十二卷首一卷

清陳鵬年、西安徐之凱纂修

清康熙三十九年(1700)刻本

九行二十字　左右雙邊　白口

19.8×13.7 釐米

浙圖　杭圖　衢博＊

史 3018

[萬曆]龍游縣志十卷

明萬廷謙、曹聞禮等纂修

明萬曆四十年(1612)刻本

九行二十字　四周雙邊　白口

21.3×14.5 釐米

浙圖

史 3019

[萬曆]龍游縣志十卷

明萬廷謙、曹聞禮等纂修

抄本　葉渭清校　龍游余紹宋校並跋

浙圖

史 3020

[康熙]龍游縣志十二卷首一卷

清許琯、龍游余恂纂修

清康熙二十年(1681)刻本

九行二十字　四周雙邊　白口

20.1×14.3 釐米

浙圖

史 3021

[萬曆]龍游縣志輯佚一卷

龍游余紹宋撰

稿本

浙圖

史 3022

[康熙]江山縣志十四卷首一卷末一卷

清汪浩、宋俊纂修

清康熙(1662—1722)刻本

九行二十字　左右雙邊　白口

19.1×13.9 釐米

浙圖

史 3023

[乾隆]江山縣志十六卷首一卷末一卷

清宋成綏、陸飛纂修

清乾隆四十一年(1776)刻本

九行二十字　左右雙邊　白口

20.8×13.9 釐米

浙圖

史 3024

[順治]開化縣志十卷

清朱鳳台、開化徐世蔭纂修

清順治九年(1652)刻本

九行二十字　左右雙邊　白口

25.9×17 釐米

浙博

史 3025

[乾隆]開化縣志十二卷首一卷

清范玉衡、錢塘吳淦等纂修

清乾隆六十年(1795)刻本

九行二十二字　左右雙邊　黑口

19.6×13.9 釐米

浙圖　衢博

史 3026

[景定]嚴州續志十卷

宋鄭瑤、方仁榮纂修

清抄本　清仁和朱澂校

浙圖

史 3027

[萬曆]嚴州府志二十五卷

明楊守仁、淳安徐楚纂修

明萬曆(1573—1620)刻本

存八卷　五至六　九至十一　十七至十九

十行二十字　左右雙邊　白口

19.5×14.5 釐米

天一閣

史 3028

[萬曆]續修嚴州府志二十四卷

明楊守仁、淳安徐楚纂修　明呂昌期、俞炳然續修

明萬曆(1573—1620)刻本

十行二十字　左右雙邊　白口

19.2×14.2 釐米

浙圖＊　溫圖

史 3029

[萬曆]續修嚴州府志二十四卷

明楊守仁、淳安徐楚纂修　明呂昌期、俞炳然續修

明萬曆(1573—1620)刻清順治(1644—1661)重修本

浙圖

史 3030

[乾隆]建德縣志十卷首一卷

清王賓、應得廣纂修

清乾隆十九年(1754)刻本

十行二十字　四周雙邊　白口

20.8×14.9 釐米

浙圖

史 3031

[嘉靖]淳安縣志十七卷

明姚鳴鸞、吳鳴鳳纂修

明嘉靖(1522—1566)刻本

十行二十一字　四周雙邊　黑口

21.5×13.5 釐米

天一閣

史 3032

[乾隆]淳安縣志十六卷首一卷

清劉世寧、淳安方棻如纂修

地理類

清乾隆二十一年(1756)刻本

十行二十二字　四周雙邊　白口

19.6×13.9 釐米

浙圖

史 3033

[康熙]桐廬縣志四卷

清童燁、吳文緯纂修

清康熙二十二年(1683)刻本

十行二十字　四周雙邊　白口

20×15 釐米

浙圖

史 3034

[乾隆]桐廬縣志十六卷

清嚴正身、金嘉琰等纂修

清乾隆二十一年(1756)刻本

十一行二十一字　四周雙邊　白口

18.3×13.8 釐米

浙圖

史 3035

[康熙]遂安縣志十卷首一卷

清劉閎儒、遂安毛升芳纂修

清康熙二十四年(1685)刻本

十行二十字　四周雙邊　白口

20.6×14.8 釐米

浙圖

史 3036

[康熙]遂安縣志十卷

清劉閎儒、遂安毛升芳纂修

清乾隆十八年(1753)刻本

十行二十字　四周雙邊　黑口

20.1×15.1 釐米

嘉圖

史 3037

[弘治]溫州府志二十二卷

明鄧淮、永嘉王瓚纂修

明弘治十六年(1503)刻本

十一行二十五字　四周單邊　白口

21×11.7 釐米

天一閣

史 3038

[嘉靖]溫州府志八卷

明永嘉張孚敬纂修

明嘉靖(1522—1566)刻本

九行二十一字　四周雙邊　白口

23.8×16.5 釐米

天一閣

史 3039

[萬曆]溫州府志十八卷

明湯日昭、永嘉王光蘊纂修

明萬曆(1573—1620)刻本

九行十九字　左右雙邊　白口

22.4×14.8 釐米

溫圖

史 3040

[康熙]溫州府志三十二卷首一卷

清蔡兆豐、永嘉王錫琯纂修

清康熙二十四年(1685)刻本

九行二十字　左右雙邊　白口

21×15.3 釐米

浙圖

史 3041

[康熙]溫州府志三十二卷

清王臞、魏裔愨等纂修

清康熙二十四年(1685)刻本　清瑞安孫
衣言批校

九行二十字　左右雙邊　白口

22.6×15.2 釐米

溫圖

史 3042

[乾隆]溫州府志三十卷首一卷

清李琬、天台齊召南等纂修

清乾隆二十七年(1762)刻本

十行二十二字　四周雙邊　白口

20×14.1釐米

溫圖　嘉圖

史 3043

[乾隆]溫州府志三十卷首一卷

清李琬、天台齊召南等纂修

清乾隆二十七年(1762)刻本　清瑞安孫
衣言批校

缺二卷　首　一

溫圖

史 3044

[乾隆]溫州府志三十卷首一卷

清李琬、天台齊召南等纂修

清乾隆二十七年(1762)刻本　清瑞安孫
衣言、瑞安孫詒讓批校

溫圖

史 3045

甌乘補二十卷

清永嘉黃濬撰

清孫氏玉海樓抄本

溫圖

史 3046

永嘉郡記一卷

劉宋鄭緝之撰　清瑞安孫詒讓校輯

清光緒四年(1878)孫詒讓刻本　清瑞安
孫詒讓批並跋

十行二十二字　左右雙邊　細黑口

17×11.7釐米

浙大

史 3047

[萬曆]永嘉縣志十七卷

明永嘉王光蘊纂

明萬曆二十八年(1600)刻本

存四卷　八至十一

九行十八字　左右雙邊　白口

22×15釐米

玉海樓

史 3048

[乾隆]永嘉縣志二十六卷

清崔錫、天台齊召南、錢塘汪沆纂修

清乾隆三十年(1765)刻本

十行二十二字　四周雙邊　白口

25.5×16.5釐米

溫圖＊　浙博　玉海樓＊

史 3049

[嘉靖]瑞安縣志十卷

明劉畿、朱綽纂修

清抄本

浙圖

史 3050

[嘉靖]瑞安縣志十卷

明劉畿、朱綽纂修

張揚籓經樓抄本

十行二十二字　左右雙邊　綫藍口

16.6×11.6釐米

玉海樓

史 3051

[乾隆]瑞安縣志十卷

清陳永清、瑞安吳慶雲纂修

張揚籓經樓抄本

九行二十一字　四周雙邊　粗藍口

20.3×14.1釐米

玉海樓

史 3052

[嘉慶]瑞安縣志十卷首一卷

清陳昌齊、王殿金纂修

清嘉慶十三年(1808)刻本　清瑞安孫衣
言、瑞安孫詒讓校

存二卷　六至七

九行二十一字　四周雙邊　粗藍口

19.5×14.5釐米

玉海樓

地理類

史 3053

[永樂]溫州府樂清縣志八卷

明刻本

十一行二十字　四周雙邊　黑口

20.2×14.8釐米

天一閣

史 3054

[隆慶]樂清縣志七卷

明胡用賓、侯一元纂修

清孫氏玉海樓抄本　清瑞安孫詒讓批校

溫圖

史 3055

[隆慶]樂清縣志七卷

明胡用賓、侯一元纂修

清抄本　清瑞安孫詒讓校

溫圖

史 3056

[康熙]樂清縣志八卷

清徐化民、樂清林允楫纂修

清康熙二十四年(1685)刻本

九行二十一字　四周雙邊　白口

25.2×15.6釐米

溫圖　浙博

史 3057

樂清新志後議一卷

清樂清林啓享、金淮琛撰

清抄本　清瑞安孫詒讓校

溫圖

史 3058

[順治]平陽縣志八卷

清馬騰霄、平陽陳文謨等纂修

清順治八年(1651)平陽縣署刻本

存四卷　五至八

十行二十字　四周單邊　白口

20.9×14.4釐米

浙大

史 3059

[乾隆]平陽縣志二十卷首一卷

清徐恕、平陽張南英、孫謙纂修

清乾隆二十五年(1760)刻本

十行二十字　四周雙邊　白口

20×14.6釐米

溫圖

史 3060

平陽縣志辨誤校正補遺不分卷

清平陽楊詩撰

清抄本　佚名批

17.3×10釐米

溫圖

史 3061

[崇禎]泰順縣志八卷

明涂鼎鼐、泰順包大方等纂修

明崇禎六年(1633)刻本

存五卷　一至五

九行十九字　左右雙邊　白口

21.4×14.7釐米

浙大

史 3062

[崇禎]泰順縣志八卷

明涂鼎鼐、泰順包大方等纂修

林慶雲惜硯樓抄本

缺三卷　六至八

十二行二十五字　四周雙邊　白口

20.3×14.1釐米

玉海樓

史 3063

[雍正]泰順縣志十卷首一卷

清朱國源、李廷琦等纂修

清雍正七年（1729）刻本

九行二十字　四周雙邊　白口

21.9×15.3 釐米

寧圖　溫圖

史 3064

[雍正]玉環志四卷

清張坦熊纂修

清雍正十年（1732）玉環廳署刻本

九行二十一字　四周單邊　黑口

19.7×14.5 釐米

溫圖　浙大

史 3065

[成化]處州府志十八卷

明郭忠、劉宣纂修

明成化二十二年（1486）刻本

缺七卷　三至四　七至八　十三至十五

十行二十一字　四周雙邊　黑口

22.2×13.8 釐米

天一閣

史 3066

[萬曆]續處州府志八卷

明許國忠、麗水葉志淑等纂修

影抄明萬曆（1573—1620）刻本

浙圖

史 3067

[雍正]處州府志二十卷

清曹掄彬、永嘉朱肇濟等纂修

清雍正十一年（1733）刻本

十行二十一字　左右雙邊　黑口

20.3×13.7 釐米

寧圖　溫圖　浙博

史 3068

[康熙]青田縣志十二卷

清張皇輔、錢喜選等纂修

清康熙（1662—1722）刻雍正六年（1728）

　增補本

九行二十一字　四周雙邊　白口

20.4×15.4 釐米

溫圖

史 3069

[康熙]龍泉縣志一卷

清張其文纂修

清抄本

浙圖

史 3070

[乾隆]龍泉縣志十二卷首一卷

清蘇遇龍、沈光厚纂修

清乾隆二十七年（1762）刻本

十行二十二字　四周雙邊　白口

19.5×14.8 釐米

浙圖　嘉圖

史 3071

[康熙]慶元縣志十卷

清程維伊、慶元吳運光等纂修

清康熙十一年（1672）刻本

存五卷　一至五

九行二十字　四周單邊　白口

浙圖

史 3072

[乾隆]宣平縣志十六卷首一卷

清陳加儒、祝復禮、潘有仁等纂修

清乾隆十八年（1753）刻本

十行二十一字　四周單邊　白口

19.8×14.5 釐米

溫圖

史 3073

[雍正]景寧縣志十卷

　清李應機、景寧潘可藻纂修

　清雍正(1723—1735)刻本

　　九行二十一字　四周雙邊　白口

　　19.6×14.1釐米

　溫圖

史 3074

[乾隆]重修景寧縣志十二卷首一卷

　清張九華纂修

　清乾隆四十三年(1778)刻本

　　九行二十一字　左右雙邊　白口

　　19.6×13.5釐米

　浙圖

江西

史 3075

[嘉靖]江西省大志七卷

　明臨海王宗沐纂修

　明嘉靖(1522—1566)刻本

　　十行二十一字　四周雙邊　白口

　　21.5×15.5釐米

　天一閣

史 3076

[雍正]江西通志一百六十二卷首三卷

　清謝旻、陶成等纂修

　清雍正(1723—1735)刻本

　　十二行二十三字　左右雙邊　白口

　　20.3×14.5釐米

　浙圖　寧圖

史 3077

[乾隆]南昌府志七十六卷首一卷末一卷

　清陳蘭森、謝啓昆等纂修

　清乾隆五十四年(1789)刻本

　缺五卷　五至六　二十四至二十六

　　十行二十四字　左右雙邊　白口

　　20.3×14.2釐米

溫圖*　嘉圖*

史 3078

[嘉靖]豐乘十卷

　明李貴纂修

　明嘉靖四十二年(1563)刻本

　存八卷　一至八

　　九行二十字　四周雙邊　白口

　　21.5×15釐米

　天一閣

史 3079

[康熙]豐城縣志十二卷

　清何士錦、陸履敬等纂修

　清康熙(1662—1722)刻本

　缺一卷　十二

　　九行二十字　四周單邊　白口

　　22.5×14.7釐米

　溫圖

史 3080

[嘉靖]武寧縣志六卷

　明徐麟纂修

　明嘉靖四十一年(1562)刻本

　　十行二十字　左右雙邊　白口

　天一閣

史 3081

[嘉靖]寧州志十八卷

　明陸統、龔暹纂修

　明嘉靖二十二年(1543)刻本

　　八行二十一字　四周雙邊　白口

　　23.2×15.5釐米

　天一閣

史 3082

[正德]饒州府志四卷

　明陳策纂修

　明正德(1506—1521)刻本

　　九行二十二字　四周雙邊　白口

22×15.2 釐米

天一閣

史 3083

[康熙]饒州府志四十卷

清黃家遴、王用佐纂修

清康熙十一年（1672）刻二十三年
　（1684）增補本

九行二十二字　四周雙邊　白口

22×14 釐米

天一閣

史 3084

[乾隆]浮梁縣志十二卷首一卷

清嘉善程廷濟、凌汝綿纂修

清乾隆四十八年（1783）刻本

十一行二十四字　左右雙邊　白口

20.5×15 釐米

浙圖

史 3085

[嘉靖]廣信府志二十卷

清張士鎬、江汝璧等纂修

明嘉靖（1522—1566）刻本

十一行二十四字　左右雙邊　白口

21×14.5 釐米

天一閣

史 3086

[咸豐]弋陽縣志十四卷首一卷

清陳喬樅纂修

清咸豐元年（1851）刻本

十一行二十二字　四周雙邊　白口

20×14.4 釐米

浙圖

史 3087

[乾隆]貴溪縣志二十四卷

清華西植、黃炎等纂修

清乾隆十六年（1751）刻本

十行二十二字　左右雙邊　白口

19.5×13.4 釐米

浙圖

史 3088

[嘉靖]鉛山縣志十二卷

明費寀纂修

明嘉靖四年（1525）刻本

八行二十字　四周單邊　白口

天一閣

史 3089

[康熙]鉛山縣志八卷

清潘士瑞、詹兆泰等纂修

清康熙（1662—1722）刻本

八行二十一字　四周雙邊　白口

20.8×15 釐米

浙圖

史 3090

[正德]南康府志十卷

明陳霖纂修

明正德十年（1515）刻本

十一行二十字　四周單邊　黑口

21.5×15 釐米

天一閣

史 3091

[嘉靖]南康府志十卷

明劉紹文纂修

明嘉靖（1522—1566）刻本

十行二十一字　四周單邊　白口

21×15 釐米

天一閣

史 3092

[嘉靖]九江府志十六卷

明馮曾、李汛纂修

明嘉靖（1522—1566）刻本

八行二十一字　左右雙邊　白口

21.6×14 釐米

天一閣

史 3093

[隆慶]瑞昌縣志八卷

明劉儲、謝顧纂修

明隆慶四年(1570)刻本

九行二十一字　四周雙邊　白口

20.5×14.5 釐米

天一閣

史 3094

[乾隆]彭澤縣志十六卷

清吳會川、何炳奎纂修

清乾隆二十一年(1756)刻本

十一行二十二字　左右雙邊　白口

20.3×14.1 釐米

浙圖

史 3095

[正德]建昌府志十九卷

明夏良勝纂修

明正德十二年(1517)刻藍印本

九行二十二字　左右雙邊　白口

20.5×14.5 釐米

天一閣

史 3096

[正德]新城縣志十三卷

明黃文鶯纂修

明正德十一年(1516)刻本

十行十九字　四周雙邊　白口

20×13.2 釐米

天一閣

史 3097

[弘治]撫州府志二十八卷

明呂傑、楊淵等纂修

明弘治(1488—1505)刻本

九行二十字　四周單邊　黑口

22×13.5 釐米

天一閣

史 3098

[嘉靖]金谿縣志九卷

明馮元、王賁纂修

明嘉靖二十四年(1545)刻本

存四卷　一至二　五至六

十行十八字　四周單邊　白口

18.8×14.5 釐米

天一閣

史 3099

[嘉靖]宜黃縣志考訂十四卷

明黃漳纂修

明嘉靖(1522—1566)刻本

存八卷　四至十一

八行十九字　四周單邊　黑口

20×13 釐米

天一閣

史 3100

[嘉靖]樂安縣志十卷

清方湛、詹相廷等纂修

清康熙二十三年(1684)刻本

九行二十字　四周雙邊　白口

23×16.6 釐米

浙圖

史 3101

[嘉靖]東鄉縣志二卷

明秦鎰、饒文璧纂修

明嘉靖(1522—1566)刻本

九行十九字　四周雙邊　白口

19.5×13.5 釐米

天一閣

史 3102

[嘉靖]臨江府志九卷

明徐顥、陳德文等纂修

明嘉靖十五年(1536)刻本

九行十七字　四周雙邊　白口

17.2×13.6釐米

天一閣

史 3103

[隆慶]臨江府志十四卷

明鄞縣管大勛、劉松纂修

明隆慶六年(1572)刻本

九行二十字　左右雙邊　白口

21.8×15.2釐米

天一閣

史 3104

[正德]瑞州府志十四卷

明鄺璠、熊相纂修

明正德十年(1515)刻本

九行二十二字　四周單邊　白口

21.5×15釐米

天一閣

史 3105

[正德]袁州府志十四卷

明嚴嵩纂修

明正德九年(1514)刻本

九行二十二字　四周雙邊　白口

21×14.6釐米

天一閣

史 3106

[嘉靖]袁州府志十卷

明陳德文纂修

明嘉靖二十二年(1543)刻本

九行二十字　四周單邊　白口

19.8×14.5釐米

天一閣

史 3107

[嘉靖]袁州府志二十卷

明嚴嵩纂修

明嘉靖二十五年(1546)刻本

存八卷　一至四　十三至十六

十行二十字　四周單邊　白口

20×15釐米

天一閣

史 3108

[康熙]南豐縣志十六卷

清錢塘鄭釪、劉凝纂修

清康熙二十二年(1683)刻本

十行二十四字　四周單邊　白口

18.6×12.8釐米

浙圖

史 3109

[康熙]萍鄉縣志八卷

清尚崇年、譚銓纂修

清康熙二十二年(1683)刻本

九行二十字　四周單邊　白口

20.5×13.9釐米

浙圖

史 3110

[順治]吉安府志三十六卷

清李興元、歐陽主生纂修

清順治十七年(1660)刻本

九行二十字　四周雙邊　白口

21×14.6釐米

浙圖

史 3111

[嘉靖]永豐縣志四卷

明管景纂修

明嘉靖二十三年(1544)刻本

九行十九字　四周單邊　白口

天一閣

史 3112

[嘉靖]贛州府志十二卷

明康河、董天錫纂修

明嘉靖(1522—1566)刻本

　十行二十一字　　四周單邊　　白口

　22×15.5釐米

天一閣

史 3113

[乾隆]龍南縣志二十六卷

　清永祿、廖運芳等纂修

　清乾隆十七年(1752)刻本

　十行二十二字　　左右雙邊　　白口

　19.2×13.8釐米

浙圖

史 3114

[嘉靖]南安府志三十五卷

　明劉節纂修

　明嘉靖(1522—1566)刻本

　八行二十字　　四周單邊　　白口

　21×14.6釐米

天一閣

史 3115

[嘉靖]南康縣志十三卷

　明劉昭文纂修

　明嘉靖三十四年(1555)刻本

　九行二十一字　　四周單邊　　白口

　21×15釐米

天一閣

史 3116

[康熙]南康縣志十六卷

　清申毓來、宋玉朗纂修

　清抄本

　缺二卷　十五至十六

　九行十九字　　無格

　25.4×17.1釐米

玉海樓

史 3117

[乾隆]上猶縣志二十卷

　清賈文召、蔡泰均等纂修

清乾隆(1736—1795)刻本

　缺七卷　十四至二十

　十行二十一字　　左右雙邊　　白口

　19.5×15.2釐米

浙圖

史 3118

[嘉靖]瑞金縣志八卷

　明趙勳、林有年纂修

　明嘉靖二十二年(1543)刻本

　十行二十字　　四周單邊　　白口

　21.5×15.5釐米

天一閣

史 3119

[乾隆]瑞金縣志八卷首一卷

　清郭燦、黃天策等纂修

　清乾隆十八年(1753)刻本

　十二行二十三字　　左右雙邊　　白口

　20.4×14.8釐米

浙圖

湖北

史 3120

[嘉靖]湖廣通志二十卷

　明薛綱纂修　明吳廷舉續修

　明嘉靖元年(1522)刻本

存一卷　一

　十二行二十四字　　四周雙邊　　黑口

　24.7×16.7釐米

天一閣

史 3121

[乾隆]武昌縣志十卷首一卷

　清邵遐齡、談有典等纂修

　清乾隆二十八年(1763)刻本

　九行二十二字　　四周雙邊　　白口

　20×14.2釐米

溫圖

史 3122

[乾隆]重修嘉魚縣志八卷

清張其維、李懋泗纂修

清乾隆(1736—1795)刻本

九行二十字　四周雙邊　白口

21.5×14.8 釐米

浙圖

史 3123

[順治]通城縣志九卷

清盛治纂修　清丁克揚續修

清順治(1644—1661)刻康熙(1662—

1722)增修本

九行二十一字　四周單邊　白口

22.5×15 釐米

浙圖

史 3124

[雍正]興國州志十卷首一卷

清魏鈿、顏星纂修

清雍正十三年(1735)刻本

十行二十二字　四周雙邊　黑口

22.6×14.1 釐米

天一閣

史 3125

[嘉靖]漢陽府志十卷

明朱衣纂修

明嘉靖(1522—1566)刻本

九行十八字　左右雙邊　白口

13.4×18.2 釐米

天一閣

史 3126

[康熙]孝感縣志二十四卷

清梁鳳翔、李湘纂修

清康熙三十四年(1695)刻本

八行二十字　四周雙邊　白口

22.3×14.5 釐米

浙圖

史 3127

[嘉靖]沔陽志十八卷

明曾儲、童承敘纂修

明嘉靖十年(1531)刻本

九行十八字　左右雙邊　白口

19.5×18.2 釐米

天一閣

史 3128

[弘治]黃州府志十卷

明盧希哲纂修

明弘治十四年(1501)刻本

九行二十字　四周雙邊　黑口

22.3×14.6 釐米

天一閣

史 3129

[乾隆]黃州府志二十卷

清王勃、靖道謨纂修

清乾隆十四年(1749)刻本

九行二十二字　四周雙邊　白口

20×13.4 釐米

溫圖

史 3130

[康熙]黃陂縣志十五卷

清楊廷蘊纂修

清康熙五年(1666)刻本

存十四卷　二至十五

九行二十字　左右雙邊　白口

19.7×13.5 釐米

浙圖

史 3131

[嘉靖]羅田縣志八卷

明祝珝、楊鸞纂修

明嘉靖二十一年(1542)刻本

九行二十字　四周雙邊　白口

20.7×13.8 釐米

天一閣

地理類

史 3132

[嘉靖]蘄州志九卷

明甘澤纂修

明嘉靖十五年(1536)刻本

十行二十字　四周雙邊　白口

20.9×14.5 釐米

天一閣

史 3133

[康熙]京山縣志十卷

清吳游龍、王演、盧前驥纂修

清康熙十二年(1673)刻本

八行十九字　四周雙邊　白口

21.7×15 釐米

溫圖

史 3134

[康熙]天門縣志十二卷

清錢永、戴祁纂修

清康熙三十一年(1692)刻雍正(1723—

1735)印本

九行二十字　四周單邊　白口

20.5×14.2 釐米

浙圖

史 3135

[乾隆]天門縣志二十四卷首一卷

清胡翼、章鑣纂修

清乾隆三十年(1765)刻本

十行二十一字　四周雙邊　白口

19.5×14.2 釐米

浙圖

史 3136

[正德]德安府志十二卷

明馬崙纂修

明正德十二年(1517)刻本

缺四卷　四至七

十行二十字　左右雙邊　白口

23×15.3 釐米

天一閣

史 3137

[嘉靖]應山縣志三卷

明顏木纂修

明嘉靖十九年(1540)刻本

十行二十二字　左右雙邊　白口

21.4×14.5 釐米

天一閣

史 3138

[嘉靖]荊州府志十二卷

明孫存、王寵懷纂修

明嘉靖十一年(1532)刻本

缺二卷　一　十一

八行二十一字　四周雙邊　白口

21×14 釐米

天一閣

史 3139

[乾隆]江陵縣志五十八卷首一卷

清崔龍見、魏耀、黃義尊纂修

清乾隆五十九年(1794)刻本

九行二十二字　四周雙邊　白口

19.6×13.5 釐米

溫圖

史 3140

[正德]光化縣志六卷

明黃世重、曹璘纂修

明正德十年(1515)刻本

八行十八字　四周雙邊　黑口

20.6×14 釐米

天一閣

史 3141

[乾隆]東湖縣志三十卷首一卷

清林有席、嚴思濬、林有彬纂修

清乾隆二十八年(1763)刻本

十行二十一字　四周雙邊　白口

19.2×14.5釐米

浙圖

史 3142

[弘治]夷陵州志十卷

明劉允、沈寬纂修

明弘治(1488—1505)刻本

八行二十字　四周雙邊　黑口

23×14.5釐米

天一閣

史 3143

[嘉靖]歸州全志十二卷

明王錫、張時纂修

明嘉靖二十八年(1549)刻藍印本

九行二十四字　四周雙邊　黑口

22×15.7釐米

天一閣

史 3144

[嘉靖]歸州志五卷

明鄭喬纂修

明嘉靖四十三年(1564)刻藍印本

九行二十一字　四周雙邊　白口

23.5×15.6釐米

天一閣

史 3145

[嘉靖]巴東縣志三卷

明楊培之纂修

明嘉靖三十年(1551)刻本

九行二十字　四周單邊　黑口

19.6×13.5釐米

天一閣

史 3146

[嘉慶]恩施縣志四卷首一卷

清張家榑、朱寅贊纂修

清嘉慶十三年(1808)刻本

九行二十三字　四周雙邊　白口

21.9×14.4釐米

浙圖

湖南

史 3147

[嘉靖]茶陵州志二卷

明夏良勝、張治纂修

明嘉靖四年(1525)刻本

九行二十一字　左右雙邊　白口

21.4×14.2釐米

天一閣

史 3148

[弘治]湖廣岳州府志十卷

明李文明、劉璣纂修

明弘治元年(1488)刻本

八行十九字　四周雙邊　黑口

22.3×14.8釐米

天一閣

史 3149

[隆慶]岳州府志十八卷

明李元芳、鍾崇文纂修

明隆慶(1567—1572)刻本

九行二十二字　四周雙邊　白口

22.4×16.2釐米

天一閣

史 3150

[康熙]岳州府志二十八卷

清李時遇、楊柱朝等纂修

清康熙(1662—1722)刻本

缺十二卷　一至四　十五至二十二

21.4×14.2釐米

寧圖

史 3151

[隆慶]寶慶府志五卷

明陸柬纂修

明隆慶元年(1567)刻本

存二卷　四至五

　　九行二十字　四周單邊　白口

　　21×15.6 釐米

天一閣

地理類

史 3152

[康熙]武岡州志三十卷首一卷

　　清吳從謙、潘應斗等纂修

　　清康熙二年(1663)刻本

　　九行二十字　四周單邊　白口

　　21×13.5 釐米

浙圖

史 3153

[嘉靖]衡州府志九卷

　　明楊珮、岳亭子纂修

　　明嘉靖十五年(1536)岳亭書屋刻藍印本

　　八行二十字　四周雙邊　白口

　　22.5×15.4 釐米

天一閣

史 3154

[乾隆]衡州府志三十三卷首一卷

　　清饒佺、曠敏本纂修

　　清乾隆二十八年(1763)刻本

　　十行二十字　四周雙邊　白口

　　20×14.8 釐米

浙圖

史 3155

[乾隆]衡陽縣志十四卷首一卷

　　清陶易纂修

　　清乾隆二十六年(1761)刻本

　　十行二十字　四周雙邊　白口

　　20.9×14.8 釐米

浙圖

史 3156

[乾隆]酃縣志二十三卷首一卷

　　清張泓、林愈蕃纂修

清乾隆三十年(1765)刻本

　　十行二十二字　四周雙邊　白口

　　20.7×14 釐米

浙圖

史 3157

[嘉靖]常德府志二十卷

　　明陳洪謨纂修

　　明嘉靖(1522—1566)刻本

　　八行二十一字　四周單邊　白口

　　21×14 釐米

天一閣

史 3158

[乾隆]辰州府志五十卷首一卷

　　清席紹葆、謝鳴謙纂

　　清乾隆三十年(1765)刻本

缺六卷　四十五至五十

　　八行二十一字　四周雙邊　白口

　　19.9×13.9 釐米

嘉圖

史 3159

[乾隆]黔陽縣志四十二卷首一卷

　　清姚文起、危元福等纂修

　　清乾隆五十四年(1789)刻本

　　九行二十二字　四周雙邊　白口

　　20.2×13.2 釐米

浙圖

史 3160

[弘治]永州府志十卷

　　明姚昺、沈鍾纂修

　　明弘治(1488—1505)刻本

　　八行十九字　四周雙邊　黑口

　　23×15.5 釐米

天一閣

史 3161

龍山縣鄉土志不分卷

　　清光緒(1875—1908)抄本

八行二十二字　無格

嘉圖

史 3162

[嘉靖]澧州志六卷

　明水之文、李獻陽等纂修

　明嘉靖四十一年(1562)刻本

缺一卷　一

　九行二十一字　四周雙邊　白口

　23×16 釐米

天一閣

史 3163

[萬曆]慈利縣志十八卷

　明陳光前纂修

　明萬曆元年(1573)刻本

　九行二十字　四周單邊　白口

　22.5×15 釐米

天一閣

史 3164

[乾隆]永順縣志四卷首一卷

　清黄德基、關天申纂修

　清乾隆五十八年(1793)刻本

　九行二十字　四周雙邊　白口

　20.6×14.3 釐米

浙圖

史 3165

[萬曆]郴州志二十卷

　明胡漢纂修

　明萬曆四年(1576)刻本

　八行十九字　左右雙邊　白口

　20×14.3 釐米

天一閣

史 3166

[正德]興寧志四卷

　明祝允明撰

　明正德(1506—1521)刻本

存一卷　四

　八行十六字　左右雙邊　白口

　20.2×15.6 釐米

溫圖

四川

史 3167

[雍正]四川通志四十七卷首一卷

　清黄廷桂、張晉生等纂修

　清雍正十一年(1733)刻本

　九行二十一字　四周雙邊　白口

　21.1×15 釐米

溫圖

史 3168

[乾隆]簡州志八卷

　清劉如基、楊油等纂修

　清乾隆五十八年(1793)學署刻本

　九行二十一字　四周雙邊　黑口

　20.7×15.3 釐米

嵊州圖

史 3169

[乾隆]合州志十六卷

　清周澄、張乃孚纂修

　清乾隆五十四年(1789)刻本

　十行二十字　四周雙邊　白口

　19×13.7 釐米

浙圖

史 3170

[康熙]順慶府志十卷增續一卷

　清李成林、羅承順纂修　清袁定遠、黄銑
　　續纂修

　清康熙二十五年(1686)刻四十六年
　　(1707)嘉慶十二年(1807)增刻本

　九行十八字　四周單邊　白口

　21.5×15 釐米

浙圖

史 3171

［康熙］西充縣志十二卷

清李棠、李昭治纂修

清康熙六十一年（1722）刻本

十行二十字　四周單邊　白口

20.6×14.9 釐米

浙圖

史 3172

［正德］蓬州志十卷

明吳德器、徐泰纂修

明正德十三年（1518）刻本

八行十八字　四周雙邊　白口

22×15.5 釐米

天一閣

史 3173

［萬曆］重修營山縣志八卷

明王廷稷、李彭年纂修

明萬曆四年（1576）刻本

九行二十四字　四周雙邊　白口

22×15.4 釐米

天一閣

史 3174

［嘉靖］馬湖府志七卷

明余承勛纂修

明嘉靖三十四年（1555）刻本

九行二十一字　左右雙邊　白口

19.2×14.7 釐米

天一閣

史 3175

［正德］夔州府志十二卷首一卷

明吳潛、傅汝舟纂修

明正德八年（1513）刻本

八行十七字　四周雙邊　黑口

20.5×15 釐米

天一閣

史 3176

［乾隆］夔州府志十卷

清崔邑俊、楊崇纂修

清乾隆十一年（1746）刻本

八行二十一字　四周雙邊　白口

21.4×14.6 釐米

浙圖

史 3177

［嘉靖］雲陽縣志二卷

明楊鸞、秦覺纂修

明嘉靖二十年（1541）刻本

八行二十二字　四周雙邊　白口

20.8×13.5 釐米

天一閣

史 3178

［嘉靖］洪雅縣志五卷

明束戴、張可述纂修

明嘉靖（1522—1566）刻本

九行二十四字　四周雙邊　黑口

21×14.2 釐米

天一閣

史 3179

［乾隆］直隸達州志四卷

清陳慶門纂修　清宋名立續修

清乾隆七年（1742）刻十二年（1747）增

　　修本

九行二十字　四周雙邊　白口

19.5×13.4 釐米

浙圖

史 3180

［嘉靖］青神縣志七卷

明佘承勛纂修

明嘉靖三十年（1551）刻本

存三卷　一至三

九行二十一字　左右雙邊　白口

20×15 釐米

天一閣

福建

史 3181

[弘治]八閩通志八十七卷

明陳道、黃仲昭纂修

明弘治(1488—1505)刻本

缺二十五卷　一至三　十六至十九　二十
四至三十　四十一至四十四　四十八至
五十四

九行二十一字　四周雙邊　黑口

21.5×16釐米

天一閣

史 3182

[萬曆]閩大記五十五卷

明王應山撰

清抄本　葉長青跋

存二卷　四十八　五十

浙圖

史 3183

[乾隆]福建通志七十八卷首一卷

清郝玉麟、謝道承纂修

清乾隆(1736—1795)刻本

十行二十字　四周雙邊　白口

22.9×17.3釐米

浙圖

史 3184

[乾隆]福建續志九十二卷首五卷

清楊廷璋、沈廷芳、吳嗣富等纂修

清乾隆三十四年(1769)刻本

十行二十字　四周雙邊　白口

21.7×15.4釐米

浙圖

史 3185

[乾隆]福州府志七十六卷首一卷

清錢塘徐景熹、會稽魯曾煜、錢塘施廷樞

纂修

清乾隆十九年(1754)刻本

十行二十字　四周雙邊　白口

20.3×14.9釐米

浙圖

史 3186

[乾隆]古田縣志八卷

清辛竟可、林咸吉等纂修

清乾隆(1736—1795)刻後印本

九行二十字　四周雙邊　白口

20×14釐米

浙圖

史 3187

[乾隆]永福縣志十卷

清陳焱、俞荔、陳雲客等纂修

清乾隆十四年(1749)刻本

十行二十字　四周雙邊　白口

20.5×14.9釐米

浙圖

史 3188

[康熙]長樂縣志八卷

清孫胤光、李逢祥纂修

清康熙(1662—1722)刻本

九行二十字　四周雙邊　白口

22.8×16.4釐米

浙圖

史 3189

[康熙]長樂縣志八卷

清孫蕙、孔元體纂修

清康熙二十六年(1687)刻本

九行二十二字　四周雙邊　白口

21×14.5釐米

浙圖

史 3190

[弘治]大明興化府志五十四卷

明陳效、周瑛等纂修

明弘治建陽書林刻本

存十九卷　一至九　十九至二十四　五十
一至五十四

十行二十一字　　四周雙邊　　黑口

21×13.5 釐米

天一閣

史 3191

[乾隆]泉州府志七十六卷首一卷

　清懷蔭布、黃任、郭賡武纂修

　清乾隆二十八年(1763)刻本

缺三十五卷　首　一至八　十一至十三
　十八至二十　二十二至二十四　二十七
　三十一至三十二　四十三　四十五　五
　十五　五十七至六十四　六十九至七十
　七十六

九行二十二字　　四周雙邊　　白口

20.4×13.5 釐米

溫圖

史 3192

[康熙]南安縣志二十卷

　清劉佑、葉獻論等纂修

　清康熙十一年(1672)刻本

九行二十字　　四周雙邊　　白口

22×13.7 釐米

浙圖

史 3193

[嘉靖]惠安縣志十三卷

　明莫尚簡、張岳纂修

　明嘉靖九年(1530)刻藍印本

十行二十字　　左右雙邊　　白口

17.5×13.3 釐米

天一閣

史 3194

[嘉靖]安溪縣志八卷

　明汪瑀、林有年纂修

　明嘉靖(1522—1566)刻本

九行二十一字　　四周單邊　　白口

19×13.8 釐米

天一閣

史 3195

[康熙]漳州府志三十四卷首一卷

　清魏荔彤、蔡世遠纂修

　清康熙五十四年(1715)刻本

十行二十字　　四周雙邊　　白口

21.4×15.3 釐米

浙圖　溫圖

史 3196

[康熙]詔安縣志十二卷志餘一卷

　清四明秦炯纂修

　清乾隆十九年(1754)刻本

十行二十字　　四周雙邊　　白口

21.8×16.1 釐米

浙大

史 3197

[嘉靖]龍溪縣志八卷

　明林魁、李愷纂修

　明嘉靖(1522—1566)刻本

八行十九字　　四周雙邊　　白口

19×14 釐米

天一閣

史 3198

[乾隆]南靖縣志十卷首一卷

　清姚循義、李正曜等纂修

　清乾隆八年(1743)刻本

九行二十字　　四周雙邊　　白口

20.7×14.4 釐米

浙圖

史 3199

[嘉靖]長泰縣志六卷

　明抄本

十行二十八字　　四周雙邊　　黑口

20.3×13.3釐米

天一閣

史 3200

[嘉靖]長泰縣志二卷

明張傑夫、蕭廷宣纂修

明嘉靖三十七年(1558)刻本

存一卷　下

九行二十二字　四周單邊　白口

20.3×13.3釐米

天一閣

史 3201

[嘉靖]延平府志二十三卷

明陳能、鄭慶雲等纂修

明嘉靖四年(1525)刻本

八行二十字　左右雙邊　白口

19.3×14.5釐米

天一閣

史 3202

[萬曆]重修延平府志三十四卷

明易可久、吳必學纂修

明萬曆十年(1582)刻本

存十六卷　一至五　十二至二十二

九行二十字　四周雙邊　白口

19.8×14.3釐米

天一閣

史 3203

[萬曆]南平縣志十七卷

明劉繼善纂修

明嘉靖(1522—1566)刻本

存九卷　九至十七

九行十八字　四周雙邊　黑口

20×13.5釐米

天一閣

史 3204

[正德]順昌邑志十卷

明馬性魯纂修

明正德(1506—1521)刻本

缺二卷　九至十

九行十八字　四周雙邊　黑口

22.5×16.8釐米

天一閣

史 3205

[乾隆]順昌縣志十卷

清陳鍈、呂天芹纂修

清乾隆三十年(1765)刻本

十行二十字　四周雙邊　白口

21.4×14.5釐米

浙圖

史 3206

[弘治]將樂縣志十四卷

明李敏纂修

明弘治十八年(1505)刻本

十行二十字　四周雙邊　黑口

19×13.8釐米

天一閣

史 3207

[嘉靖]沙縣志十卷

明葉聯芳纂修

明嘉靖二十四年(1545)刻本

缺四卷　七至十

九行二十字　四周單邊　白口

19.3×13.5釐米

天一閣

史 3208

[嘉靖]尤溪縣志七卷

明李文兗、田頊纂修

明嘉靖六年(1527)刻本

存三卷　一至三

八行十八字　左右雙邊　白口

18.2×14.2釐米

天一閣

地理類

史 3209

[嘉靖]建寧府志二十一卷

　明范嵩、汪佃纂修

　明嘉靖二十年(1541)刻本

　　八行二十字　四周單邊　白口

　　19.6×14 釐米

天一閣

史 3210

[景泰]建陽縣志四卷雜誌三卷續集一卷

　明趙文、黃璿纂修　明袁銛續纂

　明弘治十七年(1504)刻本

　存六卷　三至四　雜誌三卷　續集

　　十一行二十二字　四周雙邊　黑口

　　20×13 釐米

天一閣

史 3211

[嘉靖]建陽縣志十六卷

　明馮繼科、朱凌纂修

　明嘉靖三十二年(1553)刻本

　　八行二十字　四周單邊　白口

　　20×13 釐米

浙圖　天一閣

史 3212

[嘉靖]建陽縣志十六卷

　明馮繼科、朱凌纂修

　清抄本

　　八行二十字　四周單邊　白口

浙圖

史 3213

[康熙]建陽縣志八卷首一卷

　清柳正芳、藍陳略等纂修

　清康熙四十三年(1704)刻本

　　九行二十字　左右雙邊　白口

　　20.8×14 釐米

浙圖

史 3214

[雍正]崇安縣志八卷

　清劉靖、張彬纂修

　清乾隆(1736—1795)刻本〔卷八配清抄
　　本〕

　缺一卷　二

　　九行二十字　四周單邊　白口

　　20.4×14 釐米

玉海樓

史 3215

[嘉靖]松溪縣志十四卷

　明黃金、廖芝纂修

　明嘉靖十六年(1537)刻本

　存九卷　一至九

　　九行二十字　四周雙邊　白口

　　20×14 釐米

天一閣

史 3216

[嘉靖]邵武府志十五卷

　明邢址、陳驥纂修

　明嘉靖二十二年(1543)刻本

　　九行二十三字　四周雙邊　白口

　　21×14.2 釐米

天一閣

史 3217

[嘉靖]邵武志敘論一卷

　明陳驥撰

　明嘉靖(1522—1566)刻本

　　十行二十五字　四周雙邊　黑口

　　21×14 釐米

天一閣

史 3218

[嘉靖]建寧縣志七卷附錄一卷

　明何孟倫纂修

　明嘉靖(1522—1566)刻本

　　九行二十一字　四周雙邊　白口

20 × 13 釐米

天一閣

史 3219

[嘉靖]汀州府志十九卷

明邵有道、何雲等纂修

明嘉靖六年(1527)刻本

八行二十字　四周雙邊　白口

20 × 14 釐米

天一閣

史 3220

[康熙]寧化縣志七卷

清祝文郁、李世熊纂修

清康熙(1662—1722)刻後印本

九行二十二字　四周雙邊　白口

21 × 14.7 釐米

浙圖

史 3221

[嘉靖]清流縣志五卷

明陳桂芳纂修

明嘉靖二十四年(1545)刻本

九行二十字　四周單邊　白口

20 × 14 釐米

天一閣

史 3222

[乾隆]連城縣志十卷

清徐向忠、李龍官纂修

清乾隆十六年(1751)刻本

八行二十二字　左右雙邊　白口

22.4 × 14.9 釐米

浙圖

史 3223

[嘉靖]武平志六卷

明徐甫宰纂修

明嘉靖三十八年(1559)刻本

存三卷　四至六

九行二十字　四周雙邊　白口

21.5 × 17 釐米

天一閣

史 3224

[嘉靖]福寧州志十二卷

明陳應賓、閔文振纂修

明嘉靖十七年(1538)刻本

缺三卷　四至六

九行二十一字　四周單邊　白口

19.5 × 13.5 釐米

天一閣

史 3225

[嘉靖]寧德縣志四卷

明閔文振纂修

明嘉靖十七年(1538)刻本

九行二十一字　四周單邊　白口

19.2 × 13.5 釐米

天一閣

史 3226

[康熙]壽寧縣志八卷

清趙廷璣、王錫卣等纂修

清康熙二十五年(1686)刻本

九行二十二字　四周雙邊　白口

20.6 × 13.1 釐米

溫圖

史 3227

[康熙]臺灣府志十卷

清靳治揚、高拱乾纂修

清康熙四十九年(1710)刻本

八行二十字　四周雙邊　白口

21.9 × 14.4 釐米

浙圖

史 3228

[乾隆]續修臺灣府志二十六卷首一卷

清諸暨余文儀、黃佾纂修

清乾隆三十九年(1774)刻本

十一行二十二字　四周雙邊　白口

20.1×15.5 釐米

浙圖　溫圖

史 3229

[乾隆]重修臺灣府志二十五卷首一卷

清六十七、范咸纂修

清乾隆十二年(1747)刻本

十一行二十一字　四周雙邊　白口

20.5×15.7 釐米

浙圖

史 3230

[乾隆]永春州志十二卷首一卷

清鄭一崧、顏璹等纂修

清乾隆五十二年(1787)刻本

十行二十字　左右雙邊　白口

19.4×14.4 釐米

浙圖

史 3231

[康熙]德化縣志十六卷

清鄞縣范正輅纂修

清康熙二十六年(1687)刻本

八行十九字　四周雙邊　白口

21×13.3 釐米

天一閣

史 3232

[乾隆]大田縣志十二卷首一卷

清李慧、葉銘、林虎榜纂修

清乾隆二十四年(1759)刻本

九行二十字　四周雙邊　白口

20×14.7 釐米

浙圖

史 3233

[嘉靖]漳平縣志十卷

明朱召、曾汝檀纂修

明嘉靖二十八年(1549)刻本

八行十九字　四周雙邊　白口

19.2×14 釐米

天一閣

廣東

史 3234

[嘉靖]廣東通志七十卷

明黃佐纂修

明嘉靖(1522—1566)刻本

十行二十字　四周單邊　白口

20.5×15 釐米

天一閣

史 3235

[雍正]廣東通志六十四卷

清郝玉麟、會稽魯曾煜等纂修

清雍正九年(1731)刻本

十一行二十字　四周雙邊　白口

22.8×16.3 釐米

浙圖　寧圖

史 3236

廣東輿圖十二卷

清蔣伊、韓作棟等撰　清盧士、劉任繪圖

清康熙二十四年(1685)韓作棟刻本

十行二十四字　四周雙邊　白口

24.6×15.8 釐米

嘉圖

史 3237

[嘉靖]廣州志七十卷

明黃佐纂修

明嘉靖(1522—1566)刻本

存三十七卷　四至七　十二至十七　二十
二至四十八

十行二十字　四周單邊　白口

20×14.5 釐米

天一閣

地理類

史 3238

[乾隆]順德府志四卷

清徐景曾纂修

清乾隆十五年(1750)刻本

十行二十三字　四周單邊　白口

17.3×14.5釐米

溫圖

史 3239

[雍正]從化縣新志五卷

清郭遇熙纂修　清蔡廷鏞、張經綸等續

纂修

清雍正八年(1730)刻本

九行二十字　四周雙邊　白口

17.9×12.8釐米

浙圖

史 3240

[嘉靖]增城縣志十九卷

明文章、張文海纂修

明嘉靖十七年(1538)刻本

存十五卷　一至十一　十六至十九

十行二十字　左右雙邊　白口

21.2×14釐米

天一閣

史 3241

[康熙]韶州府志十八卷

清唐宗堯修

清康熙二十六年(1687)刻本

九行二十字　四周雙邊　白口

20.1×14.8釐米

浙圖

史 3242

[嘉靖]仁化縣志五卷

明胡居安纂修

明抄本

十行二十四至二十五字　四周雙邊

21.2×19釐米

天一閣

史 3243

[嘉靖]廣東韶州府翁源縣志不分卷

明李孔明、吳美等纂修

明抄本

十行二十三至二十五字　四周雙邊　黑口

22×19釐米

天一閣

史 3244

惠大記六卷

明鄭維新撰

明嘉靖(1522—1566)刻本

十行二十字　四周雙邊　白口

22.8×15.8釐米

天一閣

史 3245

[嘉靖]惠州府志十六卷

明姚良弼、楊載鳴纂修

明嘉靖三十五年(1556)刻藍印本

九行二十三字　四周單邊　白口

20×14釐米

天一閣

史 3246

[嘉靖]惠志略一卷

明楊載鳴撰

明嘉靖三十九年(1560)刻本

九行十八字　左右雙邊　白口

20×14釐米

天一閣

史 3247

[康熙]惠州府志二十卷首一卷

清呂應奎、仁和俞九成、黃挺華、衛金章

纂修

清康熙二十七年(1688)刻後印本

九行二十二字　四周雙邊　白口

浙圖

史 3248

[乾隆]歸善縣志十八卷
　清山陰章壽彭纂修
　清乾隆四十八年(1783)刻本
　十行二十一字　四周雙邊　白口
　18×14.5釐米
浙圖　寧圖

史 3249

[乾隆]歸善縣志十八卷
　清山陰章壽彭纂修
　清乾隆四十八年(1783)刻後印本
浙圖

史 3250

[嘉靖]海豐縣志二卷
　明張炎道、李曰巽纂修
　明嘉靖三十八年(1559)刻本
　存一卷　上
　九行二十字　左右雙邊　白口
　19.7×14.5釐米
天一閣

史 3251

[乾隆]海豐縣志十卷
　清于卜熊修　清史本等纂
　清乾隆十五年(1750)刻本
　九行二十二字　四周雙邊　白口
　22.5×15.3釐米
浙圖

史 3252

[乾隆]潮州府志四十二卷首一卷
　清周碩勳纂修
　清乾隆(1736—1795)珠蘭書屋刻本
　十行二十字　四周雙邊　白口　版心下鐫"珠
　　蘭書屋"
浙圖　寧圖

史 3253

[隆慶]潮陽縣志十五卷附錄一卷
　明林大春、黃一龍纂修
　明隆慶(1567—1572)刻本
　十行二十字　四周單邊　白口
　21.5×14.5釐米
天一閣

史 3254

[乾隆]揭陽縣志八卷首一卷
　清劉業勤、凌魚纂修
　清乾隆四十四年(1779)刻本
　十行二十一字　四周雙邊　白口
　19.2×14.6釐米
浙圖

史 3255

[乾隆]南澳志十二卷
　清齊翀纂修
　清乾隆四十八年(1783)刻本
　九行二十三字　左右雙邊　白口
　19.9×14.7釐米
溫圖

史 3256

[乾隆]南澳志十二卷
　清齊翀纂修
　清乾隆四十八年(1783)刻道光二十一年
　　(1841)重修本
浙圖

史 3257

[康熙]花縣志四卷
　清王永名、黃士龍纂修
　清康熙二十六年(1687)刻本
　九行十八字　四周單邊　白口
　21.3×14.4釐米
浙圖

地理類

史 3258

[雍正]連平州志十卷

　清盧廷俊、顔希聖等纂修

　清雍正八年(1730)刻本

　　九行二十二字　左右雙邊　白口

　　19×14.7 釐米

浙圖

史 3259

[乾隆]河源縣志十五卷

　清仁和陳張翼、尹報遠纂修

　清乾隆十一年(1746)刻本

　　十行二十二字　左右雙邊　白口

　　20.2×15 釐米

浙圖

史 3260

[康熙]肇慶府志三十二卷

　清史樹駿、區簡臣纂修　清宋志益續修

　清康熙（1662—1722）刻康熙（1662—

　　1722)增修本

　　九行十八字　四周單邊　白口

　　20.9×15.3 釐米

浙圖

史 3261

[乾隆]新興縣志三十卷

　清劉芳纂修

　清乾隆(1736—1795)刻本

　　十行二十二字　左右雙邊　白口

　　18.8×14.4 釐米

浙圖

史 3262

[康熙]陽春縣志十八卷

　清康善述、劉裔炫纂修

　清康熙(1662—1722)刻本

　存八卷　一至五　十六至十八

　　九行二十字　四周雙邊　白口

　　20.3×15.2 釐米

寧圖

史 3263

[康熙]高明縣志十八卷首一卷

　清于學、黃之璧等纂修

　清康熙二十九年(1690)刻本

　　九行二十字　四周雙邊　白口

　　19.5×14.7 釐米

浙圖

史 3264

[嘉靖]德慶州志十六卷

　明陸舜臣纂修

　明嘉靖(1522—1566)刻本

　　九行十八字　左右雙邊　白口

　　19.5×14 釐米

天一閣

史 3265

[順治]電白縣志八卷

　清相斗南纂修　清強兆統、黎日昇續修

　清順治(1644—1661)刻康熙二十五年

　　(1686)續修本

　　九行二十一字　四周雙邊　白口

　　22×16.4 釐米

天一閣

史 3266

[康熙]化州志十二卷

　清楊于宸纂修

　清康熙二十五年(1686)刻本

　　九行二十字　四周單邊　白口

　　20×15.4 釐米

天一閣

史 3267

[康熙]石城縣志十一卷

　清周宗臣、韓鏐纂修

　清康熙二十五年(1686)刻本

　　九行二十字　四周單邊　白口

21.5×15 釐米

天一閣

史 3268

［嘉靖］欽州志九卷

明林希元纂修

明嘉靖（1522—1566）刻本

九行二十字　四周單邊　白口

20.5×14.5 釐米

天一閣

史 3269

［康熙］遂溪縣志四卷

清宋國用、洪泮洙纂修

清康熙（1662—1722）刻本

九行二十字　四周雙邊　白口

21×13.8 釐米

浙圖

史 3270

［正德］瓊臺志四十四卷

明唐胄纂修

明正德十六年（1521）刻本

缺四卷　二十二至二十三　四十三至四十四

九行十九字　四周雙邊　黑口

22.3×15.5 釐米

天一閣

史 3271

［康熙］文昌縣志十卷

清馬日炳纂修

清康熙（1662—1722）刻重修本

九行二十二字　四周雙邊　白口

20×14.3 釐米

浙圖

史 3272

［嘉靖］南雄府志二卷

明胡永成、譚大初纂修

明嘉靖二十一年（1542）刻本

九行二十字　四周單邊

19.5×14.2 釐米

天一閣

史 3273

［乾隆］南雄府志十九卷

清圖爾兵、梁宏勖、胡定等纂修

清乾隆十八年（1753）刻本

九行二十字　左右雙邊　白口

20×14.2 釐米

天一閣

史 3274

［嘉靖］始興縣志二卷

明汪慶舟纂修

明嘉靖十五年（1536）刻本

九行十九字　四周單邊　黑口

20.8×14.1 釐米

天一閣

史 3275

［正德］興寧縣志四卷

明祝允明纂修

明正德（1506—1521）刻本

存一卷　一

八行十六字　左右雙邊　白口

20.2×15.6 釐米

溫圖

史 3276

［嘉靖］興寧縣志四卷

明黃國奎、盛繼纂修

明嘉靖三十年（1551）刻藍印本

十行二十二字　四周單邊　白口

19.4×16.1 釐米

天一閣

史 3277

［乾隆］興寧縣志十卷

清施念曾纂修

清乾隆四年(1739)刻本

九行二十字　四周雙邊　白口

19.4×14.5 釐米

浙圖

史 3278

[康熙]西寧縣志十卷

清趙震陽、鍾光斗纂修

清康熙六年(1667)刻本

九行十八字　四周單邊　白口

21×14 釐米

浙圖

廣西

史 3279

[康熙]廣西通志四十卷

清郝浴、廖必強、王如辰等纂修

清康熙二十二年(1683)刻本

九行十九字　四周雙邊　白口

19.1×15.1 釐米

浙圖

史 3280

[乾隆]廣西府志二十六卷

清周埰、李綬等纂修

清乾隆四年(1739)刻本

缺一卷　二十六

九行二十字　四周雙邊　白口

21.4×15 釐米

浙圖

史 3281

[乾隆]潯州府志五十卷

清胡南藩、歐陽達纂修

清乾隆二十一年(1756)刻本

九行二十字　四周雙邊　白口

18.9×14.4 釐米

天一閣

史 3282

[嘉靖]南寧府志十卷

明郭楠纂修

明嘉靖(1522—1566)刻本

缺一卷　十

八行十八字　四周雙邊　白口

21.1×14.8 釐米

天一閣

史 3283

[乾隆]鬱林州志十卷

清邱桂山、劉玉麟、秦兆鯨纂修

清乾隆五十七年(1792)關氏見賢堂書坊
　刻本

十行二十二字　左右雙邊　白口

19.6×15.1 釐米

浙圖

雲南

史 3284

[正德]雲南志四十四卷

明周季鳳纂修

明正德(1488—1505)刻本

九行二十字　四周雙邊　白口

21.4×15 釐米

天一閣

史 3285

[乾隆]雲南通志三十卷首一卷

清鄂爾泰、靖道謨等纂修

清乾隆元年(1736)刻本

十行二十二字　四周雙邊　白口

22.2×16.4 釐米

溫圖

史 3286

[康熙]大理府志三十卷首一卷

清李斯佺、黃元治等纂修

清康熙(1662—1722)刻本

九行二十字　四周雙邊　白口

20.4×15 釐米

天一閣

史 3287

[雍正]建水州志十六卷

清祝宏、趙節纂修

清雍正九年(1731)刻本

九行十九字　四周雙邊　白口

19.1×15 釐米

浙圖

史 3288

[乾隆]石屏州志八卷

清管學宜纂修

清乾隆二十四年(1759)刻本

缺一卷　五

十行二十四字　四周雙邊　白口

21.5×16.7 釐米

浙圖

史 3289

[乾隆]石屏州續志二卷

清呂瓚先纂修

清乾隆四十五年(1780)刻本

十行二十四字　四周雙邊　白口

21.2×16.4 釐米

浙圖

史 3290

[乾隆]白鹽井志四卷

清郭存莊、趙淳纂修

清乾隆(1736—1795)刻本

九行二十一字　四周雙邊　白口

21.3×15 釐米

杭圖

史 3291

[嘉慶]楚雄縣志十卷首一卷

清蘇鳴鶴、陳璜纂修

清嘉慶二十三年(1818)刻本

九行二十三字　四周雙邊　白口

20.5×14.5 釐米

浙圖

史 3292

[康熙]羅平州志四卷

清黃德巽、胡承灝等纂修

清康熙五十七年(1718)刻本

九行十九字　四周雙邊　白口

20.2×14.8 釐米

浙圖

史 3293

[嘉靖]尋甸府志二卷

明王尚用、張騰纂修

明嘉靖二十九年(1550)刻本

九行二十字　左右雙邊　白口

20.3×14.3 釐米

天一閣

史 3294

[康熙]平彝縣志十卷

清任中宜、葉淶纂修

清康熙(1662—1722)刻本

九行二十字　四周雙邊　白口

26.7×17.1 釐米

天一閣

史 3295

[光緒]麗江府志八卷首一卷

清陳宗海、李星瑞纂修

稿本〔卷三配抄本〕

浙圖

史 3296

[雍正]彌勒州志二十七卷首一卷

清秦仁、王緯等纂修　清傅騰蛟等增訂

清乾隆四年(1739)刻本

九行十九字　四周雙邊　白口

19.8×14.8 釐米

地理類

浙圖

史 3297

[乾隆]雲南騰越州志十三卷

清屠述濂纂修

清乾隆五十五年（1790）刻道光十八年

（1838）印本

十行二十二字　四周雙邊　白口

21.8×14.7 釐米

浙圖

貴州

史 3298

[嘉靖]貴州通志十二卷

明謝東山、張道纂修

明嘉靖三十四年（1555）刻本

八行二十二至二十四字　四周雙邊　黑口

24×15 釐米

天一閣

史 3299

[乾隆]貴州通志四十六卷

清鄂爾泰、靖道謨等纂修

清乾隆六年（1741）刻本

十一行二十一字　四周雙邊　白口

20.4×14.8 釐米

寧圖

史 3300

[嘉靖]思南府志八卷

明鍾添、田秋纂修

明嘉靖十五年（1536）刻二十九年

（1550）增修本

九行二十字　四周雙邊　白口

21×14 釐米

天一閣

史 3301

[嘉靖]普安州志十卷

明高廷愉纂修

明嘉靖二十八年（1549）刻本

八行十八字　四周雙邊　黑口

20×14 釐米

天一閣

新疆

史 3302

欽定皇輿西域圖志四十八卷首四卷

清傅恒、褚廷璋等纂修

清抄本

浙圖

史 3303

新疆圖考不分卷

清經費局抄本

九行二十二字　四周雙邊　白口

18.7×13.2 釐米

杭圖

史 3304

伊江滙覽不分卷

清抄本

浙圖

內蒙古

史 3305

[乾隆]河套志六卷

清陳履中纂修

清乾隆（1736—1795）刻本

九行二十字　四周雙邊　白口

19.4×15 釐米

浙圖

史 3306

武川備考十二卷輿圖一卷

清武義何德潤輯

稿本

侍王府

西藏

地理類

史 3307

衛藏圖識四卷附蠻語一卷

　清馬揭、盛繩祖纂修

　清乾隆五十七年（1792）刻本

　　八行十九字　四周單邊　黑口

　　19.2×14 釐米

溫圖

史 3308

衛藏圖識四卷蠻語一卷

　清馬揭、盛繩祖纂修

　清抄本　張崟批校　姜亮夫題款

　　八行二十字　無格

浙大

史 3309

西藏志不分卷

　清抄本

浙圖

雜志

史 3310

帝京景物略八卷

　明劉侗、于奕正撰

　明崇禎（1628—1644）刻本

存三卷　一　五至六

　　八行十九字　四周單邊　白口

　　19.2×14 釐米

天一閣

史 3311

帝京景物略八卷

　明劉侗、于奕正撰

　清初刻本

　　十一行二十一字　左右雙邊　白口

　　18.6×13.4 釐米

杭博

史 3312

京師五城坊巷衚衕集一卷

　明張爵撰

　清抄本

浙圖

史 3313

天府廣記四十四卷

　清孫承澤撰

　抄本

浙圖

史 3314

日下舊聞四十二卷

　清秀水朱彝尊撰　清秀水朱昆田補遺

　清康熙二十六年至二十七年（1687—
　　1688）朱氏六峰閣刻本

　　十二行二十一字　四周單邊　白口

　　18.7×13.7 釐米

浙圖　嘉圖　上虞圖

史 3315

日下舊聞四十二卷

　清秀水朱彝尊撰　清秀水朱昆田補遺

　清康熙二十六年至二十七年（1687—
　　1688）朱氏六峰閣刻乾隆（1736—
　　1795）印本

天一閣

史 3316

欽定日下舊聞考一百六十卷

　清于敏中、竇光鼐等纂修

　清乾隆（1736—1795）武英殿刻本

　　九行二十一字　四周雙邊　白口

　　18.5×14.7 釐米

上虞圖　義烏圖

史 3317

宸垣識略十六卷

　清吳長元撰

清乾隆五十三年(1788)池北草堂刻本

九行二十一字　左右雙邊　白口

13.2×10 釐米

浙圖　溫圖

史 3318

隨鑾記恩一卷

清汪灝撰

清抄本　丁謙批校

浙圖

史 3319

遼東行部志一卷

金王寂撰

清末周氏鳩峰草堂抄本

浙圖

史 3320

金陵古今圖考一卷

明鄞縣陳沂撰

清抄本

浙圖

史 3321

金陵瑣事四卷續二卷二續二卷

明周暉撰

明萬曆(1573—1620)刻本

八行十六字　四周單邊　白口

19.5×14 釐米

浙圖

史 3322

中吳紀聞六卷

宋龔明之撰

明末毛氏汲古閣刻本

九行十八字　左右雙邊　粗黑口

20.5×14.9 釐米

杭圖

史 3323

中吳紀聞六卷

宋龔明之撰

明末毛氏汲古閣刻本　清王芑孫批注

浙圖

史 3324

揚州畫舫錄十八卷

清李斗撰

清乾隆六十年(1795)自然盦刻本

十行二十四字　左右雙邊　白口

16.7×11.8 釐米

浙圖

史 3325

祁閶雜詠一卷

明汪敬撰

續一卷

明汪璪撰

明正德元年(1506)刻本

十一行二十字　四周雙邊　白口

19.2×15 釐米

天一閣

史 3326

箕城雜綴三卷

清程穆衡撰

清杏香廬抄本

浙圖

史 3327

顏山雜記四卷

清孫廷銓撰

清康熙五年(1666)刻本

八行十八字　四周單邊　白口

18.8×12.6 釐米

浙圖

地理類

史 3328

東京夢華錄十卷

　宋孟元老撰

　明崇禎（1628—1644）毛氏汲古閣刻津逮

　　秘書本　　任銘善校並跋

　　九行十八字　　左右雙邊　　白口

　　19×13.8 釐米

　浙大

史 3329

浙江郡縣道里圖一卷

　清伊靖阿撰

　清乾隆（1736—1795）刻本

　　23.3×15.3 釐米

　浙圖

史 3330

夢粱錄二十卷

　宋錢塘吳自牧撰

　清抄本　佚名錄清吳翌鳳批校並跋　清

　　王雲批校

　存六卷　十五至二十

　浙圖

史 3331

武林舊事六卷

　宋周密撰

　明正德十三年（1518）宋廷佐刻本　佚名

　　校　清方穀跋

　　十行二十字　　四周單邊　　白口

　　18.2×13.2 釐米

　浙圖

史 3332

增補武林舊事八卷

　宋周密撰　　明朱廷煥增補

　清康熙四十三年（1704）朱繻刻本

　　九行二十字　　四周單邊　　白口

　　20.5×14.2 釐米

　浙圖

史 3333

武林覽勝記四十二卷

　清仁和杭世駿輯

　清乾隆（1736—1795）抄本

　浙博

史 3334

城東雜錄二卷

　清錢塘厲鶚撰

　清乾隆四十二年（1777）抄本

　浙圖

史 3335

東城雜記二卷

　清錢塘厲鶚撰

　清抄本　佚名校

　浙圖

史 3336

北郭叢抄不分卷

　清錢塘丁丙輯

　稿本

　浙圖

史 3337

武林坊巷志不分卷

　清錢塘丁丙輯

　稿本

　浙圖

史 3338

杭城坊巷志不分卷

　清錢塘丁丙輯　　仁和孫峻補輯

　稿本

　存五十三册　第一至十二　十四至十七

　　十九至五十四册　目錄一册

　浙圖

史 3339

杭城坊巷志引用書目韻編不分卷

　仁和孫峻輯

　抄本

浙圖

史 3340

武林坊巷志目稿一卷

　清錢塘丁丙、仁和孫峻輯

　清抄本

浙圖

史 3341

武林坊巷總志一卷

　仁和孫峻輯

　抄本

浙圖

史 3342

杭城坊巷志節要不分卷

　清錢塘丁丙、仁和孫峻輯　陸啓節要

　清抄本

浙圖

史 3343

武林風俗記一卷

　清仁和王同撰

　稿本

杭圖

史 3344

杭州進京水程里次一卷

　清會稽宗聖垣撰

　稿本

浙圖

史 3345

雲棲紀事不分卷

　清抄本

浙圖

史 3346

西湖老人繁勝錄不分卷

　清抄本　錢塘吳慶坻校並跋　仁和孫峻
　　跋

浙圖

史 3347

江干雜詠不分卷

　清錢塘丁丙輯

　稿本

浙圖

史 3348

郭西小志十七卷

　清錢塘姚禮撰

　張宗祥抄本　海寧張宗祥跋

浙圖

史 3349

龍井見聞錄十卷附宋僧元淨外傳二卷

　清汪孟鋗撰

　稿本

存六卷　三至六　外傳二卷

杭圖

史 3350

龍井見聞錄十卷附宋僧元淨外傳二卷

　清汪孟鋗撰

　清乾隆二十七年(1762)刻本

　八行二十字　四周雙邊　白口

　18×13 釐米

浙圖　浙大

史 3351

棲里景物略十二卷補遺一卷

　清唐棲張之鼐撰

　清嘉慶(1796—1820)張迎煦抄本

浙圖

地理類

史 3352

海昌叢載二十卷續載七卷首一卷

　清海寧管庭芬撰

　張宗祥抄本　海寧張宗祥跋

浙圖

史 3353

寧志餘聞八卷

　清海寧周廣業撰

　清抄本

浙圖

史 3354

寧志餘聞八卷

　清海寧周廣業纂修

　清小清儀閣抄本

浙圖

史 3355

寧志餘聞八卷

　清海寧周廣業撰

　清張氏小清儀閣抄本　海寧張光第跋

浙圖

史 3356

紫陜文獻錄二卷

　清海寧曹宗載撰

　清張氏小清儀閣抄本　海寧張光第跋

　十行二十一字　四周雙邊　白口

　19.5×13.9 釐米

杭圖

史 3357

秋坪偶錄不分卷

　清王炳虎輯　清王良補輯

　稿本　清嘉興馮登府、王良跋

浙大

史 3358

嘉府典故纂要八卷

　清海鹽王惟梅撰

　清乾隆五十四年(1789)環翠書屋刻本

　九行二十字　四周單邊　白口

　14.6×10.3 釐米

浙圖　嘉圖

史 3359

嘉府典故纂要續編八卷

　清海鹽王惟梅撰

　清嘉慶四年(1799)環翠書屋刻本

　九行二十字　四周單邊　白口

　14.7×10 釐米

浙圖

史 3360

海鹽雜記一卷

　清末抄本

餘杭圖

史 3361

吳興掌故集十七卷

　明吳興徐獻忠撰

　明嘉靖三十九年(1560)范唯一、張邦彥
　刻本

　缺六卷　一至六

　八行十六字　左右雙邊　白口

　19×12.9 釐米

天一閣

史 3362

吳興掌故集十七卷

　明吳興徐獻忠撰

　明萬曆四十三年(1615)茅獻徵刻本

　八行十六字　左右雙邊　白口

　19.3×13.2 釐米

浙圖

史 3363

吳興合璧四卷首一卷

　清陳文煜撰

　清乾隆（1736—1795）刻本

　　九行十九字　左右雙邊　白口

　　18.7×14 釐米

浙圖

史 3364

吳興掌故紀要不分卷

　清抄本

浙圖

史 3365

湖萍吟記二卷

　清嚴鈖撰

　清咸豐六年（1856）稿本

海寧圖

史 3366

西吳枝乘二卷

　明謝肇淛撰

　明萬曆三十六年（1608）刻本

　　九行十八字　左右雙邊　白口

　　19.1×13.6 釐米

浙圖

史 3367

勾章摭逸十卷土物志一卷

　清慈谿鄭辰撰

　清抄本

浙圖

史 3368

勾章摭逸十卷土物志一卷

　清慈谿鄭辰撰

　張氏約園抄本

浙圖

史 3369

四明談助四十六卷首一卷

　清四明徐兆昺撰

　清道光八年（1828）活字印本

　　十一行二十四字　四周雙邊　黑口

　　22.3×14.5 釐米

浙圖

史 3370

南田縣風土志二卷

　清杜冠英撰

　清抄本

浙圖

史 3371

會稽名勝賦一卷

　清會稽葉簡裁輯

　清乾隆五十三年（1788）刻本

　　九行二十五字　四周單邊　白口

　　18.3×11.3 釐米

紹圖

史 3372

廣會稽風俗賦一卷

　清會稽陶元藻撰　清翁元圻注

　清乾隆五十二年（1787）刻本

　　九行二十字　左右雙邊　白口

　　19.1×13.9 釐米

浙圖　紹圖

史 3373

會稽山賦不分卷

　清會稽胡浚撰

　清乾隆五十四年（1789）刻本

　　十行二十二字　四周雙邊　白口

　　19.8×13.9 釐米

浙圖

史 3374

越中名勝賦不分卷

　清山陰李壽朋撰

清乾隆（1736—1795）刻本

十行二十字　左右雙邊　白口

17.4×12.8 釐米

浙圖　紹圖

史 3375

鑑湖櫂歌不分卷

清山陰胡保泰撰

清乾隆（1736—1795）清芬草堂刻本

九行二十字　左右雙邊　白口

18×12.5 釐米

浙圖

史 3376

古虞新紀一卷

清彝卿撰

手稿本

浙圖

史 3377

台郡識小錄十六卷

清臨海宋世犖撰

清抄本　清黃巖王舟瑤批校

臨海博

史 3378

台州劄記十二卷

清臨海洪頤煊撰

清抄本

浙圖

史 3379

台州外書訂三卷

清黃巖管世駿撰

稿本　清黃巖王舟瑤跋

浙圖

史 3380

台州外書訂三卷

清黃巖管世駿撰

稿本

浙圖

史 3381

一統志台州約抄二卷

清黃巖管世駿輯

稿本

浙圖

史 3382

方志涉台一卷

清黃巖管世駿輯

稿本

浙圖

史 3383

古今圖書集成摘抄二卷

清黃巖管世駿輯

稿本

浙圖

史 3384

歷代史台州約抄二卷

清黃巖管世駿輯

稿本

浙圖

史 3385

群書述台二卷

清黃巖管世駿輯

稿本

浙圖

史 3386

平泉志賸不分卷

清太平戚學標輯撰

清抄本　佚名校注

黃巖圖

史 3387

賴公衢州府記一卷

　清佚名撰

　稿本

　16.5×10.8 釐米

衢博

史 3388

賴太素龍游縣圖記一卷

　清佚名撰

　稿本

　16.6×10.8 釐米

衢博

史 3389

東甌大事記六卷

　清瑞安孫鏘鳴輯

　瑞安林慶雲惜硯樓抄本

玉海樓

史 3390

東甌東掌錄不分卷

　清陸進撰

　清抄本　清海寧管庭芬校並跋　清瑞安

　　孫詒讓校

溫圖

史 3391

東甌備志長編□卷

　清瑞安孫衣言輯

　稿本

存雜記

溫圖

史 3392

瑞安鄉土史譚七卷

　瑞安洪炳文撰

　稿本

存一卷　三

溫圖

史 3393

清溫州海島圖一卷

　清抄本

玉海樓

史 3394

瀫水志林二十卷

　清張尚瑗撰

　清康熙五十一年(1712)刻本

　十行二十二字　四周單邊　白口

　19.2×13.7 釐米

寧圖

史 3395

瀫水志林二十卷

　清張尚瑗撰

　清木活字本

　十行二十二字　四周單邊　白口

　10×13.7 釐米

天一閣

史 3396

蜀中廣記一百八卷

　明曹學佺撰

　明刻本

　十行二十字　四周雙邊　白口

存五十四卷

　　蜀中詩話四卷

　　蜀中著作記十卷

　　蜀中神仙記十卷

　　蜀中風俗記四卷

　　蜀中畫苑四卷

　　蜀中方物記十二卷

　　蜀中高僧十卷

　21×14.9 釐米

紹圖＊　天一閣＊

史 3397

蜀有聞八卷

　清金之翰輯

　清抄本　清道光三年(1823)李如櫚抄並

跋

溫圖

史 3398

榕海舊聞不分卷

清林正青輯

清抄本

浙圖

史 3399

劉總戎南巡記略不分卷

清張用修撰

清抄本

浙圖

史 3400

泉南雜記二卷

明陳懋仁撰

明崇禎(1628—1644)刻本

九行十八字　四周單邊　白口

19.4×13.1 釐米

天一閣

史 3401

嶺海見聞四卷

清嘉善錢以塏撰

清康熙(1662—1722)刻本

九行十九字　四周單邊　白口

17.9×13.7 釐米

浙圖

史 3402

廣東新語二十八卷

清屈大均撰

清康熙水天閣刻本

十一行十九字　四周單邊　白口

18.5×13.5 釐米

浙圖　嘉圖

史 3403

海南雜著不分卷

清蔡廷蘭撰

清末抄本

玉海樓

史 3404

澳門記略二卷

清張汝霖撰

清傅以禮長恩閣抄本

浙圖

史 3405

澳門記略二卷首一卷末一卷

清印光任、清張汝霖纂修

抄本

存二卷　首　卷上

九行十八字　四周單邊　白口

嘉圖

史 3406

柳邊紀略二卷

清山陰楊賓撰

清抄本

浙圖

史 3407

桂林風土記不分卷

唐莫休符撰

明萬曆(1573—1620)刻本

十二行二十八字　左右雙邊　白口

11.7×14.2 釐米

天一閣

史 3408

紀古滇説原集一卷

題宋張道宗撰

明嘉靖四年(1525)刻本

十行十九至二十字　左右雙邊　黑口

19×13 釐米

天一閣

史 3409

滇考二卷

清臨海馮甦撰

清刻本

九行二十字　四周雙邊　白口

19.2×13.7釐米

嘉圖

史 3410

滇考二卷

清臨海馮甦撰

清乾隆(1736—1795)內府寫文瀾閣四庫
　全書本

存一卷　下

九行二十字　四周雙邊　白口

20.6×14釐米

天一閣

史 3411

黔書二卷

清田雯撰

清康熙(1662—1722)刻本　佚名批校

十一行二十四字　四周雙邊　白口

19.1×14.3釐米

浙圖

史 3412

黔書二卷

清田雯撰

清康熙三十年(1691)刻本　清宋瑞廷跋

九行二十一字　四周雙邊　白口

20.3×15.1釐米

浙圖

史 3413

黔中風土志三十二卷

清抄本

浙圖

史 3414

黔語二卷

清錢塘吳振棫撰

稿本

浙圖

史 3415

金川諸番圖説一卷

清抄本

浙圖

史 3416

西藏見聞錄二錄

清蕭騰麟撰　清蕭錫珀輯

清乾隆二十四年(1759)賜硯堂刻本

十行二十二字　左右雙邊　白口

19.1×14釐米

杭圖

史 3417

西域紀事八卷

清七十一撰

清乾隆四十二年(1777)刻本

九行二十一字　左右雙邊　黑口

12.6×9.8釐米

嘉圖

史 3418

西域紀事八卷

清七十一撰

清抄本

浙圖

史 3419

西域記略八卷

清椿園撰

清抄本

天一閣

史 3420

西北域記一卷戇子記一卷居業集一卷

　清謝濟世撰

　清抄本

浙圖

史 3421

皇明九邊考十卷

　明魏煥撰

　明嘉靖四十五年(1566)魏時用刻本

　九行二十二字　四周雙邊　黑口

　21.2×14.6釐米

浙圖

史 3422

四鎮三關志十卷

　明王之弼、劉效祖纂修

　明萬曆(1573—1620)刻本

　十行二十一字　四周雙邊　白口

　22.5×16.3釐米

浙圖

史 3423

兩鎮三關通志□□卷

　明尹耕纂修

　明刻本

存十二卷　一至十二

　十行二十一字　四周單邊　白口

　22.8×17釐米

天一閣

史 3424

邊政考十二卷

　明張雨撰

　明嘉靖二十六年(1547)李世芳刻本

存九卷　四至十二

　十行二十四字　四周雙邊　白口

　22.2×15.5釐米

天一閣

史 3425

籌邊纂議八卷

　明鄭文彬撰

　清末抄本　佚名校　于友石題簽

浙大

史 3426

秦邊記略五卷

　清梁份撰

　抄本

浙圖

史 3427

籌海圖編十三卷

　明鄭若曾撰

　明嘉靖四十一年(1562)胡宗憲刻本

存七卷　三至四　六　八至九　十一至十
二

　十二行二十二字　四周雙邊　白口

　21.2×15.8釐米

嘉圖

史 3428

籌海圖編十三卷

　明胡宗憲撰

　明天啓四年(1624)胡維極刻本

　十二行二十二字　四周單邊　白口

　19.2×14.4釐米

浙圖　溫圖　浙博*

史 3429

籌海圖編十三卷

　明胡宗憲撰

　明天啓四年(1624)胡維極刻本　高啓芬
　跋

天一閣

史 3430

籌海圖編十三卷

　明鄭若曾撰

清康熙三十二年（1693）鄭起泓刻本

十行二十字　四周雙邊　白口

22.3×15.8釐米

浙圖

史 3431

籌海圖編十三卷

明鄭若曾撰

清刻本

十行二十字　四周雙邊　白口

玉海樓

史 3432

萬里海防圖一卷

清彩繪本

浙圖

史 3433

葛莊節公增輯兩浙海洋圖橅本一卷

清山陰葛雲飛繪輯

清光緒（1875—1908）王繼香摹本　清會

稽王繼香跋

浙圖

史 3434

浙東鎮海得勝全圖一卷

清刻彩印本

浙圖

史 3435

溫處海防圖略一卷

明蔡逢時撰

清抄本

浙圖

史 3436

海防緊要十卷

清薛傳源撰

清抄本

浙圖

史 3437

粵省海防圖説二卷

清光緒九年（1883）寫本

浙圖

山水志

總志

史 3438

古今遊名山記十七卷總錄三卷

明括蒼何鏜輯

明嘉靖四十四年（1565）自刻本

十四行二十七字　左右雙邊　白口

20×14釐米

浙圖＊　天一閣＊

史 3439

名山勝槩記四十六卷附錄一卷

明崇禎（1628—1644）刻本

九行二十字　左右雙邊　白口

19.1×14.3釐米

浙圖　杭圖＊　天一閣＊

史 3440

名山諸勝一覽記十六卷

明慎蒙撰

明萬曆四年（1576）自刻本

存二卷　二至三

十行二十字　左右雙邊　白口

19.2×14.2釐米

浙圖

史 3441

新鐫海內奇觀十卷

明錢塘楊爾曾輯

明萬曆三十七年（1609）夷白堂刻本（有

圖）

十行二十四字　四周雙邊　白口

23.1×15 釐米

浙圖 紹圖 天一閣

史 3442

大明一統名勝志二百八卷

明曹學佺撰

明崇禎三年(1630)自刻本 題清愚庵老
人跋

存一百三十七卷

直隸十二卷

廣西十卷

浙江十一卷

陝西十三卷

江南二十卷

山東九卷

山西八卷

江西十三卷

湖廣十七卷

雲南二十四卷

十行十九字 左右雙邊 白口

20.3×13.9 釐米

浙圖

史 3443

大明一統名勝志二百八卷

明曹學佺撰

明崇禎三年(1630)自刻本 佚名批注

存七十二卷

直隸十二卷

江南十卷

江西十三卷

福建六卷 五至十

湖廣九卷

四川九卷

陝西十三卷

浙圖

史 3444

岳紀六卷

明陳士元撰

明萬曆二十年(1592)羅紳刻本

九行二十字 四周單邊 白口

21×14.8 釐米

浙圖

史 3445

名山記選二十卷

明王微輯

明末刻本

缺二卷 七至八

九行二十字 左右雙邊 白口

19.1×14.3 釐米

天一閣

史 3446

萬山綱目二十卷

清李誠撰

稿本

缺七卷 十四至二十

臨海博

史 3447

惠陽山水紀勝四卷

清海寧吳騫輯

清刻本

九行十二字 左右雙邊 白口

18.4×13.5 釐米

浙圖

史 3448

峽石山水志略二卷

清海寧蔣弘任纂

清末抄本

海寧圖

史 3449

峽石山水志略二卷

清海寧蔣弘任纂

清朱其鏞抄本

紹圖

史 3450

硤石山水志一卷

清海寧蔣弘任撰

管氏靜得樓抄本

浙圖

史 3451

硤石山水志一卷

清海寧蔣弘任撰

清朱其鏞抄本

紹圖

史 3452

硤石山水志略二卷

清海寧蔣弘任撰

清末抄本　張嗣留跋

海寧圖

山志

史 3453

盤山志五卷

清釋智樸撰

清康熙三十年(1691)青溝禪院刻本

十行二十字　四周單邊　黑口

18.9×14.3 釐米

浙圖

史 3454

盤山志十卷補遺四卷

清釋智樸撰

清康熙(1662—1722)刻本

十行二十字　四周單邊　黑口

19.3×13.9 釐米

浙圖

史 3455

盤山志十六卷首五卷

清蔣溥等撰

清乾隆二十年(1755)武英殿刻本

九行二十一字　四周單邊　白口

19×14.4 釐米

浙圖

史 3456

寶華山志十五卷首一卷

清劉名芳撰

清乾隆(1736—1795)刻本

九行二十字　四周單邊　白口

20.4×14.3 釐米

浙圖

史 3457

茅山志十五卷

元劉大彬撰

明嘉靖二十九年(1550)張全恩刻本

十一行二十三字　四周單邊　白口

21.3×15 釐米

天一閣

史 3458

茅山志十四卷道秩考一卷

清笪蟾光撰

清康熙八年(1669)朱茂如刻本

九行二十一字　四周雙邊　白口

21.1×14.6 釐米

浙圖

史 3459

蘇松太山川攷一卷

清王廷瑚撰

清乾隆三十三年(1768)自刻本

九行二十字　左右雙邊　白口

19.5×13.5 釐米

浙圖

史 3460

吳山志四卷

明司靈鳳撰

明嘉靖八年(1529)刻本

九行二十字　四周單邊　白口

18.2×13 釐米

天一閣

地理類

史 3461

攝山志八卷首一卷

　清陳毅撰

　清乾隆五十五年（1790）蘇州府署刻本

　　十行二十二字　　左右雙邊　　白口

　　20.4×14.3 釐米

浙圖　溫圖

史 3462

靈巖志六卷

　清馬大相纂輯

　清康熙三十五年（1696）刻乾隆（1736—
　　1795）增修本

　　九行二十一字　　左右雙邊　　白口

　　20.8×15.1 釐米

浙圖

史 3463

陽山志二卷

　明岳岱撰

　周氏文房學佛盦抄本　　周大輔校並跋

浙圖

史 3464

虎丘志總集一卷

　明王賓輯　　茹昂補輯

　明刻本

　　九行十八字　　四周雙邊　　黑口

　　21×14.5 釐米

天一閣

史 3465

虎丘山志十卷首一卷

　清顧湄撰

　清康熙（1662—1722）刻本

　　十一行二十字　　四周雙邊　　黑口

　　18.8×15 釐米

浙圖

史 3466

虎邱綴英志略二卷首一卷

　清釋佛海撰

　清乾隆十六年（1751）退耕堂刻本

　　八行十八字　　左右雙邊　　黑口

　　10.1×7.8 釐米

杭圖

史 3467

虎阜志十卷首一卷

　清陸肇域、任兆麟纂輯

　清乾隆五十七年（1792）西溪別墅刻本

　　十行二十字　　四周雙邊　　黑口

　　18.9×13.7 釐米

浙圖

史 3468

穹窿山志六卷

　清吳業偉、向球纂修　　清李標輯

　清康熙（1662—1722）刻本

　　九行二十字　　四周單邊　　白口

　　21.2×14.2 釐米

浙圖

史 3469

京口三山志十卷

　明張萊、高一福撰

　明萬曆二十八年（1600）刻本

　　九行十七字　　左右雙邊　　白口

　　19×14 釐米

天一閣

史 3470

京口三山續志四卷

　明錢塘徐邦佐撰

　明隆慶元年（1567）刻本

　　九行十七字　　左右雙邊　　白口

　　19×14 釐米

天一閣

史 3471

金山志十卷

清盧見曾撰

清乾隆二十七年(1762)盧見曾雅雨堂刻
本

十行二十一字　左右雙邊　白口　書口下鎸
"雅雨堂"

18.9×13.6 釐米

浙大

史 3472

雲臺山志八卷首一卷末一卷

清崔應階輯

清乾隆三十七年(1772)吳恒宣刻本

十行二十一字　左右雙邊　白口

20.4×14.4 釐米

平湖圖

史 3473

黃山志十卷

清釋弘眉輯

清康熙六年(1667)刻本(有圖)

缺一卷　八

十行二十字　四周雙邊　下黑口

22×15.6 釐米

天一閣

史 3474

黃山志定本七卷首一卷

清閔麟嗣撰

清康熙十八年(1679)閔麟嗣刻二十五年
(1686)增補刻本

九行二十一字　四周雙邊　白口

19.2×13.8 釐米

浙圖　浙大

史 3475

黃山圖一卷

清釋雪莊繪

清康熙(1662—1722)吳荃刻本

19.9×14.1 釐米

浙圖

史 3476

黃山十奇一卷

清傅大業撰　清程竑時、謝起秀評

清康熙八年(1669)刻本

八行二十四字　四周單邊　白口

20.1×11.8 釐米

浙圖

史 3477

黃山志二卷

清張佩芳撰

清乾隆三十五年(1770)刻本

九行二十四字　左右雙邊　白口

20.8×14.8 釐米

浙圖

史 3478

齊雲山志六卷

明刻本

九行十九字　左右雙邊　白口

19×14 釐米

天一閣

史 3479

齊雲山志五卷

明魯點撰

明萬曆(1573—1620)刻重修本

缺一卷　五

十行十八字　四周單邊　白口

21.4×15.2 釐米

杭圖

史 3480

齊雲山志五卷

明魯點撰

明萬曆(1573—1620)刻重修本

浙圖

史 3481

雲巖史二卷

　明江山撰

　明嘉靖九年（1530）刻本

存一卷　二

　十行二十二字　四周單邊　白口

　19×11.8 釐米

天一閣

史 3482

九華山志十二卷

　清喻成龍、李燦輯

　清康熙（1662—1722）刻乾隆（1736—

　　1795）重修本

　九行二十八字　四周雙邊　白口

　19.4×13.8 釐米

浙圖

史 3483

九華山志十二卷首一卷

　清喻成龍、李燦輯

　清乾隆（1736—1795）刻本

　九行二十字　四周雙邊　白口

溫圖

史 3484

恒山志五卷圖一卷

　清桂敬順撰

　清乾隆（1736—1795）刻本

　九行二十字　左右雙邊　白口

　18.4×14.7 釐米

浙圖

史 3485

清涼山志十卷

　明釋鎮澄撰

　清乾隆二十年（1755）刻本

　九行二十字　四周雙邊　白口

20.8×15.1 釐米

浙圖　溫圖

史 3486

清涼山新志十卷

　清釋老藏丹巴撰

　清康熙（1662—1722）刻本

　九行二十字　四周雙邊　白口

　20.2×13.5 釐米

浙圖

史 3487

清涼山志十卷

　清釋老藏丹巴撰

　清乾隆二十年（1755）祁豐元刻本

　九行二十字　四周雙邊　白口

　20.5×14.8 釐米

嘉圖

史 3488

泰山志四卷

　明汪子卿撰

　明嘉靖三十三年（1554）項守禮刻本

　九行二十二字　四周雙邊　線黑口

　23×16.1 釐米

浙圖

史 3489

岱史十八卷

　明海寧查志隆撰

　明萬曆（1573—1620）戴相堯刻本

　九行二十字　四周單邊　白口

　22.1×15.5 釐米

浙圖

史 3490

岱史十八卷

　明海寧查志隆撰　清張繼彥删補

　明萬曆（1573—1620）戴相堯刻清順治十

　　一年（1654）傅應星增刻康熙三十八年

地理類

（1699）山東都轉運鹽使司補修本

浙圖　天一閣　浙大

史 3491

泰山小史一卷

　明蕭協中撰

　清乾隆五十四年（1789）刻本

　十行二十字　四周單邊　白口

　16.4×13.1 釐米

浙圖

史 3492

博山志四卷

　清釋傅鵬撰

　清康熙（1662—1722）釋一凜刻本

　九行十八字　四周雙邊　白口

　20.4×14.3 釐米

浙圖

史 3493

五蓮山志五卷

　清釋海霆撰

　清康熙（1662—1722）刻本

　八行二十字　四周單邊　白口

　19×14.3 釐米

浙圖

史 3494

嵩嶽志八卷

　明粟永祿撰

　明隆慶五年（1571）刻本（有圖）

　十行二十一字　左右雙邊　白口

　21.7×15.5 釐米

寧圖

史 3495

嵩山志二十卷首一卷

　清葉封等撰

　清康熙（1662—1722）刻本

　九行二十二字　左右雙邊　黑口

19.1×14.5 釐米

浙圖

史 3496

説嵩三十二卷

　清景日昣撰

　清康熙六十年（1721）嶽生堂刻本

　十一行二十五字　四周雙邊　白口

　19.7×14.7 釐米

浙圖

史 3497

華嶽志十二卷首一卷

　清姚遠翽撰

　清乾隆二十七年（1762）鶴樹軒刻本

　九行二十一字　四周雙邊　白口

　20.3×14.5 釐米

浙圖　溫圖

史 3498

天目山志四卷

　明徐嘉泰撰

　抄本

浙圖

史 3499

四明山志九卷

　清餘姚黃宗羲撰

　清康熙四十二年（1703）黃仲簡刻本

　十行二十字　四周單邊　黑口

　19.5×14.3 釐米

浙圖

史 3500

明州阿育王山志十卷

　明郭子章撰

續六卷

　清釋畹荃撰

　明萬曆（1573—1620）刻清乾隆（1736—
　　1795）續刻本

十行十九字　四周單邊　白口

19.9×14.4釐米

浙圖　杭圖　寧圖　溫圖　紹圖　寧檔　浙大

史 3501

阿育王山志略二卷

明郭子章撰

明天啓四年（1624）刻本

九行十八字　左右雙邊　白口

20.6×14.2釐米

溫圖

史 3502

四明鸛嶺志略五卷

清鄞縣張儁之撰

清閑閑軒抄本

浙圖

史 3503

普陀山志六卷

明鄞縣周應賓撰

明萬曆三十五年（1607）張隨刻本

八行十六字　四周單邊　白口

20.2×14釐米

浙圖

史 3504

重修南海普陀山志二十卷首一卷

清許琰撰

清乾隆五年（1740）刻本

十行二十一字　四周雙邊　白口

21.7×14.2釐米

浙圖

史 3505

古越山川圖説一卷古越山川三支一卷

清山陰宣元順撰

清抄本（有圖）

十一行字數不一　無格

21×11.5釐米

紹圖

史 3506

寓山志不分卷

明山陰祁彪佳撰

明崇禎（1628—1644）刻本

八行十七字　四周單邊　白口

17.6×13.8釐米

浙圖

史 3507

偶山志二卷

清會稽章世法輯

清抄本

九行二十五字　小字雙行字數不一　無格

浙大

史 3508

東山志十九卷

明餘姚謝敏行撰　清餘姚謝鍾和增補

清康熙六年（1667）謝鍾和刻本

存十卷　一至十

八行二十四字　四周單邊　黑口

20.2×14.1釐米

浙圖

史 3509

東山志十卷

清餘姚謝起龍撰

清雍正十三年（1735）謝氏蕉雨軒刻本

十行二十五字　左右雙邊　白口

20.4×14.5釐米

浙圖

史 3510

臨海北岸巖洞圖志二卷

稿本　清臨海黃瑞校並跋

臨海博

史 3511

委羽山志六卷

明胡昌賢撰

清咸豐元年(1851)王棻影抄明萬曆三十

年(1602)張仲孝刻本　清黃巖王棻跋

九行二十字　四周單邊　白口

浙圖

史 3512

天台山方外志三十卷

明釋無盡撰

明萬曆四十年(1612)刻本

九行十八字　左右雙邊　白口

21×15.2 釐米

天一閣

史 3513

天台山方外志三十卷

明天台釋傳燈撰

明萬曆(1573—1620)幽溪講堂刻本

九行字數不一　小字雙行十七字　左右雙邊

白口

天一閣

史 3514

天台山方外志要十卷

明天台釋傳燈撰　清天台齊召南輯

清乾隆三十二年(1767)諸檀越刻本

十行二十三字　左右雙邊　白口

19.1×14.9 釐米

浙圖　溫圖　嘉圖

史 3515

天台山全志十八卷

明張聯元撰

清康熙五十六年(1717)刻本

十行二十字　左右雙邊　白口

18.5×14 釐米

浙圖　溫圖　浙大

史 3516

天台山全志十八卷

明張聯元撰

清康熙六十年(1721)尊經閣刻本

十行二十一字　左右雙邊　白口

18.2×13.9 釐米

嘉圖

史 3517

赤松山志一卷

宋倪守約撰

清抄本

浙圖

史 3518

雁蒼山志十卷

清林友王輯

清康熙十六年(1677)刻本

臨海博

史 3519

仙霞志略不分卷

清康熙(1662—1722)刻本

十行二十字　四周雙邊　白口

22.1×16 釐米

浙圖

史 3520

僊巖志十卷

明李燦箕撰

明崇禎六年(1633)刻本

十行十九字　四周單邊　白口

22.1×14.4 釐米

溫圖

史 3521

仙巖志十卷

明李燦箕撰

清末抄本

玉海樓

史 3522

雁山志四卷

　明樂清朱諫撰　明胡汝寧重編

　清抄本　清瑞安孫詒讓批校

溫圖

史 3523

雁山志稿二十五卷

　清李家坤撰

　稿本

存十一卷　一至十一

浙大

史 3524

南雁蕩山全志不分卷

　清平陽劉眉錫撰

　清劉氏抄本

溫圖

史 3525

鴈山圖志一卷

　清釋實行撰

　清乾隆二十九年（1764）刻本

　十行二十字　四周雙邊　黑口

　21.4×14.9釐米

浙圖

史 3526

廣雁蕩山志二十八卷首一卷末一卷

　清永嘉曾唯纂

　清乾隆二十五年（1760）刻本

　十行二十一字　四周雙邊　白口

　13.3×10.1釐米

溫圖　諸暨圖

史 3527

廣雁蕩山志二十八卷首一卷末一卷

　清永嘉曾唯纂

　清乾隆五十五年（1790）曾唯依綠園刻本

　十行二十一字　四周雙邊　白口

　22.5×17釐米

嘉圖　寧檔

史 3528

廣雁蕩山志二十八卷首一卷末一卷

　清鄞縣范鉷輯

　清乾隆（1736—1795）刻本

　九行二十一字　四周雙邊　白口

　13.9×10釐米

海寧圖

史 3529

白石山志六卷首一卷末一卷

　清樂清施元孚輯　清陳瑋增輯

　清孫氏玉海樓抄本

溫圖

史 3530

仙都志二卷

　元陳性定撰

　清初抄本

　十一行二十一字　四周雙邊　黑口

　19.5×13.8釐米

浙大

史 3531

續修龍虎山志六卷

　元元明善撰　明張國祥續撰

　明天啓（1621—1627）刻本

　九行二十字　四周雙邊　白口

　18.5×14.1釐米

浙圖

史 3532

龍虎山志三卷

　明李仁撰

　明嘉靖二十三年（1544）刻本

缺一卷　下

　十行二十一字　四周雙邊　黑口

　22.5×17釐米

天一閣

史 3533

龍虎山志十六卷

清婁近垣輯

清乾隆五年(1740)大上青宮刻本

十行二十一字　左右雙邊　白口

17.7×13.8 釐米

浙圖

史 3534

廬山紀事十二卷

明桑喬撰

明嘉靖四十年(1561)刻本

十行二十二字　四周單邊　白口

20.4×14.8 釐米

浙圖　天一閣

史 3535

廬山志十五卷

清毛德琦撰

清康熙五十九年(1720)順德堂刻本

九行十一字　四周單邊　白口

18.6×13.7 釐米

嵊州圖

史 3536

廬山志十五卷

清毛德琦撰

清康熙五十九年(1720)順德堂刻乾隆五
十八年(1793)龔琰重修本

浙圖

史 3537

青原志略十三卷首一卷

清釋笑峰等輯　清施閏章補輯

清康熙八年(1669)刻本

十行二十一字　左右雙邊　白口

18×13.2 釐米

浙圖

史 3538

太嶽太和山志十五卷

明任自垣撰

明刻本

存十四卷　二至十五

十三行二十二字至二十四字　四周單邊　黑口

天一閣

史 3539

太嶽太和山志十五卷

明任自垣撰

明嘉靖十二年(1533)刻本

存二卷　十四至十五

十三行二十四字　四周單邊　白口

20.5×16 釐米

天一閣

史 3540

太嶽太和山紀略八卷

清王概等輯

清乾隆九年(1744)下荊南道署刻本

九行二十字　四周單邊　白口

19.5×13.5 釐米

浙圖　溫圖

史 3541

纂集通覽湘山志一卷

清張澹煙撰

清康熙四十七年(1708)刻本

21.1×13.8 釐米

天一閣

史 3542

纂集湘山通覽志一卷

清張澹煙撰　清李開重删

清乾隆五十九年(1794)劉首文刻本

十行二十四字　左右雙邊　白口

21.5×13.4 釐米

浙圖

史 3543

衡嶽志九卷

明彭簪撰

明嘉靖二十四年(1545)刻藍印本

缺二卷 六至七

十行二十字 四周雙邊 黑口

19.7×12.77 釐米

天一閣

史 3544

九疑山志四卷

清詹惟聖輯

清康熙(1662—1722)刻本

九行二十字 四周單邊 白口

22.4×15 釐米

浙圖

史 3545

譯峨籟彙錄一卷續刻一卷

清胡世安輯

清抄本

九行十九字 無格

28.5×18.3 釐米

天一閣

史 3546

武夷山志四卷

明勞堪撰

明萬曆十年(1582)刻本

九行十八字 四周單邊 白口

22×15.5 釐米

天一閣

史 3547

武夷志略四卷

明徐表然撰

明萬曆四十七年(1619)孫世昌刻本

九行二十字 四周單邊 白口

21×13.9 釐米

浙圖

史 3548

武夷山志十六卷

清錢塘王復禮撰

清康熙五十七年(1718)刻本

十行二十一字 左右雙邊 白口

20×14.2 釐米

天一閣

史 3549

武夷九曲志十六卷

清錢塘王復禮撰

清康熙五十七年(1718)刻本

十行二十一字 左右雙邊 白口

20.1×14.5 釐米

浙圖

史 3550

武夷山志二十四卷首一卷

清董天工撰

清乾隆(1736—1795)董氏家刻本

十行二十二字 左右雙邊 白口

19×13.8 釐米

浙圖

史 3551

玉華洞志六卷

明林熙春撰 清孔興訓、廖鶴齡等增補

附慶玉華詩一卷

清康熙六十一年(1722)廖鶴齡刻雍正九

年(1731)增刻本

八行二十一字 四周雙邊 粗黑口

19.1×14.5 釐米

浙圖

史 3552

新修長沙府嶽麓志八卷首一卷

清山陰趙寧纂修

清康熙二十七年(1688)鏡水堂刻本

九行十九字 四周單邊 白口 版心下鐫"鏡

水堂"

19.5×13.7 釐米

浙圖

史 3553

衡嶽志八卷

清朱袞、袁奐撰

清康熙三年（1664）刻三十六年（1697）
重修本

十行二十字　四周單邊　白口

20.3×14.5 釐米

浙圖

史 3554

南嶽志八卷

清高自位、曠敏本撰

清乾隆十九年（1754）開雲樓刻本

十行二十字　四周雙邊　白口

20.4×14.3 釐米

浙圖　嘉圖

史 3555

峨眉山志十八卷

清蔣超撰

清康熙二十八年（1689）刻本

十行二十字　四周雙邊　黑口

22×15.3 釐米

浙圖

史 3556

禺峽山志四卷

清孫繩祖撰

清康熙六十年（1721）刻本

九行二十字　四周單邊　白口

19.8×15.1 釐米

浙圖

史 3557

鼎湖山志八卷首一卷

清丁易、釋成鷲等纂修

清康熙五十六年（1717）刻本

九行十九字　左右雙邊　白口

19.3×13.5 釐米

玉海樓

史 3558

羅浮野乘六卷

明韓晃撰

清康熙（1662—1722）深竹閒園刻本

九行二十字　左右雙邊　白口

19.5×14.1 釐米

浙圖

史 3559

羅浮山志十四卷

明王希文撰

明嘉靖三十七年（1558）刻本

十行二十一字　四周單邊　白口

19.5×14 釐米

天一閣

史 3560

羅浮山志會編二十二卷首一卷

清宋廣業輯

清康熙五十五年（1716）宋志益刻本　趙
萬里跋

存十三卷　首　一至六　十至十五

九行二十字　左右雙邊　白口

18.7×13.9 釐米

浙圖

史 3561

羅浮山志十四卷

清黃培芳撰

清乾隆四十五年（1780）錦雲堂刻本

六行十七字　四周單邊　白口

9.2×7.1 釐米

玉海樓

史 3562

鷄足山志十卷首一卷

清范承勳撰

清康熙三十一年(1692)刻本

　九行十九字　　四周雙邊　　黑口

19.8×15.1釐米

浙圖　溫圖

水志　附水利

史 3563

水經二卷

　題漢桑欽撰

　清刻本　清錢塘吳承志校

19.4×14.3釐米

溫圖

史 3564

水經注四十卷

　北魏酈道元撰

　張宗祥影宋抄本　海寧張宗祥跋

存十二卷　五至八　十六至十九　三十四

三十八至四十

浙圖

史 3565

水經注四十卷

　北魏酈道元撰

　明嘉靖十三年(1534)黃省曾刻本

存十卷　六至十五

　十二行二十字　　左右雙邊　　白口

20.3×15.8釐米

天一閣

史 3566

水經注四十卷

　北魏酈道元撰

　明萬曆十三年(1585)吳琯刻本　佚名錄

　　明趙琦美、清孫潛批校

　十行二十字　　左右雙邊　　白口

20.5×13.7釐米

浙圖

史 3567

水經注四十卷

　北魏酈道元撰

　明刻本

　九行二十字　　四周單邊　　白口

19.7×14.2釐米

天一閣

史 3568

水經注四十卷

　北魏酈道元撰

　明崇禎二年(1629)嚴忍公等刻本

　九行二十字　　四周單邊　　白口

20.3×14.4釐米

浙圖

史 3569

水經注四十卷

　北魏酈道元撰

　清康熙五十三年至五十四年（1714—

　　1715)項絪群玉書堂刻本

　十一行二十一字　　四周單邊　　綫黑口

18×13.7釐米

浙圖　上虞圖　天一閣

史 3570

水經注四十卷

　北魏酈道元撰

　清乾隆十八年(1753)黃晟槐蔭草堂刻本

　十一行二十一字　　四周單邊　　綫黑口

18.7×13.7釐米

浙圖　溫圖　嵊州圖 *

史 3571

水經注四十卷

　北魏酈道元撰

　清乾隆十八年(1753)黃晟槐蔭草堂刻本

　　〔目錄、卷五、八、二十七部分配抄本〕

　清瑞安宋慈抱跋並錄孫星衍序

玉海樓

史 3572

水經注四十卷

北魏酈道元撰

清乾隆十八年(1753)黃晟槐蔭草堂刻本
海寧張宗祥傳錄孫星衍校

浙圖

史 3573

水經注四十卷

北魏酈道元撰

清乾隆(1736—1795)張惟馨勵志書屋刻
本

十一行二十一字　四周單邊　綫黑口

19.2×14.1 釐米

浙圖

史 3574

水經注四十卷

北魏酈道元撰

清乾隆(1736—1795)浙江刻武英殿聚珍
版書本　佚名批校

缺一卷　一

九行二十一字　左右雙邊　白口

12.6×9.9 釐米

浙圖

史 3575

水經注四十卷

北魏酈道元撰

清光緒二十三年(1897)新化三味書室刻
本　海寧張宗祥批校並跋

十一行二十四字　左右雙邊　粗黑口

17.7×13.7 釐米

浙圖

史 3576

水經注四十卷首一卷附錄一卷

北魏酈道元撰

清光緒十八年(1892)長沙王氏思賢講舍
刻本　邵裴子圈點並跋

十一行二十四字　左右雙邊　大黑口

18×13.6 釐米

浙大

史 3577

水經注箋四十卷

明朱謀㙔撰

明萬曆四十三年(1615)李長庚刻本

十行二十字　左右雙邊　白口

21.7×14.4 釐米

浙圖　天一閣

史 3578

全校水經注四十卷

北魏酈道元撰　清鄞縣全祖望校

清醉經書屋抄本

十一行二十一字　左右雙邊　白口

16.8×14 釐米

天一閣

史 3579

全校水經酈注水道表四十卷

清王楚材輯

清醉經書屋抄本

十行二十一字　左右雙邊　白口

17×14.4 釐米

天一閣

史 3580

全氏七校水經注四十卷

清鄞縣全祖望撰

清抄馮氏醉經閣藏全氏七校本

浙圖

史 3581

全氏七校水經注四十卷

清鄞縣全祖望撰

清抄本

浙圖

史 3582

水經注釋四十卷首一卷附錄二卷水經注箋
刊誤十二卷

清仁和趙一清撰

清乾隆五十一年(1786)趙氏小山堂刻本

十行二十二字　左右雙邊　白口

20×14.8 釐米

浙圖　平湖圖

史 3583

水經注釋四十卷首一卷附錄二卷

清仁和趙一清撰

清乾隆五十一年(1786)趙氏小山堂刻五
十九年(1794)重修本

浙圖　嘉圖　嵊州圖∗　玉海樓

史 3584

合校水經注四十卷附錄二卷

清王先謙撰

清光緒十八年(1892)思賢講舍刻本　象
山陳漢章批校

十一行二十四字　左右雙邊　黑口

18×13.8 釐米

浙圖

史 3585

水經注圖一卷附錄一卷

清汪士鐸撰

清咸豐十一年(1861)刻本　清汪士鐸題
款

十二行二十四字　四周雙邊　大黑口

22.8×16.2 釐米

浙圖

史 3586

歷代河渠考三卷

清鄞縣萬斯同撰

清初抄本

浙圖

史 3587

香泉志不分卷

明胡永成輯

明嘉靖(1522—1566)刻本

九行十九字　四周單邊　白口

18.6×13.6 釐米

天一閣

史 3588

治河總考四卷

明車璽撰　明陳銘續

明正德十一年(1516)刻本

缺一卷　四

十行二十二字　四周雙邊　黑口

23×14.5 釐米

天一閣

史 3589

治河通考十卷

明吳山撰

明崇禎十一年(1638)吳士顏刻本

九行十九字　左右雙邊　白口

20×14.4 釐米

杭圖

史 3590

河防一覽十四卷

明烏程潘季馴撰

明萬曆十八年(1590)自刻本

九行二十字　四周單邊　上黑口

22.2×15.1 釐米

浙圖　溫圖　天一閣

史 3591

河防一覽榷十二卷

明烏程潘季馴、潘大復撰

明刻本

八行二十字　四周單邊　白口

22.3×12.8 釐米

浙圖

史 3592

河防一覽榷十二卷

　　明烏程潘季馴撰

　　清康熙(1662—1722)報功祠刻本

　　八行二十字　四周單邊　白口

　　22×12.8釐米

天一閣

史 3593

河防一鑒十四卷

　　明烏程潘季馴撰

　　清乾隆十三年(1748)刻本

　　九行二十字　左右雙邊　白口

　　20.8×14.5釐米

浙圖

史 3594

河防一覽十四卷

　　明烏程潘季馴撰

　　清抄本　長興王修跋

浙圖

史 3595

行水金鑑一百七十五卷首一卷

　　清傅澤洪撰

　　清雍正三年(1725)淮揚官署刻本

　　十一行二十一字　左右雙邊　大黑口

　　18.1×13.5釐米

浙圖　溫圖　上虞圖 *

史 3596

水道提綱二十八卷

　　清天台齊召南撰

　　清乾隆四十一年(1776)戴殿海傳經書屋
　　　刻本

　　九行二十二字　左右雙邊　白口

　　19.9×14釐米

嘉圖 *　義烏圖

史 3597

水道提綱二十八卷

　　清天台齊召南撰

　　清乾隆四十一年(1776)刻本

　　九行二十二字　左右雙邊　白口

　　18.8×13.7釐米

浙圖　杭圖　溫圖

史 3598

水道提綱二十八卷

　　清天台齊召南撰

　　清乾隆四十一年(1776)刻本　仁和王存
　　　善錄清陳澧批注

浙圖

史 3599

息園先生水道全圖一卷

　　清朱墨繪本

浙圖

史 3600

治河前策二卷後策二卷

　　清馮祚泰撰

　　清抄本

浙圖

史 3601

河防志十二卷

　　清張鵬翮撰

　　清雍正三年(1725)刻本

　　九行二十字　四周單邊　白口

　　18.5×13.5釐米

浙圖　溫圖

史 3602

六省黃河工程堤霸情形全圖一卷

　　清彩繪本

浙圖

史 3603

漕河圖志八卷

　明王瓊撰

　明弘治(1488—1505)刻本

存二卷　二至三

　十二行二十二字　四周雙邊　粗黑口

　21.5×15 釐米

天一閣

史 3604

運河紀略一卷

　清抄本

浙圖

史 3605

北河紀八卷

　明謝肇淛撰

　明萬曆(1573—1620)刻本

存二卷　一至二

　九行十九字　左右雙邊　白口

　21.3×14.5 釐米

紹圖

史 3606

南河志十四卷

　明朱國盛、徐標撰

　明天啓五年(1625)刻崇禎六年(1633)

　　重修本

　九行二十三字　四周單邊　白口

　21.9×14.3 釐米

浙圖

史 3607

南河全考二卷

　明朱國盛、徐標撰

　明崇禎六年(1633)刻本

　九行二十三字　四周單邊　白口

　21.5×14.5 釐米

浙圖

史 3608

南河成案五十四卷

　清乾隆(1736—1795)刻本

　九行二十二字　左右雙邊　白口

　20.2×15.4 釐米

浙圖

史 3609

震澤編八卷

　明蔡昇撰　明王鏊重修

　明弘治十八年(1505)林世遠刻本

缺卷一前九葉

　八行十六字　左右雙邊　白口

　18.5×14.7 釐米

浙大

史 3610

震澤編八卷

　明蔡昇撰　明王鏊重修

　明萬曆四十五年(1617)刻本〔卷一至四

　　配清抄本〕

　八行二十字　四周單邊　白口

　23.6×15.4 釐米

浙圖

史 3611

震澤編八卷

　明蔡昇撰　明王鏊重修

　清初抄本

浙圖

史 3612

太湖備考十六卷首一卷

　清金友理撰

湖程紀略一卷

　清吳曾撰

　清乾隆十五年(1750)藝蘭圃刻本

　十行二十字　左右雙邊　白口

　18.5×13.5 釐米

浙圖　嘉圖

地理類

史 3613

太湖備考十六卷首一卷

清金友理撰

湖程紀略一卷

清吳曾撰

清乾隆十五年（1750）藝蘭圃刻本　清吳
友琯校

餘杭圖

史 3614

林屋民風十二卷見聞錄一卷

清王維德撰

清康熙五十二年（1713）王氏鳳梧樓刻本

缺見聞錄一卷

十行二十一字　左右雙邊　白口

16.7×13.3 釐米

浙大

史 3615

山東運河備覽十二卷

清陸燿等撰

清乾隆四十一年（1776）陸燿切問齋刻本

十一行二十五字　左右雙邊　白口

19.7×14.2 釐米

浙圖　溫圖　嘉圖

史 3616

西湖遊覽志二十四卷志餘二十六卷

明錢塘田汝成撰

明嘉靖二十六年（1547）嚴寬刻萬曆十二
年（1584）范鳴謙重修本

存八卷　志餘四至十一

十行十九字　四周雙邊　綫黑口

19.8×13.9 釐米

浙大

史 3617

西湖遊覽志二十四卷志餘二十六卷

明錢塘田汝成撰

明嘉靖（1522—1566）刻本

十行十九字　四周雙邊　綫黑口

19.7×13.7 釐米

浙圖

史 3618

西湖遊覽志二十四卷

明錢塘田汝成撰

明萬曆二十五年（1597）季東魯刻本

志餘二十六卷

明嘉靖二十六年（1547）嚴寬刻萬曆二十
五年（1597）重修本

十行二十字　四周雙邊　白口

20×13.7 釐米

浙圖　天一閣

史 3619

西湖遊覽志二十四卷志餘二十六卷

明錢塘田汝成撰

明萬曆四十七年（1619）商濬刻本

十行二十一字　四周單邊　白口

22.6×14.5 釐米

浙圖　杭圖

史 3620

西湖志八卷志餘十八卷

明錢塘田汝成撰　清姚靖增删

清康熙二十八年（1689）姚氏三鑒堂刻本

缺十一卷　志餘一至十一

九行二十字　四周雙邊　白口

20.4×14.1 釐米

浙圖＊　溫圖＊

史 3621

西湖志類抄三卷首一卷

明錢塘俞思冲撰

明萬曆（1573—1620）刻本

八行十八字　左右雙邊　白口

20.7×13.7 釐米

浙圖

地理類

史 3622

西湖覽勝詩志八卷

清建德夏基撰

清順治十二年（1655）刻乾隆三十七年

（1772）陳愷重修本

九行二十三字　左右雙邊　白口

20.3×14.1 釐米

浙圖

史 3623

西湖志四十八卷

清會稽傅王露撰

清雍正九年（1731）兩浙鹽驛道刻本

九行二十一字　四周雙邊　黑口

19.9×14.5 釐米

浙圖

史 3624

西湖志四十八卷

清會稽傅王露撰

清雍正九年（1731）兩浙鹽驛道刻十三年

（1735）印本

浙圖　杭圖　紹圖　浙大　寧圖　海寧圖

史 3625

西湖志四十八卷

清會稽傅王露撰

清雍正十二年（1734）武英殿刻本

九行二十一字　四周雙邊　綫黑口

20.1×14.5 釐米

浙圖＊　溫圖

史 3626

西湖志四十八卷

清會稽傅王露撰

清乾隆（1736—1795）刻本

九行二十一字　四周雙邊　白口

9.9×7.4 釐米

浙圖

史 3627

西湖志纂十五卷首一卷末一卷

清沈德潛、會稽傅王露、錢塘梁詩正纂修

清乾隆二十年（1755）賜經堂刻本

九行二十一字　四周雙邊　白口

17.8×12.1 釐米

浙圖　寧圖＊　溫圖　嘉圖

史 3628

西湖志纂十五卷首一卷末一卷

清沈德潛、會稽傅王露、錢塘梁詩正纂修

清乾隆二十年（1755）賜經堂刻二十三年

（1758）增刻本

浙大

史 3629

西湖志纂十五卷首一卷末一卷

清沈德潛、會稽傅王露、錢塘梁詩正纂修

清乾隆二十年（1755）賜經堂刻二十三年

（1758）、二十七年（1762）增刻本

浙圖

史 3630

湖山便覽十二卷圖説一卷

清仁和翟灝、仁和翟瀚撰

清乾隆三十年（1765）刻本

九行二十二字　左右雙邊　黑口

13.6×10.2 釐米

浙圖　溫圖

史 3631

湖山便覽十二卷圖説一卷

清仁和翟灝、仁和翟瀚撰

清乾隆四十二年（1777）刻本

九行二十二字　左右雙邊　黑口

13.7×10.1 釐米

浙圖

史 3632

東湖記一卷

　清會稽陶濬宣撰

　稿本

浙圖

史 3633

蜀水經十六卷

　清李元撰

　清乾隆五十九年（1794）刻本

　九行二十一字　四周雙邊　白口

　18×11.8 釐米

浙圖

史 3634

九省運河水利泉源情形全圖一卷

　彩色繪本

浙圖

史 3635

問水漫錄四卷

　清秀水盛百二輯

　清乾隆四十九年（1784）柚堂刻本

　十行二十字　左右雙邊　白口

　18.9×14.7 釐米

杭圖　嘉圖

史 3636

潞水客談一卷

　明徐貞明撰

　明萬曆（1573—1620）刻本

　十行二十字　四周雙邊　白口

　22.5×16.7 釐米

天一閣

史 3637

畿輔水利考不分卷

　清董承勛撰

　清抄本

餘杭圖

史 3638

東吳水利考十卷

　明王圻撰

　明刻本

　存三卷　六　八至九

　九行二十字　四周雙邊　白口

　20.8×14.3 釐米

天一閣

史 3639

**江南防河使者東軒奉答陳撫臺書附詩文稿
　不分卷**

　清高斌撰

　稿本

浙圖

史 3640

江南水利考不分卷

　清董承勛撰

　清抄本

餘杭圖

史 3641

東南水利八卷

　清沈愷曾撰

　清抄本

湖博

史 3642

三江水利紀略四卷

　清莊有恭等撰

　清乾隆（1736—1795）刻本

　九行十九字　四周雙邊　白口

　20×14.5 釐米

浙圖

史 3643

吳江水考五卷圖一卷

　明沈啓撰

　清雍正十二年（1734）沈守義刻嘉慶二十

一年（1816）沈寶樹重修本

九行十七字　左右雙邊　白口

18.8×13.8 釐米

浙圖

史 3644

三吳水利集説不分卷

清錢汝馳撰

清抄本

浙圖

史 3645

三吳水利條議一卷

清錢中諧撰

清抄本

浙圖

史 3646

具區志十六卷

清翁澍撰

清康熙（1662—1722）刻本

九行十八字　左右雙邊　黑口

20.2×13.5 釐米

浙圖

史 3647

下河集要備考不分卷

清朱楹輯

清抄本

浙圖

史 3648

居濟一得八卷

清張伯行撰

清康熙（1662—1722）刻本

九行二十字　四周雙邊　白口

19×14.5 釐米

浙圖

史 3649

治修河渠農田書三卷

清俞集撰

清乾隆五十一年（1786）蘭仁書屋刻本

九行二十字　左右雙邊　白口

22.6×15 釐米

浙圖

史 3650

四明它山水利備覽二卷

宋魏峴撰

清抄本

浙圖

史 3651

三江閘務全書二卷

清山陰程鶴壽撰

清康熙（1662—1722）漱玉齋刻本

九行二十四字　四周雙邊　白口

19.2×11 釐米

浙圖　紹圖

史 3652

三江閘務全書二卷

清山陰程鶴壽撰

清抄本

浙圖

史 3653

三江閘務全書二卷

清山陰程鶴壽撰

清抄本

紹圖

史 3654

閘務全書續刻四卷

清平衡撰

稿本

浙圖

史 3655

閘務全書續刻四卷

清平衡撰

清刻本

九行二十四字　四周雙邊　白口

18.8×11.2 釐米

紹圖

史 3656

蕭山水利二卷

明富玹撰

續刻一卷

清蕭山張文瑞撰

清康熙五十七年(1718)孝友堂刻本

九行二十字　四周單邊　白口

20.6×14.6 釐米

浙圖

史 3657

蕭山水利三刻三卷

清蕭山張文瑞撰

附蕭山諸湖水利一卷

清張學懋撰

清雍正十三年(1735)孝友堂刻本

九行二十字　四周單邊　白口

20.9×14.6 釐米

浙圖

史 3658

毛西河蕭山三江閘議原稿一卷

清蕭山毛奇齡撰

稿本

浙圖

史 3659

湘湖考略一卷附錄一卷

清蕭山于士達撰

清嘉慶六年(1801)汪輝祖學忍堂刻本

九行二十二字　四周單邊　白口

20.4×13.7 釐米

浙圖

史 3660

上虞縣五鄉水利本末二卷

元陳恬撰　清朱鼎祚續

清木活字印本

存一卷　下

九行二十二字　四周雙邊　白口

18.5×12.8 釐米

紹圖

史 3661

皂李湖水利事實不分卷

明羅朋撰　清曹雲慶輯

清康熙(1662—1722)刻重修本

十行二十字　四周單邊　白口

22.2×15 釐米

浙圖

史 3662

河工考不分卷

稿本

浙圖

史 3663

迴瀾紀要不分卷

清德清徐端撰

清抄本　龔穉跋

浙圖

史 3664

灌江備考一卷

清王廷玨輯

清乾隆十六年(1751)王來通刻本

21.2×13.7 釐米

浙圖

史 3665

勅修兩浙海塘通志二十卷首一卷

清方觀承等纂修

清乾隆十六年（1751）刻本

九行二十一字　四周雙邊　白口

19.6×14.4 釐米

浙圖　杭圖

地理類

史 3666

勅修兩浙海塘通志二十卷首一卷

　清查祥、仁和杭世駿等纂修

　清乾隆十六年（1751）刻本

新志六卷

　清乾隆五十五年（1790）刻本

九行二十字　四周雙邊　白口

20.4×14.3 釐米

溫圖

史 3667

敕修兩浙海塘通志二十卷首一卷

　清查祥、仁和杭世駿等纂修

　清抄本

浙圖

史 3668

敕修兩浙海塘通志二十卷首一卷

　清查祥、仁和杭世駿等纂修

　清抄本

浙圖

史 3669

塘工紀略二卷續一卷三續一卷

　清上虞連仲愚撰

　稿本

浙圖

史 3670

海塘紀略四卷

　清宋楚望撰

　清乾隆十九年（1754）婁東書院刻本

九行二十二字　四周雙邊　白口

21.3×14.2 釐米

浙圖

史 3671

海塘新志六卷

　清琅玕撰

　清乾隆（1736—1795）徐綬刻本

八行二十一字　四周雙邊　白口

18.8×13.5 釐米

海寧圖

史 3672

平德魁先生條陳監利隄工九條

　清平德魁撰

　清道光十九年（1839）稿本

溫圖

史 3673

浙江江海塘工各工字號丈尺分晰七汛全圖
**　一卷**

　清彩繪本

浙圖

史 3674

浙江江海塘工統塘柴埽石塘簍坦盤頭裏頭
**　各工形勢字號丈尺里堡地名全圖一卷**

　清彩繪本

浙圖

史 3675

清代錢塘江營汛圖一卷

　清彩繪本

浙圖

史 3676

金沙江全圖一卷

　清刻本

十行二十一字　四周雙邊　白口

20.2×14.4 釐米

浙圖

專志

古蹟

史 3677

御製覽勝圖説一卷

　清全順等撰

　清石竹齋抄本

浙圖

史 3678

古跡類編八卷

　清宋必選輯

　清康熙（1662—1722）宋氏滋息軒刻本

　九行二十二字　四周雙邊　白口

　19.7×14 釐米

浙圖

史 3679

董子仲舒故里志六卷

　明李廷寶撰

　明嘉靖（1522—1566）刻本

存二卷　五至六

　八行十九字　四周雙邊　白口

　20.7×14.5 釐米

天一閣

史 3680

二樓小志四卷

　清程元愈輯　清汪越、沈廷璐補輯

　清康熙（1662—1722）刻本

存二卷　南樓上　北樓下

　九行十九字　四周單邊　白口

　18.3×13 釐米

浙圖

史 3681

闕里志十二卷

　明孔貞叢撰

　明萬曆三十七年（1609）刻本

　九行二十一字　四周單邊　白口

臨海博

史 3682

闕里志二十四卷

　明陳鎬撰　清孔胤植續

　明崇禎（1628—1644）刻清雍正（1723—
　　1735）增修本

　十行十九字　四周單邊　白口

　20.7×14.2 釐米

浙圖　溫圖*

史 3683

陋巷志八卷

　明顏胤祚撰

　明萬曆二十九年（1601）刻本

　九行二十字　四周單邊　白口

　22.2×15 釐米

浙圖

史 3684

卞里志六卷

　明呂兆祥重修

　明崇禎二年（1629）呂聖符刻本

　十行十九字　左右雙邊　白口

　20.2×15 釐米

浙圖

史 3685

三遷志十二卷

　清孟衍泰等撰

　清康熙六十一年（1722）刻雍正（1723—
　　1735）增修本

　十行十九字　左右雙邊　白口

　19.6×14.9 釐米

浙圖

史 3686

蓬萊閣記一卷

　明游璉輯

明嘉靖九年(1530)刻本

十行二十字　四周雙邊　白口

20×14 釐米

天一閣

史 3687

汴京遺蹟志二十四卷

明李濂撰

明嘉靖二十五年(1546)自刻本

缺三卷　一至三

十行二十字　四周單邊　白口

17.3×13.5 釐米

天一閣

史 3688

汴京遺蹟志二十四卷

明李濂撰

清抄本

浙圖

史 3689

雍錄十卷

宋程大昌撰

明嘉靖十一年(1532)李經刻本

存二卷　四至五

十行二十一字　四周單邊　白口

18.5×13.2 釐米

天一閣

史 3690

宋東京考二十卷

清嘉興周城撰

清乾隆(1736—1795)刻本

十行二十一字　四周雙邊　白口

20.1×14.3 釐米

浙圖　上虞圖

史 3691

宋東京考二十卷

清嘉興周城撰

清抄本

浙圖

史 3692

南巡勝蹟圖説不分卷

清乾隆(1736—1795)刻本

四周單邊　白口

23.6×15.7 釐米

浙圖

史 3693

平山堂圖志十卷首一卷

清趙之壁撰

清乾隆(1736—1795)刻本

存十卷　圖志全

十行二十一字　左右雙邊　白口

18.6×14.2 釐米

浙圖　溫圖

史 3694

關中勝蹟圖志三十卷

清畢沅纂

清乾隆(1736—1795)畢沅經訓堂刻本

十行二十一字　四周雙邊　白口

20.8×13 釐米

浙圖

史 3695

臥龍崗志二卷

清羅景輯

清康熙五十一年(1712)襄平羅氏刻本

八行二十字　左右雙邊　白口

17.4×13.5 釐米

浙圖　寧圖　溫圖

史 3696

桃源洞志一卷

清釋一休輯

清乾隆十九年(1754)花源刻本

九行二十一字　四周雙邊　白口

地理類

20.1×14 釐米

浙圖

史 3697

浙中古蹟考四卷

清吳穎芳輯

清抄本

天一閣

史 3698

武林遊拾遺四十八圖一卷

清嘉慶二十年(1815)臥遊室刻本

十一行三十字　四周單邊　白口

23.8×15.4 釐米

浙圖

史 3699

西湖勝蹟圖一卷

清彩繪本

浙圖

史 3700

西湖名勝圖一卷

清彩繪絹本

浙圖

史 3701

海昌勝覽二十卷

清海寧周春撰

清張氏小清儀閣抄本　海寧張光第錄清

　海寧管庭芬批並跋

浙圖

史 3702

海昌勝覽二十卷

清海寧周春撰

清末小清儀閣葛繼常抄本

浙圖

史 3703

海昌勝覽二十卷

清海寧周春撰

清抄本

浙圖

史 3704

重建沈山智標塔院記不分卷

清海鹽吳寧撰

清末抄本

海寧圖

史 3705

石柱記箋釋五卷

唐顏真卿撰　清秀水朱彝尊補　清歸安

　鄭元慶箋釋

清康熙四十一年(1702)鄭元慶魚計亭刻

　本

十一行二十一字　左右雙邊　白口

19.2×14.4 釐米

浙圖　杭圖　嘉圖　天一閣　浙大

史 3706

苧蘿誌八卷

明張夬、路邁輯

明崇禎(1628—1644)刻本

九行二十字　四周單邊　白口　眉上鐫評

21×14.1 釐米

浙圖

史 3707

蘭亭志十一卷首一卷

清檇李吳高增輯

清乾隆十七年(1752)凝秀堂刻本

九行二十字　左右雙邊　白口

18.5×12.7 釐米

浙圖

史 3708

賀氏忠孝故蹟錄一卷

　宋戴良齊撰

　明萬曆二十五年(1597)戴文鬱刻藍印本

臨海博

史 3709

天關精舍志十四卷

　明吳純撰

　明嘉靖二十九年(1550)刻本

缺三卷　十二至十四

　十行二十一字　四周單邊　白口

　19.8×13.2 釐米

天一閣

宮殿

史 3710

歷代帝都考一卷歷代留都考一卷

　清閔鑌撰

　清抄本

浙圖

史 3711

三輔黃圖六卷

　明嘉靖三十二年(1553)薛晨刻本

　十一行二十字　左右雙邊　白口

　18.3×14 釐米

杭博　天一閣

史 3712

三輔黃圖六卷

　明萬曆三十年(1602)陝西布政司刻秦漢

　　圖記本

　九行十八字　左右雙邊　白口

　18.1×13.4 釐米

浙圖

史 3713

三輔黃圖六卷

　清乾隆(1736—1795)抄本

浙大

史 3714

三輔黃圖六卷

　張宗祥抄本

浙圖

史 3715

禁扁五卷

　元王士點撰

　清康熙四十五年(1706)曹寅揚州詩局刻

　　本

　十一行二十一字　左右雙邊　綫黑口

　16.4×11.8 釐米

浙圖

史 3716

禁扁五卷

　元王士點撰

　清康熙(1662—1722)抄本　姜亮夫題款

浙大

史 3717

故宮遺錄一卷

　明蕭洵撰

　清抄本

浙圖

史 3718

先秦宮殿考一卷

　清牟廷相撰

　抄本

浙圖

寺觀

史 3719

清聖祠寺六卷

　清張聯元輯

　清康熙六十一年(1722)刻本

　十行二十一字　左右雙邊　白口

17.8×13.8 釐米

浙圖

史 3720

金陵梵刹志五十三卷

　明錢塘葛寅亮輯

　明萬曆（1573—1620）刻本

　十行二十二字　四周單邊　白口

　22.7×15.5 釐米

浙圖

史 3721

攝山棲霞寺志三卷

　明金鑾撰

　明刻本

　九行二十字　左右雙邊　白口

　19.6×13.5 釐米

天一閣

史 3722

金山龍遊禪寺志略四卷首一卷

　清釋行海撰

　清康熙（1662—1722）刻本

　十行二十字　左右雙邊　白口

　21×15.2 釐米

浙圖

史 3723

名恩寺志八卷首一卷

　清林友王撰

　清雍正元年（1723）刻本

　九行二十字　四周雙邊　白口

　21.3×14.4 釐米

浙圖

史 3724

龍華八志八卷

　清釋石農撰

　清抄本　佚名校

浙圖

史 3725

龍興祥符戒壇寺志十二卷

　清仁和張大昌輯

　稿本　龍游余紹宋跋

浙圖

史 3726

齊雲山桃源洞天志一卷

　明魯點、顧懋宏等輯

　清刻本

　十行二十字　左右雙邊　白口

　21.4×13.7 釐米

浙圖

史 3727

洛陽伽藍記五卷

　北魏楊衒之撰

　明何允中刻廣漢魏叢書本　鄭文焯跋

　九行二十字　左右雙邊　白口

　19.6×14.5 釐米

浙圖

史 3728

洛陽伽藍記五卷

　北魏楊衒之撰

　明末毛氏綠君亭刻本

　八行十八字　四周單邊　白口

　20.5×14.3 釐米

浙圖

史 3729

洛陽伽藍記五卷

　北魏楊衒之撰

集證一卷

　清吳若準撰

　清光緒二十九年（1903）李葆恂説劍齋朱

　　印本　嘉興金蓉鏡批校

　十二行二十三字　左右雙邊　白口

　15.8×11.3 釐米

嘉圖

史 3730

武林梵志十二卷目錄一卷

　明吳之鯨輯

　明萬曆（1573—1620）刻本

　十行二十字　四周單邊　白口

　21.6×14.6 釐米

浙圖

史 3731

武林靈隱寺志八卷

　清仁和孫治輯　清徐增重修

　清康熙十一年（1672）刻本

　九行二十字　四周雙邊　白口

　20.5×15.3 釐米

寧圖　紹圖

史 3732

增修雲林寺志八卷

　清錢塘厲鶚、仁和張熷輯

　清乾隆九年（1744）刻本

　九行二十字　四周雙邊　黑口

　21×15.3 釐米

杭圖

史 3733

雲棲紀事一卷

　明董其昌等撰

　明萬曆（1573—1620）刻本

　九行十八字　左右雙邊　白口

　20×12.6 釐米

天一閣

史 3734

雲棲紀事不分卷孝義磝庵錄不分卷

　明萬曆（1573—1620）刻清康熙（1662—

　　1722）增修本

　九行十八字　左右雙邊　白口

　20×12.5 釐米

杭博

史 3735

古杭崇聖院紀事一卷

　明釋行素撰

　明崇禎十七年（1644）刻本

　九行二十字　四周單邊　白口

　22.8×14.5 釐米

浙圖

史 3736

洞霄宮志五卷

　清錢塘聞人儒撰

　清乾隆十八年（1753）具本恒刻三十六年

　　（1771）增刻本

　十行二十字　四周單邊　白口

　20.5×16.1 釐米

浙圖

史 3737

洞霄宮志六卷

　清錢塘聞人儒撰

　清抄本

浙圖

史 3738

古鹽官安國寺志二卷

　明海昌董志稷輯

　抄明天啓三年（1623）刻本　朱尚跋

浙圖

史 3739

天童寺志十卷首一卷

　清鄞縣聞性道、釋德介纂

　清雍正（1723—1735）刻本

　九行二十字　四周雙邊　白口

　20.5×14.3 釐米

溫圖

史 3740

明州福泉山法海禪寺志十二卷

　清釋性標撰

清康熙二十八年(1689)刻本

九行二十字　左右雙邊　白口

20.4×14.5 釐米

浙圖

史 3741

大慈寺志略二卷

清鄞縣聞性道撰

清康熙(1662—1722)刻本

十行二十字　四周雙邊　白口

22.5×15.4 釐米

浙圖

史 3742

東壽昌寺志略二卷

清李爲觀輯

清康熙(1662—1722)刻本

十行二十一字　左右雙邊　黑口

19.5×14.2 釐米

浙圖

史 3743

天井寺志略六卷

清釋通新輯

清康熙(1662—1722)釋超曙刻清增修本

九行二十字　左右雙邊　白口

20.9×13.8 釐米

浙圖

史 3744

蘆山寺志九卷

清慈溪釋宗尚撰

清康熙(1662—1722)刻本

九行十九字　四周雙邊　白口

21.2×14 釐米

浙圖

史 3745

蘆山寺志九卷

清慈溪釋宗尚撰

清抄本

浙圖

史 3746

蘆山寺志九卷

清慈溪釋宗尚撰

清抄本

浙圖

史 3747

大善寺志稿不分卷

清山陰沈復粲撰

稿本

浙圖

史 3748

雲門顯聖寺志十六卷

清趙甸輯

清順治十六年(1659)釋淨斯刻乾隆
　　(1736—1795)增修本

十行二十字　四周雙邊　黑口

20.8×14.5 釐米

浙圖

史 3749

雲門禪寺志二卷

清釋卓禪師撰

清康熙三十九年(1700)刻本

存一卷　上

九行十九字　四周單邊　白口

20.7×14 釐米

浙圖

史 3750

偁山偁心寺志五卷

清會稽章世法、趙甸等輯

清抄本

浙圖

史 3751

偶山偶心寺志五卷

　　清會稽章世法、趙甸等輯　清章崇望等
　　補輯

　　章氏翠微樓抄本

浙圖

史 3752

延福寺志略二卷

　　清鄞縣聞性道輯　清釋正葦續輯

　　清康熙(1662—1722)刻本

　　九行二十字　四周雙邊　白口

　　21.2×14.6 釐米

浙圖

史 3753

幽溪別志十六卷

　　明天台釋傳燈撰

　　明崇禎七年(1634)刻本〔卷六至十六配
　　清刻本〕

　　九行十八字　四周單邊　白口

臨海博

史 3754

重建淨名寺疏一卷

　　明永嘉何白等撰

　　寫本　清李鑾宣、沈淳彝、李佐賢等跋

浙圖

史 3755

江心志十卷首一卷

　　清釋元奇撰

　　清康熙四十六年(1707)刻本

　　九行十八字　四周雙邊　白口

　　19.3×14 釐米

浙大

史 3756

溫州瑞安縣仙巖寺志十卷

　　清釋佛彥撰　清釋佛臬增輯

　　清康熙(1662—1722)刻本

　　十行二十一字　四周雙邊　白口

　　21.9×14.4 釐米

浙圖　溫圖　玉海樓

史 3757

龍山清道觀志八卷首一卷

　　清慈溪劉天相輯

　　清乾隆十二年(1747)刻本

　　九行二十一字　左右雙邊　白口

　　19×14.6 釐米

浙圖

史 3758

桃園洞天集一卷

　　明崇禎(1628—1644)刻本

　　七行十八字　四周單邊　白口

浙圖

史 3759

重修曹溪通志五卷

　　明釋德清撰

　　明萬曆(1573—1620)刻清修本

　　九行十八字　四周雙邊　白口

　　21×15.3 釐米

浙圖

史 3760

曹溪通志八卷首一卷

　　清馬元、釋真機撰

　　清康熙十一年(1672)刻本

　　九行二十字　四周雙邊　白口

　　21×14.7 釐米

浙圖

史 3761

鼎湖山慶雲寺志八卷

　　清丁易、釋成鷲撰

　　清康熙(1662—1722)刻本

　　九行十九字　左右雙邊　白口

19.9×13.7 釐米

浙圖

史 3762

湘山事狀全集十二卷

　明正德十一年(1516)滕暉募刻本

　十一行十八字　四周雙邊　黑口

臨海博

祠廟

史 3763

嵩嶽廟史十卷

　清景日昣輯

　清康熙三十五年(1696)太壹園刻本

　八行二十字　四周雙邊　黑口

　18.8×13.7 釐米

浙圖

史 3764

篁墩程朱闕里祠志八卷

　清徐光文、程世錫輯

　清乾隆(1736—1795)愛餘書屋刻本

　九行十九字　左右雙邊　白口

　19×14.2 釐米

浙圖　溫圖

史 3765

篁墩程朱闕里祠志八卷

　清徐光文、程世錫輯

　清抄本

浙圖

史 3766

靈衛廟志一卷

　明夏賓撰

　明隆慶(1567—1572)刻萬曆(1573—
　　1620)重修本

　八行十七字　左右雙邊　白口

　17.3×13.4 釐米

浙圖

史 3767

湯陰精忠廟志十卷

　明張應登、鄭懋洵輯

　明萬曆十三年(1585)刻本

　十二行二十八字　四周雙邊　白口

　24.2×16.5 釐米

浙圖

史 3768

白馬神廟小志一卷

　清海寧釋達受撰

　清末張氏小清儀閣抄本　海寧張光第跋

浙圖

史 3769

平湖陸氏景賢祠志四卷

　明平湖陸基忠輯

　明萬曆三十三年(1605)刻本

　九行十八字　四周雙邊　白口

　19.8×13.8 釐米

浙圖

史 3770

會稽錢武肅王祠堂志三卷

　清錢泳輯

　清乾隆五十八年(1793)刻本

　十行二十三字　左右雙邊　白口

　19×13.2 釐米

浙圖

史 3771

曹江孝女廟誌九卷首一卷末一卷

　清仁和金廷棟輯

　清嘉慶十三年(1808)深柳書屋刻本

　九行十九字　左右雙邊　白口

　19.8×14.3 釐米

浙圖

陵墓

史 3772

六陵劫餘志不分卷

　清丁葉撰

清嘉慶(1796—1820)稿本
天一閣

史 3773
帝陵圖説三卷
清梁份撰
清抄本
九行二十字　四周單邊　白口
18.4×13.5 釐米
天一閣

史 3774
關中陵墓志二卷附錄二卷
明祁光宗輯
明萬曆三十五年(1607)刻本
存一卷　二
九行二十字　四周單邊　白口
24×14.8 釐米
杭圖

史 3775
陵寢考一卷
清山陰傅廷鉞撰
清嘉慶二十年(1815)山陰劉慶崧抄並跋
十二行二十二字　無行格　白口
21×10.5 釐米
紹圖

園林

史 3776
師子林紀勝二卷
明釋道恂輯
清抄本
浙圖

書院

史 3777
虞山書院志十五卷
明張鼐等撰
明萬曆(1573—1620)刻本
九行十八字　四周雙邊　白口
21.4×14.7 釐米
浙圖

史 3778
朱陽書院志五卷
清竇克勤輯
清康熙(1662—1722)竇克勤刻本
缺卷五之學因
九行二十字　四周雙邊　白口
19×14 釐米
浙大

史 3779
杭州三書院紀略四卷末一卷
清仁和王同撰
清抄本　佚名校
浙圖

史 3780
道南書院錄五卷
明金一所撰
明嘉靖三十八年(1559)刻本
存三卷　三至五
十行二十字　四周單邊　白口
20×13.6 釐米
天一閣

史 3781
姚江書院志略二卷
清餘姚董瑒、餘姚邵廷采撰
清乾隆五十九年(1794)刻本
十行二十一字　左右雙邊　白口
17.8×12.7 釐米
浙圖

史 3782
白鹿洞書院志十二卷
明周偉、戴策獻等撰
明萬曆二十年(1592)田琯刻本

十行二十字　四周雙邊　白口

19.8×14.3釐米

浙圖

史 3783

白鹿書院志十九卷

清毛德琦撰

清康熙(1662—1722)刻本

九行二十一字　左右雙邊　白口

20.2×13.8釐米

浙圖

史 3784

白鹿書院志十九卷

清毛德琦撰

清康熙五十九年(1720)江西星子縣署刻

乾隆六十年(1795)周光兆重修本

九行二十一字　左右雙邊　白口

20×13.6釐米

浙大

史 3785

南溪書院志四卷

明葉延祥、紀廷譽等撰

明萬曆二十二年(1594)刻本

十行二十一字　四周雙邊　白口

20.2×14.4釐米

浙圖

史 3786

重修南溪書院志四卷首一卷

清楊毓健等撰

清康熙五十六年(1717)刻本

九行二十字　四周單邊　白口

20.5×14.1釐米

浙圖

史 3787

龍湖書院志不分卷

清平陽張南英纂修

清乾隆三十四年(1769)林季韶、李嵩嶷

刻本

十行二十字　四周雙邊　白口

18.8×13.3釐米

溫圖

史 3788

學校志二卷續編一卷

清張祖年撰

清康熙至雍正(1662—1735)刻道驛全書

本　楊寶鏞跋

十行二十字　左右雙邊　黑口

17.3×12.7釐米

浙圖

遊記

史 3789

高寄齋訂正吳船錄二卷

宋范成大撰

明刻寶顏堂秘籍本　清何應舉校並跋

浙圖

史 3790

長春真人西遊記二卷

元李志常撰

清道光二十七年(1847)楊墨林刻連筠簃

叢書本　嘉興沈曾植注

十行三十三字　左右雙邊　白口

26.9×16.7釐米

浙博

史 3791

遊志續編二卷

明黃巖陶宗儀輯

清同治十年(1871)黃巖王棻抄本　清同

治十年(1871)黃巖蔡篪、鹽海葛詠裳

校並跋

黃巖圖

史 3792

遊志續編二卷

　明黃巖陶宗儀輯

　清末抄本　清佚名錄嘉慶九年（1804）鮑
　　廷博跋

浙大

史 3793

遊名山記六卷

　明都穆撰

　明閔元衢刻本

　　八行十八字　四周單邊　白口

　　20.7×13.5 釐米

浙圖

史 3794

東遊記不分卷

　明于慎行撰

　明萬曆十一年（1583）刻本

　　九行十八字　四周單邊　白口

　　20.6×13.2 釐米

天一閣

史 3795

王太初先生五嶽遊草十二卷

　明王士性撰　清臨海馮甦輯

　清康熙三十年（1691）馮甦刻本

　　九行十八字　四周單邊　白口

　　19.3×13.7 釐米

浙圖　黃巖圖　天一閣

史 3796

王太初先生五嶽遊草十二卷

　明王士性撰　清臨海馮甦輯

　清康熙三十年（1691）馮甦刻洪氏安雅堂
　　重修本

浙圖　黃巖圖　天一閣

史 3797

徐霞客遊記不分卷

　明徐弘祖撰

　清初抄本

存西南遊滇日記

浙圖

史 3798

遊記不分卷附江源考一卷

　明徐弘祖撰

　清同治十三年（1874）賈淦抄本　清賈淦
　　跋

浙圖

史 3799

遊譜一卷

　清孫奇逢撰

　清刻本

　　十行二十四字　四周單邊　白口

　　18.9×13.5 釐米

浙大

史 3800

南遊記一卷

　清孫嘉淦撰

　清抄本

浙圖

史 3801

冰玉集二卷

　清王協和編

　清抄本

　　北遊記一卷　清山陰王延密撰

　　東甌紀遊一卷　清會稽俞公穀撰

浙圖

史 3802

南溪西遊記一卷詩一卷

　清慈溪鄭性撰

　清康熙（1662—1722）刻本

十四行二十六字　四周單邊　粗黑口

19.2×13.6釐米

浙圖

史 3803

稗海紀遊略一卷附錄一卷

清武林郁永河撰

清抄本

浙圖

史 3804

客皖紀行不分卷

清海寧周廣業撰

清抄本

浙圖

史 3805

竺國紀遊四卷

清周藹聯撰

清蕐槎書室抄本

九行二十字　左右雙邊　白口　版心下"蕐槎

書室"

18.8×13.7釐米

天一閣

史 3806

魏塘紀勝不分卷

清嘉善曹庭棟撰

清乾隆七年(1742)刻本

十行二十一字　左右雙邊　黑口

17.5×12.8釐米

平湖圖

史 3807

蘿菴遊賞小志一卷

清會稽李慈銘撰

清抄本　佚名校

浙圖

史 3808

南征紀略二卷

清孫廷銓撰

清康熙(1662—1722)刻本

八行二十字　四周單邊　白口

18.6×12.1釐米

浙圖

外紀

史 3809

佛國記一卷

晉釋法顯撰

清光緒八年(1882)群玉山房刻本　清葉

德輝校並跋

九行二十一字　左右雙邊　細黑口

19×13.9釐米

浙大

史 3810

諸蕃志二卷

宋趙汝适撰

清嘉慶十年(1805)張氏照曠閣刻學津討

原本　嘉興沈曾植批注

九行二十字　左右雙邊　黑口

31.5×19釐米

浙博

史 3811

三寶徵夷集一卷

明會稽馬歡撰

清抄本

天一閣

史 3812

瀛涯勝覽一卷

明會稽馬歡撰

海道全圖一卷

清徐大奎輯

清道光二十年(1840)徐大奎抄本

浙圖

史 3813
皇明四夷考二卷
　明海鹽鄭曉撰
　明萬曆(1573—1620)刻鄭端簡公全集本
　　覺明跋
　　十行十九字　左右雙邊　白口
　　18.3×14 釐米
浙大

史 3814
東西洋考十二卷
　明張燮撰
　明萬曆四十六年(1618)王起宗刻本
　　九行十八字　四周雙邊　白口
　　20.6×14.7 釐米
嘉圖

史 3815
海國聞見錄二卷
　清陳倫炯撰
　清乾隆(1736—1795)刻本
　　八行二十字　左右雙邊　白口
　　15×11 釐米
浙圖

史 3816
海國聞見錄二卷
　清陳倫炯撰
　清乾隆(1736—1795)刻本
存一卷　上
　　九行二十四字　四周雙邊　白口
　　23.5×15.5 釐米
紹圖

史 3817
海錄西南諸國二卷
　清楊炳南撰
　抄本

浙圖

史 3818
皇清職貢圖九卷
　清傅恒等撰
　清嘉慶十年(1705)內府刻本
　　八行二十字　四周雙邊　白口
　　20.6×14.9 釐米
浙圖

史 3819
諸蕃類考不分卷
　清抄本
天一閣

史 3820
乘槎筆記一卷
　清斌椿撰
　清抄本
浙圖

史 3821
坤輿圖說一卷
　比利時南懷仁撰
　清抄本
浙圖

史 3822
東使筆記一卷
　清會稽鮑存曉撰
　清光緒二年(1876)稿本
浙大

史 3823
使東日錄一卷
　明董越撰
　明正德九年(1514)刻本
　　十行十五字　四周雙邊　黑口
　　18×13 釐米
天一閣

史 3824

越史略三卷

清抄四庫全書本

浙圖

史 3825

吾妻鏡補二十八卷

清翁廣平撰

清抄本

浙圖

史 3826

奉使錄八卷

清汪楫撰

清康熙二十五年（1686）刻本

使琉球雜錄五卷

中山沿革志二卷

册封琉球疏鈔一卷

八行二十字　四周雙邊　白口

19.7×14.6 釐米

嘉圖

史 3827

琉球入學見聞錄四卷

清潘相輯

清抄本

浙圖

史 3828

中山傳信錄六卷

清徐葆光撰

清康熙六十年（1721）二友齋刻本

九行二十一字　四周雙邊　黑口

19.7×14.7 釐米

浙圖

史 3829

琉球國志略十六卷首一卷

清周煌撰

清乾隆二十四年（1759）漱潤堂刻本

九行二十一字　四周雙邊　白口

18.8×14.1 釐米

浙圖　嘉圖

職官類

官制

史 3830

歷代職官考十卷歷代封建考二十卷

明刻本

存歷代封建考二十卷

十二行二十五字　四周單邊　白口

浙圖

史 3831

官爵志三卷

明徐石麟輯

張宗祥抄本

浙圖

史 3832

南臺舊聞十六卷

清黄叔璥撰

清乾隆（1736—1795）刻本

十行二十一字　四周雙邊　黑口

18.4×14.2 釐米

浙圖

史 3833

唐浙中郡縣長官考一卷

清錢塘張道撰

抄本

浙圖

史 3834

宋宰輔編年錄二十卷

宋徐自明撰

明萬曆四十六年（1618）呂邦燿刻本

十行二十字　四周單邊　白口

19.6×13.8 釐米

杭圖　溫圖*

· 職官類

史 3835

宋宰輔編年錄二十卷

宋徐自明撰

明萬曆四十六年(1618)呂邦燿刻本　清
瑞安孫詒讓校

缺三卷　八　十　十四

浙大

史 3836

宋宰輔編年錄二十卷

宋徐自明撰

續錄□□卷

明呂邦燿撰

明萬曆(1573—1620)刻本

存五卷　一至二　十三　續錄二十至二十
一

十行二十字　四周單邊　白口

19×13.5 釐米

天一閣

史 3837

秘書監志十一卷

元王士點、商企翁撰

清抄本　佚名校

浙圖

史 3838

官品令三十卷

明抄本

存十卷　二十一至三十

天一閣

史 3839

吏部職掌不分卷

明李默、黃養蒙等刪定

明萬曆(1573—1620)刻本

九行二十二字　四周單邊　白口

20.2×13.2 釐米

天一閣

史 3840

吏部四司條例三卷考功驗封條例三卷

明蹇義輯

明抄本

天一閣

史 3841

福建運司志三卷續志一卷

明林大有撰

明嘉靖(1522—1566)刻本

九行二十至二十一字　四周雙邊　白口

20.7×15.2 釐米

天一閣

史 3842

禮部奏議宗藩事宜不分卷

明戚元佐撰

明刻本

十行二十字　四周雙邊　白口

21.2×14 釐米

天一閣

史 3843

翰林記二十卷

明黃佐撰

明抄本

存五卷　十一至十五

十行二十字　四周單邊　白口

19.4×14 釐米

天一閣

史 3844

都察院奏明職掌肅風紀冊不分卷

明鄞縣王應鵬輯

明嘉靖十一年(1532)刻本

九行十七字　四周雙邊　白口

22.5×16.3 釐米

天一閣

史 3845

留臺雜記八卷

　明符驗撰

　明萬曆三十一年(1603)刻本

存六卷　一至六

　十行二十三字　四周雙邊　白口

　24.3×14.4 釐米

天一閣

史 3846

南京大理寺志七卷

　明林希元撰

　明嘉靖(1522—1566)刻本

存二卷　六至七

　十行二十一字　四周單邊　白口

　21.2×15.6 釐米

天一閣

史 3847

南京太常寺志十三卷

　明汪宗元撰

　明嘉靖二十九年(1550)刻本

存二卷　一至二

　十行二十四字　四周單邊　白口

　21×14 釐米

天一閣

史 3848

南京太僕寺志十六卷

　明雷禮撰

　明嘉靖(1522—1566)刻本

缺五卷　十二至十六

　九行二十一字　四周雙邊　白口

　21×14.8 釐米

天一閣

史 3849

學政錄一卷

　明嘉靖三十年(1551)興化府刻本

　八行二十字　四周單邊　白口

　19.8×14 釐米

天一閣

史 3850

國子監通志十卷

　明邢讓撰

　明成化三年(1467)刻本

存九卷　一至五　七至十

　九行二十字　四周雙邊　黑口

　20×13 釐米

天一閣

史 3851

國子監續志十一卷

　明黃巖謝鐸撰

　明弘治十六年(1503)刻本

存十卷　一至十

　八行十四字　四周雙邊　黑口

　19.8×13 釐米

天一閣

史 3852

國子監監規一卷

　明萬曆(1573—1620)刻本

　八行十八字　四周雙邊　細黑口

　20.2×15.2 釐米

天一閣

史 3853

南廱志二十四卷

　明黃佐撰

　明嘉靖二十三年(1544)刻本

缺三卷　十三至十四　二十四

　十行二十字　四周雙邊　白口

　21.2×14.8 釐米

天一閣

史 3854

皇明功臣封爵考八卷

明鄭汝璧撰

明萬曆(1573—1620)刻本

十行二十字　四周單邊　白口

20.8×13.8 釐米

天一閣

史 3855

清會典官制不分卷

清內府抄本

存從七品　正七品　從八品　正八品

浙圖

史 3856

中書典故彙紀八卷

清仁和王正功輯　清趙輯寧校補

清乾隆五十七年(1792)稿本

浙圖

史 3857

職官述二卷

清秀水莊仲芳撰

清莊氏秀文齋抄本

浙圖

史 3858

官制備考二卷

明嘉興李日華撰　明杭州魯重民補訂

明崇禎元年(1628)魯氏刻四六全書本

九行二十字　四周單邊　白口

20.8×14.3 釐米

浙圖

史 3859

欽定國子監則例四十四卷首一卷

清劉墉等纂修

清嘉慶(1796—1820)武英殿刻本

九行二十字　四周雙邊　白口

19.3×14.8 釐米

浙圖

史 3860

蕭山縣儒學志八卷首一卷

清山陰魯變光撰

稿本

蕭山博

史 3861

郡志職官補正不分卷

清瑞安孫衣言撰

稿本

溫圖

史 3862

現行捐官常例不分卷

清刻本

九行字數不一　四周雙邊　白口

18.8×14 釐米

天一閣

官箴

史 3863

憲綱事類一卷申明憲綱一卷

明王廷相撰

風憲忠告一卷

元張養浩撰

御史箴一卷

明薛瑄撰

明嘉靖三十一年(1552)曾佩刻本

缺憲綱事類一卷

九行二十字　四周單邊　白口

20.6×14.7 釐米

天一閣

史 3864

憲綱事類三卷

元張養浩撰

明嘉靖(1522—1566)刻本

存一卷　中
　　十行二十字　四周雙邊　白口
　　23.5×15 釐米
　天一閣

史 3865

蔣璞山政訓一卷
　　明譚秉清輯
　　明譚宗魯刻本
　　九行二十字　四周雙邊　黑口
　　18.5×12.7 釐米
　天一閣

史 3866

牧鑑十卷
　　明楊昱撰
　　明嘉靖三十四年(1555)李仲僎刻本
　　十行二十字　四周單邊　白口
　　19×13.3 釐米
　天一閣

史 3867

實政錄七卷
　　明呂坤撰
　　明萬曆二十六年(1598)趙文炳刻本
　　九行十八字　四周雙邊　白口
　　21.2×14.1 釐米
　浙圖

史 3868

移鄞蕘略不分卷
　　明王章輯
　　明崇禎(1628—1644)刻本
　　九行二十字　左右雙邊　白口
　　21×14 釐米
　天一閣

史 3869

治要錄四卷
　　明潘游龍輯

清抄本
　浙大

史 3870

爲政準則三卷
　　清抄本
　浙圖

史 3871

巡憲楊公保臺實績錄不分卷
　　清臨海葉臣遇輯
　　清同治十年(1871)葛詠裳抄本　清臨海
　　　葛詠裳跋　清光緒二十五年(1899)黄
　　　巖王棻跋
　黃巖圖

史 3872

欽定訓飭州縣規條一卷
　　清田文鏡、李衛撰
　　清雍正八年(1730)內府刻本
　　十行二十字　四周雙邊　白口
　　19.9×14.4 釐米
　浙圖

史 3873

新編吏治懸鏡八卷
　　清徐文弼撰
　　清乾隆三十年(1765)宏通堂刻本
　　14.6×10.4 釐米
　浙圖

史 3874

學仕遺規四卷
　　清陳弘謀輯
　　清乾隆三十四年(1769)陳氏培遠堂刻本
　　十行二十字　四周雙邊　白口
　　17.7×13.1 釐米
　浙圖

史 3875

佐治藥言一卷續佐治藥言一卷

　清蕭山汪輝祖撰

　清乾隆五十年（1785）刻本

　十行二十一字　左右雙邊　黑口

　17.2×11.9 釐米

浙圖　嘉圖

史 3876

佐治藥言一卷續佐治藥言一卷

　清蕭山汪輝祖撰

　清乾隆五十一年（1786）雙節堂刻本

　九行二十一字　左右雙邊　白口

　17.8×13.1 釐米

嘉圖

史 3877

官幕須知四卷

　清抄本

浙圖

史 3878

道光閨政全書不分卷

　清抄本

浙圖

政書類

通制

史 3879

杜氏通典二百卷

　唐杜佑撰

　明嘉靖十八年（1539）王德溢、吳鵬刻本

　十一行二十字　四周單邊　白口

　18.3×15.2 釐米

浙圖　天一閣＊

史 3880

通典二百卷

　唐杜佑撰

　清乾隆十二年（1747）武英殿刻本

　十行二十一字　左右雙邊　白口

　22.2×15.2 釐米

浙圖　寧圖＊　嘉圖＊　上虞圖　黃巖圖

史 3881

新入諸儒議論杜氏通典詳節四十二卷

　元刻明修本

存二十一卷　十至二十　三十三至四十二

　十四行二十三字　左右雙邊　黑口

天一閣

史 3882

文獻通考三百四十八卷

　元馬端臨撰

　明正德十四年（1519）劉洪慎獨齋刻本

　十二行二十五字　四周雙邊　黑口

　19.1×12.9 釐米

浙圖　浙大

史 3883

文獻通考三百四十八卷

　元馬端臨撰

　明嘉靖三年（1524）司禮監刻本〔卷九十
　　至九十二配抄本〕

缺三十八卷　七至十八　二十七至三十六
　一百二十三至一百二十五　一百七十一
　二百二十九　二百七十一　二百七十八
　至二百七十九　二百九十五至三百一
　三百二十四

　十行二十字　四周雙邊　黑口

　25.1×17.5 釐米

浙圖

史 3884

文獻通考三百四十八卷

元馬端臨撰

明嘉靖（1522—1566）司禮監刻清康熙十

三年（1674）修補本

杭圖　天一閣

史 3885

文獻通考三百四十八卷首一卷

元馬端臨撰

明嘉靖（1522—1566）馮天馭刻本

十三行二十四字　左右雙邊　白口

20.2×14.6 釐米

浙圖　溫圖　天一閣 *

史 3886

文獻通考三百四十八卷首一卷

元馬端臨撰

明嘉靖馮天馭刻萬曆（1573—1620）崇禎

（1628—1644）遞修本

浙圖　餘姚文

史 3887

文獻通考三百四十八卷

元馬端臨撰

明刻本

十行二十字　四周雙邊　白口

21.5×14.9 釐米

浙圖

史 3888

文獻通考三百四十八卷

元馬端臨撰

明刻本

十行二十字　四周雙邊　黑口

25.3×17.4 釐米

天一閣

史 3889

文獻通考三百四十八卷

元馬端臨撰

明刻本

十二行二十五字　四周雙邊　白口

19.7×12.8 釐米

天一閣 *

史 3890

文獻通考三百四十八卷

元馬端臨撰

明末刻本

十行二十字　四周單邊　白口

21.4×14.8 釐米

嘉圖　平湖圖 *

史 3891

文獻通考三百四十八卷

元馬端臨撰

明末刻清印本

黃巖圖　天一閣

史 3892

文獻通考三百四十八卷

元馬端臨撰

清乾隆十二年（1747）武英殿刻本

缺四卷　二百五十九至二百六十二

十行二十一字　左右雙邊　白口

22.4×15 釐米

寧圖

史 3893

文獻通考三百四十八卷

元馬端臨撰

清乾隆（1736—1795）刻本

十行二十一字　左右雙邊　白口

22×15 釐米

浙圖　嘉圖　上虞圖　浙大

政書類

史 3894

經籍考七十六卷

元馬端臨撰

明弘治九年（1496）黃仲昭、張汝舟刻本

存三十一卷 一至八 十二至二十 二十

四至二十七 三十二至四十一

十行十九字 四周雙邊 白口

18.5×12.1 釐米

天一閣

史 3895

經籍考十二卷

元馬端臨撰

明抄本

九行十八字 四周單邊 白口

19.8×14.2 釐米

天一閣

史 3896

文獻通考纂二十四卷

元馬端臨撰 明海鹽胡震亨輯

明萬曆（1573—1620）駱駸曾刻本

十行二十一字 左右雙邊 白口

22.1×14.9 釐米

浙圖 溫圖

史 3897

文獻通考纂二十四卷

元馬端臨撰 明海鹽胡震亨輯

明萬曆（1573—1620）刻本

存九卷 四至八 十至十一 十三 十八

上

十行二十一字 左右雙邊 白口

22×18 釐米

紹圖

史 3898

文獻通考纂二十四卷

元馬端臨撰 明海鹽胡震亨輯

明天啓（1621—1627）刻本

十行二十一字 左右雙邊 白口

22.1×14.8 釐米

天一閣

史 3899

文獻通考詳節二十四卷

元馬端臨撰 清嚴虞惇輯

清乾隆二十九年（1764）嚴有禧繩武堂刻

本

十行二十四字 左右雙邊 白口

17.1×13.2 釐米

溫圖 嘉圖* 上虞圖

史 3900

文獻通考詳節二十四卷

元馬端臨撰 清嚴虞惇輯

清抄本

天一閣

史 3901

文獻通考纂二十四卷

元馬端臨撰 清宋維祺等輯

續文獻通考纂二十二卷

清康熙三年（1664）刻本

缺十二卷 文獻通考纂二十一至二十四

續二十三至三十

九行二十二字 四周雙邊 白口

18.7×11.6 釐米

溫圖

史 3902

文獻通考補增三卷參補二十六卷

清嘉善葉濬發撰

清乾隆四十四年（1779）稿本

存二十五卷 補增全 參補一至十七 十

九 二十上 二十一 二十二中 二十

四

浙圖

史 3903

續文獻通考二百五十四卷

　　明王圻撰

　　明萬曆三十一年（1603）曹時聘、許維新

　　等刻本

　　十一行二十二字　左右雙邊　白口

　　20.2×14.8 釐米

浙圖　天一閣*

史 3904

正續文獻通考識大編二十四卷

　　清方若珽輯

　　清康熙（1662—1722）刻潘方吉家補刻本

　　九行二十六字　四周單邊　白口

　　19.1×11.5 釐米

溫圖　天一閣

史 3905

欽定續文獻通考二百五十卷

　　清嵇璜、曹仁虎纂修

　　清乾隆四十九年（1784）武英殿刻本

　　九行二十一字　四周雙邊　白口

　　24×15 釐米

寧圖

史 3906

欽定續文獻通考二百五十卷

　　清嵇璜、曹仁虎纂修

　　清乾隆（1736—1795）刻本

　　九行二十一字　四周雙邊　白口

　　20.5×15.1 釐米

上虞圖

史 3907

文獻通考紀要二卷

　　清尹會一纂

　　清乾隆（1736—1795）刻本

　　九行二十一字　四周雙邊　白口

　　19.7×14.8 釐米

嘉圖

史 3908

歷代封建史蹟考不分卷

　　清惠棟撰

　　稿本　姜亮夫跋

浙大

史 3909

西漢會要七十卷

　　宋徐天麟撰

　　明抄本

存二十八卷　一至二十八

天一閣

史 3910

西漢會要七十卷

　　宋徐天麟撰

　　清抄本

浙圖

史 3911

西漢會要七十卷

　　宋徐天麟撰

　　清抄本　清阮亨校

紹圖

史 3912

東漢會要四十卷

　　宋徐天麟撰

　　清抄本　清阮亨校

紹圖

史 3913

三國會要不分卷

　　清嘉興錢儀吉撰

　　稿本

存禮制　凶禮制　兵制　刑制

嘉圖

政書類

史 3914

唐會要一百卷

　宋王溥撰

　清抄本　佚名批校

浙圖

史 3915

五代會要三十卷

　宋王溥撰

　清乾隆(1736—1795)刻本

　九行二十一字　四周雙邊　白口

　19.2×12.8 釐米

嘉圖

史 3916

宋朝事實二十卷

　宋李攸撰

　清乾隆四十一年(1776)刻本

　九行二十一字　四周雙邊　白口

　18.3×12.7 釐米

嘉圖

史 3917

建炎以來朝野雜記甲集二十卷乙集二十卷

　宋李心傳撰

　清萃古齋抄本

存乙集二十卷

浙圖

史 3918

建炎以來朝野雜記甲集二十卷乙集二十卷

　宋李心傳撰

　清抄本　佚名校

缺一卷　甲集一

浙圖

史 3919

宋會要輯稿四百六十卷

　宋陳騤、京鏜等纂修　清徐松輯　劉富

　曾、湖州劉承幹等重輯

抄本

浙圖

史 3920

皇明制書十四卷

　明鎮江府丹徒縣刻本

存六卷　一至四　十三至十四

　十行二十至二十二字　四周雙邊　黑口

　21.2×16.5 釐米

天一閣

史 3921

大明會典二百二十八卷

　明申時行、趙用賢等纂修

　明萬曆十五年(1587)內府刻本

　十行二十字　四周雙邊　黑口

　24.5×17.5 釐米

浙圖

史 3922

大明會典一百八十卷

　明徐溥等纂修

　明刻本

缺五卷　五十三至五十七

　十行二十字　四周單邊　白口

　17.1×12.7 釐米

浙圖＊　天一閣＊

史 3923

大明會典二百二十八卷

　明申時行、趙用賢等纂修

　明天啓元年(1621)張京元等刻本

　十一行二十六字　四周單邊　白口

　22.8×15.8 釐米

浙圖

史 3924

憲章類編四十二卷

　明勞堪撰

明萬曆六年(1578)自刻本

九行二十二字　四周雙邊　白口

21.3×15.2 釐米

浙大　天一閣*

史 3925

憲章類編四十二卷

　明勞堪撰

　明萬曆六年(1578)自刻本　佚名批校

缺五卷　一至三　三十一至三十二

浙圖

史 3926

六部事例不分卷

　明抄本

存禮律　兵律　工律

　十二行二十二字　四周單邊　白口

　22.6×14.8 釐米

天一閣

史 3927

國朝典彙二百卷

　明徐學聚撰

　明天啓四年(1624)徐與參刻本

　十行二十二字　四周單邊　白口

　22.5×15.1 釐米

寧圖

史 3928

皇明經世實用編二十八卷首一卷

　　明馮應京輯

　　明萬曆三十一年(1603)刻本

存四卷　首　一至三

　　十行二十二字　四周雙邊　白口

　　20.2×15.5 釐米

杭圖

史 3929

皇明世法錄九十二卷

　　明陳仁錫撰

明崇禎(1628—1644)刻本

十行二十字　四周單邊　白口

21.2×14.6 釐米

浙圖

史 3930

古今治平略三十三卷

　明朱健撰

　明崇禎十一年(1638)鍾鈜刻本

　九行二十字　四周單邊　白口

　20.2×14 釐米

浙圖　天一閣

史 3931

彙草堂治平類纂三十卷

　明朱健、朱徽撰

　清康熙三年(1664)刻本

　九行二十字　四周單邊　白口

　19.8×14.1 釐米

浙圖

史 3932

古今治平彙要十四卷

　清楊潮觀撰

　清雍正七年(1729)文聚樓刻本

　十行二十字　左右雙邊　黑口

　17.6×12.1 釐米

浙圖

史 3933

廣治平略四十四卷

　清蔡方炳撰

　清康熙(1662—1722)刻本

　九行二十五字　四周單邊　白口

　20.4×12.1 釐米

浙圖

史 3934

大清會典一百六十二卷

　清伊桑阿等纂修

清康熙二十九年(1690)內府刻本

缺二卷　九十四至九十五

　　十行二十字　四周雙邊　黑口

　　24×17 釐米

浙圖

史 3935

欽定大清會典一百卷

　清張廷玉等纂修

　清乾隆二十九年(1764)武英殿刻本

上虞圖

史 3936

欽定大清會典則例一百八十卷

　清張廷玉等纂修

　清乾隆(1736—1795)刻本

缺十一卷　十四至二十四

上虞圖

史 3937

講經口授一卷

　清鄞縣萬斯同講　清溫睿臨筆記

　清抄本

浙圖

史 3938

欽定吏部則例五十八卷

　清雍正三年(1725)內府刻本

存八卷

　　銓選滿洲則例一卷

　　銓選漢則例一卷

　　滿洲品級考一卷

　　漢品級考五卷

　　八行二十字　四周雙邊　白口

　　21.6×15 釐米

溫圖

史 3939

戶例不分卷

　清抄本

浙圖

史 3940

**欽定户部軍需則例九卷續增一卷欽定兵部
　軍需則例五卷欽定工部軍需則例一卷**

　清阿桂等纂

　清乾隆五十三年(1788)武英殿刻本

　　九行二十三字　四周雙邊　白口

　　19.9×15.8 釐米

嘉圖　浙圖＊

史 3941

欽定軍器則例二十四卷

　清特通保等纂修

　清嘉慶二十一年(1816)刻本

　　九行二十字　四周雙邊　白口

　　19.3×15.5 釐米

浙圖

史 3942

欽定工部則例九十八卷

　清多隆阿等纂修

　清嘉慶三年(1798)武英殿刻本

　　九行二十字　四周雙邊　白口

　　20.8×15.8 釐米

浙圖

史 3943

絲綸歷辨成式十卷

　清抄本

溫圖

典禮

史 3944

大唐開元禮一百五十卷

　唐蕭嵩等撰

　清抄本

浙大

史 3945

大唐開元禮一百五十卷

　唐蕭嵩等撰

　清抄本

缺二十一卷　一至二十一

天一閣

史 3946

大唐郊祀錄十卷

　唐王涇撰

　清抄本

浙圖

史 3947

大唐郊祀錄十卷末一卷

　唐王涇撰

　清抄本

浙圖

史 3948

大唐郊祀錄十卷

　唐王涇撰

　清抄本　清張金吾跋

浙大

史 3949

太常因革禮一百卷

　宋歐陽修等撰

　清抄本

缺十七卷　五十一至六十七

浙圖

史 3950

太常因革禮一百卷

　宋歐陽修等撰

　清杜氏抄本

存十四卷　二十九至四十二

天一閣

史 3951

政和五禮新儀二百二十卷目錄六卷

　宋鄭居中等撰

政和御製冠禮十卷

　清抄本

缺三十卷　一百四十一至一百七十

天一閣

史 3952

中興禮書三百卷

　宋太常寺纂修　清徐松輯

中興禮書續編八十卷

　宋葉宗魯纂修　清徐松輯

　清抄本

浙大

史 3953

大金集禮四十卷

　清抄本　清佚名錄錢塘吳焯跋

缺七卷　十三至十七　二十六　三十三

浙圖

史 3954

大明集禮五十三卷

　明天台徐一夔、梁寅等撰

　明嘉靖九年(1530)內府刻本

　九行十八字　四周雙邊　白口

　24.5×17釐米

浙圖　天一閣*

史 3955

大明集禮五十三卷

　明天台徐一夔、梁寅等撰

　明司禮監刻本

存十九卷　二　四　三十四至三十七　三
十九至四十八　五十一至五十三

　八行十八字　四周雙邊　白口

　24.3×16.4釐米

天一閣

史 3956

洪武禮制一卷

明刻本

九行二十二字　四周雙邊　白口

20×14.5 釐米

天一閣

史 3957

禮儀定式一卷

明李原名等撰

明嘉靖二十四年(1545)徽藩刻本

九行十六字　四周雙邊　黑口

20.3×15 釐米

天一閣

史 3958

皇明典禮不分卷

清光緒二年(1876)抄本

浙圖

史 3959

明倫大典二十四卷

明楊一清、熊浹等纂修

明嘉靖七年(1528)內府刻本

八行十八字　四周雙邊　粗黑口

27.2×18.3 釐米

浙圖

史 3960

明倫大典二十四卷

明楊一清、熊浹等纂修

明嘉靖(1522—1566)鎮江府刻本

八行十八字　四周單邊　白口

24.5×17.3 釐米

浙大

史 3961

廟制考義不分卷

明會稽季本撰

明嘉靖二十五年(1546)刻本

十行二十字　左右雙邊　白口

19.8×13 釐米

天一閣

史 3962

皇明典禮志二十卷

明郭正域撰

明萬曆四十一年(1613)刻本

十行二十字　四周雙邊　白口

21.2×15.2 釐米

浙圖

史 3963

頖宮禮樂疏十卷

明仁和李之藻撰

明萬曆四十六年(1618)馮時來刻本

存五卷　二　六至九

十行二十二字　四周雙邊　白口

22.5×15.5 釐米

天一閣

史 3964

皇明謚法考一卷

明萬曆(1573—1620)范氏抄本

浙圖

史 3965

明謚考略一卷

清傅以禮撰

稿本

浙圖

史 3966

明謚考四卷

清傅以禮撰

稿本

浙圖

史 3967

明內廷規制考三卷

清抄本

浙圖

史 3968

四譯館考十卷

清江蘩撰

清康熙（1662—1722）刻本

九行二十字　四周雙邊　白口

19.8×13.8 釐米

浙圖

史 3969

萬壽盛典初集一百二十卷首一卷

清王原祁等纂

清康熙五十六年（1717）武英殿刻本

九行十九字　四周雙邊　白口

23×16.7 釐米

寧圖

史 3970

聖駕展謁泰陵站圖説一卷回鑾站圖説一卷

清乾隆（1736—1795）刻本

十行二十一字　四周單邊　白口

11.3×7.6 釐米

杭圖

史 3971

國朝宮史三十六卷

清于敏中、王際華等纂修

劉氏嘉業堂抄本

浙圖

史 3972

南巡盛典一百二十卷

清高晉等纂修

清乾隆三十六年（1771）刻本

九行十九字　四周雙邊　白口

21.7×16.8 釐米

浙圖　寧圖　溫圖

史 3973

幸魯盛典四十卷

清孔毓圻、金居敬等纂修

清康熙二十八年（1689）刻本

十行二十一字　四周雙邊　白口

19.7×14.2 釐米

浙圖

史 3974

西巡盛典二十四卷

清富陽董誥等纂修

清嘉慶十七年（1812）武英殿活字印本

八行二十字　四周雙邊　白口

18.2×12.8 釐米

浙圖

史 3975

皇朝謚法考五卷續編一卷補編一卷

清鮑康輯

皇朝謚法考續補編一卷

清徐士鑾輯

清抄本

浙圖

史 3976

皇朝禮器圖式十八卷

清允祿撰　清福隆安等補纂

清乾隆三十一年（1766）武英殿刻本

十一行二十字　四周單邊　白口

19.8×16.3 釐米

浙圖

史 3977

釁祀備考二卷

清林清標撰

清乾隆三十二年（1767）刻本

九行二十二字　四周雙邊　白口

19.4×13.4 釐米

浙圖

史 3978

文廟禮樂考二卷

　清金之植撰

　清乾隆(1736—1795)杭州儒學刻本

存樂部一卷

　九行二十字　四周雙邊　白口

　19.9×15 釐米

浙圖

史 3979

文廟祀典考略二卷

　清傅婉抄本

浙圖

史 3980

清朝會行禮圖一卷

　清抄本

浙圖

史 3981

作室解一卷附朝制攷一卷

　清黃巖金鷹揚撰

　清抄本　清光緒十二年(1886)黃巖王棻

　　批校並跋

　本書原名朱子釋宮解

黃巖圖

史 3982

大禮平議四卷明大禮駁議二卷大統平議一
卷首一卷附錄一卷

　清黃巖王棻撰

　清光緒七年(1881)稿本

黃巖圖

邦計

賦役

史 3983

江西賦役紀十五卷

　明刻本

缺五卷　一　七至十

　九行二十字　四周單邊　白口

　23.5×15.5 釐米

天一閣

錢穀

史 3984

催徵錢糧降罰事例不分卷

　明萬曆五年(1577)福建布政司刻本

　九行十八字　四周單邊　白口

　21×15.5 釐米

天一閣

史 3985

試屯議附屯田便宜四十事不分卷

　清許石甫撰

　稿本　清李臨馴、宗誠跋

溫圖

史 3986

應天府丈田畝清浮糧章程不分卷

　清刻本

　九行二十字　四周雙邊　白口

　22.2×14.6 釐米

天一閣

史 3987

嘉興求減浮糧書一卷

　嘉興金蓉鏡撰

　稿本

嘉圖

史 3988

嘉禾額款簿不分卷

　嘉興金蓉鏡撰

　抄本

嘉圖

史 3989

秀水銀米額數一卷

　嘉興金蓉鏡撰

抄本　朱筆圈點

嘉圖

史 3990

南田記略一卷

清楊殿材撰

清末抄本

浙圖

史 3991

瑞安縣田賦清册不分卷

清道光二十二年（1842）刻本

九行二十四字　四周單邊　白口

19.5×13.7 釐米

溫圖

史 3992

刑錢必覽十卷錢穀備要十卷

清武林王又槐輯

清乾隆五十八年（1793）刻本

缺四卷　刑錢必覽五至六　錢穀備要一　九

八行二十字　左右雙邊　白口

13.5×10.3 釐米

嵊州圖

史 3993

宋代稅錢輯錄不分卷

清瑞安孫鏘鳴輯

稿本

溫圖

史 3994

金穀瑣言不分卷

清浙江朱補庭、汪畹香撰

清抄本

紹圖

税務

史 3995

淮關統志十四卷

清伊齡阿、吳霨纂修

清乾隆四十三年（1778）淮關刻本

十行二十字　左右雙邊　白口

20.8×15 釐米

浙圖

漕運

史 3996

漕運議單不分卷

明抄本

天一閣

史 3997

通漕類編九卷

明王在晉撰

明萬曆（1573—1620）刻本

九行二十字　四周單邊　白口

溫圖

史 3998

隨漕釋略不分卷

清佚名輯

清抄本

浙圖

鹽政

史 3999

鹽政志十卷

明朱廷立等撰

明嘉靖（1522—1566）刻本

八行十七字　四周單邊　白口

18.4×14.5 釐米

浙圖

史 4000

鹽政通考四卷

清鄞縣胡文學輯

清康熙元年（1662）刻本

八行二十字　左右雙邊　白口

18.5×14.6 釐米

浙圖

史 4001

長蘆鹽法志七卷

　明方啓撰

　明隆慶三年（1569）刻本

　　十行二十一字　　左右雙邊　　白口

　　20.8×15.6 釐米

　天一閣

史 4002

淮鹾本論二卷

　清鄞縣胡文學撰

　清康熙元年（1662）刻本

　　八行二十字　　左右雙邊　　白口

　　18.9×14.7 釐米

　浙圖

史 4003

敕修兩淮鹽法志十六卷

　清噶爾泰纂修

　清雍正（1723—1735）刻本

　　十行二十二字　　左右雙邊　　白口

　　19.6×14.2 釐米

　浙圖

史 4004

兩淮鹽法志四十卷首一卷

　清王世球撰

　清乾隆十三年（1748）刻本

　　十行二十二字　　左右雙邊　　白口

　　19.1×14.3 釐米

　嘉圖

史 4005

敕修河東鹽法志十二卷

　清覺羅石麟等纂修

　清雍正五年（1727）刻本

　　九行二十字　　四周雙邊　　白口

　　19.2×14.7 釐米

　浙圖

史 4006

河東鹽法備覽十二卷

　清蔣兆奎輯

　清乾隆五十五年（1790）刻本

　　九行二十二字　　四周單邊　　白口

　　20×14.3 釐米

　諸暨圖

史 4007

山東鹽法志十四卷

　清莽鵠立等撰

　清雍正十二年（1734）刻本

　　九行二十字　　左右雙邊　　白口

　　18.4×14.1 釐米

　浙圖

史 4008

兩浙訂正鹾規四卷

　明楊鶴撰　　明胡繼升、傅宗龍等輯

　明萬曆（1573—1620）刻天啓三年（1623）

　　重修本

存一卷　　一

　　九行二十字　　四周單邊　　白口

　　21.4×15.1 釐米

　浙圖

史 4009

敕修兩浙鹽法志十六卷首一卷

　清李衛纂修

　清雍正六年（1728）刻本

　　九行二十一字　　左右雙邊　　白口

　　19.1×13.6 釐米

　浙圖　　上虞圖

史 4010

兩浙鹽法新志二十四卷首一卷

　清延豐等撰

　清嘉慶（1796—1820）抄本

　浙圖

史 4011

兩廣鹽法志二十四卷首一卷繪圖一卷

清蘇昌等纂修

清乾隆二十七年（1762）刻本

九行二十一字　四周雙邊　白口

20.6×14.8 釐米

浙圖

荒政

史 4012

荒政叢書十卷

清錢塘俞森輯

清康熙（1662—1722）刻本

九行二十字　左右雙邊　白口

嘉圖

史 4013

救荒全書十六卷

明山陰祁彪佳撰

清沈氏鳴野山房抄本

缺五卷　七至十一

紹圖

史 4014

先憂叢鈔不分卷

清仁和陳芳生輯

清初刻本

九行二十字　左右雙邊　白口

19×13.5 釐米

浙圖

史 4015

畿輔義倉圖不分卷

清方觀承撰

清乾隆（1736—1795）刻本

十行二十二字　四周單邊　白口

23.9×32 釐米

浙圖

史 4016

義莊章程彙編不分卷

清董氏抄本

紹圖

軍政

史 4017

歷代兵制八卷

宋瑞安陳傅良撰

明怡顏堂抄本

浙圖

史 4018

補漢兵志一卷

宋錢文子撰

清乾隆三十四年（1769）盛百二刻本　清

　　瑞安孫詒讓據知不足齋叢書本校

十行二十字　左右雙邊　白口

19.2×14.5 釐米

浙大

史 4019

大閱錄二卷

明張居正、霍冀等撰

明隆慶二年（1568）兵部刻本

存一卷　上

九行十九字　四周雙邊　白口

天一閣

史 4020

軍政條例續集五卷

明孫聯泉撰

明嘉靖三十一年（1552）江西臬司刻本

存三卷　三至五

九行十八字　四周雙邊　白口

天一閣

史 4021

軍政一卷

明嘉靖二十六年（1547）刻本

政書類

十行二十字　四周單邊　白口

天一閣

史 4022

軍令一卷

　明嘉靖二十六年（1547）刻本

　十行十六字　四周單邊　白口

天一閣

史 4023

兵部武選司條例不分卷

　明抄本

天一閣

史 4024

寧波府通判諭保甲條約不分卷

　明吳允裕撰

　明嘉靖三十四年（1555）刻本

　七行十六字　四周雙邊　白口

　21.5×15 釐米

天一閣

史 4025

營規一卷

　明嘉靖四十年（1561）刻本

　九行十九字　四周雙邊　白口

　20×14.6 釐米

天一閣

史 4026

守城事宜一卷

　明龐尚鵬撰

　明刻本

　九行十四字至十八字　四周單邊　白口

天一閣

史 4027

浙江總兵肅紀維風冊不分卷

　明萬曆十一年（1583）刻本

　八行二十字　四周雙邊　白口

23.1×16.8 釐米

天一閣

史 4028

哨守條約二卷

　明刻本

存一卷　下

　八行十七字　四周雙邊　白口

天一閣

史 4029

八旗通志初集二百五十卷目錄二卷

　清鄂爾泰、涂天相等纂修

　清乾隆四年（1739）武英殿刻本

　十行二十字　四周雙邊　白口

　23×17.1 釐米

浙圖

史 4030

雲南昭通鎮標四營營制總冊不分卷

　清麟志撰

　稿本

杭圖

史 4031

三廳屯防錄二卷

　清傅鼐撰

　稿本

杭圖

史 4032

防海事宜不分卷

　清趙鳴琦撰

　清抄本　平陽王理孚跋

溫圖

史 4033

馬政志四卷

　明陳講撰

　明嘉靖三年（1524）刻本

存二卷　一　四

十行二十三字　四周單邊　白口

21.3×15 釐米

天一閣

史 4034

保甲團練要書六種六卷

清山陰魯燮光輯

清壺隱居抄本

平陸縣保甲章程一卷

巴縣保甲章程一卷

呂新吾先生鄉兵救命書一卷

友助事宜一卷

賀縣團練條規一卷

四會團練章程一卷

浙圖

法令

史 4035

唐律疏義三十卷

唐長孫無忌等撰

清抄本

浙圖

史 4036

大明律二卷

明嘉靖(1522—1566)刻本

存一卷　下

十行二十二字　四周雙邊　黑口

20.8×15.5 釐米

天一閣

史 4037

大明律附例三十卷

明王樵、王肯堂箋釋

慎刑説一卷

明王肯堂撰

明萬曆(1573—1620)刻本

十行二十字　四周單邊　白口

21×14.5 釐米

浙圖

史 4038

王儀部先生箋釋三十卷首一卷末一卷

明王肯堂撰　清顧鼎重編

清康熙三十年(1691)顧鼎刻本

缺三卷　六至八

九行二十字　四周單邊　白口

20.2×13.6 釐米

溫圖

史 4039

重增釋義大明律七卷

明鰲峰堂刻本

十二行二十五字　左右雙邊　黑口

19.3×13.1 釐米

天一閣

史 4040

御製大誥一卷

明太祖朱元璋撰

明萬曆五年(1577)刻本

存四葉

十行二十字　四周雙邊　白口

20.7×14.7 釐米

天一閣

史 4041

御製紀非錄一卷

明太祖朱元璋撰

抄本

浙圖

史 4042

條例全文不分卷

明抄本

存八卷　十一　十三至十五　十九　三十

五　三十九至四十

天一閣

史 4043

嘉靖新例不分卷
　明抄本
天一閣

史 4044

西都雜例一卷
　明抄本
天一閣

史 4045

重修問刑條例六卷
　明刻本
存二卷　五至六
　十二行二十二字　四周雙邊　細黑口
　22×15.5 釐米
天一閣

史 4046

鼎鐫六科奏准御製新頒分類註釋刑臺法律
　十八卷附卷一卷副卷一卷首一卷
　明蕭近高注釋
　明熊氏種德堂刻本
　兩欄　下欄十行二十字　上欄十六行十二字
　　白口
　21.1×12.8 釐米
浙圖

史 4047

明驛遞條例不分卷
　明刻本
天一閣

史 4048

大清律集解附例三十卷圖一卷服制一卷律
　例總類六卷
　清朱軾、常鼐等纂修
　清雍正（1723—1735）刻本
　九行二十字　四周雙邊　白口
　22.7×17 釐米

浙圖

史 4049

欽頒服色條例一卷
　清康熙十八年（1679）刻本
　九行二十字　左右雙邊　白口
　19.5×12.2 釐米
天一閣

史 4050

欽定督捕則例二卷
　清徐本等纂修
　清乾隆（1736—1795）刻本
　九行十六字　四周雙邊　白口
　20.6×16.2 釐米
天一閣

史 4051

督捕則例二卷
　清徐本等纂修
　清乾隆（1736—1795）刻本
　九行二十字　四周雙邊　白口
　21.6×16.7 釐米
嵊州圖

史 4052

行簡錄不分卷
　清萬維翰撰
　清乾隆三十九年（1774）芸暉堂刻本
　九行二十五字　四周單邊　白口
　19.3×14.5 釐米
浙圖

史 4053

錢穀刑名便覽二卷
　清董公振輯
　清雍正十二年（1734）刻本
　十二行二十字　左右雙邊　白口
　19.8×14.6 釐米
浙圖

史 4054

刻御製新頒大明律例註釋招擬折獄指南十八卷首一卷

明金陵書坊周近泉大有堂刻本

存五卷 首 一 六至八

十行二十字 小字雙行字數不一 四周雙邊 黑口

20.4×12.5 釐米

杭圖

史 4055

斷獄不分卷

清咸豐(1851—1861)抄本

餘杭圖

史 4056

所見集四集目錄二卷

清仁和馬世璘輯

清乾隆五十七年(1792)再思堂刻本

存三集 一至三

九行二十字 四周雙邊 白口

14.4×10.9 釐米

溫圖

史 4057

新增成案所見集三十七卷

清仁和馬世璘輯

清乾隆五十八年(1793)刻本

缺三卷 一至三

九行二十二字 左右雙邊 白口

14.1×11 釐米

嘉圖

史 4058

刺字章程不分卷

清抄本

紹圖

邦交

史 4059

中外和戰議十六卷

清黃巖王棻輯

稿本

黃巖圖

史 4060

外交闡微八卷

清山陰黃壽袞輯

清末稿本

存六卷 一至六

紹圖

考工

史 4061

船政不分卷

明嘉靖(1522—1566)刻本

九行二十字 左右雙邊 白口

20×14 釐米

天一閣

史 4062

工部爲建殿堂修都城勸民捐款章程一卷

明嘉靖(1522—1566)刻本

十行二十二字 四周雙邊 白口

23.5×17.5 釐米

天一閣

史 4063

新編魯般營造正式六卷

明刻本(有圖)

八行十五字 四周雙邊 白口

15.7×10.6 釐米

天一閣

史 4064

新編魯般營造正式六卷

清抄本

浙圖

史 4065

新鐫工師雕斲正式魯班木經匠家鏡三卷附祕訣仙機一卷

明午榮、章嚴撰

明刻本（有圖）

九行二十字　四周單邊　白口

19.5×13 釐米

紹圖

史 4066

新鐫京板工師雕斵正式魯班經匠家鏡三卷

明午榮、章嚴撰

明末刻本（有圖）

九行二十字　四周單邊　白口

19.9×13.8 釐米

浙圖

史 4067

新鐫工師雕斵正式魯班木經匠家鏡二卷附

祕訣仙機一卷

明午榮、章嚴撰

清初刻本（有圖）

九行二十字　四周單邊　白口

19×13 釐米

浙圖　溫圖

史 4068

新刻京板工師雕斵正式魯班經匠家鏡二卷

秘訣仙機一卷

明午榮、章嚴撰

清刻本（有圖）

湖博

史 4069

工程做法七十四卷

清允禮等撰

清乾隆（1736—1795）刻本

九行二十字　四周單邊　白口

20.5×14 釐米

溫圖

史 4070

工程算法四卷

清岑傅撰

稿本

天一閣

史 4071

七檁硬山大式做法不分卷

清抄本

天一閣

史 4072

滇南礦廠圖略二卷

清吳其濬撰　清徐金生輯

清道光（1821—1850）刻本

25.3×17 釐米

浙圖

史 4073

江西省陶政志一卷

清抄本

浙圖

科舉

史 4074

皇明歷科會試錄典要五卷

明劉萬春輯

明崇禎十四年（1641）自刻本

十行二十二字　四周單邊　白口

21.5×14.1 釐米

浙圖

史 4075

欽定學政全書八卷續增學政全書四卷

清乾隆（1736—1795）刻本

九行二十二字　四周雙邊　白口

22×16.2 釐米

浙圖

史 4076

科場條例□□卷

清康熙（1662—1722）刻本

九行二十字　四周雙邊　黑口

22.2×14.8 釐米

天一閣

史 4077

欽定科場條例五十四卷

清李翩等纂修

清乾隆四十四年(1779)刻本

九行二十字　四周雙邊　白口

20.3×13.6 釐米

浙圖

公牘

史 4078

余肅敏公經略公牘不分卷

明余子俊撰

明嘉靖五年(1526)張縉刻本

十行十九字　四周單邊　白口

20×13.5 釐米

天一閣

史 4079

戶部集議揭帖一卷

明抄本

天一閣

史 4080

審錄廣東案稿二卷

明夏□□撰

明隆慶元年(1567)刻本

九行二十字　四周雙邊　白口

20.5×15 釐米

天一閣

史 4081

巡按蘇松等處揭帖不分卷

明山陰祁彪佳撰

明末抄本

浙圖

史 4082

天台治略十卷

清戴兆佳撰

清嘉慶九年(1804)潘春暉等活字印本

十行二十字　四周單邊　白口

20.4×13.4 釐米

浙圖

史 4083

治鄞政略一卷

清楊懿元撰

清乾隆(1736—1795)刻本

九行二十字　四周單邊　黑口

22.2×15 釐米

寧圖

史 4084

黃漱蘭公案牘遺稿一卷

清瑞安黃體芳撰

稿本

玉海樓

史 4085

南武公牘拾存一卷

清萬立鈞撰

清光緒(1875—1908)丁氏靜存齋抄本

清丁氏跋　何笙甫跋

浙圖

檔册

史 4086

杭州織造運部用黃册不分卷

清誠全編

稿本

杭圖

史 4087

溫州府永嘉縣清光緒三十四年實業統計表不分卷

清永嘉縣署編

稿本

溫圖

雜錄

史 4088

東甌育嬰堂條規一卷

清上官德興撰

清乾隆（1736—1795）刻本

十行二十字　四周單邊　白口

19.7×14.7釐米

溫圖

史 4089

宮同蘇館經世文雜鈔六卷目錄校勘記一卷

清嘉善金安清撰　張履勳輯

稿本

嘉圖

史 4090

光緒四明邱興龍畫業同人行例十二則一卷

清四明邱光普撰

王伯敏抄本

浙圖

史 4091

東遊條議不分卷

清瑞安陳虯撰

稿本

溫圖

史 4092

趙氏宗祠經費章程不分卷

清趙洵撰

清瑞安項氏水仙亭抄本

溫圖

目錄類

彙編

史 4093

古逸叢書目一卷

清黎庶昌撰

清光緒（1875—1908）陶濬宣抄本　清瑞

安孫詒讓校並跋

浙大

公藏

史 4094

崇文總目六十六卷

宋王堯臣等撰

明抄本

天一閣

史 4095

四庫闕書不分卷

清徐松輯注

清抄本

浙大

史 4096

四庫闕書目一卷

清徐松輯

清抄本

浙圖

史 4097

秘閣書目不分卷

明錢溥撰

清抄本

浙圖

史 4098

行人司書目不分卷

明行人司撰

清乾隆（1736—1795）抄本

嘉圖

史 4099

内閣藏書目錄八卷

明張萱等撰

清抄本

浙圖

史 4100

欽定四庫全書總目二百卷首一卷

清紀昀等撰

清乾隆（1736—1795）浙江刻本

九行二十一字　左右雙邊　白口

14.4×11 釐米

嘉圖　上虞圖

史 4101

四庫全書總目二百卷

清紀昀等撰

清同治七年（1868）廣東書局刻本　海寧

張宗祥校並跋

九行二十一字　左右雙邊　白口

浙圖

史 4102

欽定四庫全書簡明目錄二十卷

清紀昀等撰

清乾隆六十年（1795）浙江刻本　佚名校

注

九行二十一字　左右雙邊　白口

12.6×9.9 釐米

浙圖

史 4103

欽定四庫全書簡明目錄二十卷

清紀昀等撰

清乾隆（1736—1795）刻本

九行二十一字　左右雙邊　白口

14.4×11.5 釐米

上虞圖

史 4104

欽定四庫全書簡明目錄二十卷

清紀昀等撰

清刻本　佚名批注

九行二十一字　左右雙邊　白口

14.3×11 釐米

紹圖

史 4105

欽定四庫全書簡明目錄二十卷

清紀昀等撰

清刻本　佚名批注

存十一卷　九至十九

九行二十一字　左右雙邊　白口

14.3×11 釐米

天一閣 *

史 4106

欽定四庫全書簡明目錄二十卷

清紀昀等撰

清孫氏玉海樓抄本　清瑞安孫詒讓校並

跋

浙大

史 4107

**欽定文瀾閣四庫全書目清册四卷古今圖書

集成書目清册一卷**

清嘉慶二十五年（1820）吳恒聚等抄本

浙圖

史 4108

四庫全書簡明目錄劄本附記不分卷

清海寧朱元炅輯

清抄本　朱士恒跋

浙圖

目錄類

史 4109

文瀾閣四庫全書目錄四卷

　張蔭椿輯

　稿本

浙圖

史 4110

浙江採集遺書總錄十卷

　清平湖沈初等輯

　清乾隆三十九年(1774)王亶望刻本

　十行二十字　四周單邊　黑口

18.3×13.2 釐米

浙大

史 4111

浙江採集遺書總錄十卷閏集一卷

　清平湖沈初等輯

　清乾隆四十年(1775)刻本

　十行二十字　四周單邊　黑口

18.2×13.1 釐米

浙圖　紹圖＊　天一閣

史 4112

浙江採集遺書總錄十卷閏集一卷

　清平湖沈初等輯

　翠薇山房抄本

　存閏集一卷

浙圖

史 4113

江蘇採輯遺書目錄四卷

　清黃烈編

　清抄本　清道光二十年(1840)黃鈴跋

浙圖

史 4114

各省進呈書目不分卷

　張宗祥抄本

浙圖

史 4115

天祿琳琅書目十卷

　清于敏中等撰

　清嘉慶五年(1800)抄本　長興王修跋

浙圖

史 4116

天祿琳琅書目十卷

　清于敏中等撰

　清抄本

浙圖

史 4117

天祿琳琅書目十卷

　清于敏中等撰

　清抄本

天一閣

家藏

史 4118

昭德先生郡齋讀書志二十卷

　宋晁公武撰

　清抄本

浙大

史 4119

昭德先生郡齋讀書志二十卷

　宋晁公武撰

　清嘉慶二十四年(1819)汪氏藝芸書舍刻

　本

　九行二十一字　左右雙邊　白口

18.7×13 釐米

浙圖　溫圖

史 4120

遂初堂書目一卷

　宋尤袤藏並撰

　清抄本

浙圖

史 4121

尤氏遂初堂書目一卷

　宋尤袤藏並撰

　清乾隆二十八年(1763)汪景龍抄本　清

　　汪景龍跋

浙圖

史 4122

直齋書錄解題二十二卷

　宋安吉陳振孫撰

　清乾隆(1736—1795)刻本

　九行二十一字　四周雙邊　白口

　13.7×10 釐米

浙圖　平湖圖

史 4123

菉竹堂書目不分卷

　明葉盛藏並撰

　清初抄本　佚名校

浙圖

史 4124

百川書志二十卷

　明高儒藏並撰

　清末抄本

浙大

史 4125

天一閣見存書目四卷首一卷末一卷

　清薛福成、錢學嘉等撰

　稿本　佚名校　清錢學嘉、范彭壽跋

浙圖

史 4126

天一閣見存書目十二卷

　清劉喜海撰

　抄本　佚名錄張鏡夫跋

存六卷　七至十二

浙圖

史 4127

萬卷堂書目四卷

　明朱睦㮮藏

　長興王氏仁壽堂抄本

浙圖

史 4128

澹生堂書目不分卷

　明山陰祁承㸁藏並撰

　清沈氏鳴野山房抄本　清蕭山王宗炎校

　　清馬用錫跋

天一閣

史 4129

淡生堂藏書約一卷藏書訓一卷

　明山陰祁承㸁撰

　清末周氏郘公鍾室抄本

浙圖

史 4130

淡生堂藏書約一卷藏書訓一卷

　明山陰祁承㸁撰

　張宗祥抄本

浙圖

史 4131

笠澤堂書目不分卷

　明王道明撰

　抄本

浙圖

史 4132

江陰李氏得月樓書目摘錄一卷

　明李鶚翀藏

　清抄本

浙圖

史 4133

玄賞齋書目八卷

　明董其昌藏並撰

清抄本

浙圖

史 4134

題跋二卷

　明毛晉撰

　清道光二十一年（1841）鳴野山房抄本

　　清山陰沈復粲校並跋

浙圖

史 4135

重編汲古閣刊書目錄二卷

　明毛晉輯

　清姚氏快閣師石山房抄本　清會稽陶方

　　琦跋　會稽陶濬宣批校並跋

杭圖

史 4136

絳雲樓書目不分卷

　清錢謙益藏

　清抄本　清吳翌鳳錄陳景雲批校並跋

浙圖

史 4137

絳雲樓書目二卷

　清錢謙益藏

　清沈氏鳴野山房抄本

浙圖

史 4138

絳雲樓書目不分卷

　清錢謙益藏

　清昭文張氏味經書屋抄本

存七冊

浙圖

史 4139

絳雲樓書目二卷

　清錢謙益藏

清抄本　蟫盦居士校並跋

浙大

史 4140

絳雲樓書目不分卷

　清錢謙益藏

　張宗祥抄本

浙圖

史 4141

汪鈍翁題跋一卷

　清汪琬撰

　清抄本

浙圖

史 4142

述古堂書目不分卷

　清錢曾藏並撰

　清抄本

存經　史

浙圖

史 4143

也是園藏書目十卷

　清錢曾藏並撰

　清初抄本　清鄞縣蔡鴻鑑跋

浙圖

史 4144

也是園藏書目十卷

　清錢曾藏並撰

　清抄本

溫圖

史 4145

讀書敏求記四卷

　清錢曾撰

　清雍正四年（1726）趙孟升松雪齋刻本

　九行二十字　四周單邊　黑口

　15×11.2 釐米

浙圖　天一閣

史 4146

讀書敏求記四卷

　　清錢曾撰

　　清乾隆十年（1745）沈尚傑雙桂草堂刻本

　　　九行二十字　四周單邊　黑口

　　　15×11.2 釐米

浙圖

史 4147

讀書敏求記四卷

　　清錢曾撰

　　清乾隆十年（1745）沈尚傑雙桂草堂刻六十年（1795）沈氏耆英堂重修本　蕭山單丕錄清錢塘吳焯、海寧吳騫、海寧陳鱣、黃丕烈批校

浙圖

史 4148

讀書敏求記四卷

　　清錢曾撰

　　清抄本　海寧費寅校

存一卷　一

浙圖

史 4149

延令季氏宋板書目一卷

　　清季振宜藏

　　清沈氏萬卷樓抄本

浙圖

史 4150

崑山徐氏傳是樓宋板書目一卷

　　清徐乾學藏

　　清抄本

浙圖

史 4151

培林堂書目不分卷

　　清徐秉義藏

　　清藝海樓抄本

浙圖

史 4152

文瑞樓藏書志不分卷

　　清桐鄉金檀藏並撰

　　清抄本

浙圖

史 4153

蕭山汪氏環碧山房書目一卷

　　清蕭山汪輝祖藏並撰

　　拜魁紀公齋抄本

浙圖

史 4154

五桂樓黃氏書目不分卷

　　清餘姚黃澄量藏並撰　清餘姚黃安瀾校補

　　稿本　清海鹽徐用儀、榮昌敖跋

浙圖

史 4155

文選樓藏書記六卷

　　清阮元撰

　　清抄本

浙圖

史 4156

百宋一廛書錄一卷

　　清黃丕烈撰　清山陰姚振宗輯

　　稿本　清會稽陶方琦、會稽陶濬宣校並跋

浙圖

目錄類

史 4157

馬氏吟香仙館藏書目一卷

　清海昌馬瀛藏並撰

　張氏適園抄本　海寧費寅跋

浙圖

史 4158

大梅山館書目不分卷

　清鎮海姚燮藏並撰

　稿本

天一閣

史 4159

大梅山館藏書目十六卷

　清鎮海姚燮藏並撰

　稿本

浙圖

史 4160

衍芬草堂藏書目錄不分卷

　清海寧蔣光焴藏並撰

　稿本

浙圖

史 4161

亦秀閣藏書目錄不分卷

　清海寧蔣光焴藏並撰

　抄本

浙圖

史 4162

烟嶼樓書目不分卷

　清鄞縣徐時棟藏並撰

　稿本

天一閣

史 4163

鐵琴銅劍樓藏書目錄二十四卷

　清瞿鏞藏並撰

清抄本

存二十卷　一至二十

天一閣

史 4164

鐵琴銅劍樓藏書目錄二十四卷

　清瞿鏞藏並撰

　清光緒二十四年(1898)瞿氏罟里家塾刻

　　本　周大輔錄清仁和勞格批校並跋

　十行二十二字　左右雙邊　黑口

　17.9×12.8 釐米

浙圖

史 4165

斲研山房藏書目一卷

　清桐鄉沈炳垣藏並撰

　稿本

浙圖

史 4166

朱衍廬舊藏抄本書目一卷

　清海昌朱昌燕藏　海寧費寅撰

　稿本

浙圖

史 4167

寶彝堂藏書目錄不分卷

　清朱嘉玉撰

　清咸豐十一年(1861)稿本

海寧圖

史 4168

楹書隅錄四卷續編四卷

　清楊紹和藏並撰

　清抄本

浙圖

史 4169

海源閣書目不分卷

　清楊保彝藏並撰

清吳興沈氏萬卷樓抄本

浙圖

史 4170

結一廬書目一卷

　清仁和朱澂藏

　吳興劉氏嘉業堂抄本

浙圖

史 4171

八千卷樓書目不分卷

　清錢塘丁丙藏並撰

　清抄本

天一閣

史 4172

皕宋樓藏書目四卷

　清歸安陸心源藏

　清末周氏鴒峰草堂抄本

浙圖

史 4173

書鈔閣行篋書目不分卷

　清山陰周星詒藏並撰

　費寅抄本

浙圖

史 4174

書鈔閣行篋書目不分卷

　清山陰周星詒藏並撰

　費寅抄本　陳乃乾校　海寧費寅校跋

存下册

浙圖

史 4175

秦漢十印齋藏書目四卷

　清蔣鳳藻藏並撰

　清抄本

浙圖

史 4176

勤藝堂丁丑曝書記不分卷

　清海寧鄒存淦撰

　稿本

浙圖

史 4177

希古堂書目四卷

　清譚宗浚藏

　清抄本

浙圖

史 4178

述史樓書目不分卷

　會稽徐維則撰

　稿本

浙圖

知見

史 4179

漢晉經籍目錄不分卷

　清瑞安孫詒讓撰

　稿本

浙大

史 4180

聚樂堂藝文目錄不分卷

　明朱睦㮮藏

　張宗祥抄本

浙圖

史 4181

經義考三百卷

　清秀水朱彝尊撰

目錄二卷

　清盧見曾撰

　清乾隆二十年(1755)盧見曾刻本

原缺卷二百八十六　二百九十九至三百

　十二行二十三字　四周單邊　白口

20×15.2 釐米

寧圖＊　溫圖　嘉圖　上虞圖　玉海樓

目錄類

史 4182

經義考三百卷

清秀水朱彝尊撰

目錄二卷

清盧見曾撰

清乾隆二十年(1755)盧見曾刻四十二年
(1777)汪汝瑮補刻本

浙圖　上虞圖　黃巖圖

史 4183

經義考補正十二卷

清翁方綱撰

清乾隆五十七年(1792)翁氏刻本

十行二十字　左右雙邊　白口

20.8×15.5 釐米

上虞圖

史 4184

四部別錄四卷

清瑞安孫詒讓撰

稿本

存二卷　經部　史部

浙大

史 4185

南濠居士文跋四卷

明都穆撰

清抄本　佚名錄清顧炎武校並跋

浙圖

史 4186

南濠居士文跋不分卷

明都穆撰

清□晚青抄本　清□晚青跋

浙圖

史 4187

國史經籍志六卷

明焦竑撰

清初抄明徐象橒曼山館刻本

浙圖

史 4188

國史經籍志六卷

明焦竑撰

清盧文弨抄本

天一閣

史 4189

國史經籍志六卷

明焦竑撰

清末抄本

浙大

史 4190

千頃堂書目三十二卷

清黃虞稷撰

清好古敏求齋抄本

浙大

史 4191

禁書總目不分卷

清乾隆(1736—1795)浙江刻本

18.8×12.8 釐米

浙圖　杭圖　溫圖　紹圖

史 4192

全燬書目一卷抽燬書目一卷

清乾隆四十七年(1782)翰林院刻本

十行二十字　四周雙邊　白口

18.5×14.4 釐米

杭圖

史 4193

違礙書籍目錄不分卷

清乾隆(1736—1795)刻本

八行二十字　四周單邊　白口

20×11.3 釐米

杭圖

史 4194

**違礙書目編韻便覽正續編二卷附禁書姓名
編韻便覽一卷**

　清傅氏長恩閣抄本　清傅以禮校

天一閣

史 4195

漁洋題跋一卷

　清王士禎撰

　清抄本

浙圖

史 4196

潛研堂題跋三卷

　清錢大昕撰

　清抄本

浙圖

史 4197

四部寱眼錄二卷

　清海寧周廣業撰

　張宗祥抄本

浙圖

史 4198

目治偶抄四卷

　清海寧周廣業撰

　清抄本　金濤校並跋

浙圖

史 4199

郘亭知見傳本書目十六卷

　清莫友芝撰

　清光緒三十年(1904)徐氏靈芬閣抄本
　　仁和王存善校

浙圖

史 4200

讀書隨筆一卷

　清抄本　清德清俞樾跋　仁和徐珂跋

浙圖

史 4201

海東載書識三十五卷

　清楊希閔撰

　稿本

天一閣

史 4202

國朝著述未刊書目一卷

　清鄭文焯輯　清海寧鄒存淦校錄

國朝海寧著述未刊書目略一卷

　清海寧鄒存淦輯

　清抄本

浙圖

地方藝文

史 4203

兩浙地志錄一卷

　清海寧周廣業撰

　清種松書塾抄本　佚名校

浙圖

史 4204

海寧經籍志備考一卷

　清海寧吳騫撰

　浙江省立圖書館抄本

浙圖

史 4205

海昌經籍志略六卷

　清海寧管庭芬撰

　稿本

存二卷　五至六

浙圖

目錄類

史 4206

海昌著錄續考六卷

　清海寧蔣學堅撰

　童敬修抄本　海寧費寅跋

浙圖

史 4207

海寧州志著述備考一卷

　清海寧鄒存淦撰

　抄本

浙圖

史 4208

光緒重修海學州志藝文分類稿四卷擬續海
昌藝文一卷非見齋碑錄目一卷續語堂碑
錄目一卷

　清海寧鄒存淦輯

續修川小志鄉校稿一卷

　清海寧鄒存淦撰

　稿本

浙圖

史 4209

溫州經籍志三十三卷外編二卷辨誤一卷

　清瑞安孫詒讓撰

　稿本　清瑞安孫衣言批校

存十九卷　一至七　九至十二　十五至十
　七　二十二至二十五　二十八

天一閣

史 4210

溫州經籍志再稿三十三卷外編二卷辨誤一
卷

　清瑞安孫詒讓撰

　稿本　清瑞安孫衣言批校

缺六卷　二　二十一至二十四　三十一

溫圖

史 4211

溫州經籍志定稿三十三卷外編二卷辨誤一
卷

　清瑞安孫詒讓撰

　稿本　楊紹廉、瑞安孫延釗校

存十二卷　二　五至六　十七至十八　二
　十三至二十五　三十　三十三　外編二
　卷

天一閣

史 4212

溫州經籍志三十二卷

　清瑞安孫詒讓撰

　稿本

存三卷　八至九　二十四

玉海樓

史 4213

溫州經籍志三十六卷

　清瑞安孫詒讓撰

　清抄本

浙圖

史 4214

溫州經籍志三十六卷

　清瑞安孫詒讓撰

　南潯劉氏求恕齋抄本

浙圖

史 4215

台郡藝文目錄不分卷

　清黃巖王棻輯

　稿本

黃巖圖

史 4216

四川經籍志六卷

　木漸齋抄本

浙圖

史 4217

廣西藝文略十卷

　木漸齋抄本

浙圖

史 4218

廣東藝文略十卷

　木漸齋抄本

浙圖

雜錄

史 4219

小眠齋讀書日札不分卷

　清錢塘汪沆撰

　清抄本

浙圖

史 4220

靜嘉堂秘笈志不分卷

　日本河田羆撰

　抄本

浙圖

史 4221

彙刻歷代史志凡例一卷

　明□□撰

　清姚氏咫進齋抄本　長興王修跋

浙圖

史 4222

鳴沙山石室秘錄一卷

　上虞羅振玉撰

　誦芬室鉛印本　上虞羅振玉校

　17.3×12.6釐米

浙圖

史 4223

小百宋一廛書葉一百十三頁

　海寧張宗祥集

宋元刻本

一百十三頁

　　易程傳　宋程頤撰　宋刻二頁

　　詩集傳　宋朱熹撰　宋刻三頁

　　毛詩正義　宋刻半頁

　　詩童子問　宋刻二頁

　　毛詩註疏　漢鄭玄箋　唐孔穎達疏　宋刻
　　　一頁

　　禮書　宋陳祥道撰　宋刻二頁

　　周禮註疏　宋鄭元注　唐孔穎達疏　宋刻
　　　一頁

　　儀禮註疏　宋刻三頁

　　春秋傳　宋胡安國撰　宋刻一頁

　　附釋音春秋左傳註疏　晉杜預注　唐孔穎
　　　達疏　宋刻四頁

　　監本附音春秋穀梁註疏　晉范甯注　唐楊
　　　士勛疏　宋刻三頁

　　論語注疏　魏何晏等注　宋邢昺疏　宋刻
　　　一頁

　　樂書　宋陳暘撰　宋刻二頁

　　增修互註禮部韻略　宋毛晃注　宋刻一頁

　　漢書　漢班固撰　宋刻二頁

　　三國志　宋刻三頁

　　魏書　北齊魏收撰　宋刻二頁

　　南史　唐李延壽撰　元大德刻一頁

　　陳書　唐姚思廉撰　宋刻二頁

　　隋書　唐魏徵撰　宋刻一頁

　　唐書　宋歐陽修撰　宋刻五頁

　　資治通鑑　宋司馬光撰　元興文署刻本一
　　　頁

　　大事記　宋金華呂祖謙撰　宋刻五頁

　　通鑑紀事本末　宋袁樞撰　宋刻三頁

　　通志　宋鄭樵撰　元大德刻本一頁

　　國語　吳韋昭注　宋紹興十九年刻本一頁

　　國朝諸臣奏議　宋趙汝愚編　宋刻三個半
　　　頁

　　咸淳臨安志　宋處州潛說友撰　宋刻一頁

　　唐律　唐長孫無忌撰　宋刻一頁

　　讀史管見　宋胡寅撰　宋刻二頁

　　說苑　漢劉向撰　宋刻三頁半

　　二程遺書附錄　宋刻一頁

　　程氏遺書　宋刻一頁

　　程氏遺書　宋刻二頁

程氏遺書附錄　宋刻一頁

讀書記　宋真德秀撰　宋刻一頁

證類本草　宋唐慎微撰　宋刻三頁

自警編　宋趙善璙撰　宋刻三頁

册府元龜　宋王欽若等輯　宋刻一頁

景德傳燈錄　宋釋道原輯　宋刻三頁

南華真經　宋刻一頁

纂圖互註南華真經　宋刻三頁

杜工部集　唐杜甫撰　宋刻一頁

臨川集　宋王安石撰　宋刻一頁

蘇文忠公集　宋蘇軾撰　宋蜀刻一頁

東坡和陶詩　宋蘇軾撰　宋刻一頁

蘇文定公集　宋蘇轍撰　宋刻半頁（與説苑
　合裱一頁）

淮海集　宋秦觀撰　宋刻二頁

朱文公集　宋朱熹撰　宋刻一頁

文公別集　宋刻一頁

晦庵文集　宋朱熹撰　宋刻二頁

西山文集　宋真德秀撰　宋刻一頁半

劉後村集　宋劉克莊撰　元刻一頁

六臣註文選　梁蕭統輯　宋贛州刻本二頁

文選註　梁蕭統輯　宋刻二頁

文章正宗　宋真德秀輯　宋刻一頁

皇朝文鑑　宋金華呂祖謙輯　宋刻三頁

皇朝文鑑　宋金華呂祖謙輯　宋刻二頁

皇朝文鑑　宋金華呂祖謙輯　宋刻半頁

皇朝文鑑　宋金華呂祖謙輯　宋刻半頁

浙圖

史 4224

宋元明清精刻善本書頁集錦三卷

　楊文獻編

　稿本　顧廷龍等跋

杭圖

金石類

總類

史 4225

集古錄十卷

　宋歐陽修撰

清順治十年（1653）謝啓光刻本

九行二十一字　四周單邊　白口

18.5×13.1 釐米

浙圖

史 4226

籀史二卷

　宋翟耆年撰

周秦刻石釋音一卷

　元吾衍撰

　清抄本

天一閣

史 4227

金石錄三十卷

　宋趙明誠撰

　清順治七年（1650）謝世箕刻本

九行二十一字　四周單邊　白口

19×13.1 釐米

嘉圖　衢博

史 4228

金石錄三十卷

　宋趙明誠撰

　清抄本　清俞方穀跋

存十五卷　一至十五

浙圖

史 4229

隸釋二十七卷隸續二十一卷

　宋洪适撰

　清乾隆四十二年至四十三年（1777—
　　1778）汪日秀樓松書屋刻本　清丁傳
　　批校

八行二十字　四周單邊　白口

21.2×16 釐米

平湖圖

史 4230

隸釋二十七卷隸續二十一卷

宋洪适撰

清乾隆(1736—1795)刻本

九行二十字　四周單邊　白口

21×16.2 釐米

溫圖　紹圖＊　浙大　天一閣

史 4231

隸續二十一卷

宋洪适撰

清影元抄本

存七卷　一至七

天一閣

史 4232

隸續二十一卷

宋洪适撰

清康熙四十五年(1706)曹寅揚州使院刻
本

十行二十四字　左右雙邊　白口

20.7×14 釐米

浙大

史 4233

金石古文十四卷

明楊慎輯

明嘉靖十八年(1539)張紀刻本

缺三卷　一　七至八

八行十六字　四周雙邊　白口

18.5×13.4 釐米

天一閣

史 4234

金石古文十四卷

明楊慎輯

明嘉靖三十三年(1554)孫昭、李懿刻本

九行十六字　四周單邊　白口

20.2×14.8 釐米

浙圖

史 4235

雍州金石記十卷記餘一卷

清錢塘朱楓撰

清乾隆二十四年(1759)刻本

十行十九字　左右雙邊　白口

16.6×14.6 釐米

嘉圖

史 4236

金石存十五卷目錄原稿一卷

清吳玉搢撰

清嘉慶二十四年(1819)李氏聞妙香室刻
本

十一行二十一字　左右雙邊　黑口

19.5×13.4 釐米

浙圖

史 4237

金石存十五卷

清吳玉搢撰

清抄本

浙圖

史 4238

東巡金石錄八卷

清崔應階輯

清乾隆(1736—1795)刻本

九行十七字　四周雙邊　白口

20.1×14 釐米

浙圖

史 4239

兩漢金石記二十二卷

清翁方綱撰

清乾隆五十四年(1789)南昌使院刻本

十行二十字　左右雙邊　白口

21.6×15.4 釐米

浙圖　嘉圖　浙大

史 4240

兩漢金石記二十二卷

清翁方綱撰

清乾隆五十四年（1789）南昌使院刻本

清翁同龢批校

浙圖

史 4241

蘇齋題跋不分卷

清翁方綱撰

清抄本

天一閣

史 4242

觀妙齋藏金石文攷略十六卷

清嘉興李光暎撰

清雍正（1723—1735）刻本

九行字數不一　四周單邊　白口

16.5×11.6 釐米

浙圖　溫圖　浙大　玉海樓　杭博

史 4243

金石經眼錄一卷

清褚峻摹圖　清牛運震補說

清乾隆六年（1741）刻本

十行二十字　左右雙邊　白口

24×14.7 釐米

浙圖

史 4244

金石契不分卷

清海鹽張燕昌撰

清乾隆三十六年（1771）自刻本

十行十七字　四周單邊　白口

17.5×14.3 釐米

溫圖

史 4245

金石契不分卷

清海鹽張燕昌撰

清乾隆四十一年至四十三年（1776—
　1778）京都琉璃廠近文齋刻本

十行十六字　四周單邊　白口

17×14 釐米

浙圖　溫圖　天一閣

史 4246

重定金石契不分卷

清海鹽張燕昌撰

清乾隆四十三年（1778）刻本

十行十五字　四周單邊　白口

17.4×14.1 釐米

嘉圖

史 4247

金石契不分卷

清海鹽張燕昌撰

清乾隆四十四年（1779）張純齋刻本

十行十七字　四周單邊　無格　白口

17.3×14.2 釐米

杭圖

史 4248

竹崦盦金石目錄六卷

清仁和趙魏撰

清抄本　汪大鈞、錢塘吳士鑑校　汪大
　鈞跋

浙圖

史 4249

金石文字辨異十二卷

清邢澍撰

清光緒十九年（1893）貴池劉世珩刻本
　瑞安楊紹廉校補

十一行二十一字　左右雙邊　細黑口

16.2×12.1 釐米

溫圖

史 4250

未刊清儀閣題跋十卷

清嘉興張廷濟撰

清鄭遺孫抄本　清鄭遺孫跋
續錄一卷
　清嘉興張廷濟撰　清許榮勳輯
　稿本　清許榮勳跋
浙圖

史 4251
授堂金石文字續跋十四卷
　清武億撰　清武穆淳編
　清嘉慶元年(1796)刻本
　十一行二十三字　左右雙邊　大黑口
　19×14.6 釐米
浙圖　溫圖

史 4252
金石文鈔八卷續鈔二卷
　清趙紹祖撰
　清嘉慶元年(1796)刻本
　九行十八字　四周單邊　白口
　19.9×13.4 釐米
浙圖　溫圖

史 4253
金石續編二十一卷首一卷
　清陸耀遹撰
　清同治十三年(1874)陸氏雙白燕堂刻本
　　清瑞安孫詒讓批校
　十一行二十一字　左右雙邊　黑口
　19.5×12.5 釐米
浙大

史 4254
金石綜例四卷
　清嘉興馮登府撰
金石例補二卷
　清郭麐撰
　清光緒八年(1882)吳仰賢抄本　清吳仰
　　賢跋
浙圖

史 4255
歸樸龕金石跋一卷
　清彭蘊章撰
　清凌霞抄本
浙圖

史 4256
求古精舍金石圖題辭一卷
　清陳經輯
　稿本　清錢塘梁同書題尚　清歸安吳
　　雲、黃丕烈、阮元、潘世恩、仁和倪稻
　　孫、瑞安林從炯跋　清吳翌鳳、鈕樹
　　玉、許宗彥題詩
浙博

史 4257
求古精舍金石圖初集四卷
　清陳經撰
　清嘉慶二十一年(1816)陳氏說敘樓刻本
　九行二十字　左右雙邊　黑口
　24×15.9 釐米
浙圖　天一閣

史 4258
金石圖不分卷
　清牛運震釋　清褚峻摹圖
　清乾隆八年(1743)刻拓本
　行字不一　白口
　22.56×15.5 釐米
杭博

史 4259
海東金石存考一卷
　清劉喜海撰
　清抄本
浙圖

史 4260
月齋金石跋一卷
　清張穆撰
　清凌霞抄本

浙圖

史 4261

金石瑣存一卷

　清鎮海姚燮拓本

浙圖

史 4262

二百蘭亭齋收藏金石記四卷

　清歸安吳雲撰

　清咸豐六年(1856)自刻本

　十行二十二字　左右雙邊　白口

　21.4×15.2 釐米

浙圖

史 4263

龔孝拱古金石文字叢著不分卷

　清仁和龔橙撰

　稿本　清何紹基跋

浙圖

史 4264

巢經巢金石筆識一卷補遺一卷

　清鄭珍撰

　陳氏袞遺堂抄本　佚名評点

玉海樓

史 4265

饕喜廬訪金石錄一卷

　清德清傅雲龍撰

　手稿本

浙圖

史 4266

金石萃編補跋二十四卷

　清王仁俊輯

　清光緒二十七年(1901)稿本

浙博

金類

史 4267

泊如齋重修考古圖十卷

　宋呂大臨撰　元羅更翁考訂

　明刻本

天一閣

史 4268

嘯堂集古錄二卷

　宋王俅撰

　明影宋刻本

天一閣

史 4269

嘯堂集古錄二卷

　宋王俅撰

　清影宋抄本

浙大

史 4270

至大重修宣和博古圖錄三十卷

　宋王黼等撰

　元刻明修本

　八行十七字　左右雙邊　白口

　29.2×23.8 釐米

浙圖

史 4271

至大重修宣和博古圖錄三十卷

　宋王黼等撰

　明嘉靖七年(1528)蔣暘刻本

　八行十七字　左右雙邊　白口

　30×24.4 釐米

浙圖　天一閣

史 4272

重修宣和博古圖錄三十卷

　宋王黼等撰

　明嘉靖七年(1528)萬師蕃刻本

存二十九卷　一至二十一　二十三至三十
八行十七字　四周單邊　白口
20.8×14 釐米
天一閣

史 4273
泊如齋重修宣和博古圖錄三十卷
宋王黼等撰
明萬曆十六年(1588)泊如齋刻本
八行十七字　四周單邊　白口
24.8×15.6 釐米
杭圖*　嘉圖*　天一閣

史 4274
泊如齋重修宣和博古圖錄三十卷
宋王黼等撰
明萬曆十六年(1588)泊如齋刻本　賀天
健、王蓋英跋
浙圖

史 4275
重修宣和博古圖錄三十卷
宋王黼等撰
明萬曆二十七年(1599)于承祖刻本
八行十七字　四周單邊　白口
21.3×14 釐米
浙圖　溫圖*　嘉圖

史 4276
寶古堂重修宣和博古圖錄三十卷
宋王黼等撰
明萬曆三十一年(1603)吳萬化刻本
八行十七字　四周單邊　白口
24.4×15.4 釐米
浙圖　嵊州圖　衢博*　浙大

史 4277
亦政堂重修宣和博古圖錄三十卷
宋王黼等撰
亦政堂重修考古圖十卷
宋呂大臨撰

亦政堂重修考古玉圖二卷
元朱德潤撰
明萬曆三十一年(1603)寶古堂刻清乾隆
十七年(1752)亦政堂重修清東書堂印
本
八行十七字　四周單邊　白口
24.3×15.8 釐米
浙圖　寧圖*　溫圖　紹圖*　義烏圖　浙大

史 4278
博古圖錄考正三十卷
宋王黼撰　明鄭樸考正
明萬曆二十四年(1596)鄭樸刻本
八行十七字　四周單邊　白口
17.2×12.6 釐米
浙圖　浙大*

史 4279
歷代鐘鼎彝器款識法帖二十卷
宋薛尚功撰
明崇禎六年(1633)朱亞刻本
行字不一　四周單邊
浙圖

史 4280
歷代鐘鼎彝器款識法帖二十卷
宋薛尚功撰
清嘉慶二年(1797)阮氏刻本　清瑞安孫
詒讓批
存四卷　一至四
十二行二十二或二十三字　四周單邊　白口
19.3×14.3 釐米
溫圖

史 4281
歷代鐘鼎彝器款識二十卷
宋薛尚功撰
清鄭氏二老閣鈔本　清鄞縣徐時棟校並
跋
天一閣

史 4282

鐘鼎款識一卷

　宋王之厚輯

　清嘉慶七年(1802)阮元積古齋影刻宋拓
本

　　34.2×22.6釐米

　浙圖　溫圖

史 4283

西清古鑑四十卷錢錄十六卷

　清錢塘梁詩正、蔣溥等輯

　清乾隆十六年(1751)武英殿刻本

　　十行十八字　四周雙邊　白口

　　29.5×22.3釐米

　浙大

史 4284

西清古鑑錢錄十六卷

　清錢塘梁詩正、蔣溥等撰

　清抄本

　浙大

史 4285

焦山鼎銘考一卷

　清翁方綱撰

　清乾隆(1736—1795)刻本

　　十一行十七字　四周單邊　白口

　　15.1×11.8釐米

　溫圖

史 4286

吳侃叔吉金跋不分卷

　清海鹽吳東發撰

　清嘉慶二十年(1815)徐同柏抄本　清海
鹽徐同柏跋　陳錫鈞跋

　浙圖

史 4287

積古齋鐘鼎彝器款識十卷

　清阮元、朱爲弼撰

清嘉慶九年(1804)阮元刻本　雋僧批校
並跋

　　十二行二十四字　四周單邊　白口

　　19.5×14.5釐米

　浙圖

史 4288

積古齋鐘鼎彝器款識十卷

　清阮元、朱爲弼撰

　清鮑廷爵刻本　趙時棡錄吳大澂批校並
跋

　　十二行二十四字　四周單邊　白口

　　19.4×15釐米

　浙圖

史 4289

攘古錄金文三卷

　清吳式芬撰

　清光緒二十一年(1895)吳重熹刻本　任
銘善錄瑞安孫詒讓攘古錄金文跋

　　十行二十四字　四周單邊　白口

　　18.7×14.1釐米

　浙大

史 4290

克鼎集釋一卷

　清李文田等撰　清潘祖蔭輯

　清抄本

　浙大

史 4291

商周彝器釋文一卷

　清瑞安孫詒讓撰

　稿本

　浙大

史 4292

商周金識拾遺三卷

　清瑞安孫詒讓撰

　清同治十一年(1872)稿本　清劉恭冕校

浙大

史 4293

銅儒傳一卷附說鏡一卷

　清徐元潤撰

　清嘉慶(1796—1820)刻本

　　九行二十二字　四周雙邊　白口

　　23.1×16.5 釐米

浙大

史 4294

趠齋藏器拓本一卷附趠齋手札二通

　清費念慈藏器　清瑞安孫詒讓輯

　清光緒(1875—1908)拓本

浙大

石類

史 4295

石刻鋪敘二卷

　宋曾宏父撰

　清初抄本　清何焯批校並跋

浙圖

史 4296

石刻鋪敘二卷

　宋曾宏父撰

　清乾隆(1736—1795)抄本　題清雪漁錄

　　清何焯校並跋

浙圖

史 4297

寶刻叢編二十卷

　宋臨安陳思輯

　清沈氏鳴野山房抄本　清蕭山王宗炎跋

天一閣

史 4298

寶刻類編八卷

　清盧文弨抄本　清仁和盧文弨批校

浙大

史 4299

寶刻類編八卷

　清乾隆四十七年(1782)沈叔埏家抄本

　　清秀水沈叔埏校並跋

浙博

史 4300

寶刻類編八卷

　清寶芸齋抄本

天一閣

史 4301

輿地碑記目四卷

　宋王象之撰

　清翁方綱抄本

浙大

史 4302

周秦刻石釋音一卷

　元吾衍撰

　葉渭清抄本　葉渭清跋　龍游余紹宋校

　　並跋

浙圖

史 4303

名蹟錄六卷附錄一卷

　明朱珪輯

　清鳴野山房抄本

天一閣

史 4304

金薤琳琅二十卷

　明都穆撰

補遺一卷

　清宋振譽撰

　清乾隆六年(1741)宋振譽刻本

　　九行十八字　四周單邊　白口

　　19.7×13.5 釐米

浙圖

金石類

史 4305

金薤琳琅二十卷

　明都穆撰

補遺一卷

　清宗振譽撰

　清乾隆四十三年(1778)汪荻洲刻本

　九行十八字　四周單邊　白口

　19.5×13.6 釐米

溫圖　平湖圖

史 4306

金薤琳琅二十卷

　明都穆撰

補遺一卷

　清宗振譽撰

　清末抄本

浙大

史 4307

蒼潤軒碑帖跋紀一卷

　明盛時泰撰

　清抄本

浙圖

史 4308

石墨鐫華六卷附錄二卷

　明趙崡撰

　明萬曆四十六年(1618)自刻本

　八行十八字　四周單邊　白口

　21.4×13.6 釐米

浙圖　杭圖　天一閣　浙大

史 4309

石鼓文正誤四卷

　明陶滋撰

　明嘉靖十二年(1533)錢貢刻本　佚名批
　注

　九行二十字　四周單邊　白口

21.4×14.7 釐米

浙圖

史 4310

石鼓文釋存一卷補註一卷

　清海鹽張燕昌撰

　清乾隆五十三年(1788)刻本

　十行十八字　四周單邊　白口

　19.5×14.5 釐米

溫圖

史 4311

漢石記目錄二十三卷

　清瑞安孫詒讓撰

　清光緒三年(1877)稿本

浙大

史 4312

國山碑考一卷

　清海寧吳騫撰

　清魏錫曾抄本　清魏錫曾跋

　19.7×15.2 釐米

浙圖

史 4313

南北朝存石目八卷

　清王懿榮撰

　清抄本　莫棠校

浙圖

史 4314

瘞鶴銘考一卷

　清汪士鋐撰

　清康熙五十三年(1714)松南書屋自刻本

　九行二十字　左右雙邊　白口

　16.1×11.8 釐米

浙圖

史 4315

瘞鶴銘考一卷

　清汪士鋐撰

清康熙五十三年(1714)松南書屋刻嘉慶
　　十年(1805)重修本

紹圖

史 4316

補瘞鶴銘考二卷

　清汪鋆撰

　稿本

浙圖

史 4317

竹雲題跋四卷

　清王澍撰

　清乾隆三十二年(1767)刻本

　八行十八字　四周單邊　白口

　19.2×11 釐米

浙圖

史 4318

石墨考異二卷

　清嚴蔚撰

　清抄本

浙圖

史 4319

古今碑目一卷

　清初抄本

浙圖

史 4320

唐代碑志目一卷

　清瑞安孫詒讓撰

　稿本

浙大

史 4321

葉氏菉竹堂碑目六卷

　明葉盛撰

　清抄本

浙圖

史 4322

天一閣碑目一卷續增一卷

　清鄞縣范懋敏撰

　清抄本

浙圖

史 4323

碑版廣例十卷

　清王芑孫撰

　清道光二十一年(1841)刻本

　十行二十字　左右雙邊　白口

　17.7×13.6 釐米

浙圖

史 4324

金石萃編元碑不分卷

　清仁和朱文藻輯

　稿本

浙圖

史 4325

十經齋元碑釋文一卷

　清嘉興沈濤撰

　稿本

杭圖

史 4326

紅崖古刻釋文卷子二卷

　清莫友芝撰

　清咸豐十年(1860)稿本　莫繩華跋

浙圖

史 4327

紅崖刻石釋文題詠一卷

　清鄒漢勛撰

　清光緒十二年(1886)王繼香抄本

浙圖

417

史 4328

讀碑記三續二卷

　清臨海洪頤煊撰

　清抄本　佚名錄清仁和勞格批校　瑞安

　　楊紹廉校跋

玉海樓

金石類

史 4329

古今碑帖考不分卷

　明□□撰

　清抄本

浙圖

史 4330

觀古碑法一卷

　清楊寶鏞撰

　稿本

浙圖

史 4331

倦舫碑目六卷

　清臨海洪頤煊撰

　清黃氏秋籟閣抄本

浙圖

史 4332

磊庵金石後編草三卷

　清張祖翼輯

　稿本

浙圖

史 4333

挈亭金文斠釋八卷搨本題跋一卷

　永嘉張之綱撰

　稿本　容庚校　馬公愚跋

浙圖

史 4334

碑帖賸話不分卷

　清山陰張煌曾撰

清抄本

浙圖

史 4335

古碑古拓説明一卷

　清楊寶鏞撰

　手稿本

浙圖

史 4336

墨妙亭碑目考二卷

　清烏程張鑑撰

　清抄本

浙圖

史 4337

墨妙亭碑目考二卷

　清烏程張鑑撰

　清抄本

浙圖

史 4338

京畿金石考二卷

　清孫星衍撰

　清乾隆五十年(1785)活字印本　嘉興沈

　　曾植批校

　十行二十四字　左單邊右雙邊　白口

　23.5×15 釐米

浙博

史 4339

京畿金石考二卷

　清孫星衍撰

　清乾隆五十七年(1792)惜陰軒刻本

　十行二十二字　四周單邊　黑口

　27.3×15.5 釐米

寧檔

史 4340

吳下塚墓遺文三卷

明都穆撰

周氏鴿峰草堂抄本

浙圖

史 4341

吳下塚墓遺文續編五卷

明朱煥輯

周氏鴿峰草堂抄本

浙圖

史 4342

吳下塚墓遺文續集一卷

明葉恭煥輯

清抄本　清瑞安孫詒讓校

浙大

史 4343

山右訪碑錄一卷

清山陰魯燮光撰

清抄本

浙圖

史 4344

山左金石志碑目一卷

清畢沅、阮元輯

清文選樓抄本

浙圖

史 4345

中州金石考八卷

清黃叔璥輯

清乾隆六年(1741)刻本

十行二十一字　四周單邊　大黑口

18.6×14.4釐米

玉海樓

史 4346

昭陵碑考十二卷

清孫三錫撰

清咸豐八年(1858)刻本

十行二十字　左右雙邊　白口

22.3×13.9釐米

溫圖

史 4347

咸陽金石遺文一卷

明王家瑞撰

明萬曆(1573—1620)刻本

九行十六字　四周單邊　白口

21.7×14.7釐米

浙圖

史 4348

當湖金石文存不分卷

清抄本

浙圖

史 4349

吳興金石記目錄一卷

抄本

浙圖

史 4350

越中金石錄一卷

清山陰沈復粲撰

周氏鴿峰草堂抄本

浙圖

史 4351

越中金石錄一卷

清山陰沈復粲撰

清抄本

浙圖

史 4352

越中金石記十卷目錄二卷

清山陰杜春生撰

清道光十年(1830)詹波館刻本

十二行二十二字　左右雙邊　白口

17.8×13.8釐米

浙圖　溫圖

史 4353

於越訪碑錄一卷

清山陰杜煦撰

周氏鵠峰草堂抄本

浙圖

史 4354

台州金石錄二十卷闕訪四卷

清臨海黃瑞撰

稿本　清黃巖王棻批校

臨海博

史 4355

台州金石錄目錄一卷甄錄目錄一卷金石甄
文闕訪目錄一卷

清抄本

浙圖

史 4356

仙居金石補一卷

清黃巖王棻撰

稿本

黃巖圖

史 4357

溫州金石志不分卷

清末抄本

溫圖

史 4358

東甌金石志十二卷

清嘉善戴咸弼輯　清瑞安孫詒讓補校

稿本

存一卷　四

溫圖

史 4359

東甌金石志十二卷

清嘉善戴咸弼撰

清光緒九年(1883)孫氏刻本　清瑞安孫
詒讓校勘補正

十二行二十字　左右雙邊　黑口

16.9×13.6釐米

浙大

史 4360

東甌金石志十二卷

清嘉善戴咸弼輯　清瑞安孫詒讓補校

清光緒九年(1883)刻本　佚名校

十二行二十字　左右雙邊　黑口

19.4×12.5釐米

溫圖

史 4361

東甌金石略十卷

清嘉善戴咸弼撰

清光緒三年(1877)溫州郡庠活字印本
清瑞安孫詒讓補校

存八卷　一至三　六至十

溫圖

史 4362

東甌金石志目錄一卷

抄本

浙圖

史 4363

永嘉瑞安石刻文字不分卷

清瑞安孫詒讓輯

清抄本

溫圖

史 4364

括蒼金石志十二卷

　清嘉興李遇孫輯

　清道光十三年(1833)處州府署刻本

　十行二十一字　左右雙邊　白口

　18.7×13.7 釐米

溫圖

史 4365

閩中金石志十四卷

　清嘉興馮登府撰

　清抄本

浙圖

史 4366

粵東金石略九卷首一卷附二卷

　清翁方綱撰

　清乾隆三十六年(1771)石洲草堂刻本

　十二行二十二字　左右雙邊　白口

　19.8×13.5 釐米

平湖圖　杭博

史 4367

粵東金石略九卷首一卷附二卷

　清翁方綱撰

　清乾隆(1736—1795)刻本

　十二行二十二字　左右雙邊　白口

　19.8×14.5 釐米

溫圖　杭博　天一閣

玉類

史 4368

宋淳熙敕編古玉圖譜一百卷

　題宋龍大淵等編

　清乾隆四十四年(1779)康山草堂刻本

　八行十七字　左右雙邊　白口

　22.3×15.5 釐米

溫圖

史 4369

寶古堂重考古玉圖二卷

　元朱德潤撰

　明萬曆三十一年(1603)吳萬化刻本

　八行十七字　左右雙邊　白口

　24.2×15.6 釐米

杭博

陶類

史 4370

詒莊樓磚錄不分卷

　長興王修輯

　拓本

浙圖

史 4371

秦漢瓦當文字二卷續一卷

　清程敦撰

　清乾隆五十二年(1787)橫渠書院刻五十

　　九年(1794)續刻本

　十一行二十五字　四周單邊　黑口

　21.5×17.5 釐米

浙圖

史 4372

秦漢瓦圖記四卷補遺一卷

　清錢塘朱楓撰

　清乾隆二十四年(1759)刻本

　八行十六字　左右雙邊　白口

　17.9×13.9 釐米

嘉圖

史 4373

景德鎮陶錄十卷

　清藍浦撰

　清嘉慶二十年(1815)翼經堂刻本

　八行二十字　四周雙邊　白口

　18.2×12.7 釐米

浙圖

史 4374

竹里秦漢瓦當文存不分卷

清王福田撰

清咸豐二年(1852)王氏七橋草堂刻本

十行二十三字　四周單邊　黑口

22.1×15 釐米

浙圖

金石類

史 4375

磚文考略四卷

清宋經畲撰

稿本　清臨海黃瑞校並跋

臨海博

史 4376

瓴文考略六卷

清宋經畲撰

稿本

臨海博

史 4377

浙江磚錄四卷圖一卷

清嘉興馮登府輯

清道光十六年(1836)刻本

十行二十字　左右雙邊　黑口

16.6×12.3 釐米

浙圖

史 4378

溫州古甓記不分卷

清瑞安孫詒讓撰

清光緒八年(1882)稿本

浙大

錢幣

史 4379

泉志十五卷

宋洪遵撰

明末汲古閣刻津逮秘書本　清瑞安孫詒

讓批校並跋

九行十八字　左右雙邊　白口

19.4×13.9 釐米

溫圖

史 4380

泉志十五卷

宋洪遵撰

清抄本

浙圖

史 4381

泉志十五卷

宋洪遵撰

清抄本

浙圖

史 4382

欽定錢錄十六卷

清錢塘梁詩正等撰

清乾隆五十二年(1787)刻本

行不一二十二字　四周單邊　黑口

19.9×14.5 釐米

浙圖

史 4383

歷代鍾官圖經八卷

清陳萊孝撰

清抄本

浙圖

史 4384

歷代鍾官圖經八卷

清陳萊孝撰

清抄本

浙博

史 4385

古金待問錄四卷餘錄一卷補遺一卷

清錢塘朱楓撰

清乾隆三十四年(1769)刻本(有圖)

八行十六字　左右雙邊　白口

17.8×14 釐米

嘉圖

史 4386

泉貨珍奇錄八卷

清嘉興高煥文輯

稿本

浙圖

史 4387

泉貨珍奇錄十四卷

清嘉興高煥文輯

稿本

杭圖

史 4388

錢譜不分卷

清海寧管庭芬撰並拓

稿本

浙圖

史 4389

錢譜不分卷

清嘉興許彌穌撰

清拓本

浙圖

史 4390

古泉略釋十八卷刀布釋文十卷

清金邠屚撰

稿本

浙圖

史 4391

紅杏軒合搨錢鑒二卷附錄一卷

清宋珍琴輯

稿本

臨海博

史 4392

泉壽山房古泉集拓不分卷

清嘉興高煥文撰

稿本

嘉圖

史 4393

泉譜一卷

抄本

浙圖

史 4394

選青從新錄二卷

清光緒十年(1884)鐵蘭主人抄本

浙圖

史 4395

壽松堂錢錄不分卷

清光緒二十二年(1896)孫氏壽松堂拓本

浙圖

史 4396

歸耕草堂錢譜二卷

□家駒拓輯

拓本

浙圖

史 4397

蒙古錢譜一卷

清抄本　錢塘吳士鑑批校

浙圖

璽印

史 4398

集古印譜一卷

明顧從德輯

明隆慶(1567—1572)刻鈐印本　清巢勝

跋

浙圖

史 4399

集古印譜六卷

　明王常輯

　明隆慶（1567—1572）刻鈐印本　清光緒
　　二十一年（1895）語冰跋　褚德彝、張
　　魯庵、葉潞淵等跋

　　四周單邊　白口

　　20.8×13.6 釐米

　西泠印社

史 4400

集古印譜六卷

　明王常輯

　明萬曆三年（1575）顧氏芸閣刻朱印本

　　四周單邊　白口

　　20.4×14.2 釐米

　浙圖＊　西泠印社　天一閣

史 4401

楊氏集古印章四卷

　明楊元祥輯

　明萬曆十五年（1587）鈐印本

　西泠印社

史 4402

攷古正文印藪五卷

　明張學禮等輯

　明萬曆十七年（1589）刻鈐印本

　　四周單邊　白口

　　19.7×11.5 釐米

　西泠印社

史 4403

集古印譜五卷

　明甘暘輯

印正附說一卷

　明萬曆二十四年（1596）自刻鈐印本

　　八行二十四字　四周雙邊　白口

　　20.5×12.5 釐米

　浙圖　西泠印社

史 4404

宣和集古印史八卷

　明蕭山來行學輯

　明萬曆二十四年（1596）來氏寶印齋刻鈐
　　印本

　　四周單邊　白口

　　19.3×12 釐米

　西泠印社

史 4405

集古印譜十卷

　明范汝桐輯

　明萬曆二十八年（1600）范氏臥雲山房鈐
　　印本　清乾隆鄞縣蔣學鏞跋　方介
　　堪、鄞縣沙孟海跋

　　四周單邊　白口

　　20.6×14.2 釐米

　西泠印社

史 4406

古今印則十一卷印旨一卷

　明程遠輯

　明萬曆（1573—1620）項夢原刻鈐印本

　浙圖＊　天一閣＊　美院＊

史 4407

古印選四卷

　明陳鉅昌摹刻

　明萬曆三十三年（1605）刻鈐印本

　　四周單邊

　　15.5×10.8 釐米

　浙圖　西泠印社

史 4408

秦漢印統八卷

　明羅王常輯

　明萬曆三十四年（1606）吳氏樹滋堂刻朱
　　印本

　存一卷　五

　浙圖

史 4409

集古印范十卷

　　明潘雲杰輯

　　明萬曆三十五年(1607)刻藍印鈐印本

　　16.8×12.5 釐米

西泠印社

史 4410

片玉堂集古印章六卷

　　明陸鑨輯

　　明萬曆三十五年(1607)刻藍印鈐印本

　　四周單邊　白口

　　20.6×14.2 釐米

西泠印社

史 4411

徐上達法參同四十二卷

　　明徐上達輯

　　明萬曆四十二年(1614)刻鈐印本

　　四周單邊　白口

　　20.3×14 釐米

西泠印社

史 4412

印品七卷印章要論一卷

　　明朱簡輯

　　明萬曆三十九年(1611)刻鈐印本

　　27.3×17 釐米

浙圖　浙博＊

史 4413

圖書府印譜六卷

　　明釋自彥篆刻

　　明萬曆四十年(1612)刻鈐印本

　　四周單邊　白口

　　20×12.5 釐米

西泠印社

史 4414

石鼓齋印鼎九卷

　　明余藻撰

　　明崇禎元年(1628)自刻鈐印本

　　四周單邊　白口

　　20.3×13.2 釐米

西泠印社

史 4415

翰苑印林二卷

　　明吳日章輯

　　明崇禎七年(1634)刻鈐印本

　　四周單邊　白口

　　20.3×14.3 釐米

西泠印社

史 4416

古今粹言不分卷

　　明程齋聖輯

　　明刻鈐印本

　　20.3×14.4 釐米

浙圖

史 4417

秦漢印譜不分卷

　　清程從龍輯

　　清乾隆三年(1738)師意齋刻鈐印本　清
　　　道光十三年(1833)姚邗生跋

　　四周單邊　白口

　　20.3×15.4 釐米

西泠印社

史 4418

西京職官印錄二卷印箋説一卷

　　清長興徐堅輯

　　清乾隆十一年(1746)徐氏裹新館刻鈐印
　　　本

　　四周單邊　白口

　　19.7×12.7 釐米

西泠印社

史 4419

漢銅印叢十二卷

　　清錢塘汪啓淑輯

清乾隆十七年（1752）汪啓淑刻鈐印本
四周單邊　白口
13×8.5 釐米
西泠印社

史 4420

古銅印叢四卷
清錢塘汪啓淑輯
清乾隆三十一年（1766）刻鈐印本
四周單邊　白口
12.9×8.5 釐米
西泠印社

史 4421

汪氏漢銅印原十六卷
清錢塘汪啓淑輯
清乾隆三十四年（1769）刻鈐印本
四周花邊　白口
12×8.5 釐米
西泠印社

史 4422

訒菴集古印存三十二卷
清錢塘汪啓淑輯
清乾隆二十五年（1760）汪氏開萬樓刻鈐
印本
四周花邊　白口
22.5×15 釐米
浙圖

史 4423

訒菴集古印存三十二卷
清錢塘汪啓淑輯
清乾隆二十五年（1760）汪氏開萬樓刻鈐
印本　全洪銓跋
西泠印社

史 4424

悔堂印外八卷
清錢塘汪啓淑藏並輯

清乾隆五十三年（1788）鈐印本
西泠印社

史 4425

兩漢印萃不分卷
清鄭秋巖摹並集
清乾隆五十八年（1793）刻鈐印本
左右雙邊　白口
20.5×14.2 釐米
西泠印社

史 4426

續古印式二卷
清海鹽黃錫蕃輯
清乾隆六十年（1795）刻鈐印本
左右雙邊　白口
20.6×14.3 釐米
浙圖

史 4427

四香堂印餘八卷
清巴慰祖篆刻　清巴樹穀輯
清鈐印本
秦漢官一卷
秦漢私印四卷
唐宋以後名印一卷
垢道人名印一卷
曙谷私印一卷
浙圖

史 4428

四香堂摹印二卷附百壽圖一卷
清巴慰祖篆刻
清乾隆三十九年（1774）刻鈐印本
四周單邊　白口
17.7×12.4 釐米
西泠印社

史 4429

四香堂印餘八卷
清巴慰祖篆刻

清鈐印本

浙圖

史 4430

印徵二卷

清錢塘朱楓輯

清乾隆四十六年(1781)刻鈐印本

四周單邊　白口

18×13.8 釐米

西泠印社

史 4431

柿葉齋兩漢印萃一卷

清鄭本茂輯

清乾隆五十八年(1793)刻鈐印本

西泠印社

史 4432

選集漢印分韻二卷

清袁日省輯　清謝雲生摹

清嘉慶二年(1797)漱藝堂刻本

四周雙邊　白口

22.7×12.6 釐米

浙圖

史 4433

銅鼓書堂藏印不分卷

清查禮輯

清嘉慶四年(1799)查氏銅鼓書堂刻鈐印
　本　方巖補鈎

四周單邊　白口

20.4×14.1 釐米

西泠印社

史 4434

古銅印彙三卷

清潘季彤輯

清道光(1821—1850)潘氏聽颿樓鈐印本

美院

史 4435

清儀閣古印偶存不分卷

清嘉興張廷濟輯

清道光八年(1828)張氏清儀閣鈐印本

21.6×15.6 釐米

平湖博

史 4436

清儀閣古印偶存不分卷

清嘉興張廷濟輯

清道光八年(1828)張氏清儀閣鈐印本
　清嘉興張廷濟題款

溫圖

史 4437

金提控印拓本不分卷

清貝貝香輯拓

清嘉慶二年(1797)貝貝香鈐印本　清貝
　貝香跋　清道光八年至十三年
　(1828—1833)陳鑾、丁柱、顧震、顧承、
　汪世芬、汪賓松、嚴承益等跋

經折裝

西泠印社

史 4438

古蝸篆居印述四卷

清程芝華刻篆

清道光七年(1827)刻鈐印本

四周單邊　白口

16.3×11.1 釐米

西泠印社

史 4439

漢學齋仿古印譜不分卷

清吳章綸摹刻

清道光十二年(1832)鈐印本

四周單邊　白口

13×9.4 釐米

西泠印社

史 4440

秦漢銅章撮集四卷

清潘有爲、潘正煒輯

清道光十二年（1832）潘氏汲古齋鈐印本

四周雙邊　白口　版心下鐫"汲古齋珍藏"

12.2×8.7 釐米

浙圖

史 4441

書梅樓摹古印存一卷

清湯綬名摹刻

清道光二十六年（1846）刻鈐印本

四周雙邊　白口

14×9 釐米

西泠印社

史 4442

秦漢印存不分卷

清謝春生輯

清咸豐六年（1856）刻綠印鈐印剪貼稿本

清咸豐五年至六年（1855—1856）蔣琦
淳、吳臺壽、陸璣題序　1930年褚德彝
跋

四周單邊　白口

14.7×12.7 釐米

西泠印社

史 4443

采柏園古印澤存不分卷

清凌壇集

清咸豐七年（1857）刻鈐印本

四周單邊　白口

15.4×10.8 釐米

西泠印社

史 4444

漢銅印粹四卷

清胡公壽集

清咸豐十一年（1861）刻鈐印本

半葉一至二印不一　四周單邊　白口

14.4×9.3 釐米

西泠印社

史 4445

鐵琴銅劍樓集古印譜不分卷

清瞿鏞輯

清咸豐八年（1858）刻鈐印本

四周雙邊　白口

18×12 釐米

浙圖　西泠印社

史 4446

簠齋印集不分卷

清陳介祺輯　清何紹基審定

清咸豐元年（1851）稿本　秦更年跋

19×13.4 釐米

西泠印社

史 4447

十鐘山房印舉不分卷

清陳介祺輯

清同治十一年（1872）稿本　吳湖帆跋

四周單邊　白口

18.9×12.9 釐米

西泠印社

史 4448

吉金齋古銅印譜六卷續一卷

清何昆玉輯

清同治九年（1870）刻鈐印本

四周雙邊　白口

12.8×8.8 釐米

西泠印社　美院 *

史 4449

吉金齋古銅印譜六卷續二卷

清何昆玉輯

清鈐印本

12.9×9.8 釐米

浙圖

史 4450

二百蘭亭齋古印攷藏六卷

　清歸安吳雲輯

　清同治三年(1864)刻鈐印本

　左右雙邊

　19×14 釐米

浙圖

史 4451

二百蘭亭齋古銅印存不分卷

　清歸安吳雲輯

　清光緒二年(1876)鈐印本

　四周單邊　白口

　20.2×12.5 釐米

西泠印社

史 4452

漢印偶存一卷姚氏印存一卷

　清歸安姚覲元輯

　清光緒元年(1875)鈐印本

　左右雙邊　黑口

　17.8×13.7 釐米

浙圖

史 4453

漢印偶存不分卷

　清歸安姚覲元輯

　清光緒元年(1875)鈐印本

　左右雙邊　黑口

　17.8×13.2 釐米

西泠印社

史 4454

十六金符齋周秦漢六朝官私印譜一卷

　清吳大澂輯

　清光緒十三年(1887)鈐印本　清徐康跋

浙圖

史 4455

十六金符齋印存不分卷

　清吳大澂輯

清光緒十四年(1888)刻鈐印本

　半頁一印　白口

　16.8×9.6 釐米

西泠印社

史 4456

齊魯古印攗四卷

　清高慶齡輯

　清光緒七年(1881)刻鈐印本

　四周單邊　白口

　16.3×9.7 釐米

西泠印社

史 4457

續齊魯古印攗十六卷

　清郭裕之輯

　清光緒十八年(1892)刻鈐印本

　四周單邊　白口

　17.3×9.4 釐米

西泠印社

史 4458

行素堂集古印存不分卷

　清朱記榮輯

　清光緒九年(1883)刻藍印鈐印本

　四周單邊　白口　版心下鐫"古樵書屋"

　13.7×10 釐米

西泠印社

史 4459

劍室銅印集不分卷

　清汪劍室輯

　清光緒十一年(1885)刻鈐印本

　四周單邊　白口

　17.4×11.1 釐米

西泠印社

史 4460

師讓庵漢銅印存不分卷

　清錢塘丁丙輯

清光緒二十七年(1901)年藍印鈐印本

四周單邊　白口　版心下鐫"泉唐丁氏藏"

12.7×7.3釐米

浙圖　西泠印社

史 4461

古墨齋藏古鉢印譜不分卷

清周銑詒、周鑾詒輯

清光緒十二年(1886)刻鈐印本　清丁仁
集摹拓並題記

四周單邊　白口

19.5×12.1釐米

西泠印社

史 4462

古印偶存八卷

清王石經等輯

清光緒十六年(1890)刻鈐印本

四周單邊　白口

12.7×8.9釐米

西泠印社

史 4463

瞻麓齋古印徵不分卷

清龔心釗篆刻並輯

清光緒十九年(1893)鈐印本

四周雙邊　白口

13.5×10.9釐米

浙圖　西泠印社

史 4464

漱芳書屋集古印譜四卷

清孫思敬輯

清光緒十九年(1893)刻鈐印本

浙圖

史 4465

漱芳書屋集古印譜四卷

清孫思敬集

清光緒二十三年(1897)鈐印本

四周花邊　白口

西泠印社

史 4466

漢晉六朝帝王紀元印史不分卷

清郭瑛篆刻

清光緒二十三年(1897)刻鈐印本

四周單邊　白口

12.8×8.7釐米

西泠印社

史 4467

賞古齋秦漢印存不分卷

清王瓘輯

清光緒二十四年(1898)鈐印本

四周單邊　白口

13×8.8釐米

西泠印社

史 4468

七家名人印譜附秦漢古銅印譜不分卷

清慈溪嚴信厚輯

清光緒二十七年(1901)鈐印本

四周花邊　白口

17.3×10.3釐米

西泠印社

史 4469

退補齋印譜四卷

清盛樹人藏並輯

清光緒三十一年(1905)刻鈐印本

四周雙邊　白口　版心下鐫"樹人藏東"

19.8×10.3釐米

西泠印社

史 4470

古印集存不分卷

清許鐵珊藏　清宗曉峰輯

鈐印本

天一閣

史 4471

松談閣印史五卷

明郭宗昌輯

明萬曆四十三年(1615)稿本　鄞縣趙叔
孺、張魯盦、杭州王褆、張容臣、王禹
里、方介堪等跋

西泠印社